U0646393

Discussion on
Civil Code of China

中国民法典争鸣系列

总主编　王利明
执行主编　柳经纬

中国民法典争鸣

徐国栋卷

徐国栋　著

厦门大学出版社
XIAMEN UNIVERSITY PRESS
国家一级出版社
全国百佳图书出版单位

图书在版编目(CIP)数据

中国民法典争鸣.徐国栋卷/徐国栋著.—厦门:厦门大学出版社,2018.7
ISBN 978-7-5615-6570-4

Ⅰ.①中… Ⅱ.①徐… Ⅲ.①民法-中国-文集 Ⅳ.①D923.04-53

中国版本图书馆 CIP 数据核字(2017)第 140821 号

出 版 人 郑文礼
策划编辑 施高翔
责任编辑 邓 臻
装帧设计 李夏凌
技术编辑 许克华

出版发行 厦门大学出版社
社 址 厦门市软件园二期望海路 39 号
邮政编码 361008
总 编 办 0592-2182177 0592-2181406(传真)
营销中心 0592-2184458 0592-2181365
网 址 http://www.xmupress.com
邮 箱 xmupress@126.com
印 刷 厦门集大印刷厂

开本 787 mm×1 092 mm 1/16
印张 17.75
字数 396 千字
版次 2018 年 7 月第 1 版
印次 2018 年 7 月第 1 次印刷
定价 102.00 元

厦门大学出版社
微信二维码

厦门大学出版社
微博二维码

总　序

民法典被誉为"社会生活的百科全书",是市场经济的基本法,是保护公民权利的宣言书,也是解决民商事纠纷的基本依据。编纂民法典有助于解决我国民事立法中存在的相互矛盾、不协调、缺乏体系等问题,保障创新、协调、绿色、开放、共享的"五大发展理念"的落实,推进中国特色社会主义法治体系不断完善和国家治理体系、治理能力现代化,为全面深化改革、全面依法治国、实现"两个一百年"奋斗目标和中华民族伟大复兴的中国梦奠定坚实的制度基础。

我国民法典编纂始于清末民初对大陆法系国家民法典的继受(移植),标志性的成果是1929年至1931年间颁行的"中华民国民法典"。1949年9月,中国人民政治协商会议第一次会议通过的《中国人民政治协商会议共同纲领》明确宣布废除国民党的"六法全书"。从20世纪50年代开始,我国历经四次民法典起草,即50年代中期(1956—1958)、60年代前期(1962—1964)、70年代末至80年代初(1979—1982)以及21世纪之初(2002)。然而,由于社会经济条件不成熟以及理论准备不充分等原因,四次起草均半途而废,民法典成为我国法律体系的一大缺失。2014年10月23日,中共十八届四中全会通过的《中共中央关于全面推进依法治国若干重大问题的决定》,明确提出了"编纂民法典"的立法任务,加快了民法典编纂的进程,这是我国民事立法的一个重要里程碑。

步入21世纪的中国正处在一个重要的历史阶段。我们要制定的民法典是21世纪的民法典,必须要回应21世纪的时代需要,彰显21世纪的时代特征。如果说1804年的《法国民法典》是19世纪风车水磨时代民法典的代表,1900年的《德国民法典》是工业化社会民法典的代表,今天我们要制定的民法典应当成为21世纪互联网、高科技时代的民法典的代表,这样我们就必须充分反映时代精神和时代特征,真正体现法典与时俱进的品格。进入21世纪以来,互联网技术、人工智能、生物技术的发展,全球化的生态环境保护,人类社会面临着前所未有的问题。民法作为社会生活的百科全书,无法回避人类社会发展的新问题。

我们要制定的民法典必须立足于中国国情,向世人展示我们依法治国的新形象和我国法制文明的新高度。在全面依法治国的新时期,这部民法典应当吸收我国立法、司法和理论研究的成果,总结法治建设经验,真正成为一部具有中国特色的、屹立于世界民法之林的法典。我们要制定的民法典必须反映改革成果、推进并引领改革进程。改革开放的伟大实践，创立了一条中国特色社会主义的发展道路，这是一条不同于其他法典化国家或地区的发展道路。民法典作为时代精神和民族精神的立法表达，不能忽视这样一个特殊的社会经济条件。但如何充分反映中国特色社会主义这一社会经济条件，是我们所面临着的前所未有的问题。民法典的编纂，应当凝聚改革的共识，确认改革的成果，为进一步改革提供依据，从而推动改革进程，引领改革发展，实现国家治理体系和治理能力的现代化。

从民法法典化的历史来看，我国民法典编纂所面临的新问题是其他已经法典化的国家或地区所未曾有过的，这也决定了我国民法典编纂问题的复杂性和难度。编纂这样一部民法典，不只是立法机关的任务，也是民法学界的任务。民法典编纂所面临的问题，需要民法学者认真进行深入的研究，积极提供有力的理论支持。成就一部伟大的民法典，是我国民法学界几代人的夙愿。早在20世纪50年代，老一辈民法学者就以极大的热情投入民法典的起草工作。改革开放以来，随着法学教育和学术研究的恢复，民法学者围绕着民商事立法和民法典编纂问题进行了广泛而深入的研究，取得了丰硕的成果，也为民商事立法提供了有力的理论支持。从民法通则到合同法、物权法、继承法、婚姻法（修订）、侵权责任法，从公司法、合伙企业法、个人独资企业法到保险法、证券法、信托法等商事特别法，民法学者都做出了积极的理论贡献。尤其是进入21世纪以来，民法学者围绕着民法典编纂问题，掀起了一波民法典理论研究热潮，民法典研究成为我国民法学乃至新时期法学研究一道亮丽的风景线。

当前，民法典编纂工作正在进行，在许多问题上尚未达成共识，又有许多新的问题尚待研究。民法典编纂仍需全体民法学人持续地努力。值此之际，厦门大学出版社组织出版“中国民法典争鸣系列”丛书，诸位学者将他们多年来民法典研究的心得汇集出版。这对于促进我国民法典的学术研究，无疑具有重要的理论价值。我坚信，无论民法学者的研究成果是否被立法机关所采纳，但其对于推进我国民法典的编纂工作都将起到积极的作用，他们的研究无愧于这个时代。

让我们为编纂一部新时代的民法典而努力奋斗！

中国民法学研究会会长　王利明

2017年5月26日

中国需要一部什么样的民法典（代序言）

《民法总则》第三次经全国人大常委会讨论之际，柳经纬教授致信于我，希望我把自己写的关于中国民法典的旧文集腋成裘，成为《中国民法典争鸣·徐国栋卷》，我深感荣幸，慨然允之。得知这套书目前只有7个作者，我更感骄傲。看来，没有为中国民法典的制定写作30万字以上论文的人进不了这套书。写了30万字，要说作者对于中国民法典的制定没有贡献，那就有些难了。

我是最早并最多地为中国民法典的制定鼓与呼的学者之一。我的博士论文《民法基本原则解释——成文法局限性之克服》（后由中国政法大学出版社于1992年出版）从某种意义上讲是一部民法典专著，不过采用了如何为封闭的民法典设计"减压阀门"（诚信原则）的角度。尔后，我在时任领导的大力支持下在中南大学法学院创建了民商法典研究所，从此组织翻译出版了13部外国民法典并收藏了160多部外国民商法典作为制定我国民法典的资料储备。再往后，我主编了《中国民法典起草思路论战》（中国政法大学出版社2001年版）一书，把关于中国民法典起草方略的争鸣推向深入。再再往后，我主编了《绿色民法典草案》（社科文献出版社2004年版）作为制定中国民法典的学者建议稿。再再再往后，我利用在美国哥伦比亚大学访学的时间，写作了《认真地对待民法典》（中国人民大学出版社2004年版）论文集，阐述了民法典问题的方方面面。该书收录的诸文构成本书的"旧论"的主体部分。在2014年秋中国民法典第五次起草热潮出现以后，我又写了5篇论文探讨民法总则制定的一些问题，它们加上游离作品《公证制度与民法典》，构成本书的"新论"部分的内容。

把这些成果汇集在一起，剔除过时的内容或发现为错的内容，增加一些新知，就形成了本书。它可以作为中国民法典从1954年第一次起草至今的一个路迹图看待。我感到自豪的是，本书包含的不少观点已被刚颁布不久的《民法总则》采用，例如人前物后的民法对象定义、绿色原则。另外，一些观点被特定行业高度重视，例如我关于民法典中的公证点的研究使我成为公证界的贵人。但令我遗憾的是，"新论"部分包含的一些重要观点，例如对平等规定过多的批评、对把公民改为自然人的批评，尚有待立法机关和学界普遍接受，我有信心和耐心等待此等接受发生。

感谢柳经纬教授约稿于我，感谢厦大出版社出版此书。更具有溯及性的感谢要给现在清华大学出版社任职的李文彬，她在中国人民大学出版社任职时，催生了《认真地对待民法典》一书，该书是本书的重要部分，它记录了我的一段心史和工作经历。

2017 年 4 月 19 日

时值住院等待颈椎手术前夜

目录

旧论编

民法典草案的产生问题①

在一个享有48年的全面和平时期（有过局部的战争，但都不是全局性的）的国家，民法典的诞生如此艰难，在历史上是颇为罕见的。看一看我们的邻居越南！历经抗法战争、抗美战争以及与中国的边界战争，情况似乎比我们困难得多，却在1996年制定出了自己的838条的民法典；看一看我们的邻居俄罗斯！她在1990年由苏联变成现在的格局，政治经济体制剧烈变迁如风驰电掣，一度内外交困，民生艰难，却在1995年搞出了与新的政治经济体制相适应的、凡1109条的民法典（这可能是对中国的"改革未到位，民法典不可行论"说的最痛快的驳斥）。这种对比应该让我们感到难堪，至少我本人感到难堪。在难堪之下，不禁要思考，中国民法典的产生为何如此之难？

有政治上的、意识形态上的原因（对于这一方面，我只想简单地说一句：民法典之所以搞不出来，乃是因为有些人不想把它搞出来。如果我们中国人下了决心，有什么搞不出来的事情？请看原子弹和氢弹！）。这里，我只想研究一下民法典产生之困难的技术上的原因，并把这一比较大的问题的考查范围限定在民法典草案的产生过程上。

首先我们必须承认一个现实：从根本上而言，民法不是我国的固有法，而是继受法，因此民法对于我们中国人，基本上是西方的舶来品。既然如此，我们就必须承认西方民法，尤其是德国法族的民法是我们的母法。如果这一事实得到承认，那么在民法典的起草问题上，狭隘的民族主义抵挡不住铁的事实。作为一种纯理论的假设、对过去的事实的回忆和对许多国家的经验的参照，我们不妨设想一下请一个或数个洋人帮我们起草民法典的可能。在地球已经成为一个村子的时代和科学技术日益跨越国界传播的时代（民法也是一门科学，甚至是技术的一个门类），民族主义已经越来越引不起人们的兴趣，凡是能治好病的，都是好药，哪怕它来自东洋西洋北洋！但许多人仍会为这一提议感到难以明说理由的吃惊。然而这种做法，我们的祖先尝试过，许多继受西方民法的国家也尝试过，并不新鲜。《大清民律草案》的产生，有日本学者的直接参与，这一草案后来成为民国民法典的基础。日本人曾为我师，但日本人又是法国人、德国人之生徒。日本旧民法的草案，就是由巴黎大学教授布瓦松纳德起草的。现行的日本民法典的制定和适用，与德国的立法和学说一直保持着极为密切的联系。还可以举一些亚洲以外的例子。埃塞俄比亚的民法典，就是由著名的比较法学家勒内·达维德起草的（当然，这部法典的适用效果不好，被评价为"比较法学家的快事，非洲人的噩

① 本文原载《法律科学》1998年第3期。

梦”。这使我们要充分考虑由洋人起草民法典可能带来的消极后果);阿尔巴尼亚现在的民法典,是由一个意大利人简马里亚·阿雅尼起草的;拉丁美洲的最优秀的民法典——智利民法典,是由一个委内瑞拉人安德雷斯·贝略起草的。土耳其人干脆免了请洋师傅的麻烦,直接照搬洋师傅在其国内起草的民法典,在短期内实现了法制的现代化,被传为佳话。这些例子,足以说明外国人起草民法典现象的普遍性和民法科学跨文化传播的可能性与可行性了。

请外国人为本国起草民法典,根据在于民法和民法科学的国际性或曰跨国性。民法是科学而不是意识形态,它是对人类的生活问题的处理。因此,凡有人类生活的地方,就会有民法思考。人类生活的共同性,必然导致民法思考的共同性,这就是民法的大部分内容是“万民法”或“自然法”,只有少部分内容是“市民法”的理由。由于自然法或万民法的存在,世界各国民法典的内容,即使不能说极为相同,也可以说是极为相近的。正因如此,才有可能考虑民法在国际范围内的统一问题。既然如此,民法的跨文化引进,就不是什么奇怪的事情了。现在,我国已充分地认识到引进外国的智力资源的必要,在技术层次上(包括足球)有许多效果不错的尝试。而且,我国已参加了一些私法统一方面的国际公约,例如《联合国国际货物销售合同公约》,据我所知,我国没有参加这一公约的起草,而只是加入了这一公约,但它在中国具有国内法的效力,从民族主义的角度看,这不是外国人为我们起草了法律又是什么呢?在这样的背景下,我们为什么不可以在民法典的制定上也尝试一下聘请外国专家呢?考虑到外国人很可能不了解中国国情,可以以中国学者为主,适当吸收外国学者参与民法典的起草,这或许可以收到中体西用的效果。

说实话,我并没有认真地建议请洋人起草民法典,而只是把它当作一种理论上的可能性,大着胆子冒天下之大不韪说出来,开启一下大家的思路。如果允许我更为大胆一些,我想说,提出上述“建议”,是为了唤起所有与制定民法典有关的人士的羞耻心。知耻而后勇,说不定经这么一激,就像铁人王进喜受到挂煤气包的公共汽车的刺激一样,会有许多人发奋图强、卧薪尝胆、宵衣旰食,一使劲就把民法典搞出来了。民法科学引进我国已经百有余年,基本上已经成为本土的学问。1949 年以后至 20 世纪 80 年代之前,这一科学的发展有过中断,但 80 年代以后,民法科学相对于我们自己的过去而言,已经取得了长足的、突飞猛进的发展。在这样的背景下,组织得当、万人一心,本国的和外国的学术资源,有用的一概拿来,民法典像原子弹和氢弹一样(搞“两弹”的时候,可没有因为学术资源是外国的就弃而不用,事实上,我们尝试过请洋师傅搞“两弹”,由于别人不肯帮这个忙,我们才狠下心来自己搞),是可以靠中国人自己搞出来的(这里我想提出一个口号:当代的中国人,应该拿出上一代人搞“两弹”的劲头来搞民法典,因为民法典比“两弹”更加重要。“两弹”为凶器,圣人不得已而用之;民法典为“祥器”,芸芸众生,不可一日无此君)。那么,让我们看一下利用本土的人力资源搞出民法典的可能性。

这一问题的本质,是民法典草案的组织方式问题和组织民法典草案所需要的人格资源和学术资源问题。先说民法典草案的组织方式问题。

世界民法典草案的产生模式,大致有三种。一种是下文将述及的德国式;另一种是由学者独立提出草案的拉丁式，它在操拉丁语系语言的国家被采用较多，故名；最后一种是颇具特色的中国式。我个人认为拉丁式较好。

中国式是这样的：中国的民事立法的起草，主要是由全国人大法工委依部门法划分的常设的起草班子进行，这一班子由行政官员构成，而不是由学者构成。德国式的民法典草案的产生方式与此不同：第一，起草班子不是常设的，而是临时的，民法典一旦制定完毕，班子即告解散；第二，起草班子并不是纯粹地由官员构成，而是实行学者、律师、商人、官员的结合，以便综合各方面的意见，使制定的法律更加符合国民的法律意识。这样形成的草案，一般反映的意见都比较全面，都比较成熟，到立法机关或议会通过时，对草案的改动通常很少。当然，我国的全国人大法工委在起草民事法律的过程中，也适当吸收学者参与，并在草案形成之后，征求各有关国家机关的意见。但草案的最后定夺权与国外的草案的定夺权操之于由各种来源的人士组成的起草委员会的做法是不同的。可以说，我们的做法，具有更强的行政色彩。人大法工委的意见，较之于其他立法的参与者的意见，具有不同的分量。应该说，上述情况已经有一定的改善。中国的法学者，有过一次以我为主地起草法律的尝试，那就是统一合同法的起草。对这一尝试，褒贬不一，有人认为是成功的经验；有人认为是"一个失败"。不管怎么说，统一合同法的起草，与其他民事立法的起草不同，最初的草案，是由学者们拿出来的。这是一个由官员起草法律到学者起草法律的转变，使中国的民事立法的草案的产生方式向拉丁式迈进了一步。从世界民法典编纂史来看，这是一个纯粹的进步，因为大多数国家的民法典草案，尤其是拉丁国家民法典的草案，都是由学者提供的。瑞士民法典的草案是由欧根·胡贝尔提供的；如前所述，智利民法典的草案，是由安德雷斯·贝略提供的；西班牙民法典的草案，基本上是由加尔恰·哥业那提供的；委内瑞拉民法典的草案，是由胡里安·委索提供的；秘鲁民法典，阿根廷、荷兰、葡萄牙、巴西民法典的草案，都是由学者提供的，这样的例子不胜枚举。而且，在许多民法典的起草过程中，许多学者在同一时期或不同的时期分别提出自己的草案，立法机关然后采用一个学者的草案或将几个学者的草案加以综合，得出自己的民法典草案或民法典。合同法的起草，是由十几所高校联合产生一个草案，这是不够的。我认为，中国民法典草案的产生方式，应采拉丁式，应鼓励一个法学家或一所高校形成一个草案，最后形成几个或几十个草案，再由立法机关从中选择一个草案或综合许多草案形成民法典。这样可把民法典的制定从行政机关手中解放出来，变成一项纯粹的科学研究活动，如此，可大大加快中国民法典的起草过程，并有利于消除行政专横对立法的不良影响。或有人问：一个人形成一个草案，谁有这样大的能耐？这种疑问，的确描述了一种现实。环视中国民法学界，能总揽全局起草一部民法典的人才，确实还没有人自呈其勇。许多人对制定民法典喊得很起劲，真要他起草一部民法典，他就蔫了。可见这样的人的经天纬地之才，仅在于呼吁上头制定民法典，而不在于自己制定民法典。原因在于，在这样的人的自我意识中，自己的角色仅仅是"小妾"，而不是民法典这一摊子事的主人。因此，上述问题稍经转换，就变成了这个问题：为什么中国民法学界没有能起草一部民法典的学者？这个问题，就是组织民法典草案所需要的人格资源和学术资源问题。试斗胆对这一问题加以分析。

上述现象的第一个原因是中国民法学者的人格资源欠缺，也就是说，中国的民法学者普遍地缺乏立法者意识，仅仅满足于充当“小妾”。从罗马法一直到现代的大陆法系国家，法学家从来就是立法者。在优士丁尼关于组织编纂并颁布《学说汇纂》的 Tanta 和 Deo Auctore 敕令中，法学家就被称为“立法者”（Legislator）、“法的奠定者”（Conditor legum）；法学家的著作，被称为“法律”（Lex），法学家的地位何等尊荣！事实上，在优士丁尼编纂的罗马法总成中，包括《学说汇纂》《法学阶梯》和《敕令法典》三部著作，前两部是纯粹的法学家著作；后一部是间接的法学家著作（因为它们也是由皇帝的以法学家为重要成员的工作班子起草的）。这样的安排，奠定了罗马法系法学家立法的传统。从上文提到的各国民法典起草者的名单中，我们可以看到这一传统一直在延续，形成了“从来由法学家立法”或“由法学家与立法机关共同立法”的格局。在这种传统的支配下，法学家在自己的研究活动中，以立法者自命，有为天下立范的胸怀。一旦受到委托，就有能力制定出来一部完整的法典。即使没有受到委托，也以上述胸怀制定出自己的民法典草案作为学术成果呈献给社会，由此又形成了私家制定民法典草案的传统。大量的民法典草案的出现，又使民法典的诞生变得容易。这种胸怀、这种精神，是中国的法学者所不具有的。对这一事实的论证，只要看一看中国迄今没有产生一部私家的民法典草案的事实就够了（只产生过一部私家的破产法草案）。原因何在？说来话长，至少可以从秦朝说到清朝。我想简单地回答这一问题：那就是前面多次提到过的中国知识分子传统的“小妾”心态。

第二个原因是中国民法学者的罗马法修养普遍不够。我们尽管已经假定要以本土的人力资源解决中国民法典的制定问题，但学术资源却不能以本土为限。就法典编纂的纯正意义而言，它是罗马法系的文化现象。大陆法系的民法典，脱离了罗马法制定的，还找不出先例。罗马法与现代民法典的密切联系，说明了民法科学的历史性。民法思考不仅是同时代的不同民族的法学知识分子的思考，它还是历史上不同时代的法学家的思考。“人生苦短，文艺千秋”，这是康德的感叹，也是人类的感叹和悲剧。这句话说的是，人在浑浑噩噩中要度过许多年华，懂事的时间本来就不长，可是，刚刚积累起一些智慧，死亡就降临了。而人类又没有能力把已经积累的智慧做成像一颗丸子一样的东西留给下一代吃进去，以避免后者重复浑浑噩噩的过程，于是，浑浑噩噩再度发生，重新学习，再次进入一个比较好的状态，再度降临死亡，智慧始终不能不受中断地延续。但是，尽管丸子一样的可以避免不断的学习过程的东西没有，但使人死而智慧不灭、便利学习过程的东西是有的，那就是书籍和传统，承续或接受一种传统，就是得到一种巨大的资源。从法学的角度而言，它可以使人不必经验所有的事物就能知晓它们，换言之，作为立法者的法学者，可以凭借它们为自己不曾经验的事物，利用先人的智慧立法。把罗马法与我们现在的民事立法和民法著作进行比较，我们可以看到，前者对生活问题提供的答案远远多于后者为我们提供的，这一事实证明了罗马法对于我们制定以详密为特点的民法典的极大的工具价值。

第三个原因是中国民法学者的外国民法修养普遍不够。民法思考不仅是历时性的现象，而且是共时性的现象，换言之，作为生活问题的民法问题，是同时代的所有国家的法学知识分子思考的问题。问题域的共同性，首先来自人类生活的共同性；其次来自传统的共同性。我国属于大陆法系，从属于罗马法传统，这乃是不争的事实。这些因素使我国借鉴外国的，尤其是同法系的国家的民法理论和立法成为必要与可能。而且我们还必须承认的一个现实使这种必要更为加强：大多数与我们同法系的国家，在民法理论和立法上都比我们进步。我们没有经验的许多事务，人家已经经验并作过成功的处理，如果我们采用拿来主义，可少走许多弯路。但是，中国民法学者有能力对外国民法做深入研究的恐怕不多；即使有这样的能力者，把精力放在这样的事业上的，恐怕也不多。许多极有潜力的学者，把精力浪费在出铅字、赚钱上，这样的事业，可能更省力一些。

还可以举出一些原因。例如，形而上的偏好导致的对实证研究的忽略，使学术成果能为立法所用的少；非理性的思维传统导致对大纲性的立法的狂爱，对逻辑严密的理论区分的痛恨，结果是和稀泥和得来了劲，收不住手，干脆把性质相近而又不同的各种制度也和成一摊稀泥等，此文不是谈论这些问题的适当地方，从略。总之，君子求诸己，中国民法典制定的艰难曲折，法学者要多从自己身上找原因，多照照镜子，看到并承认自己的丑陋，自强不息，着力培养自己的健全人格并积累丰厚的学术资源。如此，情况才有望得到根本的改善。上面的言论得罪人多矣！作为责人者的我，在所责的对象中，也包括了我自己。因此，我组织了中南政法学院民商法典研究所，任务是藏、译、研究外国民商法典和有计划地编纂中国的民法典草案。我的打算是：在3～5年的时间内，提出我们研究所的中国民法典草案，以作为对我批判的诸种现象的一个改正。我相信，我们有可能、有能力完成这一任务，因为我们已经感到了羞耻！

论现代民法典的结构—功能模式[①]

引言

现代民法典是学术研究的成果和精心构造的产物，因此，更能满足人对它们的需要，从而更具有价值，因为价值不过是客体能满足主体需要的属性而已。从立法技术来看，人对法典有正义（包括一般正义和个别正义，前者为对事物处理的广泛妥当性；后者为对事物处理的个别妥当性）、安全、效率、灵活、简短5种价值要求。它们存在着相得益彰的情况，例如，效率和简短便是一致的，法典的规定越具有普遍性，只对社会关系实行类的调整或规范调整，司法机关就不必因人司法，因事司法，法律的适用就越具有效率，能实现司法程序中时间的节约，同时，普遍性的规定方式使立法者不必在法典中规定细节，因此使法律条文的数目减少，实现法典的简短价值。此外，正义与灵活也有一致之处，追求法律的灵活性，使法律能追随不断发展的社会生活条件并与其保持协调，不外为了实现个别正义，使法典不致因时势变易而与具体的生活事实不相宜。但在更多的情况下，对法典的5种价值要求互相矛盾，顾此而失彼。

安全与灵活的矛盾。安全要求法典保持相对稳定，使其具有确定性。而为了满足灵活价值，法典必须通过设立不确定规定授权法官重新解释或补充法典，使之跟上时代的步伐。而法典的这种不确定规定不能使人们精确地计算自己行为的后果，从而影响法律的安全性。

安全与个别正义的矛盾。为了实现个别正义，必须对法典的普遍性规定根据特殊案件的具体情况变通适用。这种因事的司法影响了法律的可预见性而损害其安全价值。因为法律的适用产生了与当事人以外的人之预料不同的结果，从而使其怀疑法典的确定性。

效率与安全的矛盾。为了实现效率，法典只能提供具有普遍性的一般规定，不能就一切一般以外的情况一一提供行为规则。因此，人们常常会发现，自己将为的行为法律并未宣示其结果。同时，普遍性的规定虽然使法典条文的数目减少，但随着法典规定的具体性的降低，法律的解释任务就相应增加，在其实施过程中给予法官的自由裁量权也就增加。人的因素的增加，由于人相对于规则所具有的不确定性，影响了法律的安全性。

---

① 本文原载《法学研究》1992年第1期。

效率与个别正义的矛盾。具有效率价值的规范一般人、一般事件的普遍性规定适用于典型情况时能导致正义，体现出一般正义性；但适用于特殊情况时却可能导致非正义，因而在实现一般正义的过程中牺牲了个别正义。

安全与简短的矛盾。安全要求立法者制定出尽可能多的规则，以便人们事事有所遵循。这样必然导致鸿篇巨制的法典，使简短的价值为之牺牲。成文法不过是防范法官任性的工具。法典规定越详密，对法官的限制就越大，法典规定越简略，对法官的限制就越少。法典规定的详略与法官的自由裁量权的大小成反比，这一定律概括了上述两项因素之间的函数关系。因此，法典向简短迈进一步，人民的安全就丧失一分，简短达于极致，就等于“无法司法”，就是人治，人民将毫无遮掩地暴露于权力行使者可能的任性面前。

灵活与正义的矛盾。灵活必然要求在法律运作中引入具有判断力的人的因素。而人基于自身的弱点，又有种种可能滥用法律而破坏正义。

显然，法律诸价值的互克性是它们之间关系的主流。在法典的诸价值中，如果其中的一项价值得到完全的实现，难免在一定程度上牺牲或否定其他价值。很难找到一个能够为人满意地确定法典内这 5 种价值比例关系的绝对标准。一部民法典，若能在一定的度上同时兼顾法律的各项价值，便达到了最优化。

在法律诸价值的关系的主流表现为互克的条件下，如何实现法典的最优化呢？任何使法典整体趋向于某一价值的考虑都会使这一问题永远不能解决。必须将法典分解为各具特质的部分，使它们分别趋向于法律的某一价值，如此才能减缓法律诸价值的互克性。因此，问题的关键在于寻找法典的合理结构，把法律的诸价值各赋形于一定的元件，使每一元件成为某一价值的物质承担者，通过发挥各元件的功能来实现法律的诸价值。同时建立一具有整合功能的元件，协调各元件之间可能发生的矛盾，使它们真正成为一个整体的构成分子而不是各自为战、互相矛盾，使系统的功能得以发挥。因此，把法典诸价值的矛盾由思辨领域带入实践领域，它就变成了一个立法技术问题。在我看来，所谓立法技术，不过是协调法律诸价值之间矛盾的艺术而已。运用立法技术，必然要将以抽象形态存在的法律诸价值分配到法典的物质构成元件上，通过各元件之间彼此配合与互相制约的关系，组成法典的结构—功能系统。“系统的各元件通过结构才组织为一个整体系统。结构越合理，系统的各个部分之间的相互作用就越协调，系统在整体上才能达到最优。”[①]一定的功能之获得取决于一定的结构的设计，我们欲求得的功能是法律诸价值的协调，达到这一目的的手段是把法律的各价值分配给法典内的各元件承担。结构是对系统内部元件设计方式的透析，功能是这种设计产生的效果。就民法系统而言，结构是各民法元件的设计方式，功能就是这种设计的民法元件所产生的价值。因此，民法系统之结构的合理设计一旦完成，它将具有整体性，能消除内部的冲突，实现民法的正义目的。现代民法典是由诸多法律规定组成的具有一定目的的系

① 王雨田．控制论、信息论、系统科学与哲学[M]．北京：中国人民大学出版社，1980：502．

统，它的结构可通过分析来求得，它的功能不过是其结构的运动的表现形式。因此，我们可以把对现代民法典的分析结果称为民法的结构—功能模式。

一、现代民法典的结构

法律的结构—功能模式理论是法哲学的研究成果，具有普遍的指导意义。通过运用法律的结构—功能模式理论，可将纷繁复杂的法律规定加以分解，抽象为几种彼此相关的要素，用于对法典进行分析，帮助我们理解法律各组成元件的功能并能动地加以运用。我认为，在现代民法典中，存在着以法律概念、法条、法律规范、基本原则为构成元件的结构—功能模式。

1.法律概念。法律概念指对各种法律现象的共同特征加以概括、抽象后形成的权威性法律范畴。法律概念的产生是人类思维能力进化的结果。法律概念反映客观事物的一般本质特征，穷尽地列举拟描述或规范的对象的特征，但这并不意味着概念的设计者已完全掌握该对象的一切重要特征，他们可以为了某种目的取舍已认知的该对象的特征，并将保留下来的特征设定为该概念得以成立的充分和必要条件，而把其余的特征一概视为不重要。因此，法律概念的形成过程具有编纂性。同时，法律概念具有价值判断性，即其本身就体现了对其反映对象的肯定或否定。[①] 以法人概念为例。该概念本身即穷尽地列举了立法者选择的法人特征为：(1)依法成立；(2)有必要的财产或者经费；(3)有自己的名称、组织机构和场所；(4)能独立承担民事责任。全部具有这些特征的经济实体即法人，或缺其一则否。同时，该概念包含了对法人制度的承认这一价值判断因素，即承认法人制度为有利于社会经济的一种东西而予以肯定。法人制度在国外(《拿破仑法典》)和国内(经济体制改革之前)都有不被承认的经历的事实，十分有助于说明法律概念负载价值判断的性质。法律概念是进行法律思维的工具，运用法律概念，可减轻思维的负担，避免重复一些定式化的思维过程，而以概念本身为思维的起点。法律概念虽不规定具体的事实状态和具体的法律后果，但在多数情况下，每个法律概念都有其确切的法律含义和应用范围。当人们把某人、某一情况、某一行为或某一物品归入某一法律概念时，有关的法律规范和基本原则即可适用。[②]

法律概念在法典的结构—功能模式中的主要功能是保障法律的安全价值。因为在排除立法者有意使用模糊概念的情况后，大部分法律概念是极为确定的。为了加强其确定性，立法者往往使用定义性规范，并出版权威性的官方法律辞书对立法者所使用的法律概念加以精确界定。这种情况下的法律概念其内涵和外延都有确定的范围，不易产生歧义。当法律

① 黄茂荣. 法学方法与现代民法[M]. 台北：台湾大学法学丛书，1982：22-35.

② 沈宗灵. 现代西方法律哲学[M]. 北京：法律出版社，1983：86.

概念被立法者用于立法文件后，其含义便以立法者所采用者为准，对它们的其他解释一概不具有法律效力。法律概念一旦见诸立法，其含义往往在长时期内保持稳定。因此，人们实施一定行为之前，即可得知与该行为相对应的法律概念包括哪些内容，其价值判断如何。法律概念这种极强的确定性十分有利于保障法律的安全价值。由于法律概念已将对象做了类的概括，避免了对对象特征的一一列举，因此，法律概念还负载着法律的效率、简短两项价值。对于后者，庞德指出："有了概念，人们就有可能在只有较少规则的场合下工作，并有把握应付那些没有现代规则可循的各种新情况。"[①]

由于法律概念的形成过程具有编纂性，若立法者对对象的特征有舍弃过度或不及的情况，相应的法律概念便会出现涵盖范围太窄或太宽的问题，使法律概念的确定性成为牺牲法律的灵活价值、个别正义价值的原因。对此问题，立法者除采用模糊概念、以标准同概念搭配以减缓后者的僵硬性之外，还可以对极为确定的概念基于其价值判断性进行扩张或限缩解释，以填补法律漏洞，将缓缓进化的价值观念的变化引入到法律概念中来。[②] 经过这些处理的法律概念可满足法律的灵活价值。对法律概念作出的扩张或限缩解释实际上是变相立法。[③]这些处理的存在证明了一般法律概念的极为确定性。

2.法条。法条为法律条款之简称。法条由法律概念加各种限制词、连接词和判断词构成。如同法律概念是组成法条的材料一样，法条是组成法律规范的材料。法条不可与法律文件中依序数排列的法律条文(自然法条)相等同，它指表达了法律规范一个以上要件的立法者陈述。有时一个自然法条的复数款、项分别表达了两个以上法律规范的要件，因此，一个自然法条中的一款或数款也可能构成一个独立的理论上的法条。

法条可分为完全法条和不完全法条。前者指在一个自然法条中包括了一个法律规范的全部要件的情形，换言之，指自然法条与法律规范发生重合的情况；后者指不具备一个法律规范的全部要件，而只具备部分要件的法条，它只能被用来进一步说明、限制或引用另外一个法条。从理论上看，只有当复数法条在一个具体的运用目的下被组合成一个法条结合体时，才能发挥不矛盾的规范功能。因此，从能否发挥规范功能的角度来看，几乎没有一个法条是完全的。有时一个看来完全的法条，经分析后却发现其并非如此。[④] 例如，《民法通则》第 107 条规定："因不可抗力不能履行合同或者造成他人损害的，不承担民事责任，法律另有规定的除外。"这一看来完全的法条却只有通过参照其他条文才可发挥其规范功能。其中关于"不可抗力"的用语，必须参考《合同法》第 153 条关于"不可抗力"的解释；其中当事人"不承担责任"的范围，又取决于他们是否履行了第 114 条中规定的防止损失继续扩大的义务；另外还要考虑"法律另有规定的除外"的但书中所指法律为何法及其具体规定。因此，我们

① 沈宗灵. 现代西方法律哲学[M]. 北京：法律出版社，1983:86.

② 黄建辉. 法律漏洞·类推适用[M]. 台北：蔚理法律出版社，1988:128.

③ 梅里曼. 大陆法系[M]. 顾培东，禄正平，译. 重庆：西南政法学院，1983:50.

④ 黄茂荣. 法学方法与现代民法[M]. 96-101.

将法条区分为完全法条与不完全法条，只是为了有助于说明法条间的相互关系。所以，这里的完全法条，不能理解为不依靠、不联合其他法条便可独立地发挥规范作用的法律规定。

法条的不完全性，换言之，法条与法律规范在外延上的不相重合，意味着一个法律规范的各要件常常散布在不同的法条中。这种现象的典型形式是交互引证条款，它标志着立法的学者法化倾向和立法技术的进步，尽管给当事人查阅法律带来不便，但为法律赢得了简短价值。因为立法者若将所有的法条都设计成完全法条，则各个法条势必一再重复彼此共同的部分，或必须将许多事项规定在一个条文中，结果将是法条在结构上更复杂，显得臃肿不堪。但法条排列组合的多样性给司法者滥用法律、上下其手提供了机会，影响了法律的安全性。

3.法律规范。法律规范是对一个事实状态赋予一种具体的确定的后果的各种指示和规定，它完整地规定了立法者向人们提供的行为模式以及遵循它们与否的法律效果。法律规范由法条组成，是法典中最频繁发挥作用的元件。在法典的结构—功能模式中，法律规范是一般正义、效率、安全等价值的承载者。首先，法律规范在一般情况下是立法者根据正义的要求设计的，在排除了它们有意制定出非正义的法律规范的可能的情况下，以及在排除了它们由于立法技术的失误导致非正义法律规范产生的情况下，法律规范是正义的体现。但法律规范具有普遍性，它只能对社会生活中的典型事件、典型场合以及典型对象作出规定，而不能就每一特殊情况作出规定，因而法律规范只是一般正义的承载者。其次，在一般情况下，法律规范因其具有普遍性而不必因人因事适用，它承载着法律的效率价值。再次，在一般情况下，法律规范最明确地宣示了各种行为的法律效果，使人们获得了对自己行为处遇的可预见性。同时，法律规范具有确定性，一经制定，在相当长的时间内不会变更，因此，法律规范同时是法律的安全价值的承担者。

但是，在法律诸价值的冲突关系中，安全与灵活的互克性为最强，绝对的安全将导致绝对的不灵活。因此，法律规范在实现安全价值的同时，必须避免牺牲灵活。法律规范通过使作为自己基本构成材料的法律概念与“标准”结合，完成了安全与灵活的调和。“标准”就是依个案的具体情况适用的行为尺度，例如“适当注意”“合理”等用语，它是具体的、非统一的，具有可伸缩性。标准对于某一个案意味的行为尺度，只有通过分析其具体情况才能确定，因此，标准代表了法律的个别化倾向，以此减缓具有普遍性的法律规范的刚性，避免它在适用于特殊案件时导致非正义。立法者开始在法律规范中使用标准后，大大增加了其灵活性和适应性，从而大大拓展了其适用范围。这样的标准是具有更大的灵活性的基本原则的萌芽。

如前所述，法律概念在通常情况下极为确定，如果一个法律规范只使用这样的法律概念为建筑材料而不使用标准，则它就是确定的法律规范。因其对存在差别的一类情况都一样处理，表现为“一刀切”的特性。因未给司法机关留下自由裁量余地，它承担着法律的安全和一般正义价值。如果一个法律规范不仅使用了法律概念，而且还使用了标准，它就是不确定的法律规范。由于给司法机关留下了自由裁量余地，它承担着法律的灵活和个别正义价值。

确定性规范往往在立法者为了实现严峻的立法目的，或在紧急情况时使用，以展示法律的残酷的、威慑的一面，以牺牲个别正义为代价换取人们对法律的畏服。不确定规范往往在正常情况下使用，以展示法律富于人情的一面，通过对每一情况的各得其所的处理得到人们对法律的敬服。

4.基本原则。基本原则是法律的具有模糊性的根本规则，是进行法律推理的权威性出发点，它未预先假定任何确定的、具体的事实状态，也未赋予确定的、具体的法律后果。它出现于立法，是人类思维能力进步和立法技术高度发展的结晶。

古代法典所用概念多为单独概念，即反映某一特定事物的概念，其外延只反映一个单独的对象，抽象性极低，由此构成的规则具有极大的具体针对性和刚性，以之建造的作为整体的法律因此漏洞百出。例如，《萨利克法典》中有偷窃一只 2 岁的猪如何如何、偷窃一只带着小猪的母猪如何如何的规定[①]，至于偷一只 4 岁的猪该如何处置、偷一只不带小猪的母猪该如何处置，《萨利克法典》缄默不语。这证明古代法典多为判例的汇集，其偶然所收案例事实的特殊性决定了其条文的具体针对性。一个判决不仅解决了当时发生的纠纷，而且成为日后判决同类案件的根据，这些判例搜集汇编起来便构成法典，因而不存在一般抽象的法规。[②]因此庞德认为，原始法阶段的法律的特点之一就是法律的范围极为有限，既无原则也无一般观念。[③] 这种局面反映了当时人类思维能力的落后。

随着人类思维能力的进步和社会的发展，法典超越了具体案例汇编的水平而成为立法者深思熟虑的产物。立法者开始广泛使用普遍概念，即反映某一类事物的概念，其外延是这一类事物的一切对象。普遍概念是单独概念基础上的抽象化，因此，普遍概念之极致即抽象概念。《德国民法典》使用“法律行为”概念即这种抽象化趋势之一例。由单独概念到普遍概念再到抽象概念的发展，标志着法律的抽象化趋势。立法者已不满足于为经验之内的事物立法，而力图将其立法权扩及行使于经验之外的事物。

由于概念的内涵和外延存在反比关系，概念的内涵越少，其外延越大；反之，概念的内涵越多，其外延越小。法律的抽象化，意味着立法者尽量扩大法律的涵盖范围，增加其广泛适用性而非仅针对个别事件。但是，普遍概念或抽象概念的外延尽管可随其内涵的减少而呈扩大趋势，但它毕竟是封闭的，因而其范围毕竟是有限的，换言之，法律仍是不周延的。为了进一步扩大法律的涵盖范围，近代立法者开始使用模糊概念。模糊概念是对抽象概念的超越，它打破了概念外延的封闭状态，由于其内涵极为稀薄，其外延成为不确定的或开放性的，它只有经过法官审时度势后才能确定化，以此进一步扩大了法律的涵盖面。上述从单独概念—抽象概念—模糊概念的发展，是立法技术由量变到质变的飞跃，这一过程为民法基本原

① 参见《外国法制史资料汇编》(上)中所录萨利克法典条文。

② 陈盛清. 外国法制史[M]. 北京：北京大学出版社，1982：75-76.

③ 沈宗灵. 现代西方法律哲学[M]. 北京：法律出版社，1983：89.

则提供了作为其建筑材料的模糊概念,使其出现于立法成为可能。

20世纪后基本原则才出现于立法。古代法典中不乏法律概念和法律规范,近代法典中法律概念、法条(指自然法条与完全法条的分离)、法律规范一应俱全,但无基本原则的立法技术成分。只是在《瑞士民法典》之后才出现了基本原则。由于通过基本原则在法律运作中引入了人的因素,形成了一种不同于以往的规则模式的新的法的模式,使法律成为由人操作、调适的一套规则体系。

二、民法基本原则的作用

由于现代民法典与古代和近代民法典的重要区别在于新设了基本原则的结构成分,从而使前者的功能与后两者表现出差异。为了深入理解现代民法典的结构,十分有必要单独讨论基本原则在现代民法的结构—功能模式中的作用。与其他法律的结构成分只负载法律的一两项价值不同,基本原则差不多是法律的所有价值的负载者。它对法律诸价值的承载通过两个方向进行:第一,以其自身的模糊形式负载法律的灵活、简短、安全价值;第二,通过它对其他法律的结构成分运行的干预实现法律的正义价值,并实现其整合功能。

在第一个方向上,基本原则首先起着保障法律的灵活性的作用,其模糊性乃实现这一功能的条件。基本原则的模糊性意味着在法律运作中对人的因素的引入,法律由此被看作是须由解释者完成的未完成作品,是必须由人操作的机器而不是自行运转不息的永动机;法律的外延由此成为开放性的,法官可根据社会生活发展的需要,通过解释基本原则,把政治、哲学、经济方面的新要求补充到法律中去,以使法律追随时代的发展而与时俱进,实现法律的灵活价值。

其次,基本原则以其模糊性实现着法律的简短价值。模糊性规定出现于立法,意味着立法者放弃了以具体法律规范涵盖一切民事关系的努力,因为运用这种方式必然遇到极限。具有模糊性的基本原则使法律的外延成为开放性的,是取代具体针对性规制方式的弹性规制方法之运用,这种方式是没有极限的。因为通过基本原则设定在法律外延上的缺口,法官可将社会生活中发展变化的活法规则源源不断地输入于法典之中成为形式法的规则,从而使制定法再无规定得极为详密之必要。因此模糊性规定出现于立法,必然使法律条文的数目减少。详密规则是对司法者极度不信任之产物;相反,模糊性规定是对司法者相对信任的产物。在对司法者持相对信任的态度后,详密的规则已失去其部分意义。由于这种关系,基本原则成为法律之简短价值的承载者。从立法史来看,法典条文的数目呈递减趋势:《法国民法典》2281条、《德国民法典》2385条,此为一考察组。《瑞士民法典》977条,加上《瑞士联邦债法典》1186条、《日本民法典》1044条、《苏俄民法典》569条、我国台湾地区"民法典"

1225 条、我国《民法通则》156 条，此为另一考察组，两组之间的递减趋势十分明显，基本原则之运用同这种趋势至少有一定关系。作为法律推理的根本出发点的基本原则是立法准则，制定法之规定只是这种推理的部分成果，法官还可据之推出许多其他规则。在引进人的因素于法律运作的前提下，基于人的因素与规则因素的此消彼长关系，制定法的规定必然减少。

再次，基本原则以另一种方式保障着法律的安全价值。模糊性是对法之明确性的牺牲，人的因素的引入即意味着危险的增加，何以将基本原则看作是安全价值的承载者呢？20 世纪之前的法典皆以陈述尽可能多的具体行为之法律效果的方式来加强法律的可预测性以保障安全，20 世纪之后设立了基本原则的法典（以其不被滥用为前提）则以陈述自己对一切行为价值态度的方式来做同样的事。与欧陆法典中玄妙无比的诚信原则不同，我国民法中的平等自愿原则、公平原则、诚信原则、权利不得滥用原则、法律补充原则列举了立法者在民事领域追求的全部价值。因此，如果可以把法律的安全性理解做法律的可预见性，20 世纪之前的法典所追求者为事实的可预测性，我国《民法通则》所追求者为价值的可预测性。当事人根据民法基本原则提出的价值要求，不难判断一个具体事实能为法律接受与否。这种实现法律之可预测性方式的转变或许是一个进步，它至少更能满足一个变革中的社会对法律的要求。但此种效果之完成，以基本原则不被滥用为前提，为此应加强司法程序方面的保障手段，否则基本原则这把双刃剑就会刺向人民，它便作为一个不安全因素存在了。此外，由于基本原则具有实现法律的与时俱进的进化功能，法律不必经常修改而保持相对稳定，实现渐变式的、生长式的发展，保证了法律的确定性。这是基本原则实现法律之安全价值的另一手段。

在第二个方向上，基本原则依据其衡平性，通过对法律的其他结构成分之运行的干预来实现法律的个别正义价值。当具体法律规范在特殊情况下的适用违背法律的根本目的时，它授权法官依据其要求对具体法律规范加以变通适用，以求得个别正义的实现。这一过程证明，基本原则首先是规制规则的规则，它控制着法律规范的适用情况，使其每一次适用都能达到正义的效果。如同法条必须在一定价值目标的统率下组成法律规范才能发挥其规范功能一样，各个法律规范也只有在基本原则的统率下才能正常发挥其功能。由于规范的繁多、组成规范的法条所涉事务的复杂万端，若无体现法律的正义目的的基本原则的监督协调，规范极可能出现违反目的的适用。而法律的结构—功能模式中的各构成成分必须相互一致、彼此不矛盾。一旦各构成成分之间发生矛盾，便成立体系违反，必须予以消除。从静态来看，法律规范的体系违反有规范矛盾和价值判断矛盾两种情况。规范矛盾指数个不同的法律规范对同一社会关系加以规定并赋予了不同的法律效果。价值判断矛盾指某一规范赋予某一个法律事实以一种法律效果，而另一规范赋予另一个法律事实以另一种法律效果，但两个法律事实在法律上之重要之点相同的情况。例如，《民法通则》第 37 条第 2 款、第 74 条第 3 款、第 75 条第 2 款分别规定了对国家财产、集体所有财产和公民个人财产的保护，行文之中对国家财产使用了“神圣不可侵犯”的用语，对后两种财产只使用了“不可侵犯”的用语，国家财产、集体财产、个人财产作为财产的性质相同，法律赋予它们不同的地位，这无疑使国家财产具有对集体财产和个人财产的优越性。以民法中的平等原则衡量，这是一种体系违反。

静态的体系违反一般由立法技术的失误或立法者在局部问题上的指导思想失误造成。而动态的体系违反却是由时间的流逝造成，换言之，法律制定之初并不存在体系违反之情形，由于时过境迁，体系违反才生成出来，所以动态的体系违反又称为演变式体系违反，它反映了社会的、哲学的、经济的、科技的发展引起的新事物与法律规范的矛盾。这些新事物或因立法者未对其预见而未加规定，或虽有规定但已与实际情况不合。

对于上述两种体系违反，法官必须根据民法基本原则通过衡平或解释活动予以消除。这只是基本原则整合功能对法律规范运行的作用形式。对其他法律结构成分的作用形式还有：对任何一个法律概念都可做扩张或限缩两种解释，采用何种解释形式及如何解释，取决于民法基本原则的要求；法条排列组合的多种方式隐藏着玩弄法律从而滥用法律的危险。因为对同一个法律事实，如果以不同的方式组合法条形成对之加以规制的法律规范，得到的法律效果将不尽相同。因此，法条必须按基本原则的价值要求组合，以保证它们合体系地适用；对不确定规范的确定化，也必须根据基本原则的要求进行。

基本原则对全部法律规范、法律概念、法条的运行所起的上述整合作用，将使由这些结构成分组成的法典成为一有机的系统而具有整体性。法典系统各结构成分赖之成为整体的基础，无疑就是基本原则体现的正义要求。具有整合功能的基本原则在法典中之设立，将使法典保持服从于正义目标的整体的一致性，并随社会生活条件的变化依靠自身的弹性机制与其保持适应。当基本原则肯定的基本的社会价值尚未达到需被新的社会价值取代的程度时，不需对法典做根本的修改。因此，设立了基本原则的法典一般可保持稳定性而行之久远，法律通过司法调整的途径实现生长，以渐变为法律的变化形式，避免破坏性过大的突变。于法典中设立基本原则，通过它与其他法律结构成分的各司其职及相互协调，可使法律的正义、安全、效率、灵活、简短诸价值在新的法的结构—功能模式中得到兼顾，并建立由立法机关和司法机关共同参与的法律的发展演进模式。

论我国民法典的认识论基础[①]

一、认识论与权力量守恒定律

认识论是关于人类认识现实、领悟真理的能力的哲学学说，表示着主体与客体的关系，所回答者为主体能否把握客体的问题。如果认为人的认识具有把握全部真理的能力，即认识论上的绝对主义；如果认为人的认识不具有把握全部真理的能力，即认识论上的不可知论(Agnosticism)[②]；如果认为人的认识有所知而有所不知，即认识论上的折中论。认识论与立法的关系至大，立法即在认识既往人类行为规律性的基础上预见并规制未来人类行为的认识活动，必以一定的认识论做指导。立法者对自己的认识能力如何估价，直接决定权力量守恒定律发生作用的结果。依这一定律，立法权与司法权此消彼长，法律规定的数量与法官权力成反比，法律的模糊度与法官权力成正比。立法者若对自己的认识能力抱极大的信心，必然努力制定预料未来一切社会关系的法典，由此使司法者补充和变通适用法典条文的活动成为不必要并不允许。既然立法者已预见一切，司法者所能做者即"依法审判"。唯有于立法者认识有所不逮之时，司法者之拾遗补阙方为必要。因此，绝对主义必定导致立法至上或绝对的严格规则主义。反之，若立法者对自己的认识能力持怀疑态度，就会避免采用预料未来一切人类行为的法典法的立法方式，而将发展完善法律之工作主要交给法官，换言之，不可知论必定导致司法至上或自由裁量主义。立法者若持认识论上的折中态度，就会力图将已有把握认识的人类未来行为加以规定，而将无把握认识的人类未来行为交给法官处理，以明示或默示的方式授权法官制定补充规则，换言之，折中主义的认识论必定取二元的立法体制，实行严格规则与自由裁量相结合。

由上可见，立法者就认识论所持的立场，会影响到立法权在立法机关与司法机关之间的配置和移转，从而影响到民法典的涵盖范围、所采用的法律渊源体制以及立法的明确或模糊等许多立法事项的处理。

---

① 本文原载《法学研究》1992 年第 6 期，重新发表时有增补和改动。

② 但《哥伦比亚百科全书》认为，不可知论是怀疑主义的一种形式，认为上帝的存在不能被逻辑地证明或否证。See Paul Lagasse, Columbia Encyclopedia[M]. Sixth Edition, Columbia University Press, 2000: 36.25.

二、认识论与三部著名民法典

每一部民法典都以一定的认识论为基础，这种认识论必定反映在民法典的一定条文中或一定的立法技术中。对于各民法典中反映立法者认识论选择的条文，我们可称之为“认识论条款”，或另换角度，称其为“权力分配条款”，因为立法权在立法机关与司法机关间配置方式的基础是立法者对自己认识能力的估价。《法国民法典》第5条为该法典的认识论条款，此条规定：“审判员对于其审理的案件，不得用确立一般规则的方式进行判决。”此条反映了《法国民法典》的认识论基础为绝对主义，立法者受拉普拉斯决定论的影响，认为“只要知道了宇宙的各质量的瞬间构形与速度，一个头脑精细的人就可以算出整个过去与未来的历史”。[①] 因而自信“仅用理性的力量，人们能够发现一个理想的法律体系”。[②] 因此他们力图系统地规划出各种各样的自然法的规则和原则，并将它们全部纳入一部法典之中，形成了包罗万象的法典，并以第5条断然拒绝法官对这一法典加以补充和修改。“立法者自认为预见到了一切，因为他们要求法官必须以法律条款为依据作出判决。”“他们认为，法官将面临的所有诉讼问题，立法者已预先将答案交给他们”，“他们认为他们所提出的规则是合理的，不可改变的”。[③]《法国民法典》由此形成绝对的严格规则主义的风格。尽管从逻辑出发分析《法国民法典》的这两个条文必然得出上述结论，但我们必须承认这一民法典的起草者并非不知法律必有漏洞。波塔利斯(Portalis)在以编纂委员会之全体的名义发表的引言中，受命公开承认了自然法的权威并重申了其作用。在列举了提供给法官用以弥补他很坦诚地承认可能发生，甚至经常发生的法律漏洞的所有资源后，他总结道：“当法官得不到任何明确和众所周知的规则之指引时，当他遇到的是一个全新的事实时，他只能回到自然法的原则。”[④]另外，法国在大革命后首创自由心证制度，就是把判断证据的权力从法律(法定证据制度)移诸法官，实际上允许法官有一定的自由裁量权。[⑤]

在《德国民法典》中找不到明确的认识论条款，但《德国民法典》第1次草案第1条曾规定：“法律未设规定者，应类推其他规定以为适用，其他规定亦无者，应适用由法律精神所得之原则。”[⑥]此条赋予了法官充分的法律补充权，证明立法者并不认为法典可涵盖一切而法官无用武之地。但此条在《德国民法典》正式公布时被取消，这可能是立法者屈从于三权分立体制的结果。然而立法者又以另外的方式表达了他们的认识立场，即改以默示的方式对法官授权。法典中大量存在的一般条款“无疑表明了对法院在政策制定方面的立法授权，每一

---

① 王雨田. 控制论、信息论、系统科学与哲学[M]. 北京：中国人民大学出版社，1986：27.

② 博登海默. 邓正来、姬敬武，译. 法理学：法哲学及其方法[M].. 北京：华夏出版社，1987：67.

③ 亨利·莱维·布律尔. 许钧，译. 法律社会学.上海：上海人民出版社，1987：68.

④ 阿·布瓦斯泰尔. 钟继军，译. 法国民法典与法哲学[M].//徐国栋. 罗马法与现代民法：2卷. 北京：中国法制出版社，2001.

⑤ 卞建林. 证据法学[M]. 北京：中国政法大学出版社，2000：33.

⑥ 据郑玉波. 民法总则[M]. 台北：三民书局，1979：40.

个一般性条款都鼓励建立一个给人以强烈印象的判例体系"。[①] 因此,《德国民法典》制定者的认识论选择并不在特定条文中反映,而体现在法典的以模糊规定众多为特色的立法技术中,通过迂回的方式,仍达到了使《德国民法典》成为严格规则与自由裁量相结合的法典的立法者目的。

《瑞士民法典》沿袭了《德国民法典》以默示方式表达立法者认识论立场的做法,它"避免在许多问题上作明确具体的规定,其条文有意识地规定得不完备,因而条文常常只勾画一个轮廓,在这个范围内由法官运用他认为是恰当的、合理和公正的准则发挥作用"。[②] 同时,为了更鲜明地表达立法者的认识论立场,《瑞士民法典》又以明示的方式确立了其认识论条款,其第 1 条第 2 款规定:"如本法无相应规定时,法官应依据惯例,如无惯例时,依据自己作为立法人所提出的规则裁判。"此款旗帜鲜明地承认了法官立法的合法性,慷慨地把部分立法权交由法官行使,立法者因而勇敢地承认了自己认识能力之不足,由此使《瑞士民法典》成为严格规则与自由裁量相结合的法典。

《德国民法典》和《瑞士民法典》共同的认识论基础为长期统治欧陆思想界的康德哲学。康德一方面承认"现象世界"是可知的,因而同不可知论划清了界限;另一方面,康德又认为"自在之物"是不可知的,因而同绝对主义划清了界限。[③] 因此,康德在认识论上持折中态度。按照康德的认识论,基于"现象世界"的可知性,法典法的立法形式可以保留,而不必像英美法那样把过大的立法权交给法官。同时,基于"自在之物"的不可知性,保留下来的法典法不能是包罗万象的、封闭的,而必须将立法者认识不及的问题交由法官处理。因此,立法权必须在立法者与司法者之间按一定比例配置,严格规则和自由裁量皆不可偏废。

不可知论必定排斥制定民法典,菲尔德法典编纂计划的激烈反对者卡特曾指出:"科学仅仅是对事实的整理和分类,具体案件的实际判决就是事实,它们只有在进入存在后才能被观察和分类,例如在判决作出后这样做。因此,要求法律科学为未来制定规则,在逻辑上是不可能的。换言之,法学家或法典编纂者不能对未知世界的人类行为进行分类并继而就它们制定法律,正犹如博物学家不能对未知世界的动植物进行分类一样。"[④]正是凭借这种不可知的认识论,卡特成功地击败了菲尔德企图对未来人类行为进行规制的法典编纂计划 。[⑤]

经过一个多世纪的考验,立法中的绝对主义和不可知论皆已被证伪,法国法官大量地创

---

① 埃尔曼. 贺卫方,高鸿钧,译. 比较法律文化[M]. 北京:三联书店,1990:211.

② 康·茨威格特,海·克茨. 谢怀栻,译. 瑞士民法典的制定及其特色[J]. 法学译丛. 1984(3).

③ 朱德生. 西方认识论史纲[M]. 南京:江苏人民出版社,1985.

④ See Mathias Reimann, The Historical School Against Codification: Savigny, Carter, and the Defeat of the New York Civil Code, In The American Journal of Comparative Law, Winter 1989.

⑤ 然而,菲尔德民法典在加利福尼亚州(1872)、南达科他州(1863)、北达科他州(1865)、爱达荷州(1887)。后来又通过《加利福尼亚民法典》的中介成为《关岛民法典》。

法已使民法典第5条成为具文①,英美法中制定法的大量增长以至于法典(如《统一商法典》)的出现,又使卡特的结论显得可笑。历史在说:《德国民法典》和《瑞士民法典》所持的认识论是对的!②

三、认识论与我国未来民法典

当前,我国已进入民法典的酝酿阶段。探讨我国未来民法典的认识论基础,提出一定的认识论作为设计我国未来民法典的指针,已是民法学界的紧迫任务。

马克思主义是我国的指导思想,以辩证唯物主义为重要内容的马克思主义哲学是我国未来民法典的认识论基础。在对人类认识能力进行估价的三种认识论形式中,马克思主义认识论属折中说,即对人类认识能力持有所知而有所不知的估价,认为特定时空的个人或群体只能达到相对真理,不能达到绝对真理。辩证唯物主义虽承认世界可知,但并不承认对世界的认识可以一举完成。客观真理之达到必然要经历一个不断探索、认识加深的过程。在每个历史发展阶段,人们只能达到相对真理,即接近事物本质的认识。无数相对真理的总和构成绝对真理,即把握事物绝对本质的认识。不能否认绝对真理之存在可能,因为人类作为一个整体,在与自然界同时开展的无限延续中具有至上的认识能力,承认这一点是为了反对相对主义和不可知论,为一切科学的存在奠定牢固的基础,为人们把握世界的可能性提供信心。同时,人们达到的客观真理又具有相对性,不能肯定我们现在视之为真理的认识不会被将来的反证所推翻,承认这一点是为了反对绝对主义,杜绝特定时空的个人或群体一举把握无限延续发展的世界之本质的幻想,确定真理是一个过程。人类只有在不断的尝试与错误中才能渐次达到绝对真理,无限地接近绝对真理。

辩证唯物主义把人类作为历史整体的认识能力与特定时空个人或群体的认识能力区别看待,认为人类作为历史的整体,具有把握世界最终本质的能力,其认识能力是至上的;而特定时空的人类个体或群体不具有把握世界最终本质的能力,其认识能力是非至上的。由于只有特定时空个人或集体的认识能力对解决具体问题有意义,因此,辩证唯物主义对人的认识能力的估价并不十分乐观,但它又对人类作为历史整体的认识能力做了乐观估价,这种估价的意义不大,因为人总是作为特定时空的个人进行认识活动,人类作为整体具有的至上的认识能力对他们没有什么实际意义,因此我们说这种认识论在根本上是悲观的,尽管从表面上看它对人类认识能力的估价为折中的。可以看出,辩证唯物主义以相对真理与绝对真理关系为内容的认识论,与作为《德国民法典》和《瑞士民法典》基础的康德认识论十分接近。

---

① Voir J.P.Niboyet,La question d'un nouveau code civil en France[J]. Tulane Law Review,Vol.24,1955:262.

② 徐国栋.西方立法思想与立法史略[J].比较法研究.1992(1—2)。

前者明显地脱胎于后者。所以在中国,基于人类认识能力的至上性,应制定尽可能多的预料未来人类行为并加以规制的民法典。同时,基于人类认识能力的非至上性,未来制定的民法典必须保持开放性结构,合理地授予立法权于司法者,使绵延的司法过程成为短暂的立法过程之逻辑延伸,以司法者之认识能力补立法者认识能力之不足。因此,若承认辩证唯物主义为我国未来民法典的认识论基础,未来民法典的涵盖范围、法律渊源体制设计等问题之处理就获得了明确的指引。

四、认识论与未来民法典的涵盖范围

我国至今无民法典,但《民法通则》《公司法》(2013 年修订)《合伙企业法》(2006 年修订)《婚姻法》《合同法》《物权法》《担保法》《继承法》《专利法》《商标法》《著作权法》《侵权责任法》《涉外民事法律关系法律适用法》等单行法构成我国民事立法的基本框架,它们的条文总数为 1670 条。相比于《法国民法典》的 2283 条、《德国民法典》的 2385 条,它们的涵盖面偏小,由于我国立法者过分主动地否定了自己具有更大的认识、预料未来民事关系的能力,它们未为当事人提供尽可能多的行为规则,也未为法官提供尽可能多的审判规则,因此对当事人相当缺乏事实预测的安全性,对法官缺乏可操作性。当事人在法律中找不到对自己行为的明确答案,于是判断这些行为正当与否的权力就实际上由立法者转移到了法官手中。法官成了具体案件的实际立法者,他拾得了立法者主动放弃的立法权。由于立法权与司法权之间为此消彼长的关系,法律条文的少即意味着法官权力的多,这种“宜粗不宜细”的立法方式造成了巨大的危险。立法者立法与法官立法极为不同。立法者不是当事人所在社区的成员,他无由接触当事人并受其影响,因此能公正地制定普遍性的规则。在有些国家,为了防止立法者受外界的影响,通常将他们像高考出题者一样关起来,一直到他们制定出有关的法律为止。[①] 更极端的做法是请外国人立法,因为他们在内国毫无人情关系,因此能公正立法。而法官是当事人所在社区的成员,有充分的机会与当事人接触并受其影响,他就具体案件所制定的规则的公正性是根本无法保障的。假若法官受到当事人的左右,立法权还可能再次移转到当事人自己的手中,当事人成为自己的案件的立法者。这是一种最可怕的但又非常现实的情况。

由于立法机关立法远远优于法官立法,而立法机关怠于立法就会造成司法机关拾得立法权,由此危害人民权利的安全。为了避免这样的结果,必须强调立法机关的义务,违反此等义务构成玩忽职守。如果有关法律问题理论界和实务界已做了广泛的讨论并积累了丰富的审判经验,立法机关仍拒绝将之上升为法律,构成此罪,主事者须承担相应的刑事责任。

---

① 柏尔马和皮斯托亚等城市采取的做法,是将编纂者禁闭在一座房子中直至他们完成使命,以免受外界的影响。伯尔曼.贺卫方,等译.法律与革命[M].北京:中国大百科全书出版社,1993:472.

已成为我国判例法的情势变更原则在制定新合同法的最后阶段被废除，情势变更问题重新被置于无法状态的事例，是构成这种犯罪的一个典型。关于这种过犯，在我国还发生了一个行政法案例。2004年11月21日，东航云南分公司的一架小型飞机从包头飞往上海，起飞后不久坠毁，47名乘客和6名机组人员全部遇难。依据1993年国务院132号令《国内航空运输旅客身体损害赔偿暂行规定》的规定，国内空难的受害人只能从航空公司获得7万元赔偿，但从1993年到2003年，我国的GDP增长了4.35倍，民航业的总收入也增加了近6倍，而航空公司对罹难乘客的赔偿限额依旧按照12年前的标准执行，是不合理的。于是，2005年3月4日，包头空难者的遗属提起行政诉讼，告中国民航总局行政立法不作为，遭到败诉。[①] 后来，明显出于包头空难的推动，民航总局修改了空难赔偿标准，从7万元提高到40万元。[②] 这一举措证明包头空难者的遗属实质胜诉，民航总局实质地承认了自己立法迟缓的过犯，但可惜无人对此承担责任并制定相应的程序防止再发生此等过犯。

基于法律规定的数量与法官权力成反比的函数关系，尽力预料未来民事关系并加以规制的扩大法律涵盖范围的民法典，是保障人民权利安全并限制法官权力的良好立法形式。但这一立法形式在我国长期被弃置不用，原因在于相当时期以来我国有许多人认为，民事关系不断发展变化，因而无法加以一举把握，所以总认为制定民法典的条件不成熟。这种论点是相对主义、不可知论和形而上学的奇特混合。其相对主义和不可知论表现为：此论把民事关系神秘化，看成是若有若无，无法把握的幽灵，因而只好自认无法把握它们，最终陷入了不可知论；其形而上学表现为：此论将民法典理解为包罗万象的立法方式，它在等待着这么一个瞬间，不断发展变化的民事关系会突然刹车静止，使它能从容不迫地对之加以描摹而形成面面俱到、滴水不漏的民法典。这种论点出自自称信仰马克思主义之人的头脑，却严重地违背马克思主义。相对主义片面夸大了事物的运动性并将其绝对化，否认了事物的相对静止和相对稳定；不可知论则片面夸大了人的认识能力非至上的一面，否认了人的认识能力至上的一面；而形而上学将相对的静止看作绝对的，从而否定了运动是事物的根本属性。由上可见，"宜粗不宜细论"或"制定民法典条件不成熟论"的哲学基础直接与辩证唯物主义相冲突，必须破除之，以制定详密的民法典。

辩证唯物主义认识论对人类认识能力具有至上性一面的估价、对事物相对静止性的估价，已使严格规则主义的法典法成为可能。辩证唯物主义认识论对人类认识能力具有非至上性一面的估价、对事物绝对运动性的估价，又决定了所要制定的法典必然是开放性的，自由裁量是严格规则的必要补充。但是在我国法官的素质和待遇皆不高的条件下，矛盾的主要方面是加强严格规则主义，竭尽全力扩大民法典的涵盖面。我们所要做到的是，由立法者对已有把握认识的民事关系尽可能多地加以规定，努力扩大民法典的涵盖范围，不妨作出数

---

① 民航总局十年立法不作为：包头空难者家属提请全国人大审查赔偿标准[N]. 厦门晚报，2005－12－22(15).

② 黄乐欣.空难赔偿标准上升至40万，不合理赔偿标准获提高. [EB/OL]. [2006－6－28]. http://www.ycwb.com/gb/content/2006－02/28/content_1077205.htm.

千条规定，以增强法律的可预见性、可操作性和当事人行为的安全性，限制法官权力的过分膨胀，使“法典成为人民自由的圣经”。现实的教训已告诉我们，我国的民事立法再不能采取“宜粗不宜细”的立法方式，而必须制定严格规则主义风格的缜密的法典。同时，又必须承认民法典不可能包罗万象，把立法者不能预见的问题交由经精心选择的其他有权机关（如高级司法机关）依严格的程序处理，使民法典同时具有一定的自由裁量主义的风格。这样的民法典，其涵盖范围将成倍地超过现在的《民法通则》。

五、认识论与未来民法典的渊源体制

如果承认制定法不能涵盖一切，民法典的法律渊源问题就出现了，法律渊源问题在哲学上即为认识论问题。

1.立法者如何选择民法渊源体制

法律渊源指法律的表现形式，民法渊源就是民法的表现形式。在民法渊源问题上存在着一元制与多元制两种主张。所谓一元制，就是只承认制定法为民法渊源的主张。《法国民法典》采用此制，其第 5 条规定：“审判员对于其审理的案件，不得用创立规则的方式进行判决。”排除了适用制定法之外渊源的可能。按多元制主张，民法的渊源除了制定法外，还包括习惯、判例、法理等。持多元制主张的有《瑞士民法典》。其第 1 条规定：“(1)凡本法在文字上或解释上有相应规定的任何法律问题，一律适用本法；(2)如本法无相应规定时，法官应依据惯例，如无惯例时，依据自己作为立法人所提出的规则裁判；(3)在前款条件下，法官应依据最权威的学说和判例。”[①]第 1 款规定制定法是优先适用的渊源，第 2 款规定惯例和法官法作为补充渊源，第 3 款规定法官制作法官法时必须以过去的学说和判例作为依据。该款证明判例并非直接的判决依据，而只是制作法官法的参考材料，否则，判例就要列入第 2 款规定的补充渊源才合乎逻辑。总之，此条规定了《瑞士民法典》以制定法、习惯、判例（含学说）为内容的多元的法律渊源体制，与《法国民法典》就同一问题所做的规定迥然不同，与《德国民法典》的有关处置也有差别：《德国民法典》是间接地承认法官为立法者，《瑞士民法典》是直接地承认法官为立法者。

在上述《瑞士民法典》的渊源体制中，制定法是民法的直接渊源；习惯、判例为间接渊源。直接渊源和间接渊源的区别在于：前者具有适用上的直接性和优先性；对于诉讼事件，有制定法的明文规定的，必须先直接适用之；后者具有适用上的补充性和间接性。补充性表现为无制定法规定时方可适用；间接性表现为：作为补充渊源的规范，只有经过法院选择、认可后才可作为法律适用[②]。

① 参见这一法典的意大利文本的本条。On http://www.admin.ch/ch/i/rs/2/210.it.pdf.

② 王泽鉴. 民法学说与判例研究(二)[M]. 台北：台大法学丛书. 1979:9.

济计划,扰乱社会经济秩序。"上述规定我国民法渊源体制的条文,由于从当事人行为规则的角度行文,其关于法律渊源规定的意义不明显。任何法律条文皆可从行为规则和审判规则两种角度行文,因为作为我们的谈论前提的法律是公布的,公布把法律的行为规则属性与审判规则属性统一起来,如果法律不经公布即予适用,则它仅仅是审判规则而非行为规则。基于法律的"两种规则"的性质,将上述规定改以审判规则的方式行文,便得出如下规定:"民事案件,有法律者适用法律,无法律者,适用国家政策。""民事案件,无法律或国家政策可供适用时,适用社会公德和国家经济计划。"由此可以看出我国民法渊源的内容和适用顺序为:(1)法律;(2)国家政策;(3)社会公德;(4)国家经济计划。这是以国家政策、社会公德和国家经济计划补充法律之漏洞的体制。对于当事人和法官的寻法活动来说,这些渊源的排列具有顺位意义,必须在上一顺位的渊源阙如的情况下,才能考虑下一顺位的渊源,不能越级适用。

《民法通则》采用多元的法律渊源体制的立法思想尽管十分先进,但在对各补充渊源的选用上,并非不存在缺陷。

首先必须论及的是国家政策作为补充渊源存在的缺陷。第一,政策不具有法律的稳定性,法律只规定一些最根本性的、规律性的社会关系,一旦就它们做出规定,相当长的时间内不必变动;而多数政策的调整对象为不确定的、突发性的社会关系,具有尝试性,十分具有随时势加以调整的必要,因此具有波动性,将其作为补充渊源,不利于维护法律的确定性和当事人行为的安全性。因此,可考虑将国家政策上升为立法的途径,解决其作为补充渊源的地位问题。第二,政策往往不以公布的方式告知于全体国民,而只以内部文件的形式下达于各有关机关。要求当事人遵循这种政策,实际上是要求他们按对他们秘而不宣的规则行事,使当事人无法获得行为的安全性,在行为之前即可预料到自己行为的法律后果。以政策治国是我国"入世"前的法律体制的致命缺陷,可以说,"入世"促成的我国的巨大进步之一就是以依法治国取代以政策治国,这种取代必须反映到我国民法的渊源体制上来。第三,政策的规范性太弱,它们往往只提出一些意图、设想、目标,缺乏就具体行为的指导性和可操作性。总之,将政策作为补充渊源不适宜。

其次,将国家经济计划作为补充渊源混淆了法律与命令的区别。无论是指令性计划还是指导性计划,都是有关行政机关对特定法人发出的有关产品品种、质量、价格、流转方式等内容的命令和劝告,适用的对象是特定的人,只适用一次。这些典型的命令特性与法律的特性不合。法律适用于一切人或一定范围内的大量的人(前者为普通法,后者为特别法),可反复适用(不仅仅适用一次)。因此,将计划作为补充渊源,无异于在命令与法律之间画等号。计划就是法律,在计划经济时代,这是一个为了强调计划的重要性而使用的明喻,就像一位男士当着一位女士的面说她就是太阳是一个明喻一样,遗憾的是,这样的明喻说多了,就被当作一个对于事实的判断被接受,其明喻的性质被遗忘。此外,经济计划并非可适用于一切人的渊源,而是只适用于受国家计划制约的企业的渊源,缺乏普遍性,不适合作为民法的补充渊源。所以,为了维护立法的科学性,并考虑市场经济体制下计划范围的逐步缩小乃至取消,应取消计划的补充渊源地位。

最后，将社会公德作为补充渊源也存在问题。所谓社会公德，是多数社会成员所持的是非观念。要确定某一是非观念是否为社会的多数成员所持有，必须进行一次耗资巨大的民意调查或全民公决，这在技术上是难以做到的。因此，实际的审判中采用的"社会公德"，实际上仅是法官所信的是非观念，并不见得是真正的社会多数成员所持的是非观念，这就为法官将自己的意志等同于社会公德提供了借口，影响了当事人行为的安全性。因此，将社会公德作为补充渊源，亦欠缺适宜性。

次看学说设定的渊源体制。正因为《民法通则》设定的渊源体制存在上述缺陷，我国的民法教科书都加以抛开并设定了如下的渊源体制：(1)民法典；(2)宪法中的民法规范；(3)民事特别法；(4)行政法规中的民法规范；(5)其他民事规范性文件；(6)最高人民法院就民事问题所作的意见和批复；(7)其他有权机关的解释[①]。特点在于去掉了经济计划、社会公德等明显不合乎法律特性的渊源，增加了一些渊源，尤其是宪法中的民法规范的渊源。

最后看司法设定的渊源体制。在审判实务中，法院实际遵循着一套有所不同于上述渊源体制的渊源体制。法院审理著名的齐玉苓案过程中展开的寻法活动提供了这方面的实例。

1990 年，齐玉苓参加中专考试，被山东省济宁市商业学校录取，但她的录取通知书被陈晓琪领走，后者冒用齐玉苓的名字上学，毕业后继续使用齐玉苓的名字被分配到中国银行滕州市支行工作，担任部门经理。而真正的齐玉苓由于失去了上学的机会，不得不当农民，后来花费很大代价进城学习，当了工人，最近又失业。两个同学的生活，由于一次上学机会的转移而有天壤之别。

1999 年，真正的齐玉苓发现了真相，以侵犯姓名权和受教育权为由将假齐玉苓告上法庭，要求停止侵害并赔偿经济和精神损害。

为了审理上述案件，法院首先在《民法通则》中寻法，从中找到了关于保护姓名权的规定，但未找到关于受教育权的规定。根据学说设定的渊源体制，法院可继而在宪法中寻找可适用的规范。确实，《宪法》第 46 条中有"公民有受教育的权利"的规定，但其适用却遭遇了障碍，因为最高人民法院于 1955 年在给新疆维吾尔自治区高级人民法院《关于在刑事判决中不宜援引宪法作为论罪科刑的依据的复函》中已指出："中华人民共和国宪法是我们国家的根本法，也是一切法律的母法。……对刑事方面，它并不规定如何论罪科刑的问题……在刑事判决中，宪法不宜引为论罪科刑的根据。"这是出于尊重宪法做出的安排。从该批复以后，法院不能直接援引宪法判案成为惯例。为了找到可适用的法律，山东省高级人民法院请示最高人民法院寻求批复。2001 年 8 月 13 日，后者做出批复："陈晓琪等以侵犯姓名权的手段，侵犯了齐玉苓依据宪法规定所享有的受教育的基本权利，并造成了具体的损害后果，应承担相应的民事责任。"8 月 23 日，山东省高级人民法院判决齐玉苓胜诉，她获得了 10 万元赔偿其直接、间接的经济损失以及精神损害。

---

① 例如，王全弟主编的《民法总论》(复旦大学出版社 1998 年版)就基本采用这种民法渊源体制。

此案表现的法院的实际寻法过程是:(1)《民法通则》;(2)宪法;(3)最高人民法院的批复。这一过程跳过了"行政法规中的民法规范"的补充渊源,而其中并不缺乏处理齐玉苓案件的规范,因为1995年3月18日颁布的《教育法》第77条就损害受教育权的救济做出了规定:"在招收学生工作中徇私舞弊的,由教育行政部门责令退回招收的人员,对直接负责的主管人员和其他直接责任人员,依法给予行政处分;构成犯罪的,依法追究刑事责任。"其第81条还就侵害受教育权者的制裁做出了规定:"违反本法规定,侵犯教师、受教育者、学校或者其他教育机构的合法权益,造成损失、损害的,应当依法承担民事责任。"因此,跳过可适用的上一位阶的补充渊源,直接求诸"最终的规则提供者"最高人民法院就民事问题所作的意见和批复,所有的其他补充渊源都将形同虚设,发生类似于"向一般条款的逃避"的"向最高人民法院的逃避",造成司法权的过分立法化[①]。因此可以认为,处理齐玉苓案的法院在法律渊源的适用顺序问题上,并非不存在缺陷。尽管如此,此案揭示的法院实际遵循的渊源体制证明:其一,我国司法机关从未假定立法者认识能力至上、立法万能,因此采用许多的后备渊源补充立法;其二,《民法通则》确定的渊源体制已完全过时,并非被法院遵守;其三,法院实际遵循的渊源体制与学说确立的渊源体制比较接近,但前者比较倾向于向最高人民法院的逃避,后者倾向于把最高人民法院看作最后的补充渊源,贯彻立法权优先原则。

3.理想的我国未来民法典的渊源体制

当前,我国正处在民法典的酝酿阶段,探讨我国未来的民法典应采用何种渊源体制,为重要的立法准备工作。笔者认为,在汲取世界各国民事立法的先进经验的基础上,为了增加立法的科学性和可操作性,应确定我国未来民法典的渊源体制为:(1)法律;(2)习惯;(3)判例(学说、事理之性质、同法族的外国法);(4)国际条约和公约。必须说明的是,上述前三种渊源是普通渊源,适用于一般的案件;第四种渊源是特别渊源,只适用于涉外案件。在普通渊源中,各种渊源的排列有顺位意义,换言之,只有在前一顺位的渊源阙如的情况下,才能适用下一顺位的渊源。

(1)法律

法律是全国人大及其常务委员会按立法程序为人民制定的行为规范,它是最典型的成文法。所谓成文法,指以文字形式表述并于生效前公布的法律。以文字形式表述使其具有确定性;于生效前予以公布使其对于当事人具有可预见性。成文法的特点和优点在于:它是为执法者与守法者共知的法律,由此,守法者在作为执法客体之同时,可以作为监督执法者的主体。因此,成文法的立法形式即意味着执法者在人民的监督下司法,防止司法者的任性和专横,最利于保障人民权利的安全。

成文法的双重约束性使其成为法治的象征和运作的基本条件。一个国家法律的成文法化程度是衡量其法治水平的尺度。

---

① 就齐玉苓案涉及的法律渊源问题的分析,童之伟.宪法适用研究中的几个问题[J].法学,2001(11).

我国有过成文法程度不高的记录。据20世纪70年代末的《参考消息》报道，改革开放初期，关于出入境旅客可以携带的物品的范围的规则不是事前公布的，而是由海关官员看一看抽屉里的文件决定，这招致了外国的旅行者的愤怒。当时，最高人民法院的司法解释在审判实践中起着非常重要的作用，但这样的解释并不对社会公布，而是作为机密文件在一定级别的官员中流通。那是一个保密的时代，甚至政法学院学生的教材也是保密的，这个专业本身就是保密专业。

因此，在加入世界贸易组织的谈判过程（从1986年到2001年12月11日）中，中国法律的成文法化一直是中心议题之一。我国谈判代表石广生曾在日内瓦承诺，在1年内公布所有关于进出口的规章。作为兑现的步骤，我国的成文法的程度在加强，先是最高人民法院于1985年创办了该院的《公报》作为公布其立法活动成果的园地，并且以工具书的形式公布了历年所有的司法解释。作为法治意识被唤醒的结果，2000年7月1日实施的《中华人民共和国立法法》第52条、第62条、第70条、第77条明确规定：法律、行政法规、地方政府规章和部门规章都应及时在报纸上或在本级政府公报上刊登，如此公布的是它们的标准文本。这些规定保障了人民对于法律情报的知情权，使我国的立法进一步成文法化。此后，深圳市政府规定，本市政府以及各政府部门颁布的规范性文件均需经市法制局进行合法性审查后统一刊登在《深圳市人民政府公报》上方可生效。与此相继，上海市政府做出决定，将该市办公厅主办的《市政工作》改为《上海市人民政府公报》，专门刊登市政府的规范性文件。该公报在市内的100个东方书报亭、50个邮政点、50个新华书店门市部免费向公众提供，并且其全部内容都在上海市政府网站上公开发表。①

在现代法治国家，成文法是民法的第一渊源，它是对立法者认识能力的极度张扬。在代议制民主的条件下，它是人民间接立法的产物，反映了人民的意志。

成文民法的主要表现形式是民法典。

民法典是成文民法的最高形式。所谓民法典，指将绝大部分民法规范集中在一部立法文件中规定的立法方式，以条文众多、体系完备、逻辑严密，便于当事人和法官寻法为特征。相较于民事单行法，民法典的立法形式有利于提高民法的公示性。法律的公布有两种方式：一是零星的公布，例如制定各项单行法；二是系统化的公布，例如制定民法典。明了以前一种方式公布的法律之内容，对以司法为业的法官不难，但对于往往非以司法为业的当事人甚难，因为他们没有专门的资料室等法律情报供应渠道，因此，零星公布的成文法，使法官和当事人在对法律的可接近性上处于不平等的地位，很难保证后者的监督功能之实现。而系统化公布的民法典，可以使其拥有者一卷在手，权利义务了然于胸，因此，它使法官和当事人对法律具有同等的可接近性。②

---

① 姜宏．把知情权还给百姓[J]．厦门日报，2000:8．作者认为，过去之所以将许多规范性文件保密，只限于让少数部门知道，主要因为把法律理解为“治民”的工具，并且许多地方性规范文件本身不规范，有地方保护主义或欺压或敲诈百姓的污点，见不得人，见不得阳光。大哉斯言！

② 徐国栋．对民法调整对象和调整方法的再认识[J]．法学，1993(9)．

根据权力量守恒定律,法律规定的详略与执法者的权力成反比。法律所做的规定越多、越详备,法律留给执法者的权力就越小;反之,法律规定越简略,法律留给执法者的权力就越大[①]。基于上述函数关系,为了保障人民权力的安全,最好的办法莫过于由人民的多数制定尽可能详尽的法典,再由执法者严格执法,杜绝他们把自己的私欲冒充为法律的可能,在立法与执法之间划一条相对明确的界线,在人民的权利与执法者的权力之间建立一道可靠的屏障。在我国法官的素质和待遇皆不高,而这些条件又难以在短期内大幅改善的情况下,尤其有如此必要。因此,包罗广泛的民法典是最能保障权利之安全、最能制约权力的立法方式,比较适合穷国的国情,因为穷国难以培育并供养富于创造性且操守良好的司法官阶层,只能通过集中国力制定好的法典,让司法者处于相对被动的地位来达到上述目标。只有在法典法条件下,成文法的普遍性和确定性才能发挥到极致。马克思说"法典是人民自由的圣经"[②],即指法典法具有普遍的、不取决于个别人任性的性质。而且法典的内容为综合的、广泛的,尽可能包括了社会生活各方面的规则,这就使法律的确定性更为可能。法典法对普遍性和确定性的提升,使其成为对抗可能被滥用的权力的有力武器。

(2)习惯

习惯是独立于国家制定法之外,在人们的相互作用中形成的具有一定的强制力的行为规范。[③] 它是制定法之外的另一类法律渊源,有人称它为法律的第一渊源。它并非国家立法机关的产品,而是在社会全体或某一社会领域内以约定俗成的方式形成,由一定的强制力保障的法律渊源。构成习惯法须符合两个条件:其一,经长期反复适用;其二,为一般国民的法律意识接受,信其为法律而受其约束。[④]

习惯主要可分为全社会的习惯和特定社会阶层的习惯两类。前者如"打会"[⑤]的习惯,[⑥]它是由会首以集资以应急用为目的发起一批人约定每期应给付的会款、所得总额由打会者按抽签或竞标(通过允诺提供更高的利息)方式轮流使用的习惯,为民间资金互助的一种方式。它长期存在于中国、日本、韩国民间,最近,台湾地区已将之制定法化,作为典型合同整合进了民法典[⑦]。据说沿海发达地区有人利用合会搞非法集资,发起人卷逃资金,全国人大因此做出了禁止性规定。笔者认为,合会适用于熟人间的关系,不能针对不特定人进行,而集资都是针对不特定人进行的,因此,真正意义上的合会似不应在这一禁令的适用范围之内;后者如承揽行业先完成工作,后支付报酬的习惯;自行车销售行业中出售完整的自行车

---

① 徐国栋.论我国民法典的认识论基础[J].载法学研究,1992(6).

② 马克思恩格斯全集(1卷)[M].北京:人民出版社,1964:71.

③ 高其才.中国的习惯法初探[J].载政治与法律,1993(2).

④ 王泽鉴.民法学说与判例研究(一).台大法学丛书.1980(5):82.

⑤ 打会,又称为"台会""合会"。关于其性质,众说纷纭,有"合伙说""消费借贷说""无名契约说"等。关于这一问题,详见史尚宽.债法各论[M].荣泰印书馆,1981:652.

⑥ 陈宝良.中国的社与会[M].杭州:浙江人民出版社,1996:第二章.

⑦ 柳经纬.中国大陆合同法之制定与台湾民法债编修订之比较[J].厦门大学法律评论(1).厦门:厦门大学出版社,2001.

不包括车锁的习惯；汽车销售行业出售完整的汽车包括一套基本的修车工具（如千斤顶）的习惯等。在就上述问题发生争议时，制定法若无规定，可适用习惯法的规则处理当事人间的权利义务关系。

习惯与民法典有对立性。民法典是在封建制结束，中央权力扩张之际诞生的。从政治学的意义言，民法典是对国家统一和中央权力强化的事实的确认书。以1804年的《法国民法典》为例说明此问题。我们知道，在制定它之前，法国北部是习惯法地区；南部是罗马法地区，在后者，适用的是罗马法而非罗马律，因此，这里的罗马法也是习惯法，因为它已失去了立法权威的依托演变成了习惯。这样，法国在法律上实际上是分裂的，尽管这个国家在路易十一时期就实现了国家的统一，并力图制定部门法性质的诸条例实现法律的统一，但后者属于要由拿破仑补充完成的未竟之业。拿破仑把南北两方的法加以融合，分别吸收代表南方法区和北方法区的法学家参加民法典的制定，实现了法国法律上的统一。考虑到地方性因素是消极力量，《法国民法典》不承认习惯是法的渊源，只认制定法为唯一的渊源；换言之，只承认中央制定的法律为有效。不论这种安排的可行性如何，它反映了当时的政治制度现实。

习惯是民法的最初形式。恩格斯指出："在社会发展的某个很早的阶段，产生了一种需要：把每天重复着的生产、分配和交换的一般条件用一个共同的规则概括起来，设法使个人服从生产和交换的一般条件，这个规则首先表现为习惯，后来便成了法律。"①因此，习惯产生于制定法之先，最初的制定法只是习惯的记载。习惯一经制定法吸收，便不再是习惯而是制定法。但人民为了满足生活的需要，仍不断在相互交往过程中形成新的习惯，或调整制定法所不及的社会关系，或对制定法尽管有规定但不合时宜的事项进行更合理的调整。因此，习惯是人民直接立法，是对制定法的补充和完善，因而是制定法进步的动力。

习惯（Custom）不同于惯例（Usage）或实际做法（Practice）。后两者是重复的行为，但尚未成为规则；前者也是重复的行为，但已被确认为规则。②

制定法也可以转化为习惯法。在回归前的香港九龙，中国人涉及婚姻和继承的事件，可以适用《大清律》的有关规定。此时，《大清律》是作为习惯法被适用的，它由过去的制定法转化成了现在的习惯法。

我国司法实务中有采纳习惯作为制定法之补充的做法，如1951年7月8日最高人民法院西南分院在《关于赘婿要求继承岳父母财产的问题的批复》中规定："如当地有习惯，而不违反政策精神者，则可酌情处理。"在我国民间，广泛存在于结婚前订婚的习惯，以昭婚姻之慎重。此种做法，从法律角度看，是订立婚姻契约之预约，它无违善良风俗和四项基本原则，属于一种优良之民间习惯法，应予尊重。

在制定民法典的过程中，有人主张搞民事习惯调查，使民法典建立在习惯的基础上。笔者持反对意见。因为全国性的习惯很少，我们现在谈论的民间习惯多是地方性习惯，如果我

---

① 马克思恩格斯选集(2)[M]. 北京：人民出版社，1964：538.

② 单文华. 国际贸易惯例基本理论问题研究[M]. 载民商法论丛(7). 北京：法律出版社，1997：592.

们在湖南发现了一条不错的习惯法，我们要把它吸收到全国性的民法典中吗？既然它是一条地方性的知识，它离开了湖南就背离了其本质！把这样的习惯强加给全国的危险性，犹如把法国南方的罗马法强加到法国北方！我们是要把它专门适用于湖南吗？湖南作为一个省没有制定民法的立法权，因此，湖南的地方立法机关缺乏把它转化为制定法的资质。它唯一的作用，是在湖南的法院适用全国性的民法典遇到法律漏洞时，恰恰这条习惯法可用来补漏，这个时候它才有机会成为法。社会的发展必将催生出更多的民事习惯。习惯作为补充渊源的地位将提高，适用范围将扩大。

(3)判例(学说、事理之性质、同法族的外国法)

判例作为补充渊源也应具备一定的条件。考虑到各级法院人员素质和司法水平存在很大差异，为了保障判例既能发挥填补法律漏洞的作用又不致被滥用，原则上只有最高人民法院和高级人民法院确立和援引的案例才能作为判例具有拘束力，其他法院的判决不具有判例拘束力。判例一经确立，便具有先例拘束力，约束做出判例的法院以及适用判例的法院一般不得做出相反判决，以保障判例作为成文法所具有的确定性，发挥其双重约束功能。此外，作为判例的判决必须详细说明判决理由，说明为什么这样判而不是那样判的原因。事实上，判决书本质上是国家司法机关就具体案件发布的命令，适用的对象只是当事人，只适用一次。科学制作的判决书是使这样的命令过渡到法律的步骤，换言之，通过合理的操作，法官要使判决书成为包含了法律规范的假定、处理和制裁三个要件的规范，使其具有能适用于一切人的性质。为了达成这一效果，要杜绝只将一定的法条与一定的事实联结起来、不说明理由的判决。并可考虑在判决理由中记载承审法官的不同意见，使判例能受到社会和公众舆论的审查，并使当事人信服，防止司法权的滥用。

在判例作为民法渊源的情况下，实际影响当事人地位的法律不是在诉讼前，而是由法官在诉讼过程中制定的，违反了法不溯及既往的原则。如何解决这种两难处境？学术界提出了“将来适用规则”理论，即判例只对将来生效，对于创立判例的案件，仍按既有的法律处置。[①] 但这种理论仍不能完全解决问题，我们知道，判例之所以有必要发生出于三种情况：一是现有法有规定，但规定不合理，将来适用规则可以解决这种情况；二是法律对有关生活事实有规定，但规定得不完全；三是法律对有关生活事实全无规定。对于后两者，将来适用规则并不能解决任何问题。看来，法律的灵活性与安全性的矛盾的完全解决仍有待更好的理论出现。

判例制度在我国已逐步建立起来。《最高人民法院公报》定期地公布一些具有典型意义的判例，实际上对下级法院有指导作用，它们担当了补充渊源的角色。

判例获得渊源的地位，意味着法官要通过自由的科学研究寻找到解决具体问题的妥当方案，这种研究不能漫无边际地进行，而必须遵循一定的方向。从世界各国的实践来看，按照学说、事理之性质和同法族的外国法的路径进行寻法比较可取。

---

① 罗杰·科特威尔.法律社会学导论[M].北京：华夏出版社，1989：276.

①学说

学说是法学家就民法问题陈述的观点。这种法律渊源形式可以追溯到古罗马时期，当时便赋予某些法学家公开解释法的权力，让他们建构法，承审员被命令遵从他们的解答。[①]这样的法学家被称为Prudens，拉丁文的意思是"有学问的"，他们的法，就是Jusprudentium，该词是后世的"法理学"(Jurisprudence)一词的由来。学说作为法源的确立，与萨维尼的强调有关。他认为法律的发展分为习惯法、学术法和法典法三个阶段。学术法是法典法的基础，它是法律发展的第二阶段，此前是习惯法，此后是法典法。学术法是对习惯法的提升，法典法则是对学术法的制定法化，但当法典脱离实际时，学术法又起弥补漏洞的作用。[②] 按这一学说，学说是法律发展的轴心环节，立法机关反倒十分次要了。这种学说体现或塑造了西方国家与中国不同的法律运作实践。

无论在哪个国家，学说在法律的发展史上均居重要地位。在制定法诞生之前，学说确立的原则成为法院办案的基本依据。在《民法通则》制定之前，我国法院长期参照教科书办案，即为著例。在制定法诞生之后，抽象的法律规定又有赖于学说的阐释和具体化、确定化，使其丰满而有血肉。制定法历时长久之后，逐渐与时代脱节，学说又修正变更其内容，使之合理化。[③] 由于我国正处在变革时期，新问题、新情况层出不穷，立法机关往往难以迅速地就这些事项制定立法文件，而法院又不能以法无明文为由拒绝审判，因此不得不大量地依据法理办案。这种现实已由前最高人民法院任建新院长在其任期内承认。他指出：在法律无规定的情况下，法院可参照法理办案。因此，判例学说也是法律发展的重要推动力量。

学说作为补充渊源应具有一定的条件。由于学说并非民法的直接渊源，仅为间接渊源，须经法院采用才可作为法律适用。法院采用学说时，应依据如下的标准：第一，在就某一法律问题有多种学说时，采通说，因为多数人不容易犯错误；第二，在就某一法律问题有旧说与新说时，尽量采用新说，因为新说可能比旧说更加反映了情势的变迁，因而更符合实际；第三，在持论者具有不同的权威程度时，尽量采用权威学者的学说，因为权威学者一般在学术上处在前沿地位。当然，学者的权威程度不能为一般的判断，而应根据具体的研究领域。例如，一名研究铁路运送合同的专门家，在整体上权威性并不大，当案件涉及他的专门领域时，就应该把他而非在一般方面很权威的学者作为援引对象。无论如何，法院在选择学说时，有充分的自由裁量权，要考虑拟采用的学说适用于具体案件时能获得最公正之结果。通过这一过程，学说转化为判例。

②事理之性质

事理之性质，是案件中可作为确定当事人权利义务关系之依据的有关事实本身的规定性，在法律或合同无规定的情况下用作补充渊源，通常起击毁一方当事人之主张或课加其义务的作用。

---

① I.1,2,8.

② 徐国栋. 民法基本原则解释——成文法局限性之克服[M]. 北京：中国政法大学出版社，1992：269.

③ 罗杰·科特威尔. 法律社会学导论[M]. 潘大松，等，译，北京：华夏出版社，1989：276.

事理之性质的拉丁文形式为 Rerum natura，可译为“物性”，卢克莱修的《物性论》的拉丁书名就是这一个词[①]，它后来演化为法文的 Nature des chose 和德文的 Natur der Sache。日文的“条理”[②]。在台湾地区，条理被等同于法理，其西文形式是“法的原则”[③]。因此，事理之性质与诚信原则的关系很难分清，可以认为两者互相包含。

优士丁尼《学说汇纂》有 53 处使用 Rerum natura，优士丁尼《法学阶梯》有 7 处。在大多数情况下，这些 Rerum natura 都是“存在”的意思，例如彭波尼(Pomponius)说：“如果两物一同被遗赠，其一不在事理之性质中，我认为只把另一物交给受遗赠人为至当。”(D.30，16pr.)在这一片断中，“不在事理之性质中”即为不存在之意。但在其他场合它有以下意思：①合乎自然规律的。保罗(Paulus)说：“对依事理之性质为不能服从的判决，没有理由上诉”(D.48.8，3，1)。不妨用卢克莱修(Lucius Lucretius)的例子诠释这一片段。如前所述，鸟的自然是歌唱，如果法官下达一个判决禁止鸟唱歌，是为不能之判决，不用上诉它也执行不了。对此，乌尔比安(Ulpianus)还说：“不能或不合事理之性质的物之给付，视为未写。”(D.50，17，135)杰尔苏说：“不得在标的物依事理之性质成为可给付前请求给付它。”(D.50，17，186)他还说：“依事理之性质被禁止之事法律不得确认之。”(D.50，17，188，1)。②合乎逻辑的。彭波尼说：“我们的法律不能容忍同一个平民既有遗嘱而死，又无遗嘱而死，因为依事理之性质，‘有遗嘱’和‘无遗嘱’相互冲突。”(D.50，17，7)这一片段中的“事理之性质”似乎完全是个逻辑的概念，彭波尼举的例子是个遵守不矛盾律的问题。③自然法。阿尔芬奴斯(Alfenus)说：“一个丧失了市民权的人丧失对其子女的任何权利，但他的所有还是传给其子女，如同他在市民身份中无遗嘱而死一样。……这些财产不是由父亲，而是由其种族、其城邦、由事理之性质分给他们的。”(D.48，21，3)这里说的是依市民法或人为法被剥夺市民权者的子女丧失对这样的父亲的继承，但为了满足自然法的使各类生灵生生不息的要求，特许他们继承父亲。由此可见，事理之性质的表达在罗马法原始文献中有多种含义，它们甚至相互矛盾，还未达到完全的理论化，但罗马人奠定的事理之性质的概念的基础，经过后人的发展，才逐渐成为私法的一项补充渊源用于处理疑难案件。

作为一个法律概念的事理之性质，是德国法学家农德(Justus Friedrich Runde，1741—1807，从 1785 年到 1807 年在哥廷根大学任教)于 1791 年在其《德国普通私法原理》(*Grundsätze des gemeinendeutschen Privatrechts*)一书中提出来的，它被当作实在法的一种渊源，表示社会生活关系，或更广泛地说，所有本身具有其平衡的条件的法律组织的事实要素，它们揭示了自身中的调整这些条件的规范。[④] 实际上，孟德斯鸠早就认为，事理之性质是一种相当于自然规律一样的东西，因为一切事物都有自己的法或规律，“法是用由事物的

---

① 卢克莱.物性论[M].方书春，译.北京：商务印书馆，1981.

② 末川博.全订法学辞典[M].日本评论社，1971：529.

③ 参见云五社会科学大辞典・法律学.144.“法理”条。

④ Voir François Gény，Methode d'Interpretation et Sources en Droit Privé Positif，Tome seconde，L.G.D.J，Paris，1919：89.

性质产生出来的必然关系"[①]。这样的自然规律就是某种意义上的自然法,它最为接近罗马法中的事理之性质的概念。目的的观念也与事理之性质有关,正如耶林所说的,目的创造了法本身[②]。惹尼扩张了事理之性质的概念,在他看来,法的目的有正义和功利两种,事理之性质就是在这种对目的的衡量中发挥作用的。它涉及对我们的社会生活的所有的事实要素的详细的考虑和分析,对它们间的关系的观察,对它们经受的相互作用的认知。在运用事理之性质时,我们完全信赖作为我们的理性的道德意识,运用这种能力去寻找出现象的法律,此时,以真正科学的方式,我们的所有资源被用于我们寻找的普通法的建构[③]。在惹尼的民法解释学中,事理之性质属于自由的科学研究的一种方式[④]。

在我国,尽管缺乏对事理之性质的理论探讨,但重庆市中级人民法院已提供了以事理之性质作为补充渊源的案例。甲售房与乙,乙得房后,发现该房无门,遂诉甲履行不当。在一审中,原告败诉,法院认为,合同中并未规定房屋须有门,故不支持原告的主张。判决做出后,社会哗然,有西南政法大学教师自愿帮原告上诉,后者在二审中获胜。法院认为,原告购房为居住,既如此,房屋必须有门,此为住房本身的性质,不需在合同中规定,当事人亦须遵守。在此案的二审中,法院适用的就是事理之性质,但并未自觉此点。

事理之性质还可用于解决隐含权利、牵连权利的赋予问题。例如主人指定奴隶为继承人却未赋予他自由,依事理之性质,应认为主人也赋予了他自由,不然主人就要让自己的遗嘱处分无效了,因为赋予自由权是继承人指定有效的前提条件,不满足此等条件指定即无效,法律推定遗嘱人不愿让自己的遗嘱处分无效。又如,遗赠袋地,应认为也遗赠了相应的通行权,不然袋地的遗赠就没有什么实际意义了。

3)同法族的外国法

许多国家的民法典(例如《意大利民法典》第12条)都把法的一般原则作为最后的补充渊源或解释依据。如何理解这种补充渊源?墨西哥学者尤里·冈萨雷斯·罗尔丹(Yuri González Roldán)认为:援引法的一般原则,表示立法者允许采用同法族的外国法,这种外国法包括作为历史法的罗马法,这种利用从古至今的外国法补充本国法的做法,可称之为外源补全。因此,法的基本原则的立法表达,实际上就是立法者对同法族的外国法采取的开放态度[⑤]。他的这种观点与墨西哥法依托伊比利亚——拉丁美洲法系的背景有关。《瑞士民法典》第1条第2款也被用来作为适用同法族的外国法的根据,其作者欧根·胡贝尔在关于这一条的立法理由中这样写道:"诸国相互交融如同个人往来般的重要,从而不应使内国立法

① 孟德斯鸠.张雁深,译.论法的精神.上册,北京:商务印书馆,1961:1.

② 吕世伦、谷春德.西方政治法律思想史(下).沈阳:辽宁人民出版社,1988:168.

③ Voir François Gény, op.cit:91.

④ Voir François Gény, op.cit:88.

⑤ 尤里·冈萨雷斯·罗尔丹.徐国栋,译.墨西哥私法之一体化与统一的诸方面[M].徐国栋.罗马法与现代民法(1卷).北京:中国法制出版社,2000:134.

如中国长城般地拒斥外国立法例之流入。"[①]此语暗示了诚信原则可作为援用外国法的工具。此语也与瑞士的国际化的背景有关，其德语区受德国法影响。法语区受法国法影响。德国学者也认为，在本国法律无规定的情况下，可适用共同法的一般原则，即适用其解决方法仍不明确的法律制度所附属的法律群体通用的原则[②]。所谓共同法，是从许多内国法中概括出的"公分母"，相当于古罗马的万民法，它表达了人类的普遍生活经验。它不是某个超国家的权威或经各国协商制定的，因此不是国际法而是共同法。笔者认为这种共同法理论可适用于我国，在我国目前已加入世界贸易组织的背景下，尤其如此。

如何适用这一渊源呢？我们必须确定，我国民法属于大陆法系中的德国法族，因此，罗马古法以及现代大陆法系诸国的民法，尤其是德国民法，是我国民法的同族法，在我国民法对有关生活事实无规定时，以不违反我国的公共秩序为限，可适用它们的规定。考虑到适用他国之现代法往往有损本国尊严，可以尽量适用罗马古法避免这种情况。事实上，罗马古法比我们的现代民事立法在许多方面要完备得多，完全具有适用价值。这就要求在我国普及罗马法教育。

(4)国际条约和国际惯例

《民法通则》第 142 条规定了在涉外民事关系中，我国缔结或参加的国际条约可作为法律渊源；国际条约没有规定的，可适用国际惯例。由此确立了国际条约和国际惯例在涉外民事关系中的法律渊源地位。

国际条约作为民法渊源具有以下条件：第一，只在涉外民事关系中适用，因此，它是一种非普通的渊源；第二，只适用我国缔结或参加的国际条约；第三，只适用我国缔结或参加的国际条约中我国未声明保留条款的部分。国际惯例作为民法渊源，除须适用于涉外民事关系外，还须在我国缔结或参加的国际条约未作规定时适用。因此，国际惯例是国际条约的补充渊源。

将国际条约和国际惯例作为民法的渊源是我国对外开放的标志。随着我国世界贸易组织缔约国地位的恢复，在我国的民事审判中，国际条约和国际惯例将更加频繁地作为民法渊源适用。我国已参加组建上海合作组织，不排除这一组织将来扩大合作，建立像欧盟那样的区域共同体的可能，那时会产生盟级法，这种法应具有国际条约和国际惯例的法律渊源地位。

笔者认为，《民法通则》第 142 条并未要求把国际条约和国际惯例转化为国内法后才能在中国适用，因此，对它们的适用是直接适用而非间接适用。

---

① 黄建辉. 法律漏洞·类推适用[M]. 台北：蔚理法律出版社，1988:75.

② 勒内·罗迪埃. 徐百康，译. 比较法导论[M]. 上海：上海译文出版社，1989:39.

六、认识论与未来民法典的真实标准

如前所述，我国未来民法典只能建立在辩证唯物主义认识论基础上，承认人有所知而有所不知。然而，我国的法学理论长期坚持实质真实论，主张“不能仅仅认定这个案件在法律上是真实的，而且要认定这个案件的实质真实，就是要反映事物的原来面貌，不能加上任何外来的成分”。[①] 此论的基础显然是认为特定时空的个人或集体具有把握绝对真理能力的绝对主义真理观，与辩证唯物主义认识论相冲突，而且也与我国民事立法中大量运用只追求形式真实的推定和拟制的实践相冲突。因此，在酝酿民法典之际，有必要澄清上述哲学理论与部门法理论、部门法理论与立法实践的矛盾，以为未来民法典确定正确的真实标准。

关于真实标准问题，我们可以先确定自然现实和法律现实的概念作为讨论的基础。

自然现实是在物理意义上已经发生过的人的行为或自然事件，是客观存在过的人的或自然的活动造成的现象。法律现实是通过立法或诉讼确定的将作为适用法律之根据的人的行为或事实状态，是法律确认或创造的现象，它可能与自然现实相吻合，也可能不相吻合。因为“构成法律现实的东西并不是由直接观察考定的东西，而是我们思想所玄想的东西。法律现实并不是一种好像物理或生理现象的事实，它是纯知识的，仅仅是一种概念现实，一种驾驭实在存在的地位上的思想产品”。[②] 在不相吻合的场合，法律现实仍通过立法或司法的确认（我国司法界习惯称这一过程为“认定”）而具有法律效力。

自然现实与法律现实的区分是判定立法是采取实质真实论还是形式真实论的基础。任何司法程序（实体民法中也包括一些程序性的内容，如宣告死亡、时效等制度）都是查明案件真相以据之适用法律的过程。在理论上，司法程序可分解为查明事实与适用法律两个阶段。就查明事实的阶段言，它是由法官和当事人（包括当事人之代理人）共同进行的一种纯粹的认识活动，认识的对象是案件事实，认识的目标乃真相的求得。如果将真理理解为与对象本质相符合的认识，则司法程序的查明事实阶段就是认识真理的过程。因此，任何司法程序的设计者都必须以一定的真理观或认识论作为其哲学基础。如果立法者持绝对主义的认识论，则必然要求法律现实与自然现实相统一，换言之，拟作为适用法律之根据的事实必须是在物理意义上已经发生过的事实，这就是实质真实论。如果立法者持折中主义的认识论，则必然允许法律现实与自然现实在一定程度上存在脱离，即承认在某些情况下达不到法律现实与自然现实的同一，而不得不满足于以与自然现实可能存在偏差的法律现实为根据作出裁断，这就是形式真实论。推定和拟制就是根据形式真实论设计的机制，广泛地存在于我国现有民事立法之中。因此，如果将立法的真实标准问题理解为对实质真实论和形式真实论的选择，则未来民法典的真实标准问题就是它应否保留推定和拟制之问题。

---

① 民事诉讼法讲座(上). 重庆:西南政法学院,1983:18-19.

② 吴传颐. 法国、德国和苏联的民法[M]. 北京:美吉印刷社,1948:27.

推定是从A现象的存在推论出B现象也存在，从而根据B现象适用法律的思维过程。A现象是自然现实，由A现象推论出来的B现象是法律现实。推定表示着某一事实或若干事实与另一事实或若干事实之间盖然的因果关系。因此，推定的逻辑公式是"如果A，那么B"。推定形成的因果关系为盖然的，随反证的出现而解除，因此，推定形成的两事实之间的因果关系不稳定。

推定的基础是我们于生活中取得的因果关系经验。我们常常看到A现象一出现，必然导致B现象出现，于是我们认为A现象是B现象的原因，B现象是A现象的结果，因而确认AB两现象之间存在因果关系。这种经验使我们确信，A现象出现了，即使我们未看到B现象，我们也能断言B现象迟早要出现，由此使我们不必经历事件的全过程即能知晓其结果。但由于事件往往多因一果，同样的结果可能由不同的原因引起，B现象的出现并不必然以A现象为原因，因此，我们习惯性的因果性思维常可能导致错误。承认这一可能，就使推定形成的因果关系只能是盖然的，可以由反证推翻。

推定的成立条件是人类认识能力的非至上性，即立法者认为，在司法程序中认定的事实只是法律现实，在许多情况下，审判上所能达到的只能是形式真实，而不可能全部是实质真实。实质真实在某些场合之不可能达到有两个原因：第一，事实上达不到。第二，可能达到实质真实，但这样做要花费巨大代价而不经济。为了效率和经济，我们不得不暂时满足于形式真实，以法律现实为根据作出裁断。

拟制是认可法律现实与自然现实存在合理背离的另一例证。它所表达者为这样一个过程：就自然现实而言，A现象并不是B现象，但为了某种需要，立法者把A现象视为B现象，因而将A现象适用为B现象制定的法律。在这一过程中，AB两现象本各为自然现实，将A视作B后，B现象就成了A现象的法律现实，因此，拟制的逻辑公式是"A就是B"，与此相应，拟制性法条的特点在于："立法者虽然明知其所拟处理的案型与其所拟引来规范该案型之法条用来处理之案型，其法律事实由法律上重要之论点，并不相同，但仍将二者通过拟制赋予同一的法律效果。申言之，通过拟制将不同的案型当成相同，然后据之作相同的处理。"①由于拟制在立法中常用带"视为"的句子行文，学者将其作为"视为"进行研究②。由于拟制的运用乃为满足立法者之某种需要，它是立法政策问题。由于拟制涉及法律现实与自然现实的背离，它又是个认识论问题。如果说推定是立法者认识有所不逮而不得不使法律现实与自然现实相背离，拟制则是立法者已认识自然现实，但公然背离自然现实，因此，它也是对实质真实论的背弃。

我国立法中经常使用拟制的立法技术。《民法通则》第11条第2款规定："16岁以上不满18周岁的公民，能够以自己的劳动为主要收入来源的，视为完全民事行为能力人。"此款

① 黄茂荣．法学方法与现代民法．台湾大学法学丛书．1982:151-152．

② 江平．民法中的视为、推定与举证责任[M]．政法论坛，1987(4)．

为关于准治产人的规定。从自然现实来看，未达 18 周岁不具备成年条件。但 18 岁的成年年龄的本质是人们通常在这个年龄具备健全的、可以理解自己行为之后果的心智，而第 11 条第 2 款中所涉的人，以能以自己的劳动维持自己生活的状态证明自己已提前具有了这样的心智，因此，法律撇开形式而取实质，赋予此等人以完全的行为能力，把上述自然现实认同为法律现实。

在刑法上，也有拟制之适用。新《刑法》第 236 条为关于强奸罪的规定，其第 1 款规定的自然的强奸罪；其第 2 款即规定的拟制的强奸幼女罪"奸淫（请注意！立法者未用'强奸'一词）不满 14 周岁的幼女的，以强奸论，从重处罚"。实际上，从自然现实来看，这一款涉及的是成年男子与幼女的和奸。实际生活中，有不满 14 岁的幼女发育成熟早而看不出不到 14 岁的情况，以及幼女隐瞒自己不满 14 岁的事实的情况，尽管如此，法律仍不顾有关男子是与她们和奸的自然现实，公然把强奸的法律现实强加于他们，以达到保护幼女的立法目的，因为性关系是一种可以产生多种后果的行为，如怀孕、感染性病等，缺乏生活经验的幼女不能充分估计这些后果，因此法律无视她们的自愿状态。由上可见，推定和拟制皆是使法律现实与自然现实发生一定背离的立法技术，具有积极的功用，是对实质真实论的限制。若持绝对主义的实质真实论，未来民法典中将不允许使用推定和拟制，法律适用必然无效率和不经济，且使立法者失去一根据立法政策矫正法律规定之僵硬性的途径，十分不可取。因此，未来民法典应根据辩证唯物主义认识论采用正确的真实标准，摈弃绝对主义的法律观。在人的认识能力可及之处，采用实质真实标准；在人的认识能力不可及之处以及立法政策需要之处，采用形式真实标准，合理使用推定和拟制的立法技术，而不可采用一律的实质真实标准。

市民法典与权力控制[①]

一、权力控制与现代基本观念

权力是把一个人的意志强加在他人的行为之上的能力。[②] 权力之行使以限制他人意志为特征,但限制他人意志不过是达到权力之目的的手段。权力的目的,无非是实现某种利益。这种利益可以是公共性的,也可以是权力者个人的。国家为公共权力的承担者和行使者,但国家为抽象的存在,具体行使国家权力的并非国家本身,而是代表国家执行国家职能的官员或公务员。他们是以统治者名义行事的代理人、当选的立法人员、法官、官僚以及在限制和规定公民自由的供选择的条件中进行选择的人。[③] 布坎南之前的政治理论尽管有性恶论倾向,但未能描述这种"公务人"(Public man)的行为模式,只是含蓄地把他们看作"圣人"。公共选择理论的诞生使这一局而改观。这种理论认为,人们必须破除凡是国家政府都会全心全意为公众利益服务的观念,不应视政府为按公众要求提供公共物品的机器,而要看到政府既是由个人选出也是由个人组成的群体,因此,选举规则和个人的多元目标追求是决定政府行为的重要因素。参政者在政策制定过程中的行为受个人利益的推动,以求尽可能多地取得他们个人想要的东西。[④] 这一理论无非揭示了权力之不正常行使的极大可能性,证明了对之加以控制的必要。

权力和权利的目标皆为利益,在利益为常数的前提下,权力的行使就是对权利的限制。在权力行使的两种样态中,正常行使的权力对权利的限制是合理的,不正常行使的权力对权利的限制是不合理的。权力的不正常行使除了侵害其他权力外,更重要的是对权利的侵害。由于权利主体与权力主体在地位上的势差,这种侵害的后果尤为巨大。因此控制权力,防止其不正常行使,保护人民的权利,成为自国家产生以来的人类社会的根本问题之一。在现代社会尤其如此。民主、自由、法治等现代基本观念,莫不为解决这一根本问题而设。所谓民主,不过是产生权力具有合法性的方式。一旦权力产生,民主就成了一种控制权力的方式。所谓自由,不过是对政治统治者暴虐的防御,用约翰·密尔的话来说,对于统治者所施用的

① 本文原载《法学研究》1995年1月第1期。

② 韦伯语. 加尔布雷斯. 权力的分析[M]. 陶远华、苏世军,译. 石家庄:河北人民出版社,1988:2.

③ 布坎南. 自由、市场和国家[M]. 吴良健,等译. 北京:北京经济学院出版社,1988:38.

④ 丹尼斯·缪勒. 公共选择[M]. 王诚,译. 北京:商务印书馆,1992:ii.

权力加以限制就叫作自由。[①] 所谓法治，就是政府在一切行动中都受到事前规定并宣布的规章的约束，留给执掌强制权力的执行机构的行为自由，应当尽可能地减少。[②] 民主、自由、法治是指导我们行动的基本观念，如何把这些观念转变为制度现实？笔者认为，成文法和法典法是实现这些观念的有效的制度工具。罗马法史中的《十二表法》颁布事件提供了这方面的论据。

二、从《十二表法》的颁布看成文法的意义

公元前450年，罗马人获得了一部法典，名为《十二表法》，它的诞生，上承希腊的德拉古立法、下启19世纪的法典编纂运动，其意义难以估量。即使是最现代的法治理论，也可在这部法典中找到自己的基本观念。

人类社会早期，适用习惯法是普遍的做法。“这是一种专门为有特权的少数人所知道的法律”。[③] 由于它只为特权者所知，执行缺乏监督，对它的滥用就是迟早的事情。“我们所依据的权威使我们深信，这种寄托于寡头政治的信任有时不免要被滥用。”[④]事实上，它的确被滥用了，“贵族们似乎曾经滥用其对于法律知识的独占”。[⑤] 正由于掌握法律的氏族贵族滥用自己的司法特权为其私利服务，引起人民的极大不满和反抗，才由此形成了世界性的要求保障人民权利的成文法运动。就西方世界而言，“每一个国家的平民成分都成功地击溃了寡头政治的垄断，几乎普遍地在‘共和政治’史的初期就获得了一个法典”[⑥]。《十二表法》即为这样获得的法典。

《十二表法》的先驱者为德拉古立法。在希腊，德拉古立法之前雅典无成文法，调整人们相互关系以及审理案件的唯一依据——习惯法是秘密的、不公开的，氏族贵族常依靠权威随意解释和运用它来庇护贵族、迫害平民，因此广大平民纷纷要求制定成文法以限制氏族贵族的武断专横，后者被迫让步，遂有执政官德拉古的立法改革和成文法之诞生。[⑦] 德拉古立法使成文法成为平民阶级向贵族阶级主张权利的斗争武器，为要求制定《十二表法》的罗马人提供了启迪。

古罗马成文法之公布经过亦类如希腊。在那里，于成文法之前实行习惯法，习惯法是不成文的、观念性的，因此也就是不确定的、可以伸缩出入的，这种特征在司法落后之时往往导

---

① 密尔．论自由[M]．程崇华，译．北京：商务印书馆，1959：1-2.

② 哈耶克．通向奴役的道路[M]．滕维藻，朱宗风，译．北京：商务印书馆，1962：72.

③ 梅因．古代法[M]．沈景一，译．北京：商务印书馆，1959：7.

④ 梅因．古代法[M]．沈景一，译．北京：商务印书馆，1959：7.

⑤ 梅因．古代法[M]．沈景一，译．北京：商务印书馆，1959：7.

⑥ 梅因．古代法[M]．沈景一，译．北京：商务印书馆，1959：7.

⑦ 陈盛清．外国法制史（修订本）[M]．北京：北京大学出版社，1987：43-45.

致法律适用的不精确。[①] 而习惯法皆为僧侣贵族所垄断，连法学知识的传授亦秘密进行。平民对高级官吏利用他们把持的习惯法滥用立法和司法权十分不满，要求用文字将习惯法记载下来以保护自己的合法权益。公元前 462 年，保民官该犹斯·阿尔撒(Gaius Harsa)"为了一劳永逸地禁绝这种漫无拘束的恣睢放纵"，要求制定成文法限制执政官的权力，"绝不允许执政官把自己的放肆和任性当作法律"。引起贵族们的恐慌，导致了平民与贵族之间的数次流血冲突。经过几年的斗争，才迫使贵族作出让步，制定了《十二表法》。[②]

依通说，中国的成文法之公布以郑国的子产作刑书为嚆矢，[③]同样伴随着一场激烈的阶级斗争。在此之前，统治者"皆临事制刑，不预设法"，这种局面公然怂恿奴隶主贵族以言代法，随心所欲地颠倒罪与非罪。公元前 536 年，郑国的子产作刑书，"铸刑书于鼎"，"以为国之常法"。此举符合新兴地主阶级维护自己已取得的经济政治权益的愿望，但冲击了奴隶主贵族滥施刑罚的特权，遭到其激烈的非难和反抗，经过激烈的斗争，公布成文法的做法才终于巩固下来，"临事制刑"为"事断于法"取代。[④] 发生在公元前 600—400 年的《十二表法》、德拉古立法和郑国的刑书，构成了范围广泛的成文法运动，形成了人类有国家以来历史上的第一次法治浪潮。

成文法是公开的、具有普遍性和确定性的法律形式，它为执法者和守法者所共知，守法者在作为执法客体之同时，是监督执法者之行为是否合乎法度的主体。因此，成文法运动的结果，是使法律获得了既约束被统治阶级的不顺从，也约束统治阶级的任性的属性。梅因对此评论道："罗马法典的价值不在于其分类比较匀称或用词比较简洁明了，而在于它们为众所周知，以及它们能使每个人知道应该做些什么或不应该做些什么。"[⑤]因而使权利者的行为有了后果的可预见性并制约了权力者上下其手。"十二铜表法以及类似的法典赋予有关社会的好处，主要是保护这些社会，使它们不受有特权的寡头政治的欺诈，使国家制度不致自发地腐化和败坏。"[⑥]这是极为精当的。总之，成文法运动导致了权力阶层在世界范围内的一次大失败。

以十二表法为代表的成文法运动提供了权力控制的经验，为第二次法治浪潮奠定了基础。第二次法治浪潮为在欧洲发生的法典编纂运动。成文法运动完成并度过其成熟期后，历史出现了曲折，人治回归并吞没了法治，权力肆行无忌，权利和人民的安全重新处于毫无防护的地位。在法国的封建时代，路易十四曾公开狂叫："朕即法律"，"朕即国家"。君主口衔天宪，任意以言代法，人类文明大踏步地倒退。这时的法律"不过是君主的意志——这不是法律，不是铁

① 江平、米健. 罗马法基础[M]. 北京：中国政法大学出版社，1987：19.

② 参见外国法制史资料选编. 北京：北京大学出版社，1982：158-170.

③ 另有人认为周朝即公布成文法。杨景凡、俞荣根. 论孔子[M]. 重庆：西南政法学院印行，1983：110-112.

④ 张晋藩. 中国法制史[M]. 北京：群众出版社，1982：57 页及以次。

⑤ 梅因. 古代法[M]. 沈景一，译. 北京：商务印书馆，1959：7.

⑥ 梅因. 古代法[M]. 沈景一，译. 北京：商务印书馆，1959：7. 经史家考证，"十二表法"的"表"并非铜板而为木板，故现已不称《十二铜表法》，而称《十二表法》。

面无私的然而是明智的、准确的、公正的法律——这是不可抗拒的权力,它没有意识地和无规律地给人以打击,这是猛烈发作的暴风雨,它破坏和毁灭它所遇到的一切"。[①]

进入资本主义时代后,权力专横的惨痛记忆使人们把安全价值看得重于一切,偏重安全价值的政治上的三权分立体制和司法上的法典法以及罪刑法定主义便作为这种选择的逻辑结果出现了。三权分立学说以人是不可信任的性恶论命题为基础,把各种权力的握有者都看作是要受权力腐蚀从而要滥用权力的。法典编纂运动时期的思想家罗伯斯比尔就此指出:"要知道,事物的本性就是如此,任何一个有道义的生物,任何一个机关,任何一个人都有自己的意志,当他们握有大权的时候尤其当这种权力不服从于一种不断地使它回复到已确立的秩序和法律的更高权力的时候,他们就会不断地力求使自己的意志取得统治地位。"[②]"无论法官怎么样,他们总是人,明智的立法者决不把法官当作抽象的或铁面无私的人物,因为法官作为私人的存在是与他们的社会存在完全混合在一起的。明智的立法者知道,再没有人比法官更需要进行仔细的监督的了,因为权势的自豪感是最容易触发人的弱点的东西。"[③]罗伯斯比尔的这些论述成为法典编纂运动的指导思想。

根据笔者提出来的权力量守恒定律:立法权与司法权和行政权此消彼长,法律规定的详略与执法者的权力成反比。法律所作规定越多、越详备,法律留给执法者的权力就越小;反之,法律规定越简略,法律留给执法者的权力就越大。[④] 基于上述函数关系,为了保障人民权利的安全,最好的办法莫过于由人民的多数制定法律,再由执法者一丝不苟地执法,杜绝他们把自己的私货冒充法律的可能。在立法与执法之间划一条明确的界线,换言之,在权利与权力之间划一条明确的界线。立法是人民确定自己的权利,执法者不得侵犯这些权利并要保护它们。基于这些条件,包罗万象的法典法遂成为最能保障权利之安全且最能制约权力的立法方式,法典编纂运动由此发生,19 世纪遂成为法典编纂的世纪。

19 世纪前后的欧洲大陆各国相继制定了一批法典,形成了一场史家所称的法典编纂运动。著名的法典有:《普鲁士普通邦法》(1794 年,19000 多条)、《马克西米连—巴伐利亚民法典》(1756 年)、《俄国法律汇编》(1832 年,42000 多条)、《法国民法典》(1804 年,2281 条)及其他《拿破仑法典》、《奥地利民法典》(1811 年,1502 条)、《德国民法典》(1897 年,2385 条)。上述法典庞大的条文数目旨在限制执法者之权力。学者们对此做了很好的解释:"普鲁士法典打算回答可能出现的每一个问题并且以此来否定那种以解释法律的途径进行法官立法的一切可能性。"[⑤]庞德亦正确地指出:"19 世纪的法学家曾试图从司法中排除人的因素,在他们看来,在组构和确立这一封闭的法规体系的制度中承认人的创造性因素,是极不恰当的。"

① 罗伯斯比尔. 赵涵舆,译. 革命法制和审判[M]. 北京:商务印书馆,1965:4.

② 罗伯斯比尔,前引书,第 28 页。

③ 罗伯斯比尔,前引书,第 30 页及以次。

④ 徐国栋. 论我国民法典的认识论基础[J]. 法学研究,1992(6).

⑤ 约洛维奇. 普通法和大陆法的发展[J]. 刘慈忠,译. 法学译丛,1983(1).

[1]《法国民法典》第 5 条更明确地规定:"审判员对于其审理的案件,不得用确立一般规则的方式进行判决。"断然否定了法官染指立法的可能,换言之,否定了任何以权力凌迫权利的可能[2]。"法官的形象就是立法者所设计和建造的机器的操作者,法官本身的作用也与机器无异。"[3]这是一幅法典编纂者所愿望的图景。法典法由此成为权力控制的有力工具。[4]

三、成文法与法典法

从两次法治浪潮的历史分析中可以看出,成文法是以文字形式颁布并于生效前予以公布的法律,其根本特点在于共知性和双向约束性。共知性指成文法是为执法者和被执法者所共同看得见的法律。因此,在成文法条件下,执法活动自然地受到被执法者以及社会大众的严格监督,一有偏离成文法的执法行为,被执法者将行使各种救济权(如上诉、请愿、游行示威等),由此形成对执法者权力的有效控制。双向约束性指成文法不仅约束被执法者,而且首先约束执法者本身,不允许执法者把自己的任性当做法律。这就是成文法运动留给我们的启示。

在中国的权威辞书中,尚未对成文法作出恰当的解释。一种错误解释认为成文法就是制定法。[5] 事实上,制定法只是成文法之一种而非全部。凡以文字表现并进行公布,因而符合成文法既约束执法者又约束被执法者的双重约束性的行为规范,皆为成文法。成文法是写在为执法者和被执法者所共见的材料上的法,材料为石柱、"表"(木板)、刑鼎、报纸、法规汇编、判例汇编、学者著作等,在所不问。习惯法、判例法、学者法皆可写在上述材料之上,因而都是笔者理解的成文法。另一种错误解释认为,英美的判例法是不成文法。[6] 事实上,英美的判例皆按年公布于各种汇编上,为执法者与被执法者所共见,因而是成文法。对此,梅因做了极好的说明:"英国的判例法是成文的判例法,它和法典法的唯一不同之处,只在于它是用不同的方式写成的。"梅因是按是否为执法者和被执法者所共知的标准界定成文法的。他承认,在有一个时期,英国的普通法的确是不成文法,因为它为法官所垄断,而人民群众完全不知道。但在威斯特敏斯特法院开始根据档案(年鉴或其他资料)作出判决后,他们所执

---

① 庞德. 法律史解释[M]. 曹玉堂,译. 北京:华夏出版社,1989:123.

② 关于对这一条的不现实性的批评,徐国栋. 论我国民法典的认识论基础[J]. 法学研究,1992(6).

③ 梅里曼,前引书,第 39 页。

④ 这种立法方式产生了一定的副作用,在徐国栋的《民法基本原则解释——以诚实信用原则的法理分析为中心》(中国政法大学出版社 2004 年版)一书中对这一问题做了详细分析。但在中国,问题的重心不在于克服法律的局限性,而在于制定能保障安全价值的法典法。

⑤ 法学辞典(增订版)[M]. 上海:上海辞书出版社,1984:259.

⑥ 参见《法学辞典》(增订版),前引书,第 86 页。

行的法律已是成文法。[①] 因此，只有从共知性和双向约束性的标准出发，才能对一种法是否属于成文法作出正确的界定。“成文”仅仅是形式，双重约束才是实质，“成文”是实现双重约束的手段。写成文字的“内部文件”，尽管它是成文的，但不是成文法，因为它不具有双重约束性这一成文法的根本要件。

成文法是法治的象征和运作的前提条件，一个国家的成文法程度是衡量其法治水平或权力控制水平的重要尺度。这一尺度亦适用于中国。1949 年后的中国有过法律不够成文法化的历史。20 世纪 70 年代，最高人民法院就各种疑难案件作出的批复并不公布，属于机密文件，只允许执法机关的人员和法科学生知晓，因此，在 20 世纪 70 年代末期，法律专业属于保密专业。政府的许多行政性规范文件的公布范围也十分有限。以“内部文件”治国，在当时是一种普遍的方式。往往造成这样的局面：当事人被要求按对他们秘而不宣的规则行事，只有当他们站在法庭上时，他们才知道怎样做是对的。这种形势为权力的不正常行使提供了方便。

改革开放以来，中国的法治取得了不小的进步，表现为法律的成文法程度明显提高，最高人民法院的批复定期在《最高人民法院公报》上公布。《国务院公报》也定期公布政府的行政性规范文件。报纸也承担了公布法律的工作。可以容易地买到《法律全书》和《司法解释大全》并从中查阅有关法律。国家十分重视法律知识的普及工作，还搞了两次普法运动。

如果说中国在法律的成文法化方面取得了进步，那么，中国在民法的法典编纂方面，还有更长的一段路要走。成文法只是第一次法治浪潮的成果，成文法的高级形式——现代法典法，则是在第二次法治浪潮中获得的。之所以说法典法是成文法的高级形式，乃因为法典法比一般的成文法具有更强的普遍性、确定性和可接近性。而民法典是由立法机关起草和公布的，适用于所有的人。由于立法机关比较超脱于各种行政事务，能消除部门立法的弊端，做到不偏不倚，再加上它制定的法律不区分适用对象地适用，因此，民法典具有更强的普遍性。由于民法典将绝大部分民法规范包容于一部立法文件，条文众多、体系完备、逻辑严密，尽可能地包括了市民生活各方面的行为规则，使人们事事有所遵循，因而极大地加强了法律的确定性，便于民事活动的当事人寻法。法律的公布有两种方式：一是零星的公布，制定各种单行法属此；二是系统化的公布，制定民法典属此。明了以零星方式公布的法律之内容，对于以司法事务为业的执法者并不困难，但对于往往非以司法为业的被执法者，却甚为困难。因此，零星公布的成文法，使执法者与被执法者在对法律的可接近性上处于不平等地位，很难确保后者的监督功能之实现。而系统化公布的民法典，使执法者与被执行者对法律有同等的可接近性，更能保障后者对前者的执法活动的监督。因此，民法典就是人民权利的大宪章，是控制权力的有力工具，是权利之安全的更可靠保障。“法典就是人民自由的圣经。”[②]“法典是法和成文法的 par excellence（最佳形式）。”[③]没有民法典的法治是不可想象

① 梅因．古代法．8.

② 马克思恩格斯全集[M]．北京：人民出版社，1964(1)：71.

③ 艾伦·沃森．民法法系的演变及形成[M]．李静冰，姚新华，译．北京：中国政法大学出版社，1992：215.

的;而没有法治,现代化也是不可想象的。随着法治思想的逐步深入人心以及国际经济交往的需要,中国终将制定一部民法典取代现在的《民法通则》,这已成为法学界广大人士的共识并正在为此努力。

四、中国民法典的编纂与中国市民社会之建立

市民法就是规范市民社会中各种社会关系的法。按对社会的二分法,市民社会是一种独立于国家的"私人自治领域",[①]即不受国家直接干预的领域。[②] 市民社会的相对面为政治国家,二者之所以分离,是为了防范不受限制的国家权力对工商业经营和私人领域的侵犯,以满足私人自治的要求。市民社会的原则是权利,政治国家的原则是权力,因此,市民社会与政治国家的关系,就是市民的权利与国家的权力之间的关系。民法是对市民权利的保障,它对私域的保护使其成为私法。行政法、刑法规定了公共权力的运行方式,因此是公法。公法的目的,在于凭借国家权力去获取公益。但权力的行使有两种样态,不正常行使的国家权力对于市民的权利是一种危险源,必须依靠权力的彼此制约和权利对权力的制约加以防范。因此,民法的调整对象不仅涉及市民间权利的关系,而且涉及市民权利与国家权力的关系。[③]如果市民社会与政治国家各自保持独立,两者间达到一种平衡,人民就享有自由。如果政治国家完全吞没了市民社会,那就是专制主义。如果市民社会完全吞没了政治国家,那就是无政府主义。

中国有过实行计划经济的历史。计划经济就是国家对社会生活的全面控制,无市民社会可言。1992 年 10 月,中国选择了社会主义市场经济的新路。市场经济就是要使社会成员获得广泛的经济自由,把经济活动从国家过多过细的干预中解放出来,促进生产力的发展。不难看出,实行市场经济,就是要建立中国的市民社会。事实上,在中国的经济特区海南省,已提出了"小政府、大社会"的改革目标模式。这里的"社会",就是市民社会。这一目标正确地说明了政治国家与市民社会的关系,是中国未来发展的方向。

中国对市民社会的重建,使中国的民法得到复兴。在计划经济条件下,中国没有真正意义上的民法或私法,因为国家的广泛干预使大量的社会关系染上了行政色彩。因此,自 1949 年以来,迟迟不能制定出民法典。实行市场经济要求建立中国的市民社会并要求划定市民社会与政治国家间的界限,使法律具有确定性,由此使市民社会的宪章——民法典成为必要。在市场经济条件下,民事主体在筹划自己将为的行为时,更加需要预见行为后果的充分信息,法律的态度对于他们的计划活动是一种非常重要的信息,只有系统完备的民法典才能

① 何增科. 市民社会概念的历史演变[J]. 中国社会科学,1994(5).

② 王绍光. 关于"市民社会"的几点思考[J]. 二十一世纪,1991(8).

③ 徐国栋. 成文法三属性:权利与权力的平衡态——兼论现代法律的调整对象[J]. 法律科学,1993(5).

使他们获得充分的法律信息，因此，市场经济对民法典提出了远较过去更为迫切的要求。所幸的是，民法典的编纂已提上了中国立法机关的议事日程。这部要经过长期准备才能诞生的、属于21世纪的民法典，必将成为中国正在建立的市民社会的宪章，相对地划定市民社会与政治国家的范围，充分地确认和保护市民的权利，有效地控制国家权力的滥用。将来的民法典必须规定意思自治原则，使市民社会能抵御国家权力任意进入私域。同时须规定权利不得滥用原则，使国家权力能控制恶性膨胀的私人权利。由此在市民的权利与国家权力间达成一种平衡，形成有秩序的自由。

两种民法典起草思路：新人文主义对物文主义[①]

一、是三种思路还是两种思路？

梁慧星教授在《中外法学》2001年第1期发表了“当前关于民法典编纂的三条思路”一文（系先生在中国人民大学法学院的演讲稿，并在其他许多大学讲过），详细介绍了“松散式”“理想式”和“现实式”三种起草中国民法典的思路，我的一些想法很荣幸地被当作“理想主义思路”的设计方案得到介绍，这对宣传我的观点起了重大作用，我十分感谢。先生持论平和，学术风度使人如坐春风，令我钦佩。先生就民法典起草思路问题演讲、发文后，影响很大，2002年1月5日的《检察日报》转述了先生的观点，正义网对此也有报道，先生所述之问题，成了当前民商法学界的热点。但鉴于先生有些评论和观点不乏可商榷之处，特作此文，以进一步说明我的新人文主义民法典起草思路，质疑先生所持的物文主义[②]思路，并期望唤起关于我国未来民法典之哲学基础的广泛理论争鸣。

先可论者，为时下之中国，民法典起草到底有三种还是两种思路之问题。梁老师介绍的三种起草思路，其中的“松散式、邦联式”实际上不是民法典思路，而是反民法典思路，这种主张就是不要搞民法典。任何一本法理教材都会谈到“法律汇编”与“法典编纂”的区别，前者是按一定目的或标准对已颁布的规范性文件作出系统的排列，汇编成册，它不是立法活动；而后者是在审查某一法律部门现行的全部法律规范的基础上制定一个新的涵盖该法律部门的系统、完整的规范性文件，要删除过时和错误的内容，并增加新的内容，它属于立法活动。[③]显然，松散式思路属于前者，是懒汉的主张，读者只要设想一下把统一合同法和民法通则这两部分属不同经济体制的法律编在一起会产生多少矛盾和不协调，就会理解我这一有点难听之断语的正确！因此，我不赞成梁老师的中国存在三种民法典起草思路的提法，严格说来，只有“理想主义”与“现实主义”两种思路。

这是一个令人泄气的观察！在中国这样一个十几亿人的大国，却只产生了两种民法典

① 本文原载《民商法论丛》第21卷。

② 这是一个我杜撰的词汇，相当于马克思常说的“拜物教”。该词虽是杜撰的，但它指称的对象却是现实存在的，有哪一个词——包括人文主义这个词在内——最初不是杜撰的呢？但愿它能作为一项发明流传开来。

③ 张贵成、刘金国. 法理学[M]. 北京：中国政法大学出版社，1992：231.

起草思路，能不使人泄气乎？这种局面有两种可能的原因：第一，只有少数人关心这一问题。但中国吃民法饭的至少有上千人吧，其中有几百中级以上职称的拥有者，这些人不关心民法典问题又关心什么？这是一个值得做深入的社会学研究的问题，至少可得出许多人缺乏职业真诚的结论。只有对民法典问题有宗教般的真诚情愫的人，才会将之作为自己的事业殚精竭虑；相反的人，对将产生怎样的一部民法典漠不关心，于是乎置身事外。第二，有众多的人关心这一问题，但能对此发表见解者很少。如果真是这样，那是中国职称的不幸。

更有甚者，梁老师还提到"松散式"思路"明显带有英美法影响的痕迹"[①]。在我看来，如果此论的主张者真正地了解了美国法，就不会如此主张，因为美国在 21 世纪以来一直在大搞法典法，柯宾和威利斯顿各自的《论合同》就是其某种意义上的合同法典，如果了解了这些具有学说权威的书，就会看到美国式的这种法典比大陆法系的法典更严密，更具有可操作性。我们还必不得忘记美国的各种《重述》是不折不扣的学者搞的法典；统一商法典则不必让我提醒众人就知道它是法典了；其实，美国定期出版的那些判例报告又何尝不是以另外一种方式写的法典呢？不过它们对于未受特殊训练的人来说可接近性较弱罢了，因此，它们是"富人"的法典。这里的"富人"可以不太确切地被界定为可以随便地利用律师服务的人。而大陆法系的法典向来是穷人的法律工具。我国属于穷国，暂时只能使用这种法典法。还是等我国富得到位了，法律教育、司法队伍等各个环节都得到了极大改善，再考虑"松散式"思路的奢侈选择吧！

二、剩下的两种思路有何区别？

那么，剩下的两种思路的区别何在？从形式上看，区别反映为编章结构之设计的不同——理想主义思路主张人法与物法两编制下的八分编、两附编制；[②]现实主义思路主张七编制——因此，我的方案与梁老师的方案的分歧，首先是关于形式的分歧，但形式是思想（如果谦卑一些，应该称作"观念"）——尽管不是关于实质的思想——的产物，梁老师将自己的民法典结构设计思想概括为现实主义，将我的相应思想概括为理想主义，信然！那么，这两种主义分别是什么？从梁老师的文章可知，现实主义指充分利用现有的资源制定民法典的主张，此等资源有二：其一，我国现有的民事立法，如民法通则、合同法、担保法等；其二，德国式的概念体系和权利体系，因为它们自我国清末继受大陆法系以来，已成为我国法律传统的一部分，不宜更改。不难看出，这种现实主义有新瓶装旧酒的意味，质言之，它是法律汇编与法典编纂之间的中道，[③]目的在于在不十分震荡现有民事立法的情况下制定民法典，避免大动作。

---

① 梁慧星. 当前关于民法典编纂的三条思路[J]. 中外法学，2000(1).

② 徐国栋. 民法典草案的基本结构[J]. 法学研究，2000(1).

③ 此点在王利明教授关于民法典体系的讲座中已得到承认："我国应采取的是汇编与制定相结合的编纂模式。"

我所称的理想主义，指最大化地利用法典编纂的立法性充分改造我国民事立法的结构和思想基础，与法律汇编拉开距离，实现我国民事立法的现代化。为何如此主张？理由有四：

其一，遵循继受法国家制定民法典的普遍规律。众所周知，现代民法非我国固有法，而是自清末继受大陆法系后引进的。在1911年的大清民律草案之后，在1930年的民国民法典之后，在1986年的民法通则之后，我国仍在继受国外的民法制度，例如近年来，我国从欧洲继受了产品责任制度，从英美继受了预期违约制度并将之与不安抗辩权制度融合，因此，我国现在仍是继受法国家，制定民法典应遵循这种国家的一般做法：即制定比较理想而暂时不易实施的先进民法典作为法治宣言，起到对人民的宣传教育作用，待各种配套制度和实施条件渐次具备后，逐渐地把民法典变成活法。这就是取法乎上，得乎中的方略，日本、[①]民国，[②]莫不采之。继受法律，无非引进外来的好制度对本国的不合理现实进行改造，如果一开始就把民法典的目标定得很低，经过实践的折冲，根本不可能达到一种良好的法治。民法典还是所属国的文明程度和方式的表征，当然应力求完善而非苟且，它应标志着法律生活的一种理想以及立法者克服不合理之现实的决心，而不是与之妥协的结果。

其二，为了中华民族的光荣。现在是一个民法典风起云涌的时代，正如梁老师所言，我们正处在第三次法典编纂运动的洪流中，中华民族正好可以一显身手，向世界奉献一部值得称道的民法典。这样的雄心有很好的实现条件。首先，中国民法科学在改革开放后的20多年来已取得突飞猛进的发展，为民法典的制定准备了充足的学术土壤，我们由此敢于指望一部优秀民法典；其次，第三次法典编纂运动已开始而未结束，它带给我们新魁北克民法典、新荷兰民法典、俄罗斯联邦民法典等榜样，使我们有充分的机会学习、借鉴它们，汲取其精华，剔除其败笔，最后超越它们。可以说，未来的中国民法典有机会吸收三次法典编纂运动的精神成果，当然可以制定得很优秀，成为一部范式性的民法典而不是某一范式的追随者。纵观世界民法典编纂史，范式民法典都是在思想和形式上推陈出新的优胜者，还没有见过一部汇编性的"民法典"得到过评优的，因此，以介乎"汇编"与"编纂"之间的方式制定我国民法典，就断绝了它成为一部优秀民法典的希望！我在"东欧剧变后苏联集团国家的民商法典和民商立法"一文的开端记载了自己在1994年对这部民法典的期盼："使中国未来的民法典赢得21世纪的民法典的桂冠！"[③]梁老师，这可也是当年您的期盼！您为何现在放弃了它？您可

---

① 川岛武宜在《日本人的法意识》一文中，谈到日本在维新中最初制定的法典过分西化，但法典的制定者认为，从长远来看，随着日本的生活变化，这些法典会符合实情。事实上，日本民法典在近期才基本做到这一点。如果当初的日本立法者不以超前的方式立法，日本社会何以产生如此大的变化呢？川岛武宜．现代化与法[M]．王志安，等译．北京：中国政法大学出版社，1994：134.

② 关于民国民法典长期只适用于大陆的中心城市，到了台湾才得到比较到位的适用的情况，王泽鉴．民法五十年[M]．李静冰．民法的体系和发展——民法学原理论文选辑．北京：中国政法大学印行，1991：158.

③ 关于民国民法典长期只适用于大陆的中心城市，到了台湾才得到比较到位的适用的情况，王泽鉴．民法五十年[M]．李静冰．民法的体系和发展——民法学原理论文选辑．北京：中国政法大学印行，1991：158.

曾意识到，您对德国式民法典思想的遵循，是对100年前的思想的遵循。即使遵循得很好，也只能使中国民法典成为一部19世纪的范式民法典的追随者！

其三，制定民法典的政治条件的有利变化。我们正在讨论的这部民法典酝酿了半个世纪，三起而两落，两代民法学者为之白头。改革开放以来，中国的民法学者一直都在呼吁中央制定民法典，每年召开一次的中国法学会民法经济法研究会年会的结论几乎都包含这方面的呼吁。如果说过去的情况是无论学者怎样千呼万唤高层总是不回应，现在的情况不一样了，我国采用了依法治国的方略并将之写入了宪法。由于民法典是法治的基础，中央终于接受了民法典计划，将之列入了立法机关的议事日程。随着民法典意义的彰显，政治领导人对民法典的热心程度超过了学者，本届人大的发言人已两次表示要在任期结束前完成这一伟业。因此，如果说在过去的艰难条件下，学者们为了让领导人相信制定民法典是一件容易的事而采用"干打垒"的制定方式，在现在之如此有利的政治气候条件下，学者则可以世界民法典编纂史上的诸多事例（如德国和日本的事例）让领导人确信，民法典的制定是一个也许要延续几十年的学术研究和争鸣过程，如此，才能十年不鸣，一鸣惊人。这就要精益求精，不能草率从事。

其四，学者从理想出发考虑问题的权力。学者与立法者的关系，是设计者与工程师的关系，两者考虑问题的角度不一样。前者从合理性的角度，后者从可操作性的角度考虑问题，两者的折冲可达成一种理想与现实的平衡。从理想出发思考问题是学者的自由和权利，轻易放弃它就吃了大亏，并且也损失了学者的纯粹性。按照希腊哲学的观点，各人皆有其"德"，这个"德"，就是具有某种身份者的本分，按"德"生活就是自然的。[①] 我认为自己是学者，因此按学者的理路思考问题。但我也意识到，我的思考必须与实务界人士的思考折冲起来，才能成为一种现实的作用力，因此，我也极为尊重他人从其他角度作出的各种思考。

然而，我的方案与梁老师的方案的差别，不仅是形式上的差别，而且更加是实质上的差别。坦率地说，梁老师介绍其方案的文章以及近来的著述透露出浓烈的物文主义气息，与我的民法典草案的新人文主义精神形成对立。因此，现在的中国民法典两种起草思路的竞争，从形式上看，是理想主义与现实主义的竞争；从实质来看，更是新人文主义与物文主义的竞争。后一方面是大是大非问题，不讨论清楚这一问题，中国民法典必定无法在理论上站立起来。

三、什么是人文主义？ 老的和新的

欲明了何谓新人文主义，必先明了何谓"老"人文主义。人文主义是当代被广泛讨论的题目，这方面的文章充斥各个刊物，汗牛充栋，但越讨论越让人糊涂。实际上，从该词的发生

---

① 柏拉图．理想国[M]．郭斌和、张竹明，译．北京：商务印书馆，1986：147．

学来看，所谓人文主义，不过是强调人是世界的中心的主张，它产生于文艺复兴的意大利，是对中世纪的以神为中心的世界观的否定。由此，人开始为自己感到自豪，悦纳自己的一切属性，不再为自己的存在感到惭愧。在这种意义上，我们不妨把人文主义一词中的“文”理解为“中心”的意思，把它最初反对的那种主义称为“神文主义”；把它现在应反对的以物为中心的世界观称为“物文主义”；把“文革”中那种政治挂帅的生活态度称为“政文主义”①。与这些七七八八的主义相比，人文主义不过赋予了人自身以这个世界的中心的荣耀。

但人是什么？人除了自身的被誉为地球上最美丽之花朵的思维外，其他的任何部分都是物质，因此，从根本而言，对人的推崇，不过是对意识的推崇，即承认意识是这个有意义的世界的出发点和归宿。“我思故我在”的格言是对这种推崇的表达，它不过说明，人所知道的一切，都只是自己的表象或以自己的思维意识为原则的现象。② 事实上，笛卡尔的上述格言不过是对普罗泰戈拉之“人是万物的尺度”的格言的近代转换；时下的“价值”概念是对这两者的现代转换：价值是物对人的有用性。一个物对一只熊猫有用并不构成价值，只有在它对人有用时才是如此。上述三个表达负载的观念的同一性和出现的继起性，反映了人文主义传统的强大生命力。这是因为，作为万物之灵的人类，不论合理与否，都是这个世界的中心，换言之，这个世界是为人而存在的。

上述者，并非与民法相距遥远的哲学“谵语”，而是现实之民法制度的思想基础。如果仔细观察，可发现民法的基本问题与哲学的基本问题极为一致，都是主体与客体的关系问题，这是笛卡尔通过“我思故我在”式的思考确立的主观世界与客观世界的二元论的成果。人法与物法的二分，是主观世界与客观世界的二分的法律化。人文主义的民法——大陆法系的所有民法，除了德国法族的以外，都属于这一类型——认为主体是第一性的，客体是第二性的，因为人是这个世界的出发点，“某一纯粹的自然物，若无主体介入，对它作出某些规定，那么作为客体而言，它还不存在”，而是作为纯粹的自然物存在，③因此，外在的物质世界存在于与人的关系中，是人化了的。但人在走向外部世界开展各种活动之前，首先得整理自己，犹如一支军队在出征前要把自己编成层次分明、分工明确、服从统一号令的各个单位，这种整理的成果就是所谓的人法，物法是人的意志投射于外部世界的表现，是人的活动作用于此等世界的结果。出于人的本质是意识的考虑，民法还极为强调意思自治原则，作为现代民法之轴心的处理主体与客体之关系的法律行为理论和制度，不过是哲学上的自由意志理论在民法中的沉降。即使是所有权，也不过是人的意志作用于物的结果，用黑格尔的话来说，它是所有人之意志的定在，由于它，人的自由获得了外部的领域。④ 正由于所有权中“心素”的存在以及它相对于“体素”的优先地位，即使物脱离了所有人的占有，它仍不失为所有人的，一

---

① 实际上，“文革”中对政治的极端强调和它对人的压制，意味着当时有一种“政文主义”的存在。

② 陈宣良．理性主义[M]．成都：四川人民出版社，1988：40．

③ 龚桂明．人的主体地位的首次确立——普罗泰戈拉的名言“人是万物的尺度”阐释[J]．泉州：华侨大学学报（人文社会科学版），2001(1)．

④ 黑格尔．法哲学原理[M]．范扬、张企泰，译．北京：商务印书馆，1961：55，50．

旦有机会，所有人将正当地收回之，此乃所有权的绝对性的表现，这是意识的胜利。

需要指出的是，梁老师反对上述的二元论世界观，说："人法与物法的划分，并没有严格的科学依据，严格说来都是人法"。这一断语把笛卡尔好不容易整理出来的世界秩序否认了。我认为，梁老师把所有的法都宣称为"人法"，并非出于对人法的张扬，而是把人理解为物质世界的一部分的结果。他在其著述中援用过北川善太郎对人的物化现象的描述，认为精神活动作用的人类行为由物质性过程构成。[①] 此语也许导致梁老师走向了一元论，他所说的那个人法，不过是一种物质法，人与物在物的基础上统一起来。但我们知道，人的意志活动如果是由几类化学反应决定的，人的意志自由就荡然无存了，法律将失去作用，因此，只有承认意识独立于物质，换言之，承认二元论，包括民法在内的法律才有存在的空间。

人文主义是一种文艺复兴后产生的古老思潮，它是第一次法典编纂运动的思想基础之一。在法国，人文主义学派的研究成果成了该国的法典编纂的学术基础。[②] 严格言之，没有人文主义思潮就不会有市民法的法典编纂，因为市民法不过是世俗法的意思，在神文主义的背景下，一切社会关系都交给教会法调整就是了。然而，相距第二次法典编纂运动，历史已前进了 200 多年，把人文主义这样的老古董当作第三次法典编纂运动中的一部桂冠民法典的思想基础，可乎？当然不可。因为时代发展了，旧思想难以与新时代相适应，所以我们必须扬弃老人文主义，创立新人文主义作为我国民法典的思想基础。

那么，新老人文主义的区别何在？两种人文主义都强调人的中心地位，但有两点不同：第一，认识论上的区别。如果说老人文主义的认识论特点是绝对主义，即对人类认识能力的狂信，那么，新人文主义的认识论的特点是对人类认识能力持有所知和有所不知的评价，基于后一种可能，应允许民法典保持开放性结构，赋予法官广泛的自由裁量权发展法律。[③] 第二，对人的地位认识的区别。老人文主义认为人是世界的唯一中心，强调征服自然；新人文主义认识到人与环境的依赖关系以及与其他生灵的伙伴关系，强调人与自然的和谐，尊重下一代人的权利、动物的权利。概言之，老人文主义是乐观取向的，新人文主义是悲观取向的。

在这种背景下，新人文主义与绿色主义建立了联系。在我们的时代，"绿色"成了追求人与资源的关系之平衡的代名词。所有权是民法和一切法的核心。从本质上讲，所有权是人与资源的紧张关系以及由此而来的人与人之间的紧张关系的表现，因此，人与资源的紧张关系是任何法律的基本课题。在现代生活条件下，人类正倾向于耗尽地球上的资源，从而给人类本身的继续生存带来了危机。一些国家已比较清楚地意识到了这种情况，从而把保护环境、节约资源当作法律的原则。20 世纪 90 年代以来新制定的宪法（例如马其顿共和国 1992

① 梁慧星．从近代民法到现代民法——20 世纪民法回顾[J]．中外法学，1997(2)．

② 何勤华．西方法学史[M]．北京：中国政法大学出版社，1996：103．

③ 徐国栋．论我国未来民法典的认识论基础[J]．法学研究，1992(6)．

年宪法[①])和民法典(例如越南民法典[②]和哈萨克斯坦民法典[③]),都有把保护环境作为所有权的义务加以规定的趋势。在中国这样的人口大国,人与资源的关系更加紧张,因而以法律维持人与资源的平衡关系的任务更加迫切。因此,我国未来民法典应把"节约资源,保护环境"当作基本原则和所有权的义务加以规定,并在一切其他规定中体现这一原则。所以,我的民法典思路,也可称为"绿色民法典"思路。

绿色与新人文主义同为我们的民法典草案的哲学基础,实际上,前者可以被后者所吸收,因为"绿色"强调的是人类的可持续发展,它是对人类之未来命运的关怀,正犹如人文主义是对人类的现时命运的关怀。

稍微感受一下生活,我们就会发现自己处在一个人文主义的时代。江泽民同志最近的"人是世界上最可宝贵的"之语反映了改革开放以来的主旋律。如果说,在"文革"期间,我国曾实行"政文主义"和"物文主义",人们曾饿着肚子搞"灵魂深处爆发革命""狠斗私字一闪念",勒紧裤带追求国民生产总值的高增长,那么现在,我们已承认人们奋斗所追求的一切都同他们的物质利益有关,生产的目的不是生产本身,而是为了人,因此我们才以 GDP 指标取代了国民生产总值指标,并辅之以人均国民收入的指标;[④]才有了让人们享受闲暇的大周末和长假;才有了王蒙等思想者之"如果发展的结果是损害而不是改善了人的状况,要这样的

---

① 该宪法第 43 条规定:"每人都享有生活在适于健康的环境中的权利;每人都有义务增进保护环境……";第 55 条规定:"市场自由和企业自由受到保障……此等自由只可因保卫共和国、保护自然和生活环境的理由受到限制。"On http://www.b—info.com/places/Macedonia/republic/Constitution.html.

② 该民法典第 286 条规定了所有人保护环境的义务:"所有人在使用、保管或抛弃自己的财产时,必须遵守环境保护法律的规定;造成环境污染的,必须停止污染行为,采取各种措施消除污染后果,并赔偿损害。"

③ 在第 1 条第 3 款、第 2 条第 3 款、第 8 条第 3 款、第 10 条第 4 款等条文中,都规定了保护环境、保护自然的内容。

④ GDP 指标相较于国民生产总值指标,增加了对为人服务的第三产业的价值的考虑;国民收入指标考虑了生产活动给人带来的效益,它们都比单纯的国民生产总值指标更重视人的感受。

发展干什么”的隽语；才有了响亮地提出“财产权怎能高于人身权”之时代质问的姚丽案；[①]才有了梁老师本人在给我等讲授民法解释学之利益衡量部分时经常提到的“生存利益高于经济利益”的表达，[②]这些现象都反映了时代精神在我国从“重物轻人”到“永远把人当作目的”的转变，正因这一转变，我们最近才不惜一切代价大规模搜救跳伞的飞行员王伟；最高人民法院才在最近的司法解释中取消了对精神损害赔偿的封顶限制。如果说在十几年前有些学者曾因主张人道主义过力受到贬斥，那么现在已未见发生这种情况，我们看到的现状是人权专家待遇优厚，频频获奖。这些都是人文主义的进步。

哲学的变革或迟或早都将转化为法学的变革。人文主义的勃兴使我们把过去习见的“物头人身”现象现在看作奇怪的。15 年前，正值我国实行有计划的商品经济时期，商品经济的民法观甚嚣尘上，在此背景下，《民法通则》第 2 条规定“中华人民共和国民法调整平等主体的公民之间、法人之间、公民和法人之间的财产关系和人身关系”，这是一个“物法前置主义”的定义，它把作为客体的财产关系凌驾于作为主体的人身关系之上。但民法通则在章的层次的行文顺序为：(1)基本原则；(2)公民（自然人）；(3)法人；(4)民事法律行为和代理；(5)民事权利；(6)民事责任；(7)诉讼时效；(8)涉外民事法律关系的法律适用；(9)附则。其中“基本原则”属于预备性规定；“公民”“法人”属于人格法的规定；“民事法律行为和代理”是关于主体与客体的关系的规定；“民事权利”是对客体的规定；“民事责任”和“诉讼时效”是关于权利保护的规定；“涉外民事法律关系的法律适用”是内国民法在涉外领域的投射；“附则”

---

① 朱彤在 2000 年 3 月 20 日在《中国青年报》发表了“财产权怎能高于人身权”一文，为同年 4 月 2 日的《厦门日报》法制文摘(第 7 版)所转载。文章提出了很有意思的人与物孰轻孰重的问题，值得多加引用。

姚丽是大庆建行景园储蓄所的一名普通职员，党员。1999 年 7 月 9 日 12 时许，她与另外 3 名女职员正在吃午饭，突遇两人抢劫银行，其中一人用一把 5～6 磅重的铁锤猛击防弹玻璃，边砸边吼：“快开门，报警就整死你们”。3 名职员按了报警器开关，但警讯未能传出。又打电话报警，然而电话不响。此时，玻璃即将砸坏，职员之一孙海波把门开了。两名歹徒进来后，将姚丽办公桌中的 13568.46 元和孙海波办公桌中的 30190 元抢走。又威逼姚丽打开保险柜，姚丽骗过歹徒(说其中没有钱)，最终未交出保险柜钥匙，使其中的 25 万元安然无恙。歹徒逃离现场后，姚丽又打 110 报了警。第二天，姚丽从家中取来 1.3 万元交给单位。

8 月 5 日，建行处分她，理由是她没有制止孙海波开门，也未与歹徒搏斗，而是交出了 1.3 万元，属于严重失职，决定开除公职、开除党籍。姚丽申请行政复议被驳回，遂向大庆市萨尔图区劳动争议仲裁委员会申诉，该委于 1999 年 11 月 8 日作出裁决：撤销建行的决定，恢复姚丽公职，安排工作，补发工资。建行不服，向同区人民法院上诉，法院判决建行败诉。建行仍不服，上诉大庆中级人民院，认为姚丽人身未受到威胁，就将钱交给歹徒，25 万元安然无恙与姚丽无关。中级人民院于今年 3 月 1 日开庭，判决建行败诉。

这一事件在当地引起强烈反响，焦点是该豁出命去保钱还是应该不得已交出钱保命。建行认为，姚丽是狗熊，是银行系统的叛徒，与建行卫士陈一风的行为形成了强烈的对比。

有人认为不必以卵击石。大庆油城律师事务所的雷国君认为，金融系统不能要求职员非要以生命的代价保护国家财产和资金，否则就违反了人身权高于财产权的原则。公民只有在确保人身安全的情况下，才能采取措施保护国家财产不受损失。

关于这个案件的讨论比判决结果更重要，有利于姚丽的舆论反映了中国人人文意识的觉醒。而在 24 年前，他们还在为了从唐山地震后的废墟中找出属于国库的一枚一分硬币而奋战通宵。

② 这方面的典型例子有“买卖不破租赁”的原则。

是一些正文中的未尽规定。这一顺序的基本结构是主体—主客关系—客体，显然是个“人法前置主义”的结构。我们看到，在民法通则关于民法调整对象的定义（“头”）与其对民法的实际阐述顺序（“身”）之间存在明显的矛盾。先定的唯物主义框框要求民法按照物质第一性的原则先处理财产关系；民法的人法[①]性质则要求搞清楚目的与手段的关系、明确由内到外的认识逻辑，于是两者发生矛盾，冲突的结果是“阐述顺序”不顾“定义”自我展开。

对于这种矛盾，在物文主义的思想背景下，我们过去从未发现其不合理性。但历史仅过去了 15 年，我国的意识形态就发生了变化，人文主义思潮的涌动要求清算“物头人身”结构，代之以“人头人身”结构。这种思潮的旗手是张俊浩教授，在他主编的《民法学原理》中，他旗帜鲜明地将民法定义为“调整社会普通成员之间人身关系和财产关系的法律规范系统”，[②]并将这一定义贯彻于该教材的结构设计，从而把被颠倒了的人与物的关系又颠倒了过来；在彭万林主编的《民法学》中，我也毫不含糊地将民法定义为“对平等主体间的人身关系和财产关系加以调整的法律部门”，[③]与张老师一起，把人文主义思潮引入民法，在学说上完成了民法从“物头人身”到“人头人身”的转变。我们的民法典草案的结构，不过是学说上的变革对立法草案设计的投射。可以说，以把被颠倒的人法与物法的关系再颠倒过来为标志，已形成了中国的人文主义民法学派，它与过去被称为“商品经济的民法观”，现在被称为物文主义的民法学派形成对立。在这一背景下，我们倒可以合理地理解为何偌大的中国只有两种民法典起草思路了：只有两个学派，每派都奉献了一个方案。

四、什么是物文主义？

物文主义是以物为世界之中心的观点，它与一些既有的理论如商品拜物教、商品经济的民法观和旧唯物主义都有关联，梁老师近年来开始坚持它，表现为把物法前置于人法，即所谓的物法前置主义。这种主张体现并发展于他的几部著作中。

就人法与物法的顺序问题，梁老师的早期著作《民法》在章的层次的阐述顺序是这样的：(1)导论；(2)民事法律关系；(3)公民（自然人）；(4)法人；(5)民事法律行为；(6)代理；(7)诉讼时效；(8)所有权；(9)债；(10)合同的成立；(11)合同的担保；(12)合同的变更和解除；(13)合同的履行；(14)人身权；(15)财产继承；(16)民事责任。我们可看出，除了把应属于节的层次的关于合同的四章提升了位阶外，这一阐述顺序基本与民法通则的行文顺序一致，是一个“人法前置主义”的顺序。但作者这样做也许是出于对立法的遵从，而非出于理性上的认同。同书中，作者引述了民法通则第 2 条的民法调整对象定义。我们知道，这一定义中还是包括

① 这里在另外一种意义上使用“人法”一语，指为了人的法律，而非指主体法意义上的人法。

② 张俊浩. 民法学原理[M]. 北京：中国政法大学出版社，1991：3.

③ 彭万林. 民法学[M]. 北京：中国政法大学出版社，1999：28.

尽管被后置的人身关系的，但梁老师对这一定义的分析是“民法主要调整平等主体间的财产关系，即横向的财产、经济关系”，并将民法界定为“调整我国社会经济关系的基本法”。[①] 这些言论暴露出作者强烈的物文主义苗头，这也许与当时的民法学派与经济法学派争夺经济生活的调整权的理论斗争有关，当时确实有人想把民法贬低为调整离婚打架等鸡毛蒜皮之事的法。

然而，这样的不利环境消除后，梁老师的物文主义却进一步发展，其近期著作《民法总论》在章的层次的阐述顺序为：(1)导论；(2)民事法律关系；(3)物；(4)民事主体——自然人；(5)民事主体——法人；(6)民事法律行为；(7)代理；(8)诉讼时效；(9)权利的行使；(10)民法的效力、适用和解释。读者可看出，变化表现为增加了“物”的一章取代《民法》一书中关于各种民事权利的诸章，并把它提前到了自然人和法人之前！从《民法》到《民法总论》，物的地位渐次提高，人的地位渐次降低。

遗憾的是，梁老师还进一步把上述顺序移入了他为未来中国民法典设计的大纲中，该大纲在编的层次的行文顺序为：(1)总则；(2)物权；(3)债权总则；(4)合同；(5)侵权行为；(6)亲属；(7)继承。从这一层次来看，民法典基本上是个财产关系法典，看不出主体的地位何在。但在该大纲的总则中，主体的地位如何就看得出来了。该总则在章的层次的结构是这样的：(1)一般规定；(2)权利客体(就是规定的物)；(3)权利主体——自然人；(4)权利主体——法人；(5)法律行为(后面的部分从略)。[②] 这是一个赤裸裸的“物压在人头上”的设计，它叫我大吃一惊，惊诧莫名！我敢说，这样的安排在人类历史上是第一次出现！连以物文主义著名的德国民法典，其总则内部的基本结构也是：(1)权利主体；(2)权利客体；(3)法律行为；(4)其他规定，尚且不敢以权利客体凌驾于主体！[③] 在继受德国物文主义的日本，梁老师极为推崇的北川善太郎教授也认为，民法总则的基本内容是：(1)权利主体人；(2)权利客体物；(3)法律行为。这些要素又可以进一步归纳为人与自然两个要素。法律关心的是人的精神、意思……[④]可以说，不论在德国还是日本，在民法典结构之宏观上，采用的是物文主义，而在总则内部结构之微观上，还是采用的人文主义。可以说，这种宏观与微观的矛盾为特征的“逻辑性和体系性”在梁老师自己的写的上述《民法总论》中也有表现：他虽然把“物”置于民事主体之先，但在“物”之前的“民事法律关系”一章中，他对这种关系的分析仍遵循“主体”“客体”“内容”“变动”的顺序。[⑤] 然而在民法典总则编的结构设计中，梁老师却不遵守他口口声声推崇的上述德国式的“逻辑性和体系性”，违反要把它们用来“作为编纂中国民法典的基础”的诺言，[⑥]把人与物的关系做了一个大颠倒！陷入了体系违反、自我矛盾！如此大的更改应有

① 梁慧星．民法[M]．成都：四川人民出版社，1988：23-24．

② 梁慧星．中华人民共和国民法典大纲(草案)[M]．梁慧星．民商法论丛．(13)．北京法律出版社，2000：806．

③ 迪特尔·梅迪库斯．德国民法总论[M]．邵建东，译．北京：法律出版社，2000：24．

④ 梁慧星．从近代民法到现代民法——20世纪民法回顾．民商法论丛．

⑤ 梁慧星．民法总论．法律出版社，1996：49．

⑥ 梁慧星．当前关于民法典编纂的三条思路．民法总论．

扎实的论证相伴随，但他唯一的正面论据是："一个毫无财产、一文不名的人，连生存都难以维持，能算是真正的人吗？"

此语差矣！

我们知道，在古罗马有许多富有的奴隶，他们由于经营特有产成功或受主人的荫庇而过着奢侈的生活，但他们只是生物学意义上的人，而不是法律上的人；[①]相反，贫穷的公民却是人。在大革命前的法国，富有的第三等级在法律人格上的贫困以及贫穷的贵族在法律人格上的富有的状况，也曾存在。这两个例子充分证明了精神利益相对独立于物质利益的性质，通俗地说，"富"者不见得"贵"，反之亦然，由于"富"到了手，"贵"不会自然来，所以迷信的人们啊！他们在求神的时候，都是富贵双求的。"贵"对"富"的依赖是一种不合理现象，因此，各国的宪法都规定所有公民在法律面前的平等不能因财富等因素而受不利影响，在这种框架下，一个穷汉的尊严与一个富翁的是一样的。如果说不一样，那是不正常的情况，梁老师的论据涉及的恰恰是这种要我们法律人努力改变而不是视为永恒状态的不正常的事情。将他的这一论据进行反面解释，必然得出"有财产者有人格，财产多者人格大"的结论，如此，则现代民法中的平等原则就可以取消了。

梁老师主张物文主义或物法前置主义的另一理由是："民法典的结构和编排，不能以所谓重要性为标准。"这一表达显然不合国人之体现在"梁山泊英雄排座次"的故事中的思维习惯和行事方式。我要问，如果编排顺序不表明重要性的不同，梁老师著作中物的位置的不断前移又是为了什么？梁老师最为推崇德国人的逻辑性，殊不知，潘得克吞体系有萨克逊式与巴伐利亚式两种，前者的编制结构是总则、物权、债权、亲属、继承；后者的编制结构为总则、债权、物权、亲属、继承，两者的区别在于物权与债权的位置前后不同，这种位置的安排是为了表达主题的不同的重要性。德国民法典最终采用了巴伐利亚式，乃因为在其时代，作为动态财产关系之表现的债已比表现静态财产关系的物权重要。债是目的，物是手段，目的当然要排在手段之前，[②]这种位置的调整恰恰是德国人之逻辑性的表现，它提供了不利于梁老师的"位置前后与重要性无关论"的证据。顺便请求一下，上述梁老师设计的民法典结构在物权与债权的关系上舍巴伐利亚式而改采萨克逊式，变更了德国民法典的选择（我赞成这一改动，因为我认为所有权是一切法律的核心问题），能否说明一下理由？如果梁老师所持的理由与我的相同，这难道不是把自己对事物重要性的看法体现在主题的排序中吗？我确信，人与物的顺序问题是一个重要性问题。人的确比物重要，人是目的，物是手段。目的若不比手段重要，还区分两者干什么？

---

① 十二表法第十表第6条规定：废除对奴隶的尸体涂油、在各种丧宴上豪饮、奢侈地奠酒、太大的花环和用香炉焚香的做法。

② 拉德布鲁赫谈道，在静态的社会中物权是目的，债权是手段；而在资本主义经济生活中，债权本身成为法律生活之目的，故取得了优先地位。参见其所著：法学导论．米健、朱林，译．中国大百科全书出版社，1997:64.也参见我妻荣：债权在近代法中的优越地位[M]．王书江、张雷，译．北京：中国大百科全书出版社，1999:6.

对梁老师的"位置前后与重要性无关论"最不利的证据莫过于我国立法机关于1982年创立的宪法惯例。是年，全国人民代表大会制定了新宪法取代1978年宪法，两部宪法的最大差别在于前者在第一章"总纲"后马上开始规定第二章"公民的基本权利和义务"；然后再规定第三章"国家机构"；而在后者，第二章和第三章的顺序要颠倒过来。立法机关在其说明书中声称，这样的安排是为了彰显主权在民，国家机关为人民服务的观念，质言之，就是为了强调老百姓比政府机关更要紧。我认为，这种变革的意义在于创立了一个确认立法各主题的排列顺序具有重要性显示意义的惯例，它告诉我们，某一法律调整的各个主题的排列顺序本身也是立法的一部分并服务于立法者意图。事实上，我正是根据这一宪法惯例来思考和安排人法与物法的先后的；而梁老师对主题的顺序处理至少在他声明的意义上未考虑这一惯例。

前文已述，两种民法典起草思路之争，是两个民法学派之争。我遗憾地发现，梁老师在民法典结构设计问题上反映出来的民法思想属于"商品经济的民法观"。在梁老师反复提升其地位的"物"身上，分明烙着稍一活动便会露出的"商品"的纹章！商品经济的民法观流行于20世纪80年代的中国，佟柔教授是它的旗手，它诞生在有计划商品经济模式的体制环境中，浑身披满与坚持计划经济体制的经济法学派进行论战的硝烟。它把市民法的复杂背景单一化，化成商品经济，民法的一切制度，因而都被解释为以商品为核心的存在，例如主体是商品所有人、客体是商品所有权、行为是商品交换，为此，它要把不能以商品解释的制度——例如亲属法和继承法——排除出民法。这种主张为守望民法作过巨大贡献，但它漠视了民法对人的保护和关怀，随人文主义的兴起，尤其是随市场经济模式对商品经济的取代而偃旗息鼓，现在又以物文主义的面目复活。相较于其前身，它已有所改进，例如承认了亲属法、人格权制度都是民法的一部分；以更广泛的"物"的范畴取代了只能指称劳动产品的"商品"范畴；以"市民社会"的新名词取代了过去一度为人们喜闻乐见的"商品社会"的概念等，但它对商品或物的崇拜却保持不变。事实上，市民社会对商品社会的取代应该是主体对客体的取代，而在这一学派的眼中，两者的唯一不同是增加了家庭的构成要素，市民社会经过他们的物质主义的处理，"市民"即民事主体反倒不见了或减等了，终于，市民社会还是成了挂着家庭之附件的商品社会。[①]

对梁老师对民法各主题顺序的上述处理，另一可能的揣度似乎是：梁老师像我一样觉得民法通则的调整对象定义与其实际的行文顺序的背离不合理，与我相反，梁老师认为前者对而后者错，因此他将这一定义贯彻于行文顺序以克服两者的背离，使它们统一于唯物主义。那么，唯物主义在当代的命运如何？它是否值得继续遵循？

对此问题，让我们听一下中国学者陈志良的意见。根据其研究，唯物主义包括机械唯物主义（或称旧唯物主义）、人本主义唯物主义（以费尔巴哈为代表）、实践唯物主义、辩证唯物

① 对商品经济的民法观的批评，徐国栋．公平与价格—价值理论—比较法研究报告[J]．中国社会科学．1993(6)．以及徐国栋．民法基本原则解释——成文法局限性之克服[M]．北京：中国政法大学出版社，2001．

主义四个类型，第一种唯物主义以自然界为出发点；第二种唯物主义把从自然界出发上升到了从“人的直观”出发，提高了人的地位，但仍缺乏能动性，因而被马克思的实践唯物主义所取代，这种唯物主义的出发点是实践，是主体，贯彻着我国哲学界时下最为频繁地谈论的主体性原则，它是从主体和实践的角度考察和理解一切事物的主张，反映了人类已在更高的层次，更大的范围内以自己的内在尺度来把握物的尺度，并在实践中高度统一这两把尺度的现实；它使哲学的出发点从“物质”转移到“实践”。至于以“物质”“存在”为起点的辩证唯物主义，马克思和恩格斯从来未把自己的哲学作这样的命名，将马克思主义哲学称为这种主义，就忽略了这种哲学中最重要的东西：实践与主体性，它尽管承认能动性，但层次较低，要从物质的能动性出发，然后才能进入到主体、人类、实践、思维的能动性；而实践唯物主义从人的能动性开始，然后再返回到物质本身的能动性。所以把马克思主义哲学概括为实践唯物主义更好。

也让我们听一下日本马克思主义学者梅本克己的意见。20 世纪 50 年代，由于存在主义的出现和影响，日本开展了主体性问题的研究，这比中国早得多。梅本对马克思主义哲学的看法与陈志良不一样，他认为马克思主义存在只重视客体的缺陷，因此在唯物主义中留下了自由问题的空白，为此，他提出了“主体唯物主义”的主张，目的在于把存在主义重视主体(人)的要素补充到马克思主义中来。

由此看来，包括中国在内的一些国家都出现了对唯物主义进行更新的趋势，现在的唯物主义只能是一种以实践，即主动者主体作用于受动者客体的活动——为中介观察人与客体的关系的思想。如果说，梁老师的“物头物身”的民法典体系还符合旧唯物主义，那么它与强调主体性的新唯物主义直接冲突，因此，它背离了现时的时代精神。

五、德国宏观物文主义的根源

前文已述，不论在德国还是日本，在民法典结构之宏观上，采用的都是物文主义，而在总则内部结构之微观上，还是采用的人文主义。因此，无论是德国民法典还是日本民法典，都只是半个物文主义者，即宏观上的物文主义者。不说明此点而指控它们为物文主义，就冤枉了它们。德国民法典的结构之所以还保持着一半的人文主义，乃因为它使用的潘得克吞体系不过是人文主义的法学阶梯体系的一个变种，[①]前者把后者进行了分解，将后者的结构以缩微的形式保留在自己的总则中，同时在编的宏观层次进行了物文主义的再造。这种奇特的现象肯定诱使人们发问：为什么较早的法学阶梯体系实行人法优位？

这一问题关系到市民法的起源和历史。严格说来，市民法是发源于地中海上的两个半岛——伯罗奔尼撒半岛和亚平宁半岛，后传播于全世界的独特文化现象。这两个半岛留给

① 徐国栋. 民法典草案的基本结构. 前引文.

世人的一个不解之谜是它们为何在工业化之前就实现了城市化，两地遍布星罗棋布的城邦。每个城邦都构成一个法律的共同体或市民社会，其中的法律调整的是世俗社会生活关系的总和，而不仅限于财产关系。它首先调整的是人格关系，这是因为，由于共同体际关系的存在，立法者必须在接纳或拒绝其他法律共同体的成员为自己的民事主体之间作出选择。由此发生了各共同体相互承认对方的成员在自身中的主体资格问题，得到这种资格者即得到适用内国法的资格，这是一种特权，因此，古代的人法，首先从厘清外邦人与本国公民的身份问题展开，万民法与市民法的界分就是此等厘清的结果。所以，意大利罗马法学者马罗勒正确地认为，远古罗马法的特点是“人格性”(Personalità)，因为全部的市民法，换言之，市民的法，都把非市民(外邦人)排除在外。[①] 出于同样的观察，德·马尔丁诺在讲市民法与万民法的关系时，也提到了法的人格原则(Principio della personalità del diritto)[②]。

当然，人格还是各共同体在其内部清理自己之人口的工具。在拉丁文中，表示“人”的术语有三个：Homo、Caput 和 Persona。Homo 是生物学意义上的人，不论主人还是奴隶，都是 Homo。事实上，在拉丁语中，Homo 的术语在作复数使用时，通常指一群奴隶；Caput 的原意为“头”，引申为“条”，是市民名册中的一条的意思，只有享有完全权利能力的市民才能在此等名册中占据这样的一条，因此，Caput 的意思又引申为“主体”。在优士丁尼《法学阶梯》1，16.pr.中，人格变更(Capitis minutione)实际上就是主体资格或权利能力的变更；Persona 原是唱戏用的面具，人们戴上它就意味着进入了某种需要主体资格的场景，因此，Persona 是每个人公开的自身，[③]它与 Caput 一起，具有主体之意。不难看出，Caput 和 Persona 是对 Homo 的清点，罗马法之无比繁杂的人法就围绕着这一主体展开，所得结论无非是：并非所有的 Homo 都是 Persona 或 Caput，后者只是前者的一部分，拥有特权的一部分。如此，把人分为各种阶级和具有不同能力的集团，达成一个社会的组织化。人法是组织社会的工具，它因其使用目的的重要而重要。

综上所述，人格问题包括对外和对内两方面的内容。就对外方面而言，人格关系涉及一个法律的共同体与其他法律的共同体的成员的关系。当今之世，每个人都生活在特定的法律的共同体或市民社会中，不存在所谓的“世界公民”。像古代一样，如果一个法律共同体接纳其他法律共同体的成员为自己的民事主体，我们就说被接纳者取得了后一个共同体的人格。因此，人法中的人格，是某个法律共同体或市民社会的主体资格。人格问题的这一方面，典型地反映在法国民法典关于“人”的第一编之对国籍问题的详尽规定中。

就对内方面而言，生活在一个法律的共同体的人并不见得就被承认为是这个共同体的主体，古罗马之奴隶不被承认为主体之例，已见前述；在现代，也有一些国家的少数群落成员的主体资格事实上被限制或贬损，尽管在法律上他们与其他群落具有平等的权利能力。美国宪法没有对黑人作出歧视性规定，然而黑人在 20 世纪 60 年代及以前的期间受到严重歧

① Cfr.Matteo Marrone，Istituzioni di diritto romano，Palumbo，Palermo，1994：9.

② Cfr.De Martino，Diritto privato e società romana，Editori Riuniti，Roma ，1982：496.

③ 柏桦．人格——确定自我魅力[M]．北京：西苑出版社，1999：1.

视，于是爆发了民权运动(Civil right movement)，这是一场人格权运动，是一场争取把法律上允诺的人格兑现为现实的利益的运动。人们往往以公法的眼光看待这场运动，实际上它涉及的是一个民法问题，毫不奇怪，它也就有了民权运动的名称。女权运动是同等性质之活动的另一个例子。

这里顺便要对王利明教授在中国人民大学最近所做的一个讲座中的一个观点提出商榷。他说“罗马法式的人法实际是亲属法，并不是对人的尊重和强调，也不是我们讲的人格权法”[①]。此语显然不符合上述罗马法之现实。

古代的繁杂的人法似乎以制造两种“人”的分裂为能事。现代人法的最大特征是两种人的重合，即所有的生物学意义上的人都是主体。这种重合，在学说上由萨维尼在其《当代罗马法体系》中完成。他说：“每种由于精神上的自由而存在的权利是每个生物学意义上的人固有的。因此，原来的Persona的概念或权利主体的概念应与生物学意义上的人的概念一致，而这两个概念原来的同一性可以用如下的套语来表达：每个生物学意义上的人，仅仅是生物学意义上的人，都能取得权利。”[②]在立法上，则是由法国民法典首先完成的，其第7条规定“所有法国人都享有民事权利”，这一规定表现了人格问题的对内方面，在法国国民的范围内实现了法律能力的普遍化；其第11条规定“外国人，如其本国和法国订有条约允许法国人在其国内享有某些民事权利者，在法国亦得享有同样的民事权利”，这一规定表现了人格问题的对外方面，使外国人在对等原则的限制下取得了法国的“民事人格”。法国民法典确定的这方面的原则后来成为各文明国家的民法典中的惯常条文，并导致现代人法的简单化。

进一步的问题在于，为什么在德国发生了市民社会的含义从法的共同体到马克思式的经济关系的总和的转变，由此造成市民法的调整对象从所有的世俗社会关系缩减为财产关系？这或许首先是黑格尔讴歌的现代民族国家建立的结果。16世纪，欧洲出现了西班牙、法国、英国等现代意义上的国家，它们的形成把社会生活一分为政治生活和经济生活两半，市民社会的含义被缩减为后一半。过去由市民法承担的人格问题，现在甚至成了政治国家制定的国籍法的内容；[③]其次是历史学派影响的结果，该学派认为法是民族精神的产物。由此，法开始被理解为某种宏观环境的结果，而不是人的活动的结果或自在的存在，这种对法的理解构成对启蒙时代的理性主义对法的个人主义解释的反动。这个时代的学者受尼布尔和萨维尼的罗马史研究的影响，根据罗马人的经验把法存在的这种环境主要归之于经济，法的经济解释由此形成。[④] 在这种背景下，财产关系逐渐被抬高到重于人格关系的地位。

值得注意的是，财产关系地位飙升的时代正是资本的原始积累时代，当时的资本主义社

① 王利明．中国民法典的体系(2001年2月23日)．On http://www.civillaw.com.cn/

② F.Savigny, Sistema del diritto romano attuale, Vol.II, tra.di V.Scialoja, Torino, 1886－1888, pp.1-2.

③ 在这一问题上法国民法典是例外，可能是由于制定得较早的缘故，这部民法典的第一编“人”还在大肆规定国籍问题。晚一些的德国民法典把这一问题“离心”掉了。

④ Cfr.Luigi Raggi, Materialismo storico e studio del diritto romano, In Rivista Italiana per le Scienze Giuridiche, Giuffrè, Milano, 1955-1956: 566.

会采取效率取向，宁愿以工人阶级的累累白骨为代价追求财富的快速增长。要想知道这一时代的残酷性，只要看一下恩格斯的《英国工人阶级状况》就够了。马克思还把这种人为物所役的情况称为“异化”，因为“自然”的情况应是物为人所役。当时的人是不值钱的，因此，经济利益高于生存利益和人格利益的事例不绝于书。法律自然也对人格关系关注不够，德国民法典是这方面的著例。在这部民法典中，人法被淹没在总则中；未承认一般人格权，具体人格权仅规定了姓名权一种。立法对人法的薄弱规定与司法对人的薄弱保护恰相对应。

与上述思想和现实的背景相应，在 19 世纪的德国，存在一种抛弃古代的市民社会概念——根据这一概念，市民社会是在以社会契约结束了自然状态后人类在公共权力下的合作状态——而把市民社会处理成物质关系的倾向。黑格尔首先把市民社会改造成“处在家庭和国家之间的差别的阶段”[①]，是一种人际经济关系的运作方式，包括需要的体系、通过司法对所有权的保护以及以社会保障制度对上述环节之偶然性的消除三个环节。[②] 可以注意到，黑格尔还不把家庭包括在市民社会中，因为市民社会的原则是利己，而家庭的基础婚姻，在黑格尔看来，“是具有法的意义的伦理性的爱”。[③] 而所谓的“爱”，是“能够在没有仔细权衡与比较他人和自己需要的情况下满足邻人的需要”。[④] 因此，家庭的原则与市民社会的不同，黑格尔也就把它留在市民社会之外（苏联学者和俄罗斯学者遵循黑格尔的这一观点，把家庭法排除在民法之外）。黑格尔把家庭从市民社会排除（而在远古时代的罗马，家庭曾是市民社会的堡垒），强化了把市民社会理解为单纯的财产关系的趋势。马克思继承这一趋势并加以发挥，将市民社会理解为“在过去一切历史阶段上受生产力所制约，同时也制约生产力的交往形式”，它以家庭作为自己的前提和基础。[⑤] 这样，就为梁老师提供了民法调整的两大领域，他因此说，民法调整的民事生活关系相当于马克思在其著作中讲的“市民社会”，即经济生活和家庭生活两个领域。[⑥] 申言之，“民法所调整的社会关系分为两大类，即经济生活关系和家庭生活关系。与此相应，民法规范也分为两大类，即财产法和身份法”[⑦]。这就是梁老师的民法调整对象理论，必须说明的是，梁老师著作的特点之一是不研究民法调整对象问题，这一点既表现在他于 1988 年出版的《民法》一书中，又表现在他于 1996 年出版的《民法总论》一书中，现在我们终于第一次见到了他对民法调整对象问题作出表述了，其积极意义在于，其一，他终于明白了民法调整对象问题对民法典结构设计的先定意义，在绕不过的情况下开始面对这一问题；其二，他越过黑格尔直接取火于马克思，把对家庭法的管辖权夺归了民法，使中国民法典的结构设计在这一问题上比俄罗斯联邦民法典完善。其消极方面在于，梁老师忽略了民法除了调整财产关系和身份关系（即家庭关系）外，还在同一个层次上调整

---

① 参见黑格尔，前引书，第 197 页。
② 参见黑格尔，前引书，第 203 页。
③ 黑格尔，前引书，第 177 页。
④ 莱茵霍尔德·尼布尔. 道德的人与不道德的社会[M]. 蒋庆，等译. 贵阳：贵州人民出版社，1998：46.
⑤ 马克思恩格斯选集(1). 人民出版社，1972：41.
⑥ 参见梁慧星，当前关于民法典编纂的三条思路，前引文。
⑦ 梁慧星，中华人民共和国民法典大纲(草案)，前引文。

人格关系，《民法通则》第 2 条所称“人身关系”是“人格关系”和“身份关系”的合称。[①] 而在梁老师新近创立的民法调整对象理论中，我们看到，立法中的“人身关系”被缩减成了“身份关系”，人格关系不见了！本来，市民社会的首要问题是人格问题，现在它基本成了经济关系的代名词，沧海桑田，令人感慨。按梁老师的现实主义思路，民法通则等现有民事立法是制定未来民法典的材料，我相信，《民法通则》第 2 条非经大改是不能进入民法典的。

事实上，梁老师对民法调整对象的理论说明与他对民法典结构的实际设计并不一致，其“大纲”第一编第二章、第三章、第四章就是关于人格关系的规定。这一问题将在本文的第七节分析。

德国民法典对人格权的薄弱规定被公认为其不足。[②] 它得到“19 世纪的尾声而不是 20 世纪的序曲”[③]的评价，与它的这种缺陷不无关系。因此，稍后的瑞士民法典很快做了改进，它的第一编就是“人法”，即主体法，以此明确彰显了立法者之人身关系前置主义立场，然后才规定了亲属法、继承法、物权法。这样的模式比德国民法典的好得多，所以拉德布鲁赫评价说：把德国民法典与瑞士民法典相比较，“会使我们变得谦虚一些”。[④] 甚至在瑞士民法典颁布后，德国有人提出要立即废除德国民法典而代之以瑞士民法典。[⑤] 瑞士民法典受到如此广泛的好评，与它对被德国民法典丢失的人法河山的光复当然不无关系。在人法问题上，梁老师置优良的瑞士民法典于不顾而对德国民法典恋恋不舍，令人奇怪。

六、对德国模式的当代批判

不需要我说明资本主义进入福利国家时代后对人格关系态度的转变。为此转变，当代德国人也在反思那段历史。最近出版的德国的权威的、详细的民法总则教材的中译本的作者说，与包括篇幅广泛的“人法”的一些外国民法典（这些法典中当然包括了即使是属于德语世界的瑞士民法典和奥地利民法典）相比，“我们的民法典总则中对人法的规定则显得非常单薄，亲属法被贬入第四编”；“法律对自然人的规范过于简单，因此没有涉及一些重要的人格权”；“民法典的人法部分仅仅是一件未完成的作品，人们几乎不能从这些规定中推断出一般性的结论”。[⑥] 这些话表达了德国人对德国民法典的物文主义倾向的深刻反省，犹如他们对自己的纳粹主义历史的反省！这真是一个诚实的民族，其良心的审判不放过一切错误，恰恰构成某些死不认错之民族的榜样。

---

① 参见张俊浩，前引书，第 5 页。

② 陈云生、刘淑珍．现代民法对公民人格权保护的基本情况及其发展趋势[J]．国外法学．1982(6)．

③ 康·茨威格特·海·克茨．略论德国民法典及其世界影响[J]．法学译丛．1984(1)．

④ 参见拉德布鲁赫，前引书，第 65 页。

⑤ 康·茨威格特·海·克茨．瑞士民法典的制定及其特色[J]．法学译丛．1984(3)．

⑥ 迪特尔·梅迪库斯，前引书，777-778．

呵呵，“被告”已招，“律师”何辩？若再硬辩，有违程序。不独此也，德国民法典的一些继受者也在清算其错误，乌克兰即为其著例。众所周知，1994年的俄罗斯联邦民法典的结构是对德国民法典的模仿和发展，它在老潘得克吞体系的基础上发展成新潘得克吞体系，包括如下七编：(1)总则；(2)物权；(3)债法总则；(4)债法分则；(5)著作权和发明权；(6)继承权；(7)国际私法。这一民法典结构也是独联体国家的示范民法典的基础。参加这一民法典合作项目的国家有乌克兰、哈萨克斯坦、白俄罗斯等。[①] 但在俄罗斯联邦民法典诞生后的两年，即1996年8月25日，诞生了乌克兰民法典草案，[②]它并未完全遵守上述范本，它包括如下七编：(1)总则；(2)自然人的人身非财产权(也就是我们所说的人身权)；(3)财产权；(4)知识产权；(5)债法；(6)家庭法；(7)继承法。从现有的资料可看出，乌克兰尽管有义务接受以俄罗斯联邦民法典为基础的独联体国家示范民法典的模式，但它并未照抄这一示范民法典。首先，它把人身关系提前于财产关系，表明了其清算苏联时期从德国继受的物文主义的意图；其次，它把家庭法纳入民法典中，彻底否定了在苏联集团国家长期存在，甚至在东欧剧变后的俄罗斯联邦民法典中也存在的把家庭关系排除出民法典的消极倾向，它与第二编的规定相配合，恢复了人身关系在民法典中的地位。[③] 这些要点，到处闪烁着创新的火花。也许因为它酝酿的时间较长，在结构上，它对苏俄民法典一俄罗斯联邦民法典的结构反思最多最深，所以它完成的上述改革令人神清气朗，耳目一新，产生换了人间的感觉。我们终于看到，不仅德国人自己，而且德国民法典的继受者，都在反思物法前置主义的缺陷，如果我们还要坚持这种主义，就显得不近情理了。

顺便要分析的是乌克兰民法典草案第二编的具体内容。该编规定了自然人的生命权、健康保护权、消除威胁生命和健康之危险权、医疗服务权、对自己健康状况的知情权、个人健康状况的保守秘密权、患者权、自由和人身不受侵犯权、器官捐赠权、家庭权、监护和保佐权、体弱者的受庇护权(The Right to Patronage Care)、环境权等为确保自然人的自然存在所必要的人身非财产权；另外规定了姓名权、变更姓名权、自己姓名之使用权、尊严和荣誉受尊重权、商誉之不受侵犯权、个性权(The Right to Individuality)、个人生活和私生活权、知情权、个人文件权、在个人文件被移转给图书馆基金会或档案馆的情况下文件主人的受通知权，通讯秘密权，肖像权，进行文学、艺术、科技创作活动的自由权，自由选择居所权，住所不受侵犯

① 参见徐国栋《东欧剧变后苏联集团国家的民商法典和民商立法——法律史、民商法典的结构、土地所有权和国有企业问题》前引文，第203页。

② 2000年10月3日，我在俄罗斯的符拉迪沃斯托克(海参崴)参加第8届中东欧国家与意大利罗马法学者研讨会，有幸见到乌克兰奥德萨法学国立学院的弗·朱巴尔先生，从他得知乌克兰民法典草案将在2000年12月被议会通过成为法律。2001年3月18日，我怀着万分感激的心情得到了朱巴尔先生以电子邮件给我发来的该草案(CIVIL CODE OF UKRAINE)前5编的英文本，它由欧盟TACIS Bistro项目资助翻译。该译本使我可以克服语言的限制评说这一草案的结构。

③ 它对俄罗斯蓝本的超越还有：把知识产权越过债法紧贴财产权规定，承认了知识产权的特殊所有权性质，并且超越著作权和发明权的具体形式规定了一般的知识产权；最后，它没有把债总与债分分为两编规定。

权、自由选择职业权、迁徙自由权、结社权、和平集会权等为确保自然人的社会存在所必要的人身非财产权。这两类人身权共计 32 种，大概是目前世界上关于人身权的最完备规定。乌克兰民法典草案极大地扩展了人身权的范围，并打破了在自然人权利领域宪法与民法的严格分工。它用 47 个条文将人格权结构成独立的一编的做法，也是对梁老师之人身权"条文畸少，不足以设专编"[①]之结论的不利证明。

在某种意义上继受了德国法的意大利，其教授也对德国民法典的物文主义发起了攻击。在去年 10 月于符拉迪沃斯托克（海参崴）召开的第八届中东欧国家与意大利罗马法学者研讨会上，桑德罗·斯奇巴尼作为第六届同名会议确定的罗马法示范教材编订组的成员提交了书面发言"关于以优士丁尼《法学阶梯》为基础编订罗马法初级教材的意见"，其中提出了示范罗马法教材之编订格局。他高度评价了优士丁尼《法学阶梯》通过确定人的中心地位表现的人文主义精神及其广泛影响，建议各国基本根据该书的阐述顺序编订罗马法教材。[②] 此举显然是想取代过去流行的潘得克吞式的罗马法教材，以消除物文主义的消极影响。

在斯奇巴尼教授发表上述言论的这个会上，我也做了介绍我的民法典草案结构设计的主题发言。在一个继受德国法的国家批评德国法，当然对东道主有所冒犯，其学者就此分裂为两个阵营：一个阵营认为自己民法典的结构没有什么不好，至于怎么个好法，好在哪里，持论者却不肯说；另一阵营认为我的发言很有意思，从而要发表我的文章的俄文本，并热烈地讨论我提出的问题。但会议的主持者意大利教授 P.卡塔兰诺认为，我提出的人与物的关系问题是"一个当代不能讨论，只能回答是或不是"的问题，以此表达了自己的人文主义立场和对我的观点的声援。[③]

看来，无论在德国自身还是在受德国影响的国家，物文主义都在遭受批判。梁老师还在中国坚持这种广遭诟病的主义，与时代精神顶着牛呢！

七、人格、人格权、主体性要素

明确了德国民法典模式的弊病，并不见得能说服梁老师放弃他为中国民法典设计的 7 编制体系，因为他对这一结构已思考几年，不会轻易放弃；因为他要折冲考虑的因素比我多得多，比我更需要把自己的意见与同事们的意见调和起来。如果我的这篇论文是对梁老师的一个劝说，我宁愿把它的目标限定在一个较小的范围：希望梁老师看到德国模式的微观人文主义的一面，在总则编内部正确处理人法与物法的关系，换言之，把他的民法典大纲的第

① 梁慧星．中华人民共和国民法典大纲（草案）[M]．梁慧星．民商法论丛．(13)．北京：法律出版社，2000：805．

② Cfr.Sandro Schipani，Scheda relativa di un manuale d'Istituzioni sulla base delle I，manoscritto inedito.

③ 徐国栋．社会主义·后社会主义·欧亚团结——第 8 届中东欧国家与意大利罗马法学者研讨会及历次同名会议综述[M]．徐国栋．罗马法与现代民法．(2)．北京：中国法制出版社，2001．

一章与第二、三章调一个个。此外，对现有的材料进行整理和重新认识，形成概括性的人法规定。事实上，梁老师方案的自然人部分和法人部分包含着现代人法的各个要素，只要在结构上稍加调整，稍许更换章名，就有可能利用现有的材料塑造出人法。简言之，只要有了对人法的认识，人法本来就存在。

对人法的认识，涉及人格、人格权、主体性要素三个范畴。

首先让我们看梁老师理解的人格为何。在其《民法总论》中，他将人格作三种理解：(1)具有独立法律地位的权利主体；(2)主体的权利能力；(3)受法律保护的某些利益。[①] 我认为，这样的对人格的理解是理论上的重大进步，因为在过去，我国通常仅将人格理解为姓名权、肖像权等权利所保护之法益。梁老师的理解大大地拓展了人格的范围，并将对人格的中国理解与国际通行的理解联系了起来。1794 年的普鲁士邦法第 1 编第 1 部第 1 条就像梁老师这样理解人格："人在市民社会中只要享有一定的权利，便被称为法律人格。"[②]现行菲律宾民法典的第一编"人"的第一题"民事人格"(Civil Personality)也是如此，是关于民事主体之权利能力的规定。[③] 不过需要补充的是，人格的权利主体含义与权利能力含义两者彼此的独立性远远不及它们相较于"受法律保护的某些利益"的独立性大，不妨说，权利能力是主体资格的表现形式；主体资格是权利能力的概括式表达，它们是同一事物的两个方面，无怪乎意大利学者圭多·阿尔巴将两者当作同义词。[④] 所以，我们可进一步把人格概括为主体资格(或权利能力)和受法律保护的某些利益两种类型。

明确了何谓人格，人格权问题将自然澄明，因为人格权必定是人格受法律保护的状态，前者是事实；后者是权利。这一点梁老师十分清楚，因此，他正确地把人格权定义为"以权利人自己的人格利益为标的之权利"，这一定义所称之"人格利益"，自然包括主体资格和受法律保护的某些利益两种类型。但是，梁老师在接着列举人格权的种类时，却只举了"生命权、身体权、健康权、自由权、姓名权、名誉权、肖像权、隐私权"等，这些权利所保护的，就是人们习称的"某些利益"，尽管梁老师又进一步分析了一般人格权和特别人格权，但我们仍不能从中找到一种以人的主体资格为保护对象的人格权！[⑤] 显然，梁老师提出的人格权范畴远远小于他提出的人格范畴，形成了主体资格的人格利益不能上升为权利的局面。

既然人格与人格权存在如此的背离，马上产生了立法到底是规定人格还是人格权，抑或两者一并规定的问题。梁老师的"中华人民共和国民法典大纲(草案)"关于自然人的第三章中的各节的设计是这样的：(1)权利能力；(2)行为能力；(3)宣告失踪；(4)宣告死亡；(5)人格权；(6)住所。这一结构告诉我们，梁老师认为民法典既应规定人格，也应规定人格权。第一节"权利能力"是关于主体资格的规定；第五节的标题已说明了它是关于"人格权"的规定，其

---

① 梁慧星．民法总论[M]．前引书，103.

② 星野英一．私法中的人[M]．王闯，译．载梁慧星．民商法论丛．(8)．北京：法律出版社，1997：156.

③ See the Civil Code of the Philippines，Philippines Graphic Arts，INC，Calooncan City，1998：11.

④ Cfr.Guido Alpa，Status e Capacità，Laterza，Roma－Bari，1993：43-44.

⑤ 梁慧星．民法总论[M]．前引书，103-106.

内容为"……一般人格权和各种特别人格权，特别人格权包括：生命、身体、健康、自由、名誉、姓名、肖像、隐私。"①按梁老师的理解，这些"人格权为民事权利主体资格应有内容"，因此才将其规定在总则中之关于自然人的一章。② 如此，人格权又成了人格（主体资格）的内容，而不是人格的升华！这显然是一个矛盾。而且，梁老师将人格理解为专属于自然人的现象，与法人无涉。如此不仅否定了法人的主体资格，而且也否定了法人的人格权（例如名誉权）。

如果我们看一下瑞士民法典第一编人法的基本内容，或许可使我们获得对人法的调整内容的正确认识。该法典的第一编分为"自然人"和"法人"两章，从而表明了立法者承认自然人和法人都是民事主体的立场。

第一章"自然人"中设"人格法"和"身份登记"两节，人格法凡27条，其内容包括：(1)权利能力和行为能力（第11条、第12条）；(2)具备行为能力的条件与成年年龄（第13条；第14条）；(3)限制行为能力的事由及效力（第16条及以后数条）；(4)亲属及其类型（第20条；第21条）；(5)籍贯和住所（第22条及以后数条）；(6)人格的保护（第27条及以后数条），这一部分规定了保护人格权的一般程序以及一些具体的人格权（如自由、姓名、名誉等）；(7)人格的开始及终止（第31条及以后数条），规定权利能力的起止问题；作为权利能力终止的一种方式，这一部分规定了宣告失踪。

"身份登记"一语中的"身份"，并非指亲属关系，而是与人的生死有关的事项，涉及出生登记和死亡登记（后者含宣告失踪登记）。这种"身份"是对主体资格的变动记载，透露出它是古罗马的Caput（市民登记名册的一章）的现代遗迹，法国民法典第二编之"身份证书"也是如此。③

第二章法人的主要内容是法人的权利能力、行为能力、住所、解散、类型，基本上是对自然人的相应制度的套用。

瑞士民法典将上述内容作为人法的调整对象，它们可被统摄于什么范畴？这是一个困难的问题，感谢张俊浩，我们得到了"主体性要素"的概念，它指人之所以作为人的要素或条件。④ 尽管张老师只把它作为人格的同义词使用，我认为该词可以涵盖人格、人格权以及与它们相关的问题。例如，权利能力当然是人格问题，人格权是对人格的保障，自不待言，但自然人以自己的行为实现自己的权利能力的条件、行使此等权利能力的中心地或本座——籍贯和住所、身份登记等，都属于与人格相关的问题，出于便宜的关系，由人格法一并调整。

我们可看到，瑞士民法典的人法所涉之内容，都是梁老师的民法典大纲第三章"权利主体——自然人"、第四章"权利主体——法人"中所有的，不同者，是梁老师把人格理解为一个与自然人有关、不涉及法人的范畴；而瑞士民法典认为人格是兼涉自然人和法人的概念，因

---

① 梁慧星．中华人民共和国民法典大纲（草案）[J]．梁慧星．前引书，808．

② 梁慧星．中华人民共和国民法典大纲（草案）[M]．梁慧星．前引书，805．

③ 本文使用的瑞士民法典，为殷生根、王燕的译本（中国政法大学出版社1999年版）；法国民法典为罗结珍的译本（中国法制出版社1999年版）。

④ 参见张俊浩，前引书，第5页。

在民法的渊源问题上是采用一元主义还是多元主义，取决于立法者对两个问题的答案。第一，立法者是否承认制定法存在局限性，即是否承认制定法存在漏洞。凡不认为制定法有局限性者，必建立制定法完美无缺、不需要以其他渊源补充的信仰，而只承认制定法为唯一的渊源。凡承认制定法有局限性的立法者，必明智地确立其他渊源补充制定法。在《法国民法典》产生的时代，立法者受理性主义影响，认为人类的认识能力是至上的、绝对的，立法者因而做出一元论的选择。

经过历史的进化，人类认识能力具有至上性的信念发生了动摇，而相信人类的认识能力处在有所知而有所不知的地位，立法者只能规定自己已有把握认识的社会关系，对无把握认识的未来可能发生的社会关系，只能授权将来的有权机关处理，因而确立了法律局限性理论。按照这一理论，制定法具有不周延性、不合目的性、滞后性三大缺陷。所谓不周延性，指立法者受人类认识能力非至上性的限制，不可能预料未来一切可能发生的社会关系并加以规定，因而制定法必然存在大量的缺漏和盲区需要补充渊源填补。所谓不合目的性，指法律一般只反映社会生活的典型事件，不可能反映社会生活中的特殊事件，因此，适用于典型情况能导致正义的制定法，适用于特殊情况即可能导致非正义，违反了法律的正义目的。所谓滞后性，指法律作为上层建筑相对凝滞，具有稳定性，而经济基础、社会生活不断发展变化，导致法律与已经发生变化的社会生活脱节[①]。滞后性是演进性的不周延性和不合目的性，是前两个局限性在时间进程中的表现。总之，法律局限性理论的产生，导致了《瑞士民法典》以补充渊源填补制定法漏洞的多元的法律渊源体制。

第二，立法者在设计法律渊源体制是一元还是多元时，需要回答的另一个问题是：立法权与司法权是否要进行严格的划分？因为作为最重要、最经常适用的补充渊源——判例，就是法官立法之产物。《法国民法典》由于奉行严格的三权分立理论，其第5条明文禁止法官立法。而是否能禁止得住法官立法，取决于制定法能否做到完美无缺。假若制定法不可能做到这一步，在法官不得以法无明文为由拒绝审判的条件下，不管立法者是否愿意，法官创立规则处理手中的案件都是必然之事。由于法律局限性认识上的突破，近代各国立法逐步舍弃了严格的三权分立观念，而认为议会是一般的立法者；法官是个别的立法者[②]。前者制定法律之大纲；后者制定法律之细则。由此淡化了立法与司法两大权力之间的严格划分，模糊了二者间的界限，因而普遍承认判例为民法的补充渊源。

2.我国现行的三种民法渊源体制

基于多元论的立场，我国现有三种民法渊源体制，它们分别是立法的、学说的和司法的，容分述之。

先看立法设定的渊源体制。《民法通则》第6条和第7条规定："民事活动必须遵守法律，法律没有规定的，应当遵守国家政策。""民事活动，不得损害社会公共利益，破坏国家经

① 关于法律局限性理论，徐国栋．民法基本原则解释——以诚实信用原则的法理分析为中心[M]．增删本．北京：中国政法大学出版社，2004：180.

② 勒内·达维德．当代主要法律体系[M]．漆竹生，译．上海：上海译文出版社，1984：49.

此以“人法”的种概念涵摄两者，也许瑞士民法典正确。所以，建议梁老师将其大纲的第三、四章合并为一章，以“人”或“主体”名之。“自然人”和“法人”应降到节的层次，如此，可利用现有的关于主体要素的规定形成人法（叫什么名字是次要的），获得逻辑性和合理性的提升。

顺便指出，监护是人法的传统内容，因其性质是对权利能力与行为能力之冲突的处理，故应从属于关于主体性要素的制度。瑞士民法典将监护安排在亲属编中，是不合理的，因为在监护与亲权分离的条件下，监护职务有相当部分由非亲属承担，尤其在遗嘱监护的情况下。我注意到，在梁老师的民法典大纲中，监护被安排在第六编“亲属”的第九章，与瑞士民法典的处理一致，故存在与瑞士民法典相同的问题。我以为还是将这一制度移入关于主体的规定为好。

不妨以本节的论述为依据，将梁老师的民法典大纲的相关内容做如下的调整，以求直观：

第一编，总则。第一章，一般规定；第二章，权利主体。第一节，自然人。(1)权利能力；(2)行为能力；(3)监护；(4)宣告失踪；(5)宣告死亡；(6)人格权；(7)住所。第二节，法人（具体内容从略）；第三章，法律行为（具体内容从略）。

这些建议，望梁老师嘉纳。

八、结论和余论

本文意在挑起民法典起草思路方面的争鸣，以使中国民法典在得到充分研究、奠定了牢固的思想前提的基础上制定。稍看一下法律史，我心中就产生一个不恰当的比方：民法典宛如潘多拉的盒子，正义女神把它投到哪国，它就在哪国搅起一场理论风暴，直到一部精雕细琢的民法典问世或民法典计划流产。试看 1814 年之德意志，蒂堡提出了其制定统一的德国民法典的计划，马上遭到萨维尼的商榷，由此引发了一场持续 3/4 世纪的论战（我们得记住德国民法典到 1896 年才草定），最终吵出了一部经典性的民法典。[①] 又看 1870 年之东瀛国，法国法学家波瓦索纳德应邀为其起草了一部民法典，劳神费力，20 年始成（1890 年），正拟于 1893 年施行之时，不料有人跳出来指责法国人的草案不合日本国情，于是举国讨论起民法典，政府只得无限期推迟该草案的立法程序，重新设立法典调查委员会，历时 7 年（至 1898 年），改为德国法取向，终于草成民法典。颁布前还请专家质疑，所得结果成厚厚几大卷质疑报告，使人们在民法典生效前就已对其有成熟的认知。[②] 再看 1860 年之纽约州，戴维·菲尔德草成了该州的民法典草案，并于 1878 年获得了纽约州议会两院的通过，此时詹姆斯·卡

① See Mathias Reimann，The Historical School against Codification：Savigny，Carter and the Defeat of the New York Civil Code，In the American Journal of Comparative Law，Winter，1989.

② 参见上海社会科学院法学研究所编译．民法[M]．北京：知识出版社，1981：6.

特跳出来主张法典法不合美国的经验主义传统，其观点得到律师界的支持，导致州长否决了该部民法典。[①] 世界民法典编纂史，可歌可泣、可圈可点，就是一部论战史、争鸣史，因此，如果一国静悄悄地就把民法典制定了，该国一定出了问题。这样的民法典，也无法成为国民生活的一部分。

中国如何？当今之中国，如果按照本届人大的时间表，将在2003年诞生中华人民共和国历史上的第一部民法典，只剩下两年了，而中国的民法学者们还没有吵起来，只有梁教授、王利明教授，也许还有我的宣传式的演讲——即缺乏讨论和批驳的演讲——和总共两条思路，这是极不正常的。历史告诉我们，吵得越凶，民法典越精；吵声越高，思路越多，民法典越好。现在我们只有两种思路，彼此基本上还只心平气和地“谈”到了编的层次的问题，真是遗憾！如果“吵”到章的层次了，民法典问题的深度就增加了一些，吵到节、目的层次，则更好。聊以自慰的是，本文与梁老师进行的争鸣，毕竟推进到了章和节的层次。我希望梁老师能有所反驳或答辩，也希望其他人提出其他思路和对现有的两种思路评头品足，从而把争鸣引向更深的层次。

然而，“吵”并非目的，而是手段，其最重要的目的是通过争鸣为我国未来民法典确定一个坚实的哲学基础。世界民法典编纂史告诉我们，民法典间的竞争是思想的竞争。历史上的每一部民法典都有自己的哲学思想基础，不同的思想基础使它们成为不同时代的里程碑。例如，法国民法典以理性主义、自然法思想作为自己的基础。根据这样的思想，法是先在于立法行为的，因此，立法是对法的揭示而非创造。这一命题还隐含着如此的可能：当立法由于未充分地反映法而出现漏洞时，法可以补充法律。凭借这样的思想，法国民法典一方面限制法官立法，同时又为法官的这种活动保留了理论上的可能，通过实现这种可能完成了民法典的再造；[②]德国民法典隐晦地、瑞士民法典明确地以新康德主义作为自己的基础——顺便提到，最近读瑞士民法典之作者欧根·胡贝尔的传记，得知他是一个新康德主义者并写过《论法的实现》的法哲学著作。[③] 说到底，新康德主义是把法律理解为秩序的主张，它不仅强调规则，而且更为强调规则的实现，如此，法官创法不可避免。根据其评价，滴水不漏的成文法是无法追求，亦不值得追求的目标。上述事例说明，没有思想的民法典不足以构成一种范式而无法自立于世界民法典之林。

但一部民法典的思想基础有属于形式的和属于内容的两个方面，上面介绍的法国民法典、德国民法典和瑞士民法典的思想都是关于形式的。应该说，梁老师对两种民法典起草的思路的理想主义和现实主义的概括，也只涉及形式。我认为，内容方面的思想基础更重要，它关系到立法者起草条文时要遵循的价值方向和司法者将来适用这些条文的指导思想，因

① See Mathias Reimann, op.cit.

② Voir A. Boistel, Code civil et la Philosophie du Droit, En Le code civil 1804 — 1904 livre du centenaire(Tome seconde), Paris, 1904:48.

③ Voir M.Walter Yung, Eugène Huber et l'espirit du code civil suisse, Librairie de L'Université, Georg & Cie S.A., Genève, 1948, Appendice, p.191.

此，我在接受梁老师对民法典形式方面的思想概括的同时，亦致力于确立新人文主义作为我国未来民法典内容方面的哲学基础，反对以物文主义作为这样的基础。两种民法典思路的核心冲突在于人与物的关系。我认为我的上述论证已宣布了物文主义的破产。未来的中国民法典如坚持物文主义的立场，它只能是一部19世纪的民法典；如果它采取新人文主义的立场，它才能成为一部21世纪的民法典，赢得这个世纪的桂冠民法典的称号。在这方面，乌克兰已走在了我们的前面，我们务必不要使自己落后。

作为本文主要写作动因和评论对象的梁老师的文章表现出对德国民法典立法模式的强烈的偏好——尽管他在一些要害地方背离了德国模式，例如他未遵循德国民法典的微观人文主义，把侵权行为法单独设编等——梁老师应意识到，对100年前的德国民法典结构的坚持，就是对它包含的思想的坚持。一种思想若经过100年的时间考验而不出现缺陷，是一件奇怪的事情，因此，德国民法典的结构遭到了广泛的批判，俄罗斯和荷兰已经发展起新潘得克吞模式取代了它。梁老师如果更多地参考后两者，肯定要好得多，因为我们应力求以21世纪的思想而不是19世纪的思想作为未来民法典的思想基础。

如前所述，没有思想的民法典不可能自立于世界民法典之林，同样，未遵循一定的立法程序的民法典也很难自立于世界民法典之林。这涉及为了保障民法典之质量的立法技术的外在方面，我国似乎在这方面尚无全面研究，更谈不上遵循这方面的一定规则了，因此，我想利用这个机会对法国、德国、瑞士和西班牙的民法典的立法程序作一些介绍，以为我国之借鉴。

法国民法典的制定由四个环节构成：(1)政府指定4名实务人士起草草案(康巴塞雷斯和雅克米诺曾参与其事)。(2)行政法院的立法局(波塔利斯是其灵魂)对草案文本进行加工，不完善的文本悉被退回该局。以上为“正方”进行的工作；(3)法案评议委员会对草案进行质疑，这是“反方”进行的工作。民法典在这样的对抗中达到完善；(4)立法会议在不能修改草案的情况下对法案进行一揽子投票，[①]因为民法典所涉事项技术性强，条文彼此间钩心斗角，牵一发动全身，如果就其细节进行讨论，很难达到专业化水平并拖延立法进度，甚至“杀”掉某些好的条文。

德国民法典的制定过程与法国民法典相似，但增加了事先编订“民法典词目索引”的准备工作，以保证每个术语在民法典中都在同样的意义上被使用，O.格拉登维兹进行了这一工作，此为环节一。环节二为由两个委员会编写草案。环节三由编订委员会和编订分委员会对写出的草案进行质疑，以保证民法典之定稿的形式统一、句法严谨、语言准确。[②] 环节二和环节三也构成“正方”和“反方”的对抗关系。环节四是表决通过。议会就民法典进行的讨论只就重要的政治、宗教和社会问题进行，不涉及细节，以避免人多嘴杂，外行糟蹋内行。[③]

---

① Voy François Gény，Technique legislative dans la codification civil moderne，In Le code civil 1804—1904 livre du centenaire(Tome seconde)，Paris，1904，p.1008s，p.1003.

② Voy François Gény，op.cit：1026.

③ 参见金勇军先生通过电子邮件发给我的他为瑞士民法典写的“译者序言”，未刊稿。

由于经验之积累，瑞士民法典的立法程序最为完备，分为以下阶段：(1)初期准备。它表现为未来的民法典草案的作者欧根·胡贝尔受政府委托对瑞士各州的既有私法作一个综述，其成果为最终于1893年出齐的《瑞士私法制度和历史》。这是受历史法学派影响产生的程序，因为该学派把法理解为特定时空中的民族精神的体现，因此立法前要搞清楚这种精神的具体形式。在其他地方，这一程序表现为对法典编纂前本国的民事习惯进行调查。(2)学者稿。瑞士政府专门把正在德国的哈勒大学任教的胡贝尔召回国内，以司法与警察部的名义委托他起草一部民法典草案，他于1900年完成了这一委托。(3)"正方"的自我完善。司法与警察部组织专家对此草案进行讨论，加以补充，形成了司法与警察部草案，于1900年11月15日公布。(4)立法理由书，胡贝尔对具体条文的起草动机作出说明，形成在1901年—1902年出版的立法理由书，它构成理解条文的权威依据。(5)质疑。为了审查草案，联邦政府任命了由31名专家组成的"大专家委员会"进行对草案的批评，有所补充，形成了第二草案，完成了"反方"的工作。(6)表决。在这一联邦民法典之前，瑞士各州通过私法法典时就只能就整部法典表决，不得进行逐条审议，以避免立法的统一性和融洽性遭到破坏。在瑞士议会，这部草案也只就其原则性的问题进行了讨论，然后得到整体通过(1907年12月10日)。[①]

西班牙民法典的起草程序在两方面提供了独特的例证。其一，它增加了在委托专业人士起草法典前制定一个关于民法典的基础(Base)的专门法律的环节，这一法律包含27条基础，在法典草案于1888年通过时，只允许议会讨论这些基础，不许讨论草案的细节；[②]其二，它提供了这些基础的内容的报道。例如基础6的内容是这样的："确定下落不明和死亡推定的特征及其含义时，要保证下落不明者及其继承人的权利，允许他们在适当的时候享有权利，他们可通过遗嘱或合法继承取得权利。在推定死亡情况下，现配偶不得再婚。"[③]可以看出，这样的基础的抽象性在具体规定与基本原则之间，是起草某个制度之条文的基本指导。议员们仅能就它们进行讨论，其对民法典的干预能力很低。这种安排体现了自罗马法以来的法学家立法的传统，因为在民法典草案被付诸表决前的各个起草环节都由法学家主持。

至此可概括一下上述四个民法典起草实例中包含的程序环节：(1)对本国现有的民法进行调查，包括习惯法调查；(2)提出立法的基础；(3)委托学者起草最初的草案；(4)组织一个"正方"的委员会对该草案进行补充完善；(5)提出立法理由书(其中含比较法研究报告)；(6)组织一个"反方"的委员会质疑改善后的草案；(7)立法机关对该草案进行一揽子表决。其中最重要的是民法典定稿形成过程的对抗性和表决程序的整体性，这是众多大陆法系国家制定民法典之经验的结晶，不能忽视。我们也应看到俄罗斯联邦民法典第三卷在国家杜马难以通过的例子，因为该卷涉及继承问题，与民众生活关系密切，各议员都能说上一嘴，结果草案完成的时间与得到通过的时间间隔过大；还要看到统一合同法在全国人大的细节性审议

① 参见金勇军，前引文。

② 参见金勇军，前引文。

③ 参见肖崇明翻译的西班牙民法典译稿中的"关于起草西班牙民法典应遵循的准则"部分，未刊稿。

中被删掉了情势变更原则，把一个已由最高人民法院针对武汉市煤气公司与重庆检测仪表厂煤气表散件购销合同案在法函〔1992〕27 号批复中确立的规则废除，重新置情势变更问题于无法状态的不幸事例。

上述七个环节我国多少有所遵循，尽管未十分明确地这样做。如在合同法的起草中，第三环节做到了，人大法工委对学者草案的审查相当于第四环节；经过如此折冲的草案交由各部委讨论的做法相当于第五环节，只是缺乏应有的对抗性。我认为，在起草民法典的技术性思路上，当务之急是建立一个与起草机构旗鼓相当的质疑机构来保证民法典的质量，这需要大量专业人士的投入。按本届人大的时间表，留给民法典之准备的时间已经不多，必须抓紧努力才能完成任务，但这要以在起草环节上不能有所缺失为条件。民法典之制定自有其规律，能按时完工，当然很好；如果实在完工不了，不妨从长计议，按部就班地工作，以保证一项百年大计之工程的质量。

民法典草案的基本结构[①]
——以民法的调整对象理论为中心

一、一般说明

首先，让我们置身于民法典编纂史的长河中考虑我们正在进行的私家民法典草案问题。必须注意两个现象：第一，在世界民法典编纂史上，大多数国家的民法典草案，尤其是拉丁语系国家民法典的草案，都是由学者提供的。瑞士民法典的草案是由欧根·胡贝尔提供的；智利民法典的草案，是由安德雷斯·贝略提供的；西班牙民法典的草案，基本上是由加尔恰·哥业那提供的；委内瑞拉民法典的草案，是由胡里安·委索提供的；秘鲁民法典，阿根廷、荷兰、葡萄牙、巴西民法典的草案，都是由学者提供的[②]，这样的例子不胜枚举。第二，在制定一部民法典之前，往往先有多个草案，例如法国民法典在被制定为法律之前，先有了冈巴塞雷斯的两个草案、雅克米诺(Jaqueminot)的草案以及包塔利斯的草案；而德国民法典是在第一次草案和第二次草案的基础上形成的。[③]，因此在民法典的起草过程中，许多学者在同一时期或不同时期分别提出自己的草案，然后立法机关采用一个学者的草案或将几个学者的草案加以综合，得出自己的民法典草案或民法典，是正常现象。合同法起草中的学者稿，是由十二所高校联合产生的一个草案，尽管它在中国，是法学者参与法律草案形成的第一个尝试，但学者的参与度远远不够，因为没有做到由十二所高校产生十二个草案。我认为，中国民法典草案的产生方式，应采拉丁语系国家的模式，要鼓励一个法学家或一所高校形成一个草案，最后形成几个或几十个草案，再由立法机关从中选择一个草案或综合许多草案形成民法典。这样可把民法典的制定从行政机关手中解放出来，变成一项纯粹的科学研究活动，如此可大大加快中国民法典的起草过程，提高其质量，并有利于消除行政专横对立法的不良影响。

---

① 原文发表在《法学研究》2000 第 1 期。

② 徐国栋. 民法典草案的产生问题[J]. 法律科学，1998(4).

③ Voir François Gény，Technique legislative dans la codification civil moderne，In Le code civil 1804—1904 livre du centenaire(Tome seconde)，Paris，1904，p.1008s：1022.

基于以上认识，我于1997年产生了起草一部民法典草案的想法，希望由此诞生中国的第一部私家民法典草案，以推动我国民法典的制定，表明中国的法学者已经具有自任为立法者的人格意识，并带动其他高校组织起草自己的民法典草案，使立法机关能够择优选择，提高未来的中国民法典的质量。这一想法获得了司法部的支持，于1998年批给了我主持的前中南政法学院[①]民商法典研究所一个民法典草案的项目。由于司法部的介入，我们的这个草案已经不是纯粹私家性质的了，而具有b半官方的性质。

这样，在中国迄今有了两个民法典草案起草班子。一个由是由政府委任的、以北京的学者为成员的起草班子；另一个是由我组织的、以中南财经政法大学和厦门大学[②]的民法教师为成员的班子。由此发生了两个起草班子、两个民法典草案的竞争。任何竞争都会产生优化竞争结果的效果，因此，两个民法典起草班子间的竞争是件好事，可惜的是竞争的烈度还不够强，如果有十个班子参与竞争，效果将更好。更加富有意味的是，两者的竞争是官方的班子与非官方的班子之间的竞争，这意味着民间的智力资源对国家立法活动的介入。过去，官方的法律起草班子比较傲慢，常常对学者说：你研究你的，我制定我的，对学者不屑一顾。现在学者不光研究，而且起草了，这肯定会给官员造成压力：如果官方的草案不如民间的，至少会产生自尊心问题。

然而，学者的草案与官方的草案肯定不同，因为前者的自由度比后者大，作为学者有权不考虑实际操作地思考问题，以求得理论的纯粹性和超越性。因此，我们的草案的基本特征将是理想型的，因为一个结果往往由许多合力造成，学者只对事情的进展提供具有其职业特点的一个力，其他力的数目和作用方向难以预料，因此，学者没有必要自任为最终的决策者，把自己的草案当作一个马上要通过的法案来考虑，而只能发挥自己的优势，对世界各国民法典中的先进规定，从善如流。在这方面，中南财经政法大学民商法典研究所和厦门大学罗马法研究所具有得天独厚的条件，因为这两个研究所收藏了世界各国的80部民商法典，是中国目前最好的两个外国民商法典收藏中心，有足够的一流民商法典可资参考。

即将产生的我们的私家民法典草案，除了理想型的特征外，还具有“绿色”的特征和人文主义的特征。在我们的时代，“绿色”成了追求人与资源的关系之平衡的代名词。所有权是民法和一切法的核心。从本质上讲，所有权是人与资源的紧张关系以及由此而来的人与人之间的紧张关系的表现，因此，人与资源的紧张关系是法律的基本课题。在现代生活条件下，人类正倾向于耗尽地球上的资源，从而给人类本身的继续生存带来了危机。发达国家已经比较清楚地意识到了这种情况，从而把保护环境、节约资源当作法律的原则。20世纪90年代以来新制定的宪法和民法典，都有把保护环境作为所有权的义务加以规定的趋势。在中国这样的人口大国，人与资源的关系更加紧张，因而以法律维持人与资源的平衡关系的任务更加迫切。因此，我们的民法典草案，将把“节约资源，保护环境”当作基本原则和所有权

① 该校于2000年与中南财经大学合并，现称中南财经政法大学。

② 2000年1月，我调入厦门大学法学院罗马法研究所，由此得以有机会与这所海滨大学的同事们合作。

的义务加以规定，并在一切其他规定中体现这一原则。因此，我们的民法典草案，也可称为"绿色民法典草案"。

就人文主义而言，本草案的使命在于促使中国民法回到罗马法的人一物结构，把人当作民法的出发点和目的。因此，我们的民法典草案，也可称为"人文主义的民法典草案"。

1998年12月18日，我完成了民法典草案的如下结构设计并把各部分分给项目的诸参加者起草[①]：

序编（小总则）

第一编　人身关系法

第一分编　自然人法
第二分编　法人法
第三分编　亲属法
第四分编　继承法

第二编　财产关系法

第五分编　物权法
第六分编　知识产权法
第七分编　债法总论
第八分编　债法各论

附编　国际私法

二、本草案的理论渊源

本草案的结构设计，是在对罗马法和近现代欧洲、拉丁美洲国家民法典编纂史进行深入研究的基础上完成的。总起来可以这样说，在编的层次上，本草案采用的是法学阶梯体系，其设计反映了我对民法调整对象的理解，因为民法典的结构问题，实际上就是对民法调整对

① 其中序编、自然人法、法人法、继承法由我起草；亲属法由厦门大学的蒋月起草；物权法由徐涤宇起草；知识产权法由曹新民起草；债法总论由薛军起草；债法各论中的合同分则部分由裴丽萍起草（其中的承揽运送合同、特许专营合同、保理合同已由方新军草定）；麻昌华起草债法各论中的侵权之债部分；附编中的国际私法部分由厦门大学的陈海波起草。

象的认识问题;在分编的层次上,采用的是以荷兰民法典和俄罗斯联邦民法典为代表的新潘得克吞体系,其设计反映了德国民法典创立的潘得克吞体系在21世纪的发展。在序编和附编的设置上,主要参考了拉丁美洲国家的民法典。

在完成上列结构设计后,我才高兴地发现,在编的层次上,我设计的结构与奥地利普通民法典的结构[①]是接近的。

1.编的层次之设计的理论渊源

法学阶梯体系又称三编制体系,由人、物、讼三部分构成。这一体系的形成在罗马法史上经过了长期的酝酿,最终由西塞罗奠定。他在《论演说家》一书的1,42,187中说道:"所有的事务,现在都已被包罗在术语中。"他举了音乐、几何、天文、语法的例子。然后他提到:"因此,在市民法中,这也是目的:在市民的物和诉讼中,保留以法律和习俗为根据的平等趋势。"有些现代学者认为,西塞罗在这一句子中提出了市民、物和诉讼的宏范畴,它们可以构成三编制的基础[②]。事实上,盖尤斯正是以这些理论成就为基础,完成了进一步的概括,最终把三编制确立下来,其《法学阶梯》把民法的材料整理成人法、物法和诉讼法。

三编制的最大特点是有一个人法,这是一个为德国民法典的总则所掩盖了的部分,为包括我国在内的继受德国法的国家所陌生;与人法相对立的是物法,这种对立预示了许多信息。从哲学的角度看,人法与物法的对立以人与物的对立为基础,翻译成哲学语言,是主体与客体的对立或精神与物质的对立[③],在这样的对立中,三编制认为主体或精神是第一性的;从民法的角度看,这种对立预示着我在上文已经特别界定的所有权的概念;由于这样的所有权概念以人与资源的紧张关系为基础,因此,诉讼是这种对立的逻辑结果。从民法调整对象问题的角度看,三编制表示着民法通过司法手段调整人身关系和财产关系,首先调整人身关系。

在许多情况下,结构是比文字说明更大的意义包含者,通过上面的论述,我们不难看出

---

① 该法典的结构为一个序编(关于民法的一般)和三个正编。第一编是人的权利;第二编是财产法。该编又分为两个分编:第一分编:关于财产权的法律;第二分编:对人的财产权(实际上是债);第三编是与对人的权利共同的规则,规定了权利义务的取得、变更和撤销、消灭时效和取得时效等问题。See Parker School of Foreign and Comparative Law, The General Civil Code of Austria, Revised and Annotated by Paul, L, Baeck, Oceana Publications, Inc. New York, 1972, p.1ss.以及上海社会科学院法学研究所编译.各国宪政制度和民商法要览·欧洲分册(下)·奥地利.法律出版社,1986年:35.

② Cfr.Sandro Schipani, La Codificazione del Diritto Romano Comune, Giappichelli, Torino, 1996, p.178。但对西塞罗的这段话,有不同的理解。例如,西班牙学者Manuel Jesus Carcia Garrido就把这关键的一段话翻译为:"因此,这是市民法的目的:维持市民的关系和争议中的法定的和传统的公平。"这种翻译显然代表着对原文的不同的理解。参见上述作者被译成意大利文的著作:Diritto privato romano, CEDAM, Padova, 1996:14.

③ 这种对立为罗马法学家所熟知。西塞罗就说:"为了理解词并为了写作,没有什么比做把词划分为两个种更有用和更令人愉快的练习了:一个种是关于物的,另一个种是关于人的。"Ciceron, De la Invencion, In Nicolas Estevanez edi. Obras Escogidas, Casa Editorial Canier Hermanos, Tomo Primero, Paris, s/a, p.228.

三编制所蕴含的哲学观点和它对市民法的总理解。

首先，它确立了人的中心地位，反映了古代的人文主义。尽管“人文主义”是一个文艺复兴以后才出现的概念，但不具有“人文主义”名称而具有其实质的世界观，在古代就有了。事实上，文艺复兴不过是复活古代希腊罗马的精神，而“古希腊思想最吸引人的地方之一是，它是以人为中心，而不是以神为中心的。人文主义所不断反复要求的就是，哲学要成为人生的学校，致力于解决人类的共同问题”[①]。罗马人在继受希腊哲学的同时，也接受了这种哲学的人文主义精神。因为从希腊传入罗马，后来又在罗马发展为新的流派的斯多亚哲学，就是以伦理学为中心，换言之，以人的生活准则为中心的哲学。正是在这样的哲学背景下，盖尤斯的三编制体系才把人被放在首要的地位。

其次，它是对世界的一种悲观解释。人与物的关系有两个方面，一方面，是作为欲望主体的人与满足这种欲望的手段物的关系；另一方面，是作为认识主体的人与作为认识对象的物之间的关系。从第一个方面来看，三编制认为人与物的关系的结果是“讼”。这种推理的结果告诉我们，根据这一体系的逻辑，首先，物是不能充分地满足人的，否则不会发生“讼”——即“争”的公力救济形式，这显然是对人一物关系的一种悲观主义看法。其次，尽管物不能充分地满足人，但如果人人毫无利己之心，彼此谦让，也不会发生“讼”。但是，“讼”毕竟发生了，这种推理的结果也包含着对人性的悲观主义看法。上述两个推理结果，代表着典型的毫无理想主义可言的法学家世界观。正因如此，乌尔比安才提出了“毋害他人”的法律的人性标准，他没有要求得更多。

从第二个方面来看，人还与物发生认识关系，这样的关系，也存在于“讼”之中。在诉讼中，人是否能够认识已经发生的案件事实呢？我们可以从罗马法的原始文献中找到对这一问题的回答。在古罗马的诉讼实践中，对于疑案，人们常用宣誓决讼的方法来解决案件事实问题[②]，这实际上是三编制的司法的不可知论观的表现。

三编制体系，是对人类社会产生了最大影响的体系之一。可以说，《法学阶梯》是在《圣经》之后，对人类历史产生了最大影响的一本书，它是世界上所有的民法典的结构的基础，因为潘得克吞体系不过是法学阶梯体系的一个变种。

三编制体系发展到现代，在法国民法典之后，诉讼法被独立出来，三编制变成了二编制。

---

① 阿伦·布洛克．西方人文主义传统[M]．董乐山，译．北京：三联书店，1997：14．

② 周枏．罗马法原论[M]．下册，北京：商务印书馆，1994：871．

这种体例为多数拉丁国家所继承，成为现代大陆法系广为流行的民法典模式之一[①]。

我们的民法典草案，在编的层次上采用由三编制发展而来的两编制，目的在于继承这一体系所蕴含的全部思想观念，尤其是民法首先调整人身关系的观念。

2.分编层次之设计的理论渊源

我们的民法典草案在分编层次的设计上，基本上采用德国民法典的潘得克吞体系的现代进化形式，这是为了利用这一体系的优秀的技术性成果。之所以在编的层次上不采用潘得克吞体系，乃因为这一体系包含着一个致命的理论错误：它以总则淹没了三编制中的人法，由此抹杀了人在私法中的中心地位，是后世人们把民法理解为单纯的财产关系法之观念的始作俑者。因此，我们在编的层次上回到罗马法，是为了改正德国民法典的上述理论错误。

(1)传统的潘得克吞体系

首先要说明的是，尽管《学说汇纂》具有潘得克吞的别名，但学说汇纂体系与潘得克吞体系没有结构上的联系。事实上，《学说汇纂》的体系，按优士丁尼在其为颁布此书而发布的Tanta敕令中的说明，包括七个部分：第一部分为头编(Prota，第1—4卷)，第1卷包括法的一般理论、法的渊源、人的身份、物的分类、各种长官的职责等；第2—4卷涉及管辖权、传唤、诉讼期日、和解、诉讼代理、滥诉、诉讼处置等内容。第二部分(第5—11卷)以审判为内容。除了第5卷的第1题和第11卷是关于起诉和应诉地点和关于在法院进行的询问的程序性规定外，从第6—11卷，都是实体法的规定，涉及物件返还、用益权、役权、侵权行为、地界调整等。第三部分(第12—19卷)以物为内容，涉及借贷、被盗物的返还、船东之诉、特有产、抵销、合伙、买卖、互易等。第四部分(第20—27卷)被称为中心卷，主要以交易为内容。规定了抵押、退货之诉、关于就追夺担保提出来的双倍返还要式口约、借贷、海运借贷、证书、证人、证据、推定、婚约、婚姻、嫁资、监护和保佐等。优士丁尼认为这8卷书是整个《学说汇纂》的一半。第五部分(第28—35卷)以遗嘱为内容，规定了私人的和军人的遗嘱、补充遗嘱、遗

① 尽管我对三编制怀有偏爱，但我不得不说，在拉丁美洲的多数典型法典中，一直有一种设立总则的趋势，其结果是把人法淹没在总则中。在这方面，比较便当的例子是阿根廷民法典颁布以来的5个修改草案，每一草案无不设有总则。第五个草案为根据1995年的第685号法令指定的由埃克托尔·阿雷格里亚(Hector Alegria)等6位法学家组成的委员会编订的阿根廷共和国民商合一的民法典草案，于1998年12月18日完成并提交给司法部，出版于1999年。这一草案凡2532条。其结构为：第一编，法。第二编，总则，包括自然人、法人、财产、法律行为、意思的缺陷和法律行为的缺陷、法律行为效力的限制因素、代理、法律行为的无效、权利之移转等内容。第三编为亲属关系法。第四编为对人权法，实际上就是债法。在这一部分中，最引人注意的是规定了许多新型的合同类型，如特许专营；另外值得注意的是把民事责任作为债的发生根据，取代了把侵权行为作为债的发生根据的做法。第五编是物权法。第六编是权利因死因移转，实际上就是继承法。第七编为关于对人权与对物权的共同规定，包括消灭时效、优先权、留置权等内容。在这一很可能于近期内成为新的阿根廷民法典的草案中，人法被分解为法律关系编的"主体"和亲属关系法。Cfr. Proyecto de Codigo Civil de la Republica Argentina Unificado con el Codigo de Comercio，Abeledo—Perrot，Buenos Aires，1999.在巴西，其议会也在讨论修改旧的民法典，设立更加德国式的总则。这一设想实现于2002年的《巴西新民法典》中。

赠和信托遗产、遗赠的特殊类型、附限制因素的遗嘱等。第六部分(第36—44卷),其内容按现代的观点看,是一个大杂烩,主要涉及继承和侵权行为。规定了所有种类的涉及生来自由人和解放自由人的遗产占有、关于亲等和姻亲关系的法律、法定继承和遗嘱继承、新施工警告、潜在损害担保、解放奴隶、取得所有权和占有的方式、财产的留置和出售、诈欺债权人之避免、抗辩、时效、债务和诉权等。第七部分(第45—50卷)以要式口约、私犯和犯罪、上诉、各种地方事务的管理为内容①。

上述就是所谓的"《学说汇纂》体系"。而《德国民法典》的体系,众所周知,包括总则、债权、物权、亲属和继承五个部分,与上述体系没有什么类似之处。它是德国的潘得克吞学派在研究罗马法的过程中的再创造,最早由胡果(Gustav Hugo)在1789年出版的《罗马法大纲》(*Institutionen des römischen Recht*)一书中采用,然后由海赛(Arnold Heise)在1807年出版的《为了潘得克吞之讲授目的的普通民法体系的基础》(*Grundriss eines Systems des gemeinen Civilrecht zum Behufe des von Pandectenvorlesungen*)一书中采用,最后由萨维尼在自己的潘得克吞教程中采用②。潘得克吞体系的构成材料,诚然自《学说汇纂》而来,但就体系而言,它不过是《法学阶梯》体系的一个变种。《法学阶梯》体系由人、物、诉讼三部分构成,诉讼的部分,经过法国的学者和立法者的科学研究,已经独立于狭义上的市民法了,德国的立法者在制定自己的民法典时,并未舍弃法国人的这一进展,因此,德国民法典中也没有规定诉讼。但是,法学阶梯体系中的人法,被分解成了总则和亲属法两个部分,由于对人法一物法结构的破坏,这是一个糟糕的分解;物法部分,被分解成了债权法、物权法和继承法三个部分,由于对物法作了进一步的科学分析,这是一个聪明的分解。

根据德国民法典的起草委员之一的温德夏德(B.Windscheid)在其《潘得克吞法》中的说法,潘得克吞法的阐述顺序是这样的:"所有的私法,要做的事情,有两个对象:(1)财产关系;(2)家庭关系。因此,私法的主要划分是财产法与亲属法的划分。"显然可以看出,这一分析把人法缩减成了亲属法,并把财产法置于亲属法之前。那么,亲属法以外的人法内容到哪里去了呢?到所谓的总则里去了,上述潘得克吞法的阐述顺序由六个部分构成:第一部分,关于法的一般;第二部分,关于权利的一般;第三部分,物权法,调整对物的法律关系;第四部分,债权法,调整人与人之间的法律关系;第五部分,亲属法,它像物权法和债权法一样,调整活人之间的法律关系;第六部分,继承法,解决死者的财产的目的之问题。在这一结构中,亲属法以外的人法内容被安排到了"关于权利的一般"的部分。

第一部分和第二部分,构成总则,其中不仅有与一种有特定内容的法相关的法律原则,而且也有涉及被从法的特别内容中抽象出来的法的原则。此外有法本身(即所谓的客观法)的目的之所在的法律原则,法以之为基础的规则。这后一些原则不是私法性质的,而是属于

① Tanta敕令.中译文载民商法论丛(10)[M].北京:法律出版社,1998:826-829.另参见"优士丁尼《学说汇纂》总目录",载桑德罗·斯奇巴尼.民法大全选译·法律行为[M].徐国栋译.北京:中国政法大学出版社,1998:128-155.

② Cfr.Franz Wieacker, Storia del diritto privato moderno(Volume secondo), Giuffrè,Milano,1980:39.

公法的[1]。为什么总则要分为两个部分。从温德夏德本人的《潘得克吞教科书》的内容来看，“关于法的一般”论述如下问题：(1)法的渊源；(2)法的解释与科学阐述；(3)法的规范的类型；(4)法的效力范围。“关于权利的一般”论述如下问题：(1)权利的概念和种类；(2)权利主体；(3)权利的产生、消灭和改定，法律行为被包括在这一部分；(4)权利的行使、被侵犯和保护。至此我们可以看出，总则的第一部分内容是关于所有的法的，其适用范围不以民法为限。之所以作出这样的处理，乃是由于市民法的历史使然。在古代，市民法是法律的整体的意思，是与神法和国际法相对立的概念，换言之，市民法就是世俗法和内国法的意思[2]。在近代，经过莱布尼兹和沃尔夫的哲学努力[3]和路易十四制定一系列分门别类的条例的立法实践，市民法已经被缩减为一个部门法，原先的市民法的许多成分构成了与市民法相并列的法律部门，尽管如此，市民法的所有的世俗法的源头的性质仍然部分地得到保留，表现为在民法中对法的一般问题作出规定，作为学说的潘得克吞体系即采用这样的做法。但我们看到，作为立法的潘得克吞体系放弃了这一做法，德国民法典的总则部分没有关于法的一般的规定，而是直接从自然人开始。相反，在伊比利亚－拉丁美洲[4]诸国民法典中仍然保留了这一做法。

我们还可以看出，总则的第二部分内容是关于权利的基本规定的，这部分内容在德国民法典中得到了保留。使我们感到兴味的是，温德夏德认为这部分内容是公法而不是私法，对于我们习惯了“民法为私法”的论断的人来说，这是一个新说法，它使我们想到并非所有的民法内容都是私法，总则即是如此。如果我们把公法理解为不能以当事人的协议加以改变的法，总则的规定是应该被称作公法的。

恰恰就是在“关于权利的一般”中，法学阶梯体系中的“人”被“权利主体”所取代，“人”由编的层次的标题下降为章的层次的标题，这一现象本身就强烈地说明了“人”的减等。然而，从哲学上看，人并不是在任何时候、任何情况下都是作为主体存在的，例如婴儿就不是哲学上的主体。要成为主体，必须形成独立的自我意识。另外，有时人是作为主体存在的；有时是作为客体存在的，在这个意义上，人是二重化的，既有主体性，也有客体性。主体的概念有

---

① Cfr.Bernardo Windscheid, Diritto delle pandette(Vol. I), trad.it. di Carlo Fadda e Paolo Emilio Bensa,UTET,Torino,1925:41.

② 参见《牛津法律指南》中关于 Civil Law 的词条。对该词条的分析参见王宏林. 谈谈 Civil Law 的涵义[J]. 中外法学. 1992(5).

③ 莱布尼兹提出了几何学法学(More geometrico)的概念，并建立了法条的语法结构理论，使从一种全新的角度对既有的法律体系进行整理成为可能。用几何学的方法分析法律，其逻辑的结果是总则的诞生。沃尔夫把莱布尼兹开创的思路加以发挥，最终创立了总则。这是哲学、数学与法学相结合产生的一项科学成就。Cfr.Adriano Cavanna,Storia del diritto moderno in Europa,Giuffrè,Milano,1982,p.281.

④ 伊比利亚是西班牙和葡萄牙所处的半岛，这两个国家的殖民活动使拉丁美洲讲西班牙语和葡萄牙语的国家与它们保持文化上的密切联系，因此，在法系比较中，伊比利亚和拉丁美洲被作为一个统一的单位加以考虑，并被称为伊比利亚－拉丁美洲法系。

别于人的概念[①]。但是在民法上，不存在人的主客体二重性问题，因为现代民法的物的制度已经明确排除了把人作为客体的可能，换言之，在民法上，人永远是被当作主体理解的。在民法上，不仅婴儿，甚至胎儿都是主体，因此，康德的"永远把人当作目的"的命题，只是在民法中得到了最完整的实现。这是民法的光荣！在这个意义上，我们不妨把民法称为"以人为目的的法"；把民法学称为"为了人的学问"。

但是，德国的潘得克吞学派制造了"人"与"主体"的分裂。在法学史上，从"人"到"权利主体"的变迁，是一个长长的故事。要言之，由于海塞于1807年首次使用"法人"(Juritische Personen)一语，有些人认为产生了设立凌驾于自然人和法人的上位概念之要求，莱布尼兹为此第一次提出了"主体"的范畴；萨维尼在1840年出版的《现代罗马法体系》中又提出了"权利主体"的范畴，用以描述具有自由意志的权利义务的承担者。在我看来，这完全是画蛇添足！因为"人"难道不就是自然人和法人的上位概念？在主体概念创立后，随着国家主义的兴起，无论是自然人还是法人，都成了国家赋予的资格，于是发生了"人之概念的解体"现象，其结果是"不再是共同体为个人，而是个人为共同体"，传统的人、个人等"权利主体"，现在变成了国家这一新的"主体"的客体[②]。可以看出，涵盖自然人和法人的种概念"权利主体"的提出，本来就是不必要的，因为众所周知，在法律上，"人"(Persona)这个词，本身就是主体的意思，而德国的潘得克吞学派在使用这一概念取代"人"的概念时，又产生了并非积极的后果，它导致了国家对"人"的凌迫。

尽管莱布尼兹和沃尔夫的"几何学法学"和潘得克吞学者的辛勤工作使德国民法典取得了举世瞩目的科学成就，但这一成就也付出了不小的代价。从哲学的角度来看，法学阶梯体系的人一物体系被破坏了，不可避免的后果是这种二元结构所蕴含的丰富的人文信息的丧失，人法被湮没于总则的庞杂规定中，人文精神也被湮没于各种技术性规定之中，人被缩减成了实际上是客体的"主体"。更加糟糕的是，潘得克吞学者如温德夏德，公开宣称民法的第一位的调整对象是财产关系，这种对民法的认识开启了后世的把民法财产法化的恶劣倾向。

(2)俄国人对潘得克吞体系的发展

俄罗斯是潘得克吞体系的继承者和改进者。1922年的苏俄民法典分为总则、物权、债和继承四编。显然可以看出，这一民法典的体系基本上是德国式的，由此我们说俄罗斯是潘得克吞体系的继承者。唯有三点不同：其一，把物权规定在债之前；其二，把亲属法从民法典中分离出去，于1926年另立了婚姻家庭和监护法典(关于这样做的原因，我将在后文讨论)；其三，把德国民法典的民商分立体制改造成了民商合一体制。由于这些不同，我们说俄罗斯是潘得克吞体系的改进者。我们暂且不论这些改进是好是坏，由于这些改进，在德国民法典生效22年之后，我们已经可以谈论"新潘得克吞体系"了。这样不断改进的最终结果是形成

---

① 刘福森．主体、主体性及其他[J]．哲学研究，1991(2)．李临昆．对主体性问题的几点认识[J]．哲学研究，1991(3)．

② Cfr. Riccardo Orestano, Il Problema delle persone giuridiche in diritto romano, Giappichelli, Torino, 1968, pp.20; pp.44s.; Adriano Cavanna, Storia del diritto moderno in Europa, Giuffrè, Milano, 1982: 348.

了俄罗斯联邦民法典的模式，苏俄民法典不过是这一模式发展的第一个阶段。第二个阶段是1961年的苏联民事立法纲要，其基本结构为总则、所有权、债权、著作权、发现权、发明权、继承权、国际私法规则八编。相较于1922年的苏俄民法典，这一纲要取得了巨大的进步，也作了某些倒退。就前者而言，首先，它把知识产权整合到了民法典之中，在世界范围内首次建立了一种民法典的新结构。知识产权在一些老牌的民法典制定之时尚未发展成为成熟的法律制度，因此这些民法典没有规定知识产权的说法，对于法国民法典是不适用的。在法国民法典颁布后，法国的学说和判例讨论过保护知识产权的可能性，但讨论没有反映为法律条文，只是法国民法典的一个摹仿者——1837年的阿尔贝尔蒂诺民法典(即撒丁民法典)作了一项保护知识产权的规定，其第440条宣称，"天才之人的作品是其作者的财产"，但必须遵守法律和有关的条例[①]。这一规定填补了法国民法典的一个巨大漏洞，很可能是最早规定知识产权的民法典；上述说法，对于德国民法典也是不适用的，因为在这部法典产生之前的100多年以前，康德和黑格尔就在他们各自的《法的形而上学原理》[②]和《法哲学原理》[③]中大谈著作权，两位大师的诸多著作的出版，也是在保障知识产权的法律框架下进行的。德国民法典却没有规定知识产权，可能与德国民法典采用有体物主义，不能容纳作为无体物的知识产权有关。无论如何，康德和黑格尔的理论说明和出版实践没有反映为德国民法典的立法规定，毕竟是这部著名的民法典的一个缺憾，1961年的苏联民事立法纲要弥补了这一缺憾，但其具体安排缺乏概括性，换言之，有必要把著作权、发现权和发明权概括在"知识产权"的总的一编中加以规定，而不必把它们分为三编。其次，1961年的苏联民事立法纲要把德国民法典规定在民法施行法中的国际私法规则纳入民法典之中规定，这虽然不是一项很大的创新，但毕竟是对其蓝本的一种有意义的改动，中国的民法通则也吸收了这一改动。就后者而言，显然可见，这一纲要把1922年苏俄民法典中的物权缩减成了所有权。确实，在实行土地的绝对国有制的条件下，用益物权和担保物权没有多少存在的价值，它们反映的是不同所有者之间的关系，而社会主义时期苏联的有生产意义的财产只有一个所有人，那就是国家。1922年的苏俄民法典能够容纳物权制度，仅仅是由于当时实行"新经济政策"，各种所有制被允许共存而已。

1991年的苏联民事立法纲要是"俄罗斯联邦民法典的模式"的第三个发展阶段。它的基本结构是总则、物权、债权、著作权、在生产中利用发明和其他创作成果的权利[④]、继承权、国际私法规则7编。显然可见，这一纲要力图改正1961年纲要的缺点。首先，它把所有权

① Cfr. Aldo Petrucci, La Codificazione del Diritto Civile negli Stati Italiani Preunitari ed il Codice Civile Italiano del 1865，徐国栋的中译文见徐国栋主编：《罗马法与现代民法》第1卷。

② 黑格尔在这本书中说，精神技能、科学知识、艺术，甚至宗教方面的东西，以及发明等，都可成为契约的对象。黑格尔. 法哲学原理[M]. 范扬，张企泰，译. 北京：商务印书馆，1961：51.

③ 康德在这本书中说，那些未经授权而印刷和出版书籍的行为，应根据权利的理由加以禁止，因为这是一种冒充的和侵犯版权的行为。康德. 法的形而上学原理. 沈叔平译. 北京：商务印书馆，1991：113.

④ 包括专利权、工业品型式权、商标和服务标记权、商号权、合理化建议作者的权利以及对生产秘密的保护和对育种成果的保护。余先予. 俄罗斯民商法与冲突法[M]. 北京：世界图书出版公司，1995：124.

还原为物权，这反映了当时的苏联进行经济体制改革的现实；其次，它力图实现知识产权的概括化规定，关于知识产权的编，由三编减少到两编，发明权和发现权被合并到“在生产中利用发明和其他创作成果的权利”一编中，但没有在这一编与著作权之间再进行进一步的概括，其中的原因，值得研究。总而言之，这一纲要相对于 30 年前的同名纲要，是一个很大的进步。

俄罗斯联邦民法典的模式最终不完整地体现在 1995 年民法典中，其基本结构为总则、物权、债法总则、债法分则、著作权和发明权、继承权、国际私法规则 7 编，俄罗斯联邦民法典只完成了前 4 编；受俄罗斯影响的蒙古民法典以变体的方式几乎完成了这一设计(作出的变动是把非契约责任单独作为一编，没有专编规定知识产权)。如果俄罗斯民法典继续制定下去，它最终要完成这一结构。显然可以看出，这一结构比 1991 年的民事立法纲要又有进步。其一，考虑到债法的内容过于庞大，把它分为两编规定；其二，把知识产权概括为一编加以规定[①]。这一结构就是所谓的俄罗斯模式，它是苏联和俄罗斯社会主义和后社会主义的民法学家 70 多年心血的结晶，目前它已成为独联体国家的“示范民法典”的基本内容，为乌克兰、哈萨克斯坦、白俄罗斯和其他大多数独联体国家所采用[②]，并为独联体以外的一些国家以变通的方式加以采用——例如蒙古民法典和越南民法典(作出的变动为增加了关于土地使用权转让的第五编，把债法的全部内容规定在一编中)——成为后社会主义国家的法典编纂运动的主导性民法典结构。

但这一结构保留了苏俄民法典的不包括亲属法的缺点，不足效法。

(3)荷兰人对潘得克吞体系的发展

荷兰是新潘得克吞体系的另一开创者。荷兰本是神圣日耳曼帝国的一部分，19 世纪初，由于拿破仑的征服才开始受法国法影响。该国的第一部民法典即 1809 年民法典是法国民法典的翻版；第二部民法典即 1811 年民法典是法国民法典本身，因为此时荷兰已经被并入法兰西帝国的版图，1813 年才获得解放，1838 年产生了一部本国的新民法典，同年制定了商法典。1838 年民法典在很大程度上仍然受法国民法典的影响，尽管如此，由于罗马法和古荷兰法的影响在此时发挥作用，它在某些方面也偏离了法国法，例如，它分为人、财产、债、证据和时效四编，把财产法与债法作了明确的区分，两者分别构成民法典的第二编和第三编，但是，荷兰民法典中的财产法并不能等同于德国民法典中的物权法，因为继承法在这一法典中也是财产法的内容；另外，第四编是关于证据和时效的规定，这是法国民法典中不专门设编的内容；最后，它在债法之前冠以总则条文，此点也与法国法不同，并预示着现在的荷兰民法典的小总则体制。在这一结构中，1976 年由于把旧商法典的有关内容移入民法典，

---

① 读者可以注意到第五编中没有包括专利权和商标权，这可能是因为俄罗斯打算对这两种知识产权以特别法进行调整，事实上，1992 年 9 月，该国已经颁布了“专利法”和“商业标记法”。Cfr.Giamaria Ajani，Diritto dell'Europa Orientale，UTET，Torino，1996：266.

② 黄道秀.俄罗斯民事立法在向市场经济过渡时期的发展——E.A.苏哈诺夫教授访谈录[J].比较法研究，1994(3-4).

在原有的人法和财产法之间夹入了新的第二编:法人法。

19 世纪末,荷兰开始受德国法的影响,尤其是受德国的历史法学派的影响[①],我们知道,该学派的掌门人萨维尼同时也是潘得克吞学派的中坚人物,荷兰由此向潘得克吞体系靠拢。尽管如此,法国的影响并不是可以轻易地消除的,因此,1992 年的荷兰民法典的结构是德国和法国的影响的杂糅,当然,格老修斯开创的荷兰法体系在这一结构中的地位,也是不可忽视的。

现行的荷兰民法典的设计结构是由如下十编组成的[②]。

1)自然人法和家庭法(1970);

2)法人(1976);

3)财产法总则(1992);

4)继承法;

5)物和物权(1992);

6)债法总则(1992);

7)特殊合同(1992 年部分完成);

8)运输法(1991);

9)智力成果法(后来把它作为一编的计划由于技术上的困难被取消);

10)国际私法[③]。

与传统的潘得克吞体系相比较,荷兰民法典未规定大总则,而将其内容分解到各编中。我们知道,大总则的核心内容为人法和法律行为。就人法而言,新的荷兰民法典把这部分内容安排在第一编和第二编中,这是对 1838 年的民法典结构的保留和对商法典有关内容的整合;就法律行为而言,它被安排在第三编中。显然,在这种结构下,法律行为被理解为是只与财产法有关的制度。尽管荷兰民法典没有大总则,但小总则有两个:一是财产法总则;二是债法总则。之所以不设大总则,我想是为了坚持罗马法的人一物二分体系,把被大总则淹没的人法凸现出来,并突出人法的特殊性。

我们注意到,相较于 1838 年的民法典,继承法已经从财产法中独立出来,这种处理很难不归因于德国民法典的影响。最叫人难以理解的是荷兰民法典把运输法独立成编,这种奇怪的做法乃是因为,旧的荷兰商法典包括三编,第 1 编为商业登记、合伙、商业代理、证券交易所、票据、保险等内容;第 2 编为海商法和内河航运法[④];第 3 编为无力清偿债务,它后来被

① See Netherlands Comparative Law Association, Introduction to Dutch Law for Foreign Lawyers, Kluwer,1978:11.

② 亚瑟·S.哈特坎普.荷兰民法典的修订:1947—1992[M].汤欣,译.外国法译评,1998(1).

③ See Jacob Hijma, Introduction: Contract law in General,In Dutch Contract Law, Beijing, March 1997:1s.

④ See Netherlands Comparative Law Association, Introduction to Dutch Law for Foreign Lawyers, Kluwer,1978:176.

1893年的破产法取代[①]。在1947－1992年的民法典起草过程中，决定了实行民商合一，商法典第1编的内容主要被归纳到新民法典的第2编中；商法典第2编的内容则被整合到新民法典的第8编中，因此，运输法独立成编是荷兰独特的法律史和民商合一的结果，由于其独特性，没有普遍借鉴的价值。第9编智力成果法虽然后来被取消，但它整合知识产权于民法典的思想仍然值得借鉴。

对于荷兰民法典的上述各编，我们可以大致地把它们分为人法和物法两个部分（国际私法是同时适用于两者的），没有凌驾于两者之上的大总则，不难看出，荷兰人对潘得克吞体系的最重要的创新，就在于避免了德国民法典的大总则的缺陷。

把俄罗斯联邦民法典的结构与荷兰民法典的结构相比较，我们可以发现，在这两个结构中，知识产权法（俄罗斯联邦民法典设计结构中的这一编并不包括全部知识产权的类型）、债法总则、债法分则（荷兰民法典用了“特殊合同”的名称）、物权、继承权、国际私法独立成编是基本共同的，因此，知识产权和国际私法被纳入民法典并独立成编，以及把债总与债分分开的处理，代表了世界性的潮流。两者的不同之处在于荷兰民法典把自然人法与亲属法合并、把运输法独立成编、没有设立适用于整个法典的总则，把有关内容分散到了自然人法和家庭法、法人和财产法总则三编中；而俄罗斯民法典保留了适用于整个法典的总则、没有规定亲属法。总的说来，两者相同的部分多于相异的部分。两个结构产生于大致相同的历史时期，俄罗斯联邦民法典的结构产生在1961年至1995年的时期；荷兰民法典的结构产生在1947年至1992年的时期，它们反映了同一个时代的精神，殊途而同归。

上述两个民法典的结构是目前世界上最有影响的结构。俄罗斯联邦民法典已经成为除波罗的海三小国以外几乎所有苏联成员国的民法典的范本；荷兰民法典正在争取成为将来的欧洲民法典的范本，并已实际对许多国家的民法典制定产生了广泛影响。因此，在思考我们的民法典草案的结构设计时，不能不考虑它们的合理性并有所借鉴。

我认为，俄罗斯联邦民法典把亲属法排除在外是不可取的；以总则掩盖人法的做法、把国际私法作为与其他编等量齐观的编的做法亦不可取；荷兰民法典把自然人法与亲属法合为一编的做法、把运输法独立成编的做法、国际私法独立成编的做法、为财产法单独制定一个总则的做法亦不可取，因为人身关系和财产关系，毕竟有公分母可供提炼。要言之，我之所以对上述做法作出否定的评价，主要是为了追求人－物结构的纯洁性，并考虑中国继受德国法之后的法律传统。从这样的思路出发，就形成了我们的民法典草案的分编层次的结构。

3.序编和附编的理论渊源

序编和附编的设置，主要是为了把妨碍人－物结构之纯净的民法内容放在比较次要的部分进行规定，以充分体现我对民法调整对象问题的看法。从理论渊源来看，序编的设置，主要参考了伊比利亚－拉丁美洲民法典的传统做法。在中南财经政法大学民商法典研究所

---

① 上海社会科学院法学研究所编译室.各国宪政制度和民商法要览·欧洲分册(下)[M].北京:法律出版社,1986:251.

和厦门大学罗马法研究所收藏的西班牙语国家和葡萄牙语国家的众多民法典中，我可以随机地指出西班牙民法典、智利民法典、尼加拉瓜民法典、秘鲁民法典、阿根廷民法典、巴西民法典设有序编，其中以巴西民法典的序编最为简单，只有从属于总则的一条，它是关于民法调整对象的规定，但该法典设有民法典施行法 19 条，把其他国家在序编中规定的内容放到这一法律中规定了。现行的葡萄牙民法典尽管未设序编，但其总则第一题规定的"法律、其解释和适用"的内容，在其他国家是由序编规定的。在伊比利亚－拉丁美洲国家的民法典中，序编或相当于序编的部分规定的内容基本上与学说上的潘得克吞体系的"关于法的一般"的内容同范围，是体现民法是"法律的法律"之性质的规定。从这个角度看，序编是总则的替代物，属于"小总则"，其设计者为了维持罗马人对民法的人－物二元关系的哲学理解，没有把"关于权利的一般"的内容放在这样的小总则中规定。正是基于这样的考虑，拉美的法典编纂者往往有设置总则的想法，但都没有成功地实施，例如智利民法典的作者安德雷斯·贝略[①]和巴西民法典草案的作者奥古斯都·泰赫拉·弗雷塔斯[②]就是这样，尽管巴西民法典最终规定了总则，但这个总则不过是对人－物的结构的一个缩写，于其中增加了一个行为的环节（包括不法行为），其规模比德国民法典的总则要小得多。为了不舍弃法律行为的科学成果，同时保持人－物的结构，1984 年的秘鲁民法典采用了折中的做法，该法典分为十编，立法者在第 1 编人法之后，设第 2 编专门规定法律行为，最后一编是国际私法。

我认为，大总则对民法的基本结构的破坏是不容置疑的，因此，应放弃这种过时的结构，同时以序编作为小总则保留其积极成分。但在中国，民法还是作为部门法之一被理解的，远远没有达到被作为"法律的法律"理解的程度。因此，在民法典中规定"法的一般"的规则时机不成熟。考虑到如果从大总则中抽去法律行为以及相关的规定，它就只剩下人法了，而法律行为，可以"交易"的名称作为序编的核心内容规定在这一部分。同时，参照我国的民事立法和民法理论传统以及外国立法例，还可以在序编中规定民法的调整对象和基本原则、民商关系、权利的保护（诉讼时效）等内容。

关于规定国际私法的附编的设置，一方面，是为了追随世界各国在民法典中规定国际私法的潮流（由于国际私法不过是民事关系在涉外领域的投影，在德国民法典的起草过程中，也曾经设置过关于国际私法的部分，但后来这部分内容被移入民法典施行法），同时又不影响民法典的人－物的逻辑－哲学结构，因此把它放在正编以外的附编中加以规定；另一方面，是考虑到国际私法的内容涵盖人法和物法两个方面，它要么应该被放在序编、要么应该被放在附编中规定，不能放在人法或物法的任何一编中规定，为了避免混乱，以放在附编中规定为好。

---

① Cfr.Sandro Schipani，Il Codice Civile di Andres Bello（In vigore in Chile，Ecuador，Columbia），Manoscritto inedito .中译文参见徐国栋的译文，载法商研究. 1999(5).

② 桑德罗·斯奇巴尼. 意大利民法典》及其中文翻译[J]. 比较法研究，1998(1).

三、基本理论问题

1.民法调整对象问题

(1)财产关系与人身关系的关系问题

前文已述,从根本上说,民法典的结构设计取决于对民法调整对象问题的理解,因此这一问题极为重要。在这一问题上,除了张俊浩主编的《民法学原理》[①]外,我国的民法理论和民事立法都认为民法调整平等主体间的财产关系和人身关系[②],这种理论把财产关系理解为民法的首要调整对象,人身关系被理解为民法的第二位的调整对象,因此抹杀了人的中心地位,把物置于人之上,是一种极为头足倒置的、不尊重人的理论,具有浓厚的经济决定论色彩。与此相反,法学阶梯体系已经告诉我们,民法是首先调整人身关系,其次才调整财产关系的。我们的民法典草案在结构设计上的最根本考虑,就是体现罗马人对民法调整对象的上述认识。那么,为什么在中国,民法所调整的人身关系和财产关系的位置发生了颠倒?

原因一,我国是继受德国民法的国家。德国的潘得克吞体系(无论是学说上的还是立法上的)都设有大总则,它吞没了人法中的人格法;除此之外,潘得克吞体系还认为财产关系是民法的第一调整对象;从人法中分解出来的家庭关系是第二位的调整对象。这种体系构成了对罗马法的反动,其原因为何?基本与潘得克吞学派同时的马克思和恩格斯的民法理论给出了答案。马克思在《政治经济学批判》序言中指出:"法的关系正像国家的形式一样,既不能从它们本身来理解,也不能从所谓人类精神的一般发展来理解,相反,它们根源于物质的生活关系。"[③]这是对黑格尔的倒置的再倒置。他还说:"民法不过是所有制发展的一定阶段,即生产发展的一定阶段的表现。"[④]他还说,无论是政治的立法或市民的立法,都只是表明和记载经济关系的要求而已[⑤]。恩格斯说:"民法……它几乎只是专门处理财产关系或者至多是专门处理那些以社会的战争状态为前提的关系……"[⑥]民法的作用,"在本质上就是确认各人与各人之间的现存的,即在一定情况下是正常的经济关系"[⑦]。尽管马克思认为"大部分的民事法律……是关于财产"[⑧]的,换言之,财产关系占据民法之大部,而不是全部,但他在对民法下定义时,却把其内容作了大量的缩减,以至于缩减成仅仅是"经济关系"。如果我们考

---

① 这本教材将民法的调整对象定义为:"社会普通成员之间的人身关系和财产关系。"张俊浩. 民法学原理[M]. 北京:中国政法大学出版社,1991:3.

② 理论上对民法调整对象的错误界定,可以举柳经纬主编的《中国民法》为例,该书说:"我国民法调整的社会关系,包括平等主体之间的财产关系和平等主体之间的人身关系两部分。"柳经纬. 中国民法. 厦门大学出版社,1994:5-6. 立法上对民法调整对象的错误界定,可以举民法通则第 2 条的规定为例:"中华人民共和国民法调整平等主体的公民之间、法人之间、公民与法人之间的财产关系和人身关系。"

③ 马克思恩格斯选集(2):82.

④ 马克思. 哲学的贫困[M]. 马克思恩格斯全集(4). 北京:人民出版社,1958:87.

⑤ 马克思. 哲学的贫困[M]. 马克思恩格斯全集(4):121-122.

⑥ 恩格斯. 在北爱北斐特的演说[J]. 马克思恩格斯全集(2). 北京:人民出版社,1957:608.

⑦ 恩格斯. 费尔巴哈与德国古典哲学的终结[M]. 北京:人民出版社,1959:43.

⑧ 马克思. 第 179 号"科伦日报"社论[M]. 马克思恩格斯全集(1). 北京:人民出版社,1956:125.

察一下民法观念史，我们就会发现，马克思和恩格斯首次把民法与经济关系联系起来，把前者解释为后者的产物，可以说，他们是后来的法律的经济分析学派的开创者。由此我们可以知道，在潘得克吞学派存在的历史时期，有一种强调民法调整财产关系的一面而忽略其调整人身关系的一面的理论倾向，它可能引起了人身关系与财产关系的颠倒。

原因二，社会主义国家的民法不仅以经济决定论为基础，而且以唯物主义为基础。人一物的二分，从哲学上讲，就是精神与物质的二分。唯物主义认为物质是第一性的，精神是第二性的，相反的观点属于唯心主义，从这个角度看，法学阶梯体系是唯心主义的。在这种主义痛遭批判的情况下，社会主义国家的立法者不会把人身关系放在财产关系前面。

原因三，在西方的理论史上，民法始终依附于自然状态一市民社会的历史解释模式。市民社会是民法存在的理论基础，民法是市民社会的根本法①。在市民社会条件下，人格权被理解为市民社会的成员资格。进入社会主义社会后，市民社会理论被抛弃，民法调整的人格关系因此面临危机，市民社会成员资格意义上的人格关系被取消，民法被限定为调整与财产关系有关的人身关系，并且这样的人身关系被缩减为狭义的与姓名、名誉、荣誉等具体权利相关的人格关系，由此导致了人法的地位的降低。

尽管如此，社会主义国家民法实际上的阐述顺序仍然是人一物的顺序，先规定的是民事主体，然后才规定各种权利的客体以及主体间通过客体发生的关系，由此造成了民法调整对象的理论说明与民法的实际立法体系不一致的混乱状况。

苏联解体前发生的意识形态的变迁，使这方面的情况在理论上有所改观。苏联学者 H. C.马列英教授在一篇文章中指出："民事法律关系的利益，可以概括为物质的和精神的两类。人身的概念，首先是指精神领域，因为人身利益和权利，说明了个人在社会中的地位，也是个人法律地位极其重要的内容。"他特别强调，随着社会的发展和科学技术的进步，精神利益必须在人们的生活中不断增长②。这段引文证明了上文把人身关系和财产关系分别理解为精神和物质两个方面，是符合苏联的实际的。并且证明了在苏联的过去，人们不重视民法调整对象中的精神方面，确有哲学上的原因，而现在人们正日益强调这一方面。不妨把马列英教授的此语理解为对苏联过去不重视民法调整对象中的精神方面的做法的批判，是对提高人法地位的呼唤。作为回应，1994—1995 年的《俄罗斯联邦民法典》第 2 条第 1 款规定："民事立法确定民事流转的参加者的法律地位，所有权和其他物权以及因智力活动产生的专有权利（智力财产）的发生根据和实现的程序，调整合同和其他的债以及其他财产关系和与人身有关的非财产关系，这些关系以其参加者的平等、意思自治和财产自治为基础。"③可以看出，这一关于民法调整对象的定义相较于苏联时期的相应定义已有很大改进。首先，它把民法的第一个调整对象确定为"民事流转的参加者的法律地位"；第二个调整对象才是财产关系

---

① 关于民法与自然状态——市民社会的历史解释模式的联系，徐国栋．民法？国法？市民法——民法的名称问题与民法观念史．《中国政法大学学报》2007 年第 2 期。

② H.C. 马列英．民法发展的趋势[J]．外国民法资料选编．北京：法律出版社，1983：170.

③ See Civil Code of the Russian Federation(part one), White & Case, London, 1994：1-2.

和与人身有关的非财产关系。众所周知，民事流转的参加者的法律地位就是人格关系。因此，这一条文以并非张扬的方式抛弃了1921年苏俄民法典、1961年民事立法纲要的民法调整对象定义，恢复了人法的优先地位。尽管如此，它还有一些缺陷：既然"主体的法律地位"就是人格法，在该条的第二部分在规定"与人身有关的非财产关系"就未免重复，至少重复了部分人格关系。因为人格有多种含义，最基本的含义是主体资格，其次还有维护具体人格利益之法力的含义，如保护姓名、名誉等人格利益的人格权等。在《俄罗斯联邦民法典》第2条第1款所给的民法调整对象定义中，这两种意义的人格权分别被规定于前部和后部，这种分割规定同一事项的做法实不可取。其次，它去掉了1961年的民事立法纲要的民法调整对象定义给民法调整的财产关系课加的"由于利用商品货币形式而引起的"限制语，从而使民法调整的财产关系的范围更加广阔。

与马列英教授的理论相类似的理论，在我国也出现了。近20年来，我国有四个哲学上的理论热点。一是主体性理论的提出。90年代开始，我国哲学界开展了对主体性问题的讨论，其宗旨是弘扬主体性原则，这一原则是客观性原则的对立物。客观性原则从主体之外的客体，从客观事物的特性来说明事物和现象，强调主体在客观事务及其规律面前具有受动性、受制约性、受束缚性。显然，强调财产关系而忽视人身关系的民法理论和民事立法贯彻了这一原则；而主体性原则从人、从我出发来说明我们周围的事物，是一种从主体出发，使客体围绕主体旋转的思维方式，它从主体的目的、需要去理解事物，强调客体对主体的依附性、不可分离性[①]。显然，强调人身关系，同时不忽视财产关系的民法理论体现了这一原则。

二是人文精神的兴起。所谓人文精神，就是强调人是世界的中心的精神，它是对以神为中心的世界观和以物为中心的世界观的否定，是对不以人为目的的各种疯狂的物质活动的反动。可以说，人文精神的提倡是主体性原则的一种表现形式，而人权理论的勃兴又是人文精神的表现形式，它要求把人作为目的而不是手段考虑，构成我国近年来的第三个理论热点。它与人文精神一起，也有助于建立以人身关系为先导的民法观。

三是市民社会理论的兴起。在这里，我根据西塞罗的阐述，把市民社会理解为各种各样的人的法律的共同体[②]，因此，市民社会问题，首先是市民社会的成员资格问题，这一问题在民法上的表现为重新认识人格关系并提高其地位，由此重建市民社会与市民法的联系。在这种背景下，人格关系必须首先被理解为市民社会的主体资格，市民法对市民社会的一切关系的调整必须以主体资格问题为出发点，相应地，人身关系必须被提到比财产关系更重要的地位上来。

上述理论成就都有利于在民法调整对象问题上正本清源，拨乱反正，因此，我们的民法典草案将以之为依据，把民法的调整对象界定为平等主体间的人身关系和财产关系。

---

① 郝贵生. 论主体性原则与客观性原则的对立统一[J]. 哲学研究. 1991(1). 李临昆，前引文；刘福森，前引文；陈先达. 关于主体和主体性问题[J]. 求是. 1991(15).

② 西塞罗把市民社会(Civitas)定义为"市民权、生活在同一法律之下的多种人民的城邦、地区、民族"。Cfr.T.Vallauri e C.Durando，Dizionario Latino Italiano Latino，Edizione Polaris，1993：112.

(2)民法是调整社会关系还是也调整法律地位和法律情势?

传统的理论认为民法调整财产关系和人身关系两种社会关系,但新近的一些民法典在这方面有所突破。

首先,一些苏联集团国家的民法典中提出了民法调整当事人的法律地位的问题。如上所述,《俄罗斯联邦民法典》第 2 条第 1 款规定:"民事立法确定民事流转的参加者的法律地位;所有权和其他物权以及因智力活动产生的专有权利(智力财产)的发生根据和实现的程序;调整合同和其他的债以及其他财产关系和与人身有关的非财产关系,这些关系以其参加者的平等、意思自治和财产自治为基础。[①]"

1994 年 11 月 1 日的《蒙古民法典》第 1 条规定:"本民法典将确定民事流转的参加者的法律地位,并调整以其参加者的平等、意思与财产的自治为基础的财产关系和与财产关系有关的人身非财产关系。"[②]

1996 年 7 月 1 日的《越南民法典》第 1 条第 2 款规定:"民法典规定个人、法人和其他主体的法律地位,规定财产关系中各主体的权利与义务,规定民事流转中的人身关系,为参加民事关系的各个主体建立行为的法律标准。"

上述苏联集团国家民法典中关于民法调整对象的新型规定,把民法的作用规定为"确定"与"调整"两项,前者的作用对象为"法律地位";后者的作用对象为"关系",为了理解它们的创新性质,我们可以将之与老式的民法调整对象规定进行对照。

1993 年修订的白俄罗斯 1964 年民法典第 1 条第 1 款规定:"白俄罗斯共和国的民事立法调整以当事人的平等为基础的财产关系和与财产关系有关的人身非财产关系。"[③]

1994 年的《哈萨克斯坦民法典》第 1 条第 1 款规定:"以参与人的平等为基础的商品货币关系和其他财产关系,以及与财产关系有关的人身非财产关系,由民事立法调整。"[④]

这一类规定仅把民法的作用规定为"调整关系",不承认民法的"确定"功能。把两种类型的规定加以比较,可以看出,前一类型的规定不仅把民法的调整对象理解为社会关系,而且理解为包括对民事主体的法律地位的规定,俄罗斯联邦民法典甚至理解为包括权利的发生根据和实现程序,对民法调整对象的理解更加细致化了。

其次,1984 年的秘鲁民法典中出现了民法调整法律情势的提法。其第 3 条规定:"法律适用于既有的关系和法律情势(Situacion juridica)的结果。"第 9 条规定:"民法典的规定,以不与其他法律的性质不相容为限,可作为后备规范适用于由其他法律调整的关系和法律情势。"[⑤]

法律情势对我们是一个陌生的概念,意大利法学家彼德罗·雷西略(Pietro Rescigno)对

---

① See Civil Code of the Russian Federation(Part one), White & Case, London, 1994:1-2.

② The Civil Code of Mongolia, On http://www.spc.gov.mn/chapter1.html.

③ Civil Code of the Republic of Belarus, On http://www.belarus.net/softinfo/catal_la/100081.htm.

④ Civil Code of the Republic of Kazakhstan of December 27, 1994, In Parker School of Foreign and Comparative Law, Columbia University: Legal Materials, Juris Publishing Inc. USA.p.23.

⑤ Nuevo Codigo Civil, Ekgraf Editores,1996,Lima, p.33.

这一术语进行了解释。

首先他说明了情势的一般概念，这是一个兼涉人和物的关系概念，指人与物或其他人、物与其他物的关系，前者如一个人在空间上所处的位置，在社会关系中所处的地位等；后者如“物之所在地法”，表现的就是物所处的情势。法律只研究与人有关的情势，而且主要研究与自然人有关的情势。

其次，他说明了“情势”(Situazione)与境遇伦理学中的“境遇”(Situazione)是一个词。所谓境遇伦理学(Etica della Situazione)，是“不能通过一般的概念确定的、只可根据应该作出行为的人所处的总是各个不同的情势的特殊性来作出的道德要求”[①]。他提到，在某些作家的手里，尤其是在讲法语的作家手里，法律情势一语往往是在境遇伦理学的意义上使用的。这些作家认为，法律情势概念的提出，是为了对流行的理解规范和主观法的方式的反动作辩护，按这种方式，规范具有普遍性和抽象性；而主观法(即权利)与个人愿望的统治地位紧密相连。法律情势的用语之设，旨在引起对经历的具体性的注意，该用语承认关系到个性化的，并注定要尽力完成单个行为或行使特定的请求权的主体的具有特殊性和临时性的情势。显然，这样的对情势的理解只反映了克服规则的普遍性之弊端的愿望。

再次，他强调情势还是一个与许多概念对称的概念。第一，它是事件的对称。与事件相比，情势具有非即时性和延续性，它表示从开始的事件延续到结束的事件之间的时间段。例如婚姻，如果从缔结婚姻的仪式的角度看，它是一个事件；但如果从通过合意的物质和精神生活的共同体的角度看，它就是一种情势了。法律情势与事实上的情势构成对偶关系。例如，事实婚是一种事实上的情势；而具备一切法律手续的婚姻才是法律情势。对于前一种情势，法律通常以“自然的”形容词修饰之，例如自然子女、自然债务等。

最后他说，在更广泛的意义上，情势指围绕着有可能产生法律效果的一个事实或一种状况被整理的权利与义务的集合、特权与债务的集合。最简单的情势定义是：在与法律秩序的关系中被考虑的主体的情势[②]。这样理解的情势似乎就是法律关系，秘鲁民法典为何舍弃“法律关系”的习惯用语而采用“法律情势”的提法？据秘鲁学者门德斯·张对我作出的解释，也是为了强调民法对当事人的法律地位的确定[③]。这样，秘鲁民法典中的“法律情势”，不仅涉及法律关系，而且涉及法律地位。法律情势对法律地位的涉及，与俄罗斯民法典、蒙古民法典关于法律地位的规定一致起来了。

总之，俄罗斯民法典、蒙古民法典和秘鲁民法典对民法调整对象理论提出了两个问题：第一，民法是否调整主体的法律地位？第二，民法是否不仅调整社会关系，而且调整法律关系？我认为，我们不能仅从关系的角度来理解民法的调整对象；而且也不能仅从社会关系的

---

① Cfr. Hans Reiner, Etica—Teoria e Storia, trad.it., Roma, 1971:165.

② Pietro Rescigno, Situazione e Status nell'Esperienza del Diritto, In Revista di Diritto Civile, Anno XIX, 1973:209.

③ 1998 年 10 月，秘鲁天主教教皇大学的门德斯·张教授应邀访问前中南政法学院，在学术交流中对我的问题作了这样的解答。

角度来理解同样的问题。就第一个方面而言，民法规定自然人18岁成年，规定某些物品为不流通物，这样的规定恐怕难以说建立了什么关系，而是关于主体和客体的法律地位的规定，它是建立关系的基础；就第二个方面而言，民法的调整分为第一次调整和第二次调整两个方面，第一次调整的是社会关系，社会关系经调整后转化为法律关系，当法律关系的运行出现障碍时，民法通过法院的中介对之进行再调整，以克服上述障碍，这时民法调整的就是法律关系了[①]。基于这些认识，我们的民法典草案对民法调整对象将采用这样的规定：民法调整平等主体间的法律地位、人身关系和财产关系以及由此产生的法律关系。我相信，这种对民法调整对象的规定是先进的，符合世界潮流的。

(3)身份关系与财产关系的同一性——亲属法的回归问题

在古典的民法理论中，身份关系就是家庭关系。把身份关系从民法典中分离出去，是一种由来已久的、顽固的理论和立法倾向。

从理论方面看，最早作出区分家庭关系与一般民事关系之努力的古典作家大概是孟德斯鸠，他把"家法"与民法并列，这里的"家法"，似乎是涉及家庭内部的风纪管理的一种自治规定，不同于我们通常理解的家庭法。他认为，"社会分为许多的家庭，需要特殊的管理"[②]，因此"家法"需要独立。这种观点的本质是主张家庭的自治性质，反映了远古时期罗马法的传统；其次是黑格尔，但其立论依据十分不同。他认为，如果"把婚姻理解为仅仅是民事契约，这种在康德那里也能看到的观念，同样是粗鲁的，因为根据这种观念，双方彼此任意地以个人为订约对象，婚姻也就降格为按照契约而相互利用的形式"[③]。确实，康德把婚姻理解为配偶双方"为了终身相互占有对方的性器官而产生的结合体"[④]。康德的观点尽管具有把被神化的婚姻人化——因为在基督教的理论中，婚姻是配偶双方在神面前订立的不可解除的誓约——的积极意义，反映了当时的人文主义思潮，但黑格尔不能接受这样的观点，在他看来，这样的设定抹杀了婚姻的伦理意义，因为"婚姻是具有法的意义的伦理性的爱"[⑤]。而所谓的"爱"，是"能够在没有仔细权衡与比较他人和自己需要的情况下满足邻人的需要"[⑥]。在黑格尔观点的影响下，马克思作出了"资产阶级撕下了笼罩在家庭关系上的温情脉脉的面纱，把一切都变成了金钱交换关系"[⑦]为人所熟知的评论。尽管黑格尔、马克思的理论相较于

---

① 彭万林.民法学[M].北京：中国政法大学出版社，1997：11-13.

② 孟德斯鸠.论法的精神[M].张雁深，译.下册，北京：商务印书馆，1963：173.不过，孟德斯鸠又把男女的结合在财产关系上所产生的后果，归于民法的范围。

③ 黑格尔，前引书，第177页。

④ 康德，前引书，第96页。

⑤ 黑格尔，前引书，第177页。

⑥ 莱茵霍尔德·尼布尔.道德的人与不道德的社会[M].蒋庆，等译.贵阳：贵州人民出版社，1998：46.

⑦ 马克思、恩格斯.共产党宣言.马克思恩格斯选集(1).人民出版社，1972：254.他们还说："资产阶级在它已经取得统治的地方把一切封建的、宗法的和田园诗般的关系都破坏了。它无情地斩断了把人束缚于天然首长的形形色色的封建羁绊，它使人和人之间除了赤裸裸的利害关系，除了冷酷无情的'现金交易'，就再也找不到任何别的联系了。"见《共产党宣言》，同上书，第253页。此语同样可以表达马克思的理想主义世界观。

康德的理论，是一种更新的观点，但显然，1896 年的德国民法典并没有反映他们的观点。

在黑格尔之后，仍然存在把家庭法独立于民法的努力，其主张者是 19 世纪的意大利法学家皮萨内利。他也主张"把家庭法与私法法典分离开来，后者被理解为只涉及经济关系的法典"[①]。我们可以看出，皮萨内利的主张也没有成为意大利的立法实践。皮萨内利都主张家庭法的特殊性的论据是家庭法不涉及经济关系，这是一种站不住脚的观点，因为家庭关系同时包括人身关系和财产关系两方面。可能正是因为如此，现行的意大利民法典并未接受皮萨内利的主张。

此外还有费希特的家庭法虚无论。他认为，尽管有家庭法的概念，但不必有家庭法律的现实，就夫妻关系而言，"国家根本没有必要制定关于夫妻的相互关系的法律，因为他们的全部关系根本不是法律的关系，而是一种自然的、道德的心灵关系"；[②]就亲子关系而言，他也认为国家没有就这种关系制定法律的必要，因为"在仍然受教育的孩子和父母之间不可能发生法律争端"[③]。显然，费希特理解的家庭法属于道德的范畴，不应该由民法调整。

伊斯兰国家也实行身份关系与财产关系的分离，但其理论基础不同。在伊斯兰国家，身份关系是由教会法"沙里亚"调整的；财产关系则由世俗法民法调整。关于人的法与家庭法一向都被认为是"沙里亚"中最为重要的内容之一。在穆斯林的思想意识中，法中构成"属人法"的这些部分与宗教之间存在着特别密切的关系，而且在这个问题上《古兰经》本身包括为数最多的具体规定[④]，因此，身份关系属于教会法的内容，与属于世俗法的财产关系法不同。

从立法来看，苏联根据对家庭关系性质的马克思主义认识，把家庭法从民法中分离出去了。早在 1922 年的苏俄民法典问世之前，苏俄就于 1918 年制定了一部"户籍、家庭和监护法典"，这是社会主义国家中最早的家庭法摆脱民法，成为一个独立的法律部门的立法例。[⑤]1926 年，在苏俄民法典颁布之后，又制定了新的婚姻家庭和监护法典，使有关理论家的主张终于成为立法实践。从此以后，身份法独立于民法典成为苏联民法模式的重要内容[⑥]，影响

---

① 桑德罗·斯奇巴尼. 意大利民法典前言[M]. 黄风，译. 意大利民法典. 北京：中国政法大学出版社，1997:1.

② 费希特. 以知识学为原则的自然法权基础[M]. 谢地坤，程志民，译. 梁志学. 费希特著作选集(2). 北京：商务印书馆，1994:585.

③ 费希特. 以知识学为原则的自然法权基础. 625.

④ 勒内·达维德. 当代主要法系[M]. 漆竹生，译. 上海：上海译文出版社，1984:441. 伊斯兰国家采用把财产关系与人身关系分开的民法立法模式还有两个原因：其一，它们制定民法典，都是出于进行西方式的现代化的需要，财产法由于与西方国家发展模式的密切关系，被认为是可以西化的；而人身关系法被认为是保存传统的伊斯兰文化之价值的基地，不能走西化之路，因此采用独立的格局。其二，两类民法的适用法院也不同，在古代，沙里亚法院对婚姻家庭和继承事务具有专属管辖权，后来这方面的管辖权才被收归普通法院。高鸿均. 伊斯兰法：传统与现代化[M]. 北京：社会科学文献出版社，1996:168.

⑤ 参见余先予，前引书，第 5 页。

⑥ 在伊斯兰国家，也存在把身份法从民法典中独立出去的极为普遍的趋势，这些国家大都有在民法典之外的所谓的"个人身份法典"。苏联集团与伊斯兰国家对身份法的处理，殊途同归，构成把民法典调整的财产关系和人身关系中的身份关系分开的趋势。

了所有的社会主义国家，这种影响即使在东欧剧变后在苏联集团国家中也没有消除，我国目前仍然处在这种影响之下。

在伊斯兰国家，则大都在民法典之外制定所谓的个人身份法典[①]，调整民法中的人身关系，其民法典往往仅仅是财产关系法典。

黑格尔、马克思的家庭法理论无非是“爱”的理论，人们认为，在亲属法中，贯穿着“爱”的原则，即不讲究利益的精确计算的原则；而在市民社会和市民法中，贯穿着经济人假说，在这个领域中，“每个人都以自身为目的，其他一切在他看来都是虚无”[②]。由于实行的原则不同，因此两个领域应该分开。但我们可以发现，两个领域的区别确实是存在的，但它们的区别并没有想象的那么大。在亲属法中，同样存在着经济人假说，不然扶养义务之履行，何以要以权利人有必要、义务人有可能为条件呢？何以要在亲属法中设立那么多的保障配偶双方独立利益的夫妻财产制呢？而且在亲子关系上，还有某些作者把养育子女的行为理解为为将来储蓄财货留着慢慢吃[③]。我们可以这么说，在亲属法中，贯穿着弱度的经济人假说，人们并没有爱得不可开交，而是经常地进行着利害的计算；而在民法的财产法部分，贯穿着强度的经济人假说，尽管强弱不同，两者是可以在经济人假说的基础上统一起来的。

至于把家庭法理解为教会法的一部分或神法规则的做法，已经落后于时代潮流，现代民法早已解决了家庭法的世俗性问题，故没有必要对之进行详细的评论。

因此，我们的民法典草案将把亲属法作为一编规定，以实现亲属法对民法的回归。

2.法律行为与交易问题

俄罗斯联邦民法典模式的一个重要特点是把传统意义上的法律行为制度规定为“交易”。就其本义而言，法律行为的目的在于设立、变更和终止法律关系的表意行为，其中不仅包括不道德的或违反法律的无效行为，而且也包括行为人有权提出撤销的可撤销的法律行为。但有些学者本着名实相副的原则主张法律行为必须是合法行为，民法通则就采纳了这种观点。为了解决无效行为和可撤销行为的调整问题，立法者又创立了民事行为的范畴涵盖合法行为、无效行为和可撤销行为三者。尽管用心良好，但这样的处理并未能消灭三类行为的外延彼此交叉的状况。例如，无效的民事行为如公司的越权行为，在当事人未提出起诉且已相互履行完毕的情况下，法律不加干预，这种无效的民事行为事实上就成了具有合法性的法律行为；可撤销的民事行为，在当事人未行使撤销权之前或在放弃撤销权之后，也是具有合法性的法律行为。因此，把法律行为界定为合法行为、另创民事行为范畴的做法并不成功，由此我曾提出恢复传统意义上的法律行为概念[④]。这种处理，仍然有使人把法律行为想

---

① 关于个人身份法的典型内容，我们可以举伊拉克的例子。伊拉克的个人身份法规定了结婚、离婚、收养、监护和继承。上海社会科学院法学研究所编译室.各国宪政制度与民商法要览·亚洲分册[M].北京：法律出版社，1987：259.

② 黑格尔，前引书，第 197 页。

③ 这样的作者有韩非子。徐国栋.论市民法中的市民[J].天津社会科学.1994(6).

④ 参见彭万林主编，前引书，第 124～126 页。

象为合法行为的风险。我想，俄罗斯立法者可能也曾面临过如上讨论过的困境，才选择“交易”作为传统意义上的法律行为的替代，使用这一完全中性的术语，就可避免上述理论上的麻烦了。

但是，任何理论都是跛脚的，尽管以交易取代法律行为是为了消除混乱，但由此也可能带来新的混乱，因为从字面上看，交易必须是双方的行为，它不能包括单方的法律行为[①]。

尽管如此，本着两害相权取其轻的原则，我们的民法典草案仍将以交易的概念取代法律行为的概念。

3.继承法的位置问题

潘得克吞体系把继承法理解为财产法的一部分，认为继承法是对死者的财产的目的之问题的解决[②]，这样把继承法理解为单纯的财产关系，我认为是不正确的。继承是由身份关系发生的财产流转关系，是财产关系与人身关系的交错，不论是放在人身关系部分还是放在财产关系部分，都是不合适的，因此我把它放在人身关系法的末尾，在它之后马上就是财产关系法，以此表现继承法的交错性质。

4.知识产权与物权的关系问题

潘得克吞体系没有把知识产权整合到民法典中来，其原因不能以知识产权的发展比较晚近来解释，因为潘得克吞学者的著作就是在知识产权的保障下出版的。真正的原因可能是德国民法典采用有体物主义，不能容纳作为无体物的知识产权。在知识产权日益重要的当代，再让它游离于民法典之外，已经不合时宜，因此，俄罗斯联邦民法典和荷兰民法典都完成了对知识产权的整合。从理论上看，知识产权作为无体物，应该被纳入物权编作为无体物规定，1994 年蒙古民法典即是如此，该民法典第 87 条第 6 款把知识产权规定为所有权的客体，同时规定这方面的事务由其他法律调整。这实际上是考虑到知识产权具有不同于通常的无体物的特点，例如，一个知识产权可以同时由许多人利用、可以大量复制，出卖知识产权产品不移转标的物的知识产权，其法律规则具有很强的技术性等。因此，原则上承认知识产权是所有权的一种，但是一种特殊的所有权。这种立法模式值得借鉴，因此，我们的民法典草案把知识产权放在紧接着物权编的一编加以规定，把它理解为一种特殊的所有权。这样，既可以昭示知识产权与普通物权的联系，也可揭示两者的不同。

5.侵权行为法是否独立的问题

一些学者主张侵权行为法应该从债法中独立出来，单独成为民法典的一编[③]。这种主张可能受到了英美法的影响。确实，侵权行为法与现代工业化过程关系密切，发展最快，法官创法最多，已经获得相当的独立性，其庞大的体系也与其他非契约性之债的发生根据的小型

---

① 对“交易”取代法律行为之缺陷的批评，受我的研究生吴远负的论文启发。参见其《在传承与变革之间的越南民法典》，未刊稿。

② Cfr.Bernardo Windscheid，op.cit:41.

③ 王利明．论中国民法典的制定[J]．政法论坛．1998(5)．魏振赢．中国的民事立法与民法法典化[J]．中外法学，1995(3)．

体系不协调，因此，我们很理解把侵权行为法独立成编的主张。但是，我们是一个属于大陆法的国家，多年积累的传统不应轻易放弃。在大陆法的民法体系中，各制度彼此关联，牵一发动全身，如果草率地接受英美法的影响，可能引起整个体系的混乱。如果将侵权行为法独立，马上就会引起债的制度的动摇。试问，如果侵权行为法从债法中独立出去，那么，传统的债的发生根据就只剩下合同、无因管理和不当得利了。而且我们还要考虑到，债的发生根据是一个开放性的结构，不以传统的四种为限，随着债的制度的发展，债的发生根据增加了先契约义务和后契约义务等形式，一旦破坏债的结构，将发生不可估量的制度损失。即使承认债的发生根据只有四种，一旦把侵权行为独立出去，无因管理和不当得利的篇幅皆小，将与合同不成比例，形成美学上的不均衡。我们必须注意到，美学上的均衡并非不应受到立法者考虑的风月之事，把债法总论与债法各论分成两编，恰恰是基于美学上的考虑。如果侵权行为独立成编，那么它的性质是什么，是债还是民事责任？如果是债，它又不在债编，逻辑上必将产生问题；如果是民事责任，将产生两个弊端。第一，它应该与其他民事责任形式规定在一起，如此，将独立成编的不是侵权行为，而是民事责任；第二，把侵权行为理解为民事责任，具有太强的国家主义色彩，把致害－债－债的不履行－民事责任四个环节缩减成了致害－民事责任两个环节，减少了当事人意思自治的空间，提前了公权力介入的时间，与民法的私法性质不合。上述分析完全可以适用于世界上唯一把侵权行为法独立成编的民法典——1994 年蒙古民法典，它把侵权行为独立的理论依据是侵权行为属于与契约责任相对的非契约责任[①]。因此，从逻辑上说，蒙古民法典中存在一个立法者未明示规定的"民事责任编"，其下分为契约责任与非契约责任两个分编。我们姑且不考虑这样的设计对于侵权行为法之性质的影响，仅就合同法而言，由于这样的设计，整个的合同法变成了合同责任法，民法的权利法性质被篡改成了责任法，这实在无可效法。因此，我们不拟采纳侵权行为法独立成编的主张，而是把它规定在债法各论部分中。

6.典型合同的设计问题

刚刚颁布的合同法仅仅规定了买卖、互易、电、水、气、热供应、赠与、借款、租赁、融资租

---

① 为了支持下文的分析，我们不妨看一下蒙古民法典第四编和第五编的具体内容。第四编，合同责任。第一分编，与财产、智力成果和财产权转让给他人所有相关的合同责任；第二分编，与财产、智力价值转让给他人占有和使用相关的合同责任。第 19 章，买卖合同；第 20 章，商事（规定了商事合同）；第 21 章，赠与；第 22 章，能源和其他资源的供应；第 23 章，借贷。第三分编，与财产、智力成果转让给他人占有和使用相关的合同责任。第 24 章，财产租赁（Hire）；第 25 章，公寓的租赁；第 26 章，财产的融资租赁（Lease）；第 27 章，无对价地使用财产；第 28 章，智力成果的使用。第四分编，以工作合同为根据的债。第 29 章，工作的履行；第 30 章，建筑工作的履行；第 31 章，设计工作的履行；第 32 章，研究、测试和建筑工作的履行；第 33 章，创造性工作的履行。第五分编，与提供服务相关的合同责任。第 36 章，运送；第 37 章，代理关系；第 38 章，居间；第 39 章，行纪；第 40 章，寄托；第 41 章，扶养；第 42 章，保险。第六分编，赔销和偿付责任。第 43 章，偿付；第 44 章，银行存款；第 45 章，借贷。第六分编，其他合同责任。第 46 章，合作经营（实际上是关于合伙的规定）；第 47 章，悬赏。第五编，非契约责任。第 48 章，侵权之债；第 49 章，为拯救他人财产所致损害的恢复；第 50 章，无因取得财产及其占有之债。

赁、承揽、建设工程、运输、技术、保管、仓储、委托、行纪、居间15种典型合同[①]，种类偏少，这主要是宜粗不宜细的立法思想的残留以及理论研究不足所致。合同分则长期是我国民法研究中的薄弱环节，是民法研究相对落后于刑法研究的一个方面。没有深厚的理论研究，就没有立法的果敢规定。因此，一些在我国长期存在的交易形式，例如承揽运送和特许专营，在这次合同法的法典编纂中没有上升为典型合同，流落在无法可依的状态。与这种状况相反，俄罗斯联邦民法典规定了如下典型合同：买卖、互易、赠与、年金和终身扶养、不动产租赁、对作住房之用的不动产之租赁、物的无偿使用、承揽、科学研究、试验设计、技术工作之履行、有报酬地提供劳务、运送、承揽运送(Freight forwarding)、借贷和贷款、保理(Factoring)、银行存款、银行账户、结算(Payment)、寄托、保险、委任、行纪(Commission agency)、代办、委托管理财产[②]、特许专营(Franchising)[③]、简单合伙、悬赏广告、公开的竞争、射幸合同。阿尔巴尼亚民法典规定了如下典型合同：买卖，赠与，能源和其他资源的供应，借贷，财产租赁(Hire)，公寓租赁，财产融资租赁(Lease)，无对价地使用财产，智力成果的使用，工作的履行，建筑工作的履行，设计工作的履行，研究、测试和建筑工作的履行，创造性工作的履行，运送，代理关系，居间，行纪，寄托，扶养，保险，偿付，银行存款，借贷，合作经营，悬赏。1998年12月的《阿根廷共和国民商合一的民法典草案》规定了买卖、互易、定期供应、租赁、融资租赁、劳务与服务、运送、委任、承销(Consignacion)、行纪、寄托、保险箱服务、交互计算、通过银行的交互计算、非合伙的结社、代理、租让、特许专营、借贷、使用借贷、赠与、信托、保证、在证券交易所或公开市场订立的合同、有偿终身年金合同、打赌合同、权利移转合同等27种典型合同[④]。该国的学说认为有如下的非典型契约值得纳入民法典中。它们是住宿合同[⑤]、泊车合同、旅游合同、葬礼服务合同、私人墓地合同、信用卡合同、分销合同、估价合同、专项分期储蓄购物合同、电子信息合同、结伴旅游合同(直译为“分享时间合同”)、中心商场购物合同(Contrato de shopping)、广告合同、展览合同[⑥]。后三部民法典或民法典草案之合同分则内容的丰富与我国合同法分则规定的贫乏可以形成鲜明的对照。我们的民法典草案，拟在合同法已经规定的15种典型合同的基础上，参照较新的俄罗斯联邦民法典、阿尔巴尼亚民法典以及阿根廷

---

① 也许还可以包括互易合同，因为新《合同法》第175条规定，关于买卖合同的规定，可以准用于互易。如果这样算，新合同法规定的典型合同就有16种了。

② 在这种合同中，委托人在一定时期内不移转所有权地把财产交给他人管理，受托人在此期间届满后返还该财产。

③ 特许专营合同，是20世纪初在美国产生的一种合同形式，根据这种合同，通常是大型驰名企业的特许专营人授权被特许专营人在一定的期限内使用其经营标志和商标等，提供产品和服务由被特许专营人零售。Cfr.Luisa Vigone, Contratti Atipaci, Giuffre, Milano, 1998, p.265.

④ Cfr.Proyecto de Codigo Civil de la Rèpublica Argentina Unificado con el Codigo de Comercio, Abeledo－Perrot, Buenos Aires, 1999.

⑤ 1988年的古巴新民法典也把这种合同作为典型合同。Cfr.Codigo Civil de Republica de Cuba, Ley No.59, Divulgacion Ministerio de Justicia, s/a.

⑥ Cfr. Garrido － Zago, Contratos Civiles y Comerciales, Tomo I, Parte General, Editorial Universidad, Buenos Aires, 1998: 30-34.

共和国民商合一的民法典草案以及该国的学说关于典型合同的规定，结合我国的交易实践，增加年金和终身定期金、储蓄、交互计算、信用卡、保理、监理、估价、信托、证券交易、承销、分销、消费借贷（比借款更加广泛）、合会、和解、使用借贷、住房租赁、租让、泊车、雇佣、邮政、承揽运送、旅游、医疗、人工生殖技术实施、住宿、出版、展览、广告、葬礼服务、私人墓地服务、分销、特许专营、智力成果使用、土地使用权出让和转让、土地承包、射幸、保险、悬赏等合同。因此，我们的民法典草案规定的典型合同，将达到53种左右。

尽管俄罗斯联邦民法典和阿尔巴尼亚民法典规定的典型合同比较丰富，但也没有规定预约合同，我们拟借鉴拉丁语系国家民法典的经验补充规定这种合同。必须指出的是，预约合同不能作为典型合同规定在债法分论中，因为所有的典型合同，都是人类的类型化的交易形式，而预约合同不具有类型化交易形式的性质，它是与所有的典型合同相关的订约程序。如果这样理解预约合同，那么它必须被规定在债法总论中，拉丁语系国家的立法例都是这样处理的。秘鲁民法典把预约合同（西班牙文的原义是"准备性合同"——Contratos preparatorios）规定在"合同的一般"部分，在"合同的形式"与"相互给付的合同"之间①；墨西哥民法典尽管把预约合同规定在"特殊合同"部分，但把它置于所有的具体合同之先②。无论是秘鲁民法典还是墨西哥民法典，都基于对预约合同性质的正确理解，把它置于典型合同之外。就我国而言，尽管合同法规定了订约程序，相较于以前的三个合同法是一个进步，但仍然很不够，必须补充以对订约程序进行进一步的调整的预约合同，并在理论上摆正预约合同的位置，把它放在典型合同之外、订约程序之中进行规定。

总而言之，我们的民法典草案，拟在借鉴其他国家民法典关于典型合同规定的基础上，就这一方面作出不厌其烦的规定，能规定多少种就规定多少，没有数量限制，力求把所有已在中国存在的交易形式都归纳为典型合同。目前，我已组织专人研究承揽运送合同和特许专营合同，形成论文，在论文的基础上产生条文，这种分则的起草组织方式已经取得了令人满意的结果。

---

① Cfr.El Codigo Civil de 1984，PUC del Perú，Lima，1997：13.

② Cfr.Codigo Civil & Codigo Procedimientos Civiles，GRECA，Mexico，1996：505.

《绿色民法典草案》人身法[①]二题

中国目前有5个民法典草案，将来可能增加1个。已有的5个是，王汉斌委托的9位专家完成的学者建议稿，人大法工委民法室人员以此稿为基础加工成的所谓“室内稿”，梁慧星教授及其同事利用自己起草的前述学者建议稿中的有关编外加自己补写的编构成的“补全稿”[②]，王利明以同样的方式完成的补全稿[③]。出于谦虚最后谈到的是我们的洋洋90万言的《绿色民法典草案》[④]。将来可能增加的1个是：将作为王利明教授承接的教育部重大人文社会科学联合攻关项目“中国民法典的体系和重大疑难问题研究”的最终成果的民法典草案。由此，中国进入了历史上从未有过的民法典起草繁荣期。各个草案的作者彼此竞争，比较优劣，或褒或贬，属于人性的正常表现。基此，本文试图显扬我主编的《绿色民法典草案》中的两个新规定以证明该草案的先进和优越。

一、关于人身计划权的规定

在《绿色民法典草案》中，我们规定了101种人格权，其中人生计划权最为引人注目。

第一分编自然人法第331条规定：“以生命健康权[⑤]或自由权为基础，自然人享有人生计划权。”

本条确立了一种新型的人格权——人身计划权。这是参考泛美人权法院[⑥]于1997年9月17日对玛利亚·埃雷娜·罗阿伊莎·塔玛育诉秘鲁(Maria Elena Loayza Tamayo v. Peru)一案做出的判决做出的规定。了解这一外国判例，有助于读者明了人身计划权的产生

---

① 本文原载《福建师范大学学报》2005年第1期。

② 梁慧星．中华人民共和国民法典草案学者建议稿[M]．北京：法律出版社，2003．

③ 中国人民大学民商事法律科学研究中心．中华人民共和国民法典草案学者建议稿[M]．2003年打印稿。

④ 徐国栋．绿色民法典草案[M]．北京：社科文献出版社，2004．

⑤ 根据现在的已提高的认识，人生计划权与生命健康权没有什么联系。特此更正。

⑥ 该法院成立于1979年。See Antonio Augusto Cancado Trindade, Current State and Perspectives of the Inter－American System of Human Rights Protection at the Dawn of the New Century, In Tulane Journal of International and Comparative Law, Spring, 2000.

背景和在我国的可能适用情况。因此,我拟主要根据从网上获得的秘鲁法学家卡洛斯·费尔南德斯·塞萨雷戈(Carlos Fernandez Sessarego)在1999年的《民事责任与保险杂志》(*Revista de Responsabilidad Civil y Seguros*)上发表的“新近泛美人权法院判决中体现的人生计划损害”一文,补充其他材料介绍这一案例及学者的分析,就我国可以赔偿人生计划损害的情形提出自己的见解。

玛利亚·埃雷娜·罗阿伊莎·塔玛育一案的案情是:塔玛育曾经在秘鲁的军事法院因叛国罪(严重的恐怖主义行为)受审判,被无罪开释,但后来她又因恐怖主义行为受到了普通法院的审判。于是,塔玛育向设在哥斯达黎加的圣何塞的泛美人权法院控告秘鲁政府违反了泛美人权公约[①]第8条第4款关于因生效判决被无罪开释的人不得因同一行为再受审判的规定。请注意,她并非因为她被误认为是恐怖分子起诉,而是因为一事两审起诉。从纯粹的理论可能性来看,塔玛育仍然可能有过恐怖主义行为,但基于审判的终局性原则(Finality)[②],即使放错了她也不得再行起诉。由于她确有理由,她获得胜诉。泛美人权法院责令秘鲁政府在合理的期间内释放塔玛育,同时要求它“合理地赔偿受害人及其家人并填补已发生的费用。[③]”确实,塔玛育在5年的时间内被误认为有恐怖主义犯罪行为,其学习被中断、人被转移到外国、远离其谋生手段、处在孤独和经济上的贫困中,由于拷打,心理和生理上都遭受了严重的折磨、其人身遭受了各种侵害、其人格和职业可以合理确定的发展受到了阻碍,对她做出赔偿完全有理由。

这一判决确立了一项新的人权和民事权利:人生计划权。该判决认为,人生计划,就是在正常情况下可以实现的个人的和职业的发展。对它的破毁、延滞或减等,构成必须赔偿的侵害[④]。具体讲,它是第三人损害的“每人有意无意地选择的生活方式以及所有人都享有的确定我们的生活计划,按我们现在的样子而非按第三人强加的不同方式生活的自由”[⑤]。法院认为,人生计划是与个人实现的概念相连的概念,它维护主体对其生活方式的考虑权以及实现其提出的目标的选择权。它还承认,人生计划权是一个已存在于学说上和新近的判例中的概念。因此,它在判决中援引这一权利并非首创,不过是利用现有的理论和实践成果。

事实上,从1985年起,在秘鲁和其他国家都有关于“人生计划”的作品问世。它们多数都未使用人生计划的术语,第一篇使用这一术语的论文是1995年在利马的杂志《正义女神》(*Themis*)上发表的“关于人生计划损害与心理损害之区别的笔记”的论文,1996年产生了

---

① 该公约制定于1969年。See Antonio Augusto Cancado Trindade,op.cit.,.

② 这是中国的司法程序中最缺少的一个要素,一个案件可以因为上诉、申诉、信访等途径无限地审下去,只要当事人有足够的韧性。

③ Véase Carlos Fernandez Sessarego, El dano al proyecto de vida en una reciente sentencia de la Corte Interamericana de Ferecho Humanos, Sobre http://www.alterini.org/fr_tonline.htm.pag.1.

④ Véase Carlos Fernandez Sessarego,op.cit.,pag.2.阿根廷人对这种损害的定义是:“或多或少地挫折人生计划造成的损害,由此受害人被阻碍了其人格的发展。”Véase Ramon Daniel Pizarro,Dano moral,Jose Luis Depalma,Buenos Aires,1996,pag.61.

⑤ Véase Ramon Daniel Pizarro,op.cit.,pag.61.

"存在一种人生计划损害吗"的论文,发表在意大利;同年还有秘鲁著名的人法专家卡洛斯·费尔南德斯·塞萨雷戈的"人生计划损害"问世,但到了1998年才发表[①]。但也有人把这一问题的历史追溯得更早,认为人生计划权的观念完全来自1948年的美洲宣言,该宣言把精神提升为人的存在的最高目的和最高范畴[②]。

人生计划权的提出受到了海德格尔哲学的影响,构成哲学观念转化为法上的权利的一个实例。根据海德格尔的存在主义哲学,人是自由的、时间的或非永恒的生灵。自由把人与其他动物区分开来,在主观向度上表现为人有为决定的能力。这种产生在主观世界中的内在决定意味着主体可以在世界提供的既存可能性中做出一种确定的选择。由于其自由的属性,人类还是计划的动物。事实上,人都是在时间中按计划生活的。

在自由的客观的向度上,人们主要以主观决定为依据塑造了"人生计划"。它使人的完全发展成为可能,让人选择试图在其生存的时间内实现的目标。因为按海德格尔的观点,人不是现存的东西,只是一种存在的可能性,在自己的生存中不断领会属于人本身的可能性,并不断地筹划自己,充分地实现自己[③]。

以上是从自由的人的本体论属性对人生计划做出的说明,接下来从人是时间的属性来进一步说明同样的主题。人以过去为支撑,从现在出发规划未来[④]。但人都是暂时的或曰匆匆过客,都要以死亡告终。因此,人的自由决定必须在有限的时间内实现,否则就会失去机会,从而造成对自由权的客观表现的人生计划的损害。在这个意义上,对人身计划的损害也是对人的自由权的侵犯。对人生计划权的保障就是对自由权的保障。人生计划代表了人的最高追求,此等计划决定了人在将来的"存在",此种选择是存在的最高价值。保护人生计划权,就是保护人的自由的最有意义的客观的或现象化的表现。因此,对人生计划的破毁、延滞或减等,意味着有形地减少人的自由,导致主体价值的丧失。按坎萨多·特林达德(A.A. Cancado Trindade,巴西籍)法官的说法,由此引起的损害是人能承受的最重的。

一个重要问题是如何区分人生计划损害与直接损害、丧失的利益和精神损害。实际上,泛美人权法院就塔玛育案件做出的判决已区分了它们。直接损害是由行为造成的直接或间接的财产减少;丧失的利益是丧失的经济收入等,它们都可以以某种方式量化,而人生计划损害的对象是人的完整实现,必须考虑受害人的职业、能力、环境、潜力和追求才能确定。

研究者认为,人生计划损害是一种与精神损害不同的损害,因为前者的侵害对象是人的本体论上的自由,具有持续性;后者的侵害对象是人的心理,严格说来是人的感情,其伤害可通过时间的流逝消失或减轻;而前者不限于受害人的感觉,而是要影响到他的未来[⑤];前者是

① Véase Carlos Fernandez Sessarego, op.cit., pag.18.

② Véase Carlos Fernandez Sessarego, op.cit., pag.15.

③ 张翼.关于人的本质的研究的历史发生与当代发展[J].沈阳师范学院学报.(哲学社会科学版),1997(3).

④ 海德格尔.存在与时间[M].陈嘉映、王庆节,译.北京:三联书店,1987:414.

⑤ Véase Ramon Daniel Pizarro, op.cit., pag.60.

对人的生存条件的改变，即“受害人的客观环境及他与他人的关系的改变，此等改变通常会在加害行为引起的痛苦或悲哀终止后延续很长时间”，例如受害人中断职业活动就是改变其生存条件的一种形式。精神损害并不导致人的生存条件的改变，它是受害人承受的主观痛苦或折磨，可以通过慰抚金弥补[①]。精神损害可以首先通过侵害人的身体造成，例如，造成伤口或伤残，也可以通过首先侵害人的精神造成，这些精神——肉体的损害最终都造成受害人的生物学意义上的损害，正如人所共知的，肉体的伤害最终都会干扰心灵，反之亦然。所有的心理一肉体损害都导致对人的健康的损害，影响人的舒适，受害人因此应得到赔偿[②]。而人生计划损害与心理一肉体损害极为不同，它损害的对象是人格的自由实现，尽管此等损害也有身体和精神的方面，但它是一种独立的损害。

按泛美人权法院法官鲁克斯·仁希福(Roux Rengifo)的观点，并非所有的生存条件改变都要赔偿。该赔偿的“应该是非常实质性的，例如根本搅乱了家庭生活发展的感情和精神框架的改变，或搅乱了已花费巨大努力和精力的职业的进步的改变”，而一般的绝望等，不在赔偿之列。塞萨雷戈也认为，只有“其后果顿挫人的整个生存围绕着它旋转的中心和决定性的轴心，扼杀了人的目的，使之丧失了生存的意义的”的人生损害，才应该赔偿，以避免这一制度被滥用[③]。

人生计划损害可分为两种类型。其一，根本损害或人生整体受挫，例如，著名的钢琴家或外科医生在一场事故中失去了一只手的情形；其二，人生计划被顿挫或取消，导致明显限制或迟滞主体的正常发展，例如塔玛育一案的情形。当然，遭受人生损害的人并非完全不可能获得新生活，只是从损害的深度和根本性来看，这种可能性极为渺茫而已[④]。

由于人生计划损害的出现，损害的类型变成三足鼎立的格局：物质损害、精神损害或主观损害、人生计划损害，后两者共同属于“对人的损害”的属概念。

人生计划损害是否可以金钱赔偿？这是一个有争议的问题，因为这种损害应该通过恢复被害人的尊严来弥补，但审理塔玛育案件的泛美人权法院仍授予原告124190.30美元的物质赔偿。学者们认为，为精神损害可以物质赔偿提出的理由多数都可适用于人生计划损害赔偿。不过，在Cantoral Beavides v. Peru一案中，泛美人权法院仅判令秘鲁政府赔偿原告一笔奖学金，使他能够回到大学完成其高等教育，实现其人生计划[⑤]。

当然，侵权行为可以导致受害人本人的人生计划损害，实际上，其亲属的人生计划上也难免受到影响，泛美人权法院在塔玛育诉秘鲁一案的判决中已经反映出受害人的人生计划与其家人的同样计划的牵连性(“合理地赔偿受害人及其家人”)。2001年11月28—29日，

① Véase Carlos Fernandez Sessarego, op.cit., pag.12.

② Véase Carlos Fernandez Sessarego, op.cit., pag.8.

③ Véase Carlos Fernandez Sessarego, op.cit., pag.13.

④ Véase Carlos Fernandez Sessarego, op.cit., pag.13.

⑤ See Megan Hagler and Francisco Rivera, Bamaca Velasquez v. Guatemala: An Expansion of the Inter—American System's Jurisprudence on Reparation, In Human Rights Brief, Spring, 2002.

泛美人权法院却在 Bamaca Velasquez 诉危地马拉一案中做出了否定性的判决。巴马卡·贝拉思圭兹是危地马拉革命阵线的玛雅人游击队司令，于 1992 年 3 月 12 日被政府军捕获。军队秘密地拘押并拷打他达 1 年之久，并于 1993 年 9 月将其杀害。但其妻子杰尼弗·哈勃里(Jiennifer Harbury)并不知道这一死亡，为了找到其丈夫，她求诸人身保护令，提起了几个刑事诉讼；在危地马拉武装力量总部和美国白宫前进行过绝食(其中一次长达 32 天)。直到 3 年后，她才得知丈夫已死。从此，她为得到其丈夫的遗体而努力。由于尸体被埋在军营内，她的要求遭到了危地马拉政府的拒绝。最后，她于 2000 年 11 月 25 日在泛美人权法院起诉危地马拉政府，被告败诉，法院判处它赔偿巴马卡、哈勃里及其亲属的物质损害、精神损害共计 498000 美元。在人生计划损害赔偿问题上，被害人的代表"司法与国际法中心"(Center for Justice and International Law)却主张要赔偿的是哈勃里而非巴马卡这方面的损失，因为她的生儿育女以及与其丈夫度过余生的人生计划被破毁了。由此提出了直接受害人的家属由于犯罪行为成为间接受害人后要求赔偿人生计划损害是否可行的问题。这一请求遭到了泛美人权法院的拒绝[①]。我想这是为了限制政府责任的范围。

让我们回到人生计划权问题的理论方面来。塞萨雷戈认为，人生计划权的设立，意义在于确定了人在法中的中心地位，因而是一个法律人文主义的举措。在这个场合，他采用了与中国的相关讨论差不多的术语谈论"人"与"财"的先后轻重问题，确认"人的这种地位体现了法的本色，因为它是优先保护人，其次才保护人的财产的"[②]。这种观点与尹田的保护了财产就保护了人的观点[③]形成鲜明的对立。该人的观点显然属于塞萨雷戈猛烈批评的"个人—财产优先的法律观"或"法的唯一经济观"。看来，在中国发生过或还在发生的人文主义与物文主义的民法观的交锋，至少在秘鲁也发生过。对此有我国的拉丁美洲法专家徐涤宇的研究可证："在其他所有法典中，'拥有'(To have)在位阶上高于'存在'(To be)，即财产权被界定为人本身权利之上的'绝对的、神圣不可侵犯的'权利，对其保护优于对人本身的保护，而《秘鲁民法典》正好相反。"[④]

由于人生计划权的合理性，它为越来越多的国家接受。1999 年 8 月 4 日至 7 日，在秘鲁的阿雷基巴(Arequipa)举行了"第二届国际民法大会：秘鲁和阿根廷民法典改革委员会聚会。《秘鲁民法典》15 年及其改革进程"。在这个会议上，阿根廷、玻利维亚、秘鲁和波多黎各的民法典改革委员会联合制定了一个"阿雷基巴纲领"，该纲领宣布宣布，无论是制定新民法典还是修订已有民法典的签字国，都要遵守如下基本原则：其第 26 项原则就是"明确规定对人身或对人生计划的损害的可填补性质"。基于这一纲领，1998 年的阿根廷民商合一的民法典草案第 1600 条第 2 款规定，干扰人生计划是非财产损害的一种形式，它通过身体的

---

① See Megan Hagler and Francisco Rivera，op.cit.，.

② Véase Carlos Fernandez Sessarego，op.cit.，pag.15.

③ 尹田．无财产即无人格[J]．法学家，2004(2)．

④ 徐涤宇．秘鲁民法典的改革[M]．徐国栋．罗马法与现代民法(2)．北京：中国法制出版社，2001：227.

或精神的损害，或阻碍完全享受生命实施[①]。阿根廷以此举兑现了把“纲领”内国法化的诺言，而且自觉地接受了人权法院的一个判例确立的原则。

不难看出，人生计划损害可以由政府引起[②]，这是塔玛育案件的情形下；也可以由私人引起，例如在钢琴家或外科医生因为事故断手的情形。在前种情形下，人生计划权是抗御政府的公权力滥用的工具。这样的纵向的人生计划损害的发生概率真是太大，书不胜书。从西方国家的情形来看，“二战”期间纳粹政府对犹太人的迫害——迁入集中营、剥夺全部财产、强制劳动甚至处死——造成的是地地道道的人生计划损害；珍珠港事件后美国政府把大量无辜日侨赶进集中营的恶劣行为，给受害人造成的也是人生计划损害，因为他们的人生计划被顿挫或取消，其发展被限制或迟滞。从我国的情形来看，基于同样的理由，“文革”中的知识青年上山下乡运动给受害人造成的也是同样性质的损害。看到这一点，可以感受到人生计划的概念尽管产生在外国，却离我们一点都不遥远。从私人造成人生计划损害的可能来看，输血使人感染艾滋病的、错误手术致人残疾的，都有此等效果。实际上，齐玉苓案件不过是私人侵犯人生计划权的一个实例。我认为，在此案中，齐玉苓被侵犯的不是受教育权，而是人生计划权。她由于一次冒名顶替终身丧失了接受高等教育并据此成为城市人的机会，丧失了在有限的人生期间的自由选择权。如果我们充分明了我国城乡间的巨大差别以及农村人把自己转化为城市人的途径之有限，我们就可理解齐玉苓遭受的人生计划损害之巨大。过去，我国法院的武库不够丰富，只能选择受教育权保护齐玉苓。《绿色民法典草案》引进了拉丁语族国家的人生计划权理论，我国法院就可运用新武器保护类似齐玉苓的人生计划受害者了。并且，人生计划权的引入导致了损害——赔偿由过去的物资——精神两分法转化为物资——精神——人生计划的三分法，这要求我国的立法和司法解释进行相应的变革。而且，人生计划损害的赔偿最重，对这种损害赔偿的承认将极大地提高侵权人的行为成本，促使他们谨慎运用自己的权力或行动，避免承担高昂的责任。

从某个角度看，我国人民在自己的法律实践中已有了人生计划权的观念，例如分手的恋爱者或离婚者一方（尤其是女方）提出的赔偿青春损失费要求，就隐含着人生计划损害的性质，因为轻率地抛弃她们的人改变了其人生计划，给其未来生活的安排带来了难以弥补的损害，人们在自己的法意识里认为这样的损害是必须赔偿的。由此可以得出外来的人生计划权与我国的本土文化契合的结论。因此，我们的《绿色民法典草案》对这种新型权利的移植，还有一定的本土资源支撑。

---

① Véase Proyecto de Codigo Civil de la Republica Argentina Unificado con el Codigo de Comercio, La Ley, Buenos Aires, 2000, pag.413.

② 尽管人们都是从国家责任的角度谈论这一问题的。See Ben Saul, Compensation for Unlawful Death in International Law: An Focus on the Inter—American Court of Human Rights, In Law, American University International Law Review, Vol.19, 2004.

二、关于民事结合的规定

第三分编婚姻家庭法第 2 条第 3 款规定："同性人彼此之间缔结的民事结合，在性质相宜的范围内，适用本分编的一切规定。"

本条的意义在于追随世界潮流承认了同性婚姻，对之准用关于异性婚姻的一切规则。要理解本条的意义，就必须先了解同性恋者地位在世界范围内的巨大改善。

同性恋一词是德国医生贝尼基脱于 1869 年创造的，1890 年由性学家哈未劳克·爱利斯引入英语世界；70 年代，Gay 一词普及，原意为"快乐人"，现用来指一切同性恋者。到了 70 年代末，女同性恋者认为 Gay 一词以男性为中心，所以坚持以 Lesbian 为自己的名称①。欧美的同性恋者也有受刑罚、受迫害、受歧视的历史。但到了 20 个世纪下半叶，由于人权意识的加强以及对同性恋的自然倾向性的发现，同性恋者的地位日渐改善，其性行为逐渐被合法化。2002 年秋我到美国哥伦比亚大学法学院当福布莱特访问学者，惊异于电话号码簿上有同性恋者联系方式的介绍；在 Inside in New York 这样的指南书中也有这样的介绍②，而且人们把保护同性恋者的权利当作民权运动的前沿问题，政客们标榜自己在这方面的作为吸引选票③。在这些成果的基础上，各国从宪法、刑法和民法三个方面保护同性恋者的权利。下面从简介绍对他们的宪法和刑法保护，从详介绍对他们的结合的民法承认。

先说宪法保护。1994 年 2 月 8 日，欧洲议会通过一项关于禁止基于不同的性取向导致欧洲公民遭受不平等待遇的决议。经过 1997 年阿姆斯特丹条约修改的欧洲联盟条约第 13 条规定了类似的原则。2000 年 12 月 7 日通过的欧洲联盟基本权利宪章明确规定禁止一切基于性取向的歧视④。1998 年经修改的厄瓜多尔宪法第 23 条第 3 款明示禁止因性取向的歧视。新西兰的人权法案也禁止因为性取向在就业、教育、接近公共场所、提供财产和服务、享受医疗服务方面实行歧视。斐济共和国宪法也禁止因为性取向的歧视。南非宪法有同样的规定。1999 年 4 月 18 日，瑞士通过了新宪法，其中规定禁止因生活方式受歧视，其含义就是禁止因性取向歧视人。⑤

在刑法上，丹麦、芬兰、法国、挪威、荷兰、斯洛文尼亚、西班牙、德国、巴西、哥斯达黎加、瑞典、佛蒙特的刑法典或刑事特别法都禁止因为性取向的歧视。⑥

在民法上，世界上承认了同性恋婚姻的有丹麦、挪威、瑞典、冰岛、匈牙利、荷兰、比利时、

---

① 李昌道.加国"同性婚姻"草案的风波[J].河南政法管理干部学院学报，2004(1).

② 参见该书第 216 页及以次。

③ 这是我于 2002 年 9 月至 2003 年 6 月居住在纽约期间观察到的。

④ 孙涛.性或非性之民事契约——二人世界共同生活制度的另类演化[M].葛洪义.法律方法与法律思维(2).北京：中国政法大学出版社，2003.

⑤ Véase Graciela Medina, Los Homosexuales y el Derecho a contraer matrimonio, Rubinzal－Culzoni, Buenos Aires, 2001:58.

⑥ Véase Graciela Medina, op.cit., pag.59s.

西班牙的部分地区、法国、德国、瑞士的一些地方、加拿大(包括魁北克)、佛蒙特、马萨诸塞州[①]、阿根廷等法域。丹麦是第一个赋予同性伴侣同居法律地位的欧洲国家。1968 年由丹麦社会党提出第一个立法案,建议允许同性恋结婚,最终因反对强烈而流产。立法者于是改变策略,成立了一个"非婚姻同居"委员会草拟新的立法方案,终于在 1989 年 6 月通过了丹麦王国的登记同居伴侣法,并于 10 月 1 日实施。登记为同居伴侣的条件基本上与结婚相同;并且,在除了收养权、人工辅助生育权、父母子女间的亲权之外,在登记伴侣间产生类似于婚姻的法律效力[②]。挪威继丹麦之后于 1993 年 4 月 30 日通过自己的相应立法,8 月 1 日实施。瑞典 1994 年 6 月 23 日通过了这方面的法律,于 1995 年元旦实施。冰岛于 1996 年 6 月 12 日通过了这方面的法律,于同年 6 月 27 日实施。引人注目的是,前社会主义国家匈牙利于 1996 年修改其民法典,允许同性同居伴侣获得类同于异性同居伴侣的地位。荷兰于 1997 年 7 月 5 日通过登记同居伴侣法,于 1998 年元旦生效实施。与前述的北欧及受其影响的国家不同的是,荷兰法不仅仅是针对同性恋伴侣的,而是不问其性取向、对所有同性或异性同居伴侣开放。这是最早提出的民事结合制度。更为值得关注的是荷兰人很快就走出了另外一大步:1999 年 7 月 8 日议会开始审议开放婚姻法,允许同性恋结婚。经过两院先后审议通过,2000 年贝阿特丽斯女王批准该法,于次年 4 月 1 日生效。就法国而言,1999 年 11 月 15 日,法国议会通过的第 99－944 号关于民事团结契约(pacte civil de solidarité)的法律作为《法国民法典》的第 1 编的第十二章,标题为"关于民事团结契约和同居关系"[③]。它规定,PACS(即 pacte civil de solidarité 的缩写)制度介于隆重宣告的婚姻和合伙人之间缔结的合伙合同两种制度之间,其成立需要起草一个确定双方权利义务的 PACS 契约,最终又可以基于各方决定而解除之。到 2002 年 11 月 16 日,据法国《世界报》的统计:全法国登记备案的 PACS 契约共计 65 000 个。比利时于 1998 年 3 月 19 日通过关于共同生活合同和建立合法同居的法律,于 2000 年元旦实施。西班牙的加泰罗尼亚自治区议会于 1998 年 6 月 30 日通过稳定同居法,承认同性、异性间同居的法律地位。阿拉贡省于 1999 年 3 月 12 日通过类似的非婚姻的伴侣法。德国于 2001 年 8 月 2 日通过了生活伴侣法。瑞士的日内瓦和苏黎世于 2002 年 9 月 22 日通过了类似的法律。2003 年夏,加拿大总理宣布将修改有关法律,将同性伴侣婚姻合法化,计划先拟定法规交最高法院听取意见,最后送交国会投票表决。该法规以 C－250 草案的名称在国会以 216 票对 55 票获得通过。2003 年 6 月 20 日,在司法委

① 马萨诸塞州高等法院于 2003 年 11 月承认同性恋者的结婚权。2004 年 2 月 4 日又做出判决,称同性恋者不仅可以组成名义上的家庭,而且也可以享受完全平等的婚姻权利,并认为这样才符合美国宪法的要求。参见《厦门晚报》2004 年 2 月 5 日第 19 版。1996 年,美国高等法院宣布同性恋者享有宪法保护的平等权利。2000 年,佛蒙特州允许同性恋者结成民事结合。2003 年,最高法院推翻德克萨斯州的反鸡奸法,承认同性恋行为合法。2001 年,联邦判决支持同性恋者领养孩子。

② 参见孙涛,前引文。

③ 参见孙涛,前引文。

员会以 9 票对 8 票得到通过,不过在该法案的通过过程中存在对立观点的冲突[①]。就阿根廷而言,2002 年 12 月 13 日,布宜诺斯艾利斯议会通过 5 小时的辩论,通过了民事结合法,承认了同性婚姻和异性同居为合法,在保守的、天主教的拉丁美洲国家中开了这方面的先例。[②]芬兰、瑞士、西班牙、葡萄牙、捷克、斯洛文尼亚和卢森堡正在准备制定相应的立法。看来,制定承认民事结合的法律已经成为一种世界性的潮流。

在我国,由于李银河教授的辛勤工作[③],我国同性恋者的状态日益宽松,人们对他们的看法由犯罪转为病态,由病态转为正常,不排除将来被视为美德的可能,这是因为他们的结合不生养孩子,不会造成进一步的人与资源关系的紧张使然。不妨把此等结合按照《绿色民法典草案》的术语说成是"绿色结合"[④]。

那么,什么是民事结合呢?《法国民法典》第 515－1 条的定义为:"PACS 是两个异性或同性的成年自然人为了组织其共同生活缔结的合同。"[⑤]阿根廷的民事结合法的定义为:"两个人不论其性别或性取向的自由结合,在义务、权利和福利上与普通夫妇享受同等对待。"[⑥]由此可见,民事结合不以同性恋婚姻为限,而且包括异性间的同居或曰事实婚。因此,民事结合制度另一方面的意义在于承认了事实婚的效力。这实际上是在传统的异性婚姻旁开辟了一种新的婚姻,一方面,这种异性配偶间享有传统配偶间的一切权利,承担一切义务;另外一方面,这种结合很容易解除,与解除一般合同的程序差不多,没有解除婚姻那样的"离婚战争"问题——要记住,在法国,配偶要别居 6 年才能离婚。

我们的《绿色民法典草案》为何要承认民事结合?因为同性结合是私人的、隐秘的事情,只要不以同性恋腐蚀未成年人、卖淫、乱伦,无必要干预。[⑦] 我承认同性婚姻还有另外的理由:贯彻绿色生育原则,因为同性恋婚姻不会产生后代,有利于缓和人口危机。

那么,我国是否要把异性间的事实婚和同性婚姻统在民事结合的共同名目下呢?我认为无必要,因为我国的离婚程序不复杂,无必要以民事结合把事实婚合法化。因此,我们的《绿色民法典草案》仅把民事结合规定为同性婚。

关于民事结合的成立手续,各国有不同规定。在法国,民事结合登记不进入民事身份登记簿,在另外的登记簿登记,以使其解除程序较解除婚姻简便。而在魁北克,婚姻和民事结合都在民事身份登记簿登记(第 121 条附 1 条)[⑧]。我们的《绿色民法典草案》把一切关于婚姻制度

---

① 参见李昌道,前引文。

② 参见"阿根廷:同性恋'夫妇'合法",载 http://www.godgive.com/book/knowhow/focus20.html。

③ 她在 1993 年出版(合著)了《他们的世界——中国男同性恋群落透视》(山西人民出版社)一书,在 1998 年出版了《同性恋亚文化》(今日中国出版社)一书,它们在很大程度上纠正了人们过去有的对同性恋者的偏见。

④ 关于这一问题,徐国栋. 认真地透析《绿色民法典草案》中的绿[J]. 法商研究,2003(6).

⑤ 参见孙涛,前引文。

⑥ 参见"阿根廷:同性恋'夫妇'合法",前引文。

⑦ Véase Graciela Medina, op.cit., pag.63.

⑧ See Civil Code of Quebec, Baudouin · Renaud, 2002－2003, Montreal, p.52.

的规定都准用于民事结合，因此，民事结合的当事人要到民政机关进行民事结合登记。

民事结合的效力基本同于婚姻，不过解除比较容易。此等效力有配偶间的权利义务、亲属关系之发生、继承权之发生等。

结论

在目前的5部民法典草案中，《绿色民法典草案》的编纂者最自由。尽管是1998年的司法部项目，但其编纂未受过任何官方意志影响，编纂者们没有义务考虑从而也没有考虑过它在适用上的可操作性，因此赢得了把世界上最先进、最新颖的规定吸收进来的自由。我们试图把它搞成一部世界上最新的民法规定的综述，上面就是它综述的两项对国人为新的制度，它们可以成为中国民法典的制定者的参照物，或迟或早地对未来的中国民法典产生影响。

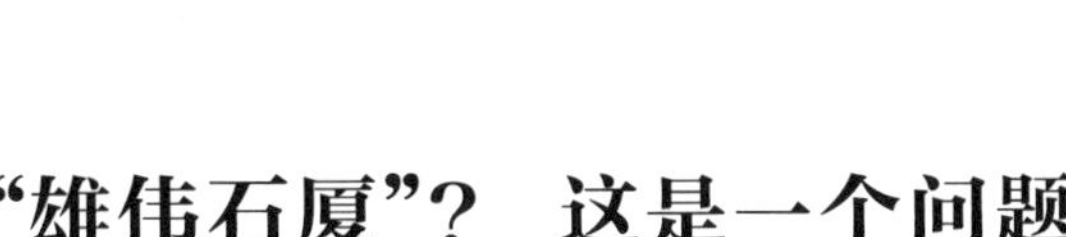

"三根棒棒"还是"雄伟石厦"？ 这是一个问题
——绿色民法典草案序言[1]

我在重庆生活5年，当地人形容一所房子简陋时就说它是用三根棒棒搭起来的，我很喜欢这个表达，觉得可以用它贴切地描述我国民事立法的粗陋样态。确实，把民法通则跟意大利民法典和其他经典的西方国家民法典比较，前者不是"三根棒棒"又是什么呢？与三根棒棒的建筑方式相对立的是雄伟石厦，雅典的帕特农神庙是其典范！它历经2450年(公元前447—2003年)的风雨仍然巍然独存，美丽、优雅，成为一道景观，原因者何？乃因为它不是三根棒棒搭成的，建造当时，无论是对建筑材料还是外观样式，都极为讲究，其建筑材料抵御得住2450年风雨；其外观样式经得起同样期间的审美观的变化，因此，它在中国的无数个"三根棒棒"灰飞烟灭之后还能继续存在。

实际上，"三根棒棒"与"雄伟石厦"各代表一种生活态度：前者是短期计划的或临时的；后者是长期计划的或长久的；前者不需要精确的计算和设计，后者需要；前者造价低廉但寿命短暂，后者造价高昂但持久耐用；前者不需要多少学术支持，任何一个农民都是自己家屋的业余建筑师，后者需要。因此，在盖房子之前可能先要办学校，培养工程师、测量师、美术师之类的人才，如此必然催生出数学、几何学、材料学、力学等理论学科。不妨说，前者是急躁的，后者是耐心的；前者是低成本的，后者相反，但作为补偿，前者是短暂的，寿命不过几十年；后者是长久的，寿命达数千年，至少是几百年。从短期算账，前者是廉价的；从长远算账，后者又是廉价的。

既然三根棒棒和雄伟石厦各是一种生活态度，两者就会反映到人类生活的其他方面，例如足球。西方国家足球的强大乃因为其球员以雄伟石厦的认真精神踢球，我们国家的足球上不去还是因为球员马马虎虎的生活态度。又如立法。三根棒棒的生活态度在这方面的反映是大网眼的法律，条文之少与网眼之大相映成趣，不仅有时漏吞舟之鱼，而且还漏航空母舰。无争议则相安无事，一有争议，法律多游移不定甚至阙如，当事人和法官都不能从中获得解决问题的方案。由于其粗制滥造，这样的法律很快寿终正寝，被一个新的差不多同样粗陋的法律取代；雄伟石厦精神的立法表现是详密的法典，其制定者像一个高明的棋手，试图算出人类行为的发展趋向的一步、两步乃至六步、七步并预先给出对策。多算出一步，法律

---

① 本文原载《杭州师范学院学报》2003年第5期。

条文的数目就增加一成，于是，这样的法典的典型特征是条文众多。对于立法者无法预料的事项，他们也明智地以各种技术手段为将来的司法者留下回旋空间。由于这样的法典对人类生活关系的广泛预料和科学调整，它有很长的寿命，百岁两百岁的法典并不鲜见。当三根棒棒式的法律已三经或四经更换后，这种法典还继续作为规范存在。它们是祖先对人类生活的智慧把握。它们对复杂生活变迁的处变不惊使其作为先哲的化身受到人们的高度尊敬乃至崇拜，正犹如帕特农神庙受到人们的广泛游览。所以，这样的法典尽管制定起来很麻烦，立法者要殚精竭虑，广收博求，经常长考到读秒，比那些"下快棋"的立法者辛苦多了，但由于其寿命长，其立法成本要低于三根棒棒式的立法，而且其睿智性带来的权威对立法者的劳作做了更大的补偿。法典编纂曾经被认为是只有神的力量才能驾驭的领域①，现在尽管它变成了人的活动领域，它还是对人的智慧的一个极大挑战，在这方面的成功可建立起巨大的权威。

读者即将看到的就是一个雄伟石厦式的法律作品，它是一个有5319条的民法典草案，其中规定了人类生活的方方面面：从摇篮到坟墓，从物质生活到精神生活。它包含市民社会的组织（人法）和这样的社会对稀缺资源的利用（物法）两个方面，在它们之下又分为小总则（序编）、自然人法（在这一部分，我们为具体人格权设立了101个条文）、法人法、婚姻家庭法、继承法、物权法、知识产权法、债法总则、债法分则（在这一部分，我们规定了63种典型合同）和国际私法（附编）等10个更加具体的单元。一句话，这是一个力图调整我国社会生活中已有的民事关系并尽可能预料可能发生的民事关系并做出调整的法律草案，是中国立法史上从未有的巨型立法草案，它是我和我的共同编纂者们抛弃"三根棒棒"式的立法传统之决心的体现。

为何我们要做出这种抛弃？答曰为了追求法律的安全性。雄伟石厦式立法的条文的数目众多不过是形式，它的实质是一部民法典的主题众多并被处理得细致，由此使当事人对自己行为之法律后果的可预见程度高，换言之，他们可以在一个市民社会中生活得更安全。我们必不得忘记，在近代民法典编纂史上，民法典一开始就是作为一种追求安全性的立法方式出现的，这一点在法国民法典的酝酿过程中，乃至在纽约民法典草案的相应过程中都以相同的语言表达出来。从这一理念出发，由主题和条文的数目构成的法典的容量是确定某一立法是否可被称之为民法典的一个尺度。

传统民法典包括哪些主题？如果需要，我们可以通过对法国民法典、德国民法典、瑞士民法典、意大利民法典、荷兰民法典等进行统计分析求得答案。主题的层次有高低之分，最高的是编的层次。在饱受德国法影响的我国，如果某部被声称的"民法典"不能包括总则、债、物权、亲属和继承5大主题而只包括其中的4项、3项或更少，人们是否愿意称它为民法典肯定是个问题。如果某部被声称的"民法典"全部包罗这5大主题，但对于它们下面的子

① 优士丁尼在Tanta敕令中说：在1400多年的罗马人的法令变成法典，"是惊人的工作……固然，对于深谋远虑的上苍，这确实是理所当然的，但对于虚弱的人类，这无论如何是不可能的"。参见徐国栋．优士丁尼组织编订并颁布学说汇纂和法学阶梯的四个敕令[J]．民商法论丛，(10)．1998：824.

主题漏作规定或主动不规定，例如，在继承编中只规定法定继承而不规定遗嘱继承，在其他方面也是千疮百孔，人们也会因为它违背了民法典的追求法律安全的本质而怀疑它是否为一部真正的民法典。

为说明这一问题，把民法典与一个城市的交通控制系统相比较是恰当的。假设一个城市有100个平交路口；而一部正常的民法典应该有100个主题。在100个路口中的一个路口设置了红绿灯不能证明这个城市实现了合理的交通管理；同样，只规定了民法典的一个主题的立法文件绝不能称为民法典。50个路口和50个主题也是同样的情况。我想，至少要有90个以上的路口或90个以上的主题得到了涵盖才可说完成了合理的交通管理或民法典吧！本民法典草案是在归纳了19世纪以来的各国民法典的主题的基础上编纂的，除了已被历史淘汰的民法典主题，例如对私生子女与所谓的正统子女的大张旗鼓的区分，它涵盖了所有在各国现行民法典或民法典草案中流行的主题，因此，不妨把它看作一个对世界各国民法典现行的主题的最全面综述。

但主题的众多只是问题的一个方面。假若某个城市在自己的100个平交道口上全部设置了红绿灯，但这些灯由于供电不正常不能正常工作，我们还不能说这个城市实现了交通的合理管理。同理，如果某部民法典的立法者涵盖了传统民法典的100个主题，但对每个主题或对多数主题都只做马虎了事的规定，我们也不能说它是一部民法典或是一部好的民法典。从客观的角度言，衡量立法者是否认真处理每一主题的合理尺度是条文的数目。“法律条文的数目与法律的确定性成正比，与法官的权力成反比”，这一权力量守恒定律描述了立法条文数目的非数学意义。因此，本民法典草案对涉及的每个主题都做了最细致的处理：我们编纂某个主题的条文时，都同时参考数部外国民法典以及相应的中国立法，把它们设想到的问题点全部规定下来，不厌其详。所以，本民法典草案不仅是对世界各国民法典现行的主题的综述，而且还是对这些民法典处理各个主题的规定的综述，其庞大的条文数目正是从这种对每一主题的细致处理而来。其效果是，它为当事人的行为和法官对生活事件的裁断提供了最详细的指南。由于它对民法典诸基本属性的极度张扬，它是一部最有民法典特性的民法典草案。我敢于说：在本草案营造的民事世界中，每个路口都有红绿灯，而且每盏灯都运作正常。

主题的多少和处理的详略只是民法典问题的一个方面，另一个方面是组织主题的方式。三根棒棒的立法方式的问题不仅在于主题少，而且在于结构主题的方式不讲究，由于后一缺陷，尽管其用于建筑的“棒棒”的数目可以增加到100乃至数百，但它还是“三根棒棒”。

形式问题又把民法典与足球联系起来。在2002年的韩日世界杯赛中，没有多少足球传统的美国队力克葡萄牙队，许多人对此不解。有人却借一中国古代故事很好地分析了这一事件：有两人习武，一人练拳30套，操练起来行云流水；另一人练棍，不练什么套路，只练一招：直捣对手的下阴。结果在比武时前者输而后者赢。美国队像后者一样，没有多少技战术，就是一个劲的大脚往禁区里送球，寻机得分。它赢得就是这样简单。

这个故事说明了目的与达到目的的手段的关系。一般说来，在更精致的文化区域中，人们不仅要达到目的，而且要用优雅的手段来达到它，因此有法国和意大利的美食、有南美足球、有民法典、有雄伟石厦，这四个东西的精神是一致的。如果只是为了实用，一个茅棚足矣，把房子盖那么漂亮干什么？而在更简单的文化区域，人们只要达到目的就行了，因此吃得简单、足球只讲进球不讲好看、实行判例法，但也建雄伟石厦——在这一问题上英语国家的人最与自己的文化精神矛盾，我们看到，英语国家的漂亮建筑——例如哥伦比亚大学曾被评为北美地区最漂亮的建筑之一的 Low 图书馆[①]——无一有自己独特的风格，都是从希腊罗马借鉴过来，Low 图书馆显然就是罗马的万神殿、巴黎的先贤祠的翻版！精致的文化区域中居住的是古老的民族，简单的文化区域中居住的是年轻的民族。他们可能互相瞧不起，在前一文化区的人看来，美国尽管赢了那场球，但胜之不美！而美国人却可能说，胜利就是胜利者的理由，别把没摘到的葡萄说成酸的。这一评语击中了大陆法系的弱点——形式主义，也挠到了大陆法系的痒处——贵族式的唯美主义！

抛开了形式，如果光从主题的数目和处理的详略来看，英美法与大陆法差不多。在美国，West 出版公司把所有的法律的主题概括为 414 个，称为“关键词代码系统”(Key Number System)，以此为据检索各州和自治领(例如波多黎各和关岛)的法律。各州和自治领的涵盖这些主题的法律汇编许多也叫作法典[②]，这些主题也是大陆法系各国法律都要处理的，差别可能在于讲究实际的英美法对各个主题处理得更加详尽而已。但讲究形式的大陆法不满足于 414 个主题的概括分类，而且把这 414 个主题再分为若干子类，以每个为核心编订一个法典。在这样的法典中，诸材料并非任意排列，而是根据形式美和逻辑性的要求，甚至试图在这种纯粹的结构因素中体现一种哲学。由此，大陆法系不仅关心解决问题，而且在意问题的漂亮解决。由于长期受这种法律传统熏陶，当有人问我研究民法典的结构问题有什么用时，我脱口回答：民法典玩的就是形式。此语并非夸张。从 6 世纪优士丁尼法典编纂奠定法典法的传统后，民法典最引人注目的变迁就是形式的变迁，主题的变迁也有，例如奴隶制从承认到被取消、商法的出现以及它与民法的关系、基督教对民法制度的影响(私生子女问题以及由此产生的亲属法和继承法问题)等等，但它们从未被作为一部法典的基本属性被谈论。人们说到法国民法典的时候，就说它是三编制；说到德国民法典的时候，就说它是五编制，如此等等。做这样评论的人可能并未意识到自己说话时已把自己的关注焦点暴露无遗。从纯粹的主题域来看，除了民族性的因素(例如德国民法典基于日耳曼法传统规定了继承合同)和时代变迁的因素(法国民法典制定于一个农业社会，德国民法典制定于一个工业社会)造成的主题差异，两部民法典的同质性多于异质性，只是由于形式的差异才使它们

① 我在看了新奥尔良和圣胡安的许多漂亮房子后，感到这个图书馆原是美洲的一所平常房子。被评为北美地区最漂亮建筑之一，大概因为它属于哥伦比亚大学。

② 在这 414 个主题之上，还有七个层级更高的主题，它们是：人、财产、合同、侵权、犯罪、补救、政府。可以把这样的体系称为七编制的美国总法典，它明显脱胎于盖尤斯的三编制，不过将物法分解为财产、合同与侵权三个环节；将诉讼分解为犯罪与补救两个环节。它最后把政府作为补救的来源表示出来，显示了其社会契约论的思想基础。

显得极为不同。正因如此，这种不同才一下子就抓住了所有的观察家的眼光。

然而，这种不同犹如冰山的一角，下面蕴藏的是更深刻的东西。法国民法典的人法、物法、取得财产的各种方法的三编制体系脱胎于盖尤斯《法学阶梯》的人、物、讼三编制体系。根据我的研究，这一体系力图表达人在与物质世界的对立中的先在性、人与物的关系以及人与人的关系的紧张性，这些信息是属于人文主义和悲观主义的哲学的；而德国民法典的总则、债、物权、亲属、继承的五编制体系表达的是18世纪流行的唯物主义、物质主义的哲学信念，主体的地位由此减等，它不过是对当时现实存在的"白骨时代"的立法回应[①]，正犹如法国民法典是对一个人的解放的时代的回应，当时的口号是"自由、平等、博爱"，全是关乎人的。也就是在那个时代，奴隶制的传统民法主题正式被取消。而德国民法典的时代是一个泰勒制的时代，人受机器奴役的时代，卓别林的《摩登时代》对它做了最好的描述；马克思的异化理论也是如此。因此，民法典的形式往往是传达哲学信息的管道，由此我把法国民法典称为人文主义的民法典，把德国民法典称为物文主义的民法典。

读者即将看到的这部绿色民法典草案也提供了法典的形式与立法者的哲学信仰的正相关联系的例证。它分为人身关系法和财产关系法两编，先"人"后"物"，表达了我的新人文主义的哲学信念。我既不满意于德国民法典的物质主义，也不满意法国民法典的人类中心主义，于是自创新人文主义的民法哲学昭明人的谦卑地位，承认维持人与其他生灵以及自然的和谐关系的重要。这些观念都体现在本民法典草案的结构设计和条文编纂中。在结构设计上，本民法典草案还是唯美主义的产物，每编分为4个分编，各个分编的顺序依据它们间的逻辑关系。例如，继承法被安排在人身关系法编的最后部分，紧顶着财产关系法编的第一个分编，以此表示我理解的继承是以人身关系为基础发生的财产关系。又如我把知识产权法紧接着物权法规定，以此昭明我的知识产权是物权的独特类型的理解。在这部民法典草案中，形式无独特的意义，不过是负载内容的工具。当然，对形式负载不了的内容，我们还是以条文表达它们，例如序编中规定的"绿色原则"。在这里，"绿色"就是人与资源的平衡的意思，是对人类与其他生灵的和平共处关系的描述，是对人的谦卑地位的表达。

写完上面的文字，一座法律的雄伟石厦就最后竣工了。它将长存于天地间，证明在三根棒棒的生存态度和思维方式之外还有另外的生存态度与思维方式，由此我可以怀抱仍受三根棒棒方式的惯性裹胁的人们希望改变自己的希望。

2002年9月29日纽约晨边高地初稿

2002年10月1—4日哥大巴特勒图书馆改定

---

① 徐国栋.民法典草案的基本结构[M].法学研究，2000(1).

认真地透析《绿色民法典草案》中的“绿”[①]

我牵头，中南财经政法大学和厦门大学的部分民法老师共同起草的《绿色民法典草案》即将于2003年10月由社科文献出版社出版。它分为序编、第一分编自然人法、第二分编法人法、第三分编婚姻家庭法、第四分编继承法、第五分编物权法、第六分编知识产权法、第七分编债法总则、第八分编债法分则，以及附编国际私法十个单元。其中序编、自然人法、法人法、继承法由先是属于中南，后属于厦大的我起草；亲属法由厦大的蒋月起草；物权法由中南的徐涤宇起草；知识产权法由还是中南的曹新民起草；债法总论由中南的薛军起草；债法各论中的合同分则部分主要由先是属于中南，后属于华中科技大学的裴丽萍起草；中南的麻昌华起草债法各论中的侵权之债部分；附编中的国际私法部分由厦大的陈海波起草。这一作者分工表可见证它是两校合作的结晶。离见书的日子越近，有越多的人问我我们的民法典草案为何叫作“绿色的”，又“绿”在什么地方？说实话，当初把我们的民法典草案命名为“绿色”时，并未想得很深，只做了一个“‘绿色’就是人与资源的平衡的意思，是对人类与其他生灵的和平共处关系的描述，是对人的谦卑地位的表达”的说明[②]。不能说这一表述错了，但周围人士的反复质问以及由此催发的自我质问导致我更细地思考民法典中绿色观念的确切含义，并且反思我们的民法典草案的绿色原则在具体制度中的体现形式问题。本文是这些思考的凝结。

事实上，民法调整对象问题上就埋伏着绿色问题。我们知道，民法调整主体间的人身关系和财产关系。人身关系解决人类社会的自组织问题，财产关系解决人与资源的关系问题。财货短少而欲求它们的主体多，胃口大，由此引起了人与资源关系的高度紧张，是人类社会至今未摆脱的困境。民法调整对象的“人”和“财”两个要素的对立就是对这种困境的反映，民法就是为了消解此等困境而存在的。如果民法以自己的各种制度缓解了两大要素间的紧张，我们就可以说这样的民法是“绿色的”。相反的民法可以被描述为“黄色的”。此处的“黄”并非“色情”的含义，而是植被遭破坏后，黄土地被迫露出其原貌，任凭狂风殴打意义上的“黄”。细心的人不难观察到一个事实：在人与资源关系缓和的地方，土地总是绿一些；在

---

① 本文原载《法商研究》2003年第5期。

② 徐国栋.“三根棒棒”还是雄伟石厦？这是一个问题——绿色民法典草案序言[M].徐国栋.绿色民法典草案.北京：社科文献出版社，2003.

相反的地方，土地总是黄一些。在这一方面，美国和中国是两个极端的代表。在纽约生活期间，我常常为在该州及其邻州见不到农田而焦虑，在中国该为农田的地方，在这里全为森林，我为到处都是绿乎乎的一片而担心美国人民的食物问题；而在中国，哪里不是该种的地方都种上了，不该种的地方也都种上了，因此我们有黄黄的土地和黄黄的河！多子多福的生育观至少是"黄色"的根源之一。不难看出，"绿色"不过是生态主义的代名词；作为绿色观念的对反观念存在的"黄色"，不过是反生态主义的代名词。至此，我们可以把"绿色民法典"诠释为"生态主义的民法典"，它以悲观主义的人类未来论为基础，承认资源耗尽的必然性和一定的可避免性，基于此种确信禁止和限制人类对资源的浪费性使用，从而维持人类的可持续生存。

这样的生态主义的民法典如何达成呢？我们的《绿色民法典草案》为此设计了许多制度。它们可归结为三个途径。其一，主体的途径；其二，客体的途径；其三，方式的途径。容我一一道来。

主体的途径就是在主体方面做文章缓和人与资源紧张关系的途径，减少欲望主体的数量是实现它的最直接方式。这一途径又分为三个方面：第一，控制超过资源承载能力的欲望主体的产生。计划生育是达到这一目的的一项法律制度，它在《绿色民法典草案》第三分编第 6 条中被确立为"绿色生育原则"，反映为"夫妻有实行计划生育的义务"的条文。第二，通过合理划定死亡的标准控制欲望主体的数目。为此，关于死亡标准的第一分编第 12 条规定："脑组织不可逆转地坏死，为死亡。"此条打破了传统的心跳呼吸停止的死亡标准，把脑组织的死亡当作死亡标准，由此可避免对脑组织已坏死，但仍有心跳和呼吸的人施医用药，节约宝贵的医疗资源和其他资源用于其他更需要的人。第三，控制既有的欲望主体的欲望的数量。为此，第一分编第 34 条、第 207 条及以下各条规定了浪费人的保佐，限制不正常欲望主体的行为能力，从而不仅保护了家族财产，同时也保护了社会财产；对于非浪费人，第五分编第 30 条也以"权利人在行使其物权时，负有保护环境和节约资源的义务"的规定取消了他们进行浪费的自由。

客体的途径是在客体方面做文章缓和人与资源的紧张关系的途径。在这方面，我们首先力图减少可由人类自由支配的客体的范围，在序编的第 33 条中，把动物分为畜养的食用动物和非畜养和食用的动物，把后者确定为"处于人与物之间的生灵，享有一定的由动物保护机构代为行使的权利"，并规定"民事主体负有仁慈对待上述两类动物的义务"。实际上是要逐渐把后一种动物从客体的范畴内排除，从而达成人与其他动物的和平共处①。另外在第

① 2002 年夏天，我有香格里拉之旅，在那里感到纳西族的生态理论的意义。根据这一理论，万物有灵，人与一切其他物同属于自然之神，对它们并无统治地位，因此要尊重它们的权利，合理地利用它们。这样的哲学造就了香格里拉，在我看来，香格里拉不过是四个和谐的统一：人与自然的和谐，人与人的和谐，人与动物的和谐，以及动物与动物的和谐——老虎被当作猴子的坐骑是这种和谐的写照，而这是在藏传佛教的壁画中经常可看到的景象。不妨可以说，香格里拉的美表现为大量资源的剩余，这种状况是由强调节约资源、自觉降低人的地位的纳西生态哲学或佛家学说造就的。

四分编关于"对动物所作的遗嘱处分"的第 164 条,承认了以动物为受益"人"的遗嘱处分的有效性,朝动物的主体化迈进了一小步。对于不能作为准主体的动物,第五分编第 19 条也规定"对动物适用关于物的一般规定,但法律有不同规定的除外。在对具有生态价值的物行使权利时,应注意维护其此等价值,并遵守环境资源法等特别法的规定",为维护它们的生态价值提供了立法依据。这 3 条的规定与广东省最近被萨斯催生出的摒弃吃野生动物之习俗的地方立法[①]的精神是一致的,与我国最后的一批猎民奥鲁古雅鄂温克人最近告别狩猎生活,实行生态移民的做法[②]也是一致的。

其次我们力图增加每一项资源被利用的机会。这一意图至少体现在如下五项制度中。

第一是第五分编第 250 条至第 265 条规定的取得时效制度。具有讽刺意味的是,在我国一度被误解为是鼓励攫取不义之财之制度的取得时效实际上是一项"绿油油"的制度,其要旨是允许被所有人忽略(这是他不怎么需要这项财产的外在证据)财产给他人使用,其道理跟允许剧场里的空座在开演后让需要者使用是一样的,由此缓解人与资源之关系的紧张。为达到这一绿色目的,第五分编第 259 条不以占有人为诚信为完成取得时效的必要条件,第 263 条允许恶意占有人以特别时效取得不动产或动产的所有权(但要经过更长的时效期间),因为恶意占有人使用着宝贵的社会资源被认为强于此等资源被浪费。按照我们规定的取得时效制度的理念,任何财产都有个人和社会两个主人,前者不积极使用自己的财产就是浪费,是对社会财富的滥用,因此允许社会的任何一员"挤脱"其所有人资格。

第二是第五分编第 364 条至第 392 条规定的相邻关系制度。它是对所有权的私的限制,目的是为了社会财富得到充分的利用。最见这一精神的是第 387 条规定的袋地的通行制度以及第 390 条规定的采光制度。前者允许袋地的所有人有代价地取得对邻地的通行权,从而实现此等袋地的价值;后者允许共有人经邻人同意在公共墙上开设窗户或孔眼,从而实现前者房屋的价值。两者都实现了社会财富的最大化利用。

第三是第六分编第 183 条规定的防止专利权滥用的强制许可制度,它规定:"自专利权被授予之日起满 3 年或者自申请日起满 4 年(以期限长者为准),具备专利实施条件的法人或非法人团体以合理的条件请求发明或者实用新型专利权人许可实施其专利权,而未在合理的时间内获得这种许可的,国家知识产权局根据该法人或非法人团体提出的实施该专利的请求,可以给予其实施的强制许可。"我们知道,已授予的专利是一项社会财富,如果专利权人不利用它,就会造成社会财富的浪费,因此,国家知识产权局应基于社会利益的考虑限制个人权利,将此等专利授予具备实施条件的法人或非法人团体实施,从而像取得时效制度一样实现充分利用社会财富的目的。

第四是第八分编第 451 条、第 474 条规定的转租制度。它允许承租人经出租人同意把租赁物转租给他人。允许不动产的承租人不经出租人同意将租赁物的一部分转租给他人。

---

① On http://news.sina.com.cn/c/2003－06－24/0952259696s.shtml.

② On http://tech.enorth.com.cn/system/2002/03/15/000291050.shtml.

这一制度也是为了社会财富的最大化利用。例如，我在哥伦比亚大学的巴特勒堂租了一个房间，每月房租1000美元。1月份和4月份我分别到新奥尔良和圣胡安出差一个月，这段时间我不住这个房间，但房租照交，房间照空，如此对我和对社会都是一种浪费，如果允许转租，这两方面的浪费都可以避免。基于合理性的考虑，哥大允许转租学生宿舍，我们的《绿色民法典草案》也是如此。

第五是第八分编第29章规定的分时使用度假设施合同。不瞒大家说，本章是在我们的草案的第三校中为了增加其"绿色"增加的。这种合同的实质是让房屋、野营地、游船等度假设施让更多的人以更廉价的方式使用。随着中产阶级的形成和旅游业的发展，度假成为人们一种普遍的生活需要。当然，独资买一所度假屋是满足这种需要的方式一。它要求度假者很有钱，而且存在度假设施利用率不高的缺陷。方式二是数人共同出资买一所度假屋轮流使用，这不仅降低了度假成本，而且也在一定程度上解决了度假设施的利用率不高的问题。但由于度假时段有旺季和淡季之分，而共有人数目有限，由此仍然存在度假设施利用不均匀以及利用率不高，因而度假成本过高的问题。分时使用度假设施合同是方式三，它把人们对一定的度假设施的权利设定为可通过买卖或互易流通的，由此解决了前两种度假方式存在的度假设施利用不均匀以及利用率不高两个问题。对前一问题，通过允许以较少的旺季分时度假时段互易较多的淡季分时度假时段解决；对后一问题，通过建立分时度假设施权利的互易系统解决，如果愿意，任何分时度假设施的权利人都可加入该系统，在使用完自己的度假设施后通过互易使用他人的，由此，每一特定度假设施的权利人队伍成为开放性的，该设施可以做到在全部或多数时间都有人使用，如此，度假资源得到了充分的利用，人们众多的度假欲望与相对有限的度假设施之间的矛盾得到了缓和。所以，分时使用度假设施合同是特别"绿"的一项制度，被我们作为"绿化"我们的民法典草案的一道重笔。

方式的途径是在立法者处理有关问题的方式上做文章缓和人与资源的紧张关系的途径。从解释学的角度看，序编第8条规定的绿色原则"当事人进行民事活动，应当遵循节约资源、保护环境的原则"不仅是当事人进行民事活动时必须遵循的基本原则，而且也是立法者在制定民法规范时必须遵循的立法准则。由于这一原则的约束，我们的草案以"绿色"方式处理问题的例子很多，这里只举两例说明：

第一是序编第57条、第58条、第59条关于错误对法律行为的效力的影响的规定。它们分别行文如："意思表示中错指了人或物的，如果通过周围环境可以查证当事人意指的人或物，法律行为有效"；"计算错误只要经过改正，并不导致法律行为无效，此等错误是意思表示的决定因素的除外"；"引起错误的当事人可以宣布行为无效，如果他方当事人同意将错就错地执行该行为，他仍要根据该行为指定的范围承受其后果"。在这三条中，我们采取了尽量拯救受错误损害的法律行为的效力的原则，因为订立一个法律行为都消耗了一定的社会财富（如差旅费、公证费、律师费等等），断然宣布一切受错误影响的法律行为都无效，当然痛快，但这些已耗费的交易成本就浪费了，有违绿色原则，因此我们尽量拯救法律行为的效力，只要剔除错误后能维持的，我们就承认其继续有效，以此节约社会资源。

第二是第四分编第427条第1款和第429条关于遗产分割的技术规则的规定，前者要求分割人按这样的规则分配遗产物件"如某一实物不允许分割，或分割将导致其价值降低，则在共同相续人之间，由报价最高者取得该物件的较优权利；任一共同相续人都有权请求允许家外人参与报价；所得价金在所有共同相续人间按比例分配"；后者从农业经营的财产之避免分散出发规定："农地使用权合同的使用人死亡且由其继承人中的一人承担合同的，出于用益价值的目的，该继承人可请求将经营所需的全部财产按用益价值归其继承。"前者以变价分割作为实物分割的变通，避免了后一种分割方式可能造成的资源浪费。例如，如果分割的对象是一条牛，参与分割的相续人有四人，这种分割方法会把活蹦乱跳的一头牛变成四份牛肉，把一个较大的价值变成一个较小的价值；相反，按照前一种分割方式，牛仍然可以作为牛存在并为一个出价最高的相续人取得，其他人则可以得到牛的属于自己份额的价金，社会财富未遭受破坏。后者的道理同于前者，避免了一块有经营规模的农地由于死因移转变成若干丧失耕作价值的小地块以及由此带来的贬值。实际上，它不过是消极规定，第五分编第210条及以下数条和第215条及以下数条的规定则属于积极规定，它们的使命是把数个较大的地块拼合为一个较大的地块，从而提升土地的价值，使它们得到更合理的使用。在积极、充分利用有限资源从而改善人类福利的意义上，这一组条文又何尝不属于绿色规定？

当然，在我们的民法典草案中还可以找到其他一些绿色规定，限于篇幅，我就不在这里继续"透析"下去了。可以说，我们的民法典草案每编都有一些绿色规定，这证明绿色原则贯彻到民法始终是可能的。但让我们的民法典草案的每个条文都变成绿色规定则是不可能的，因为人与资源的矛盾及其解决是民法以及其他的法存在的理由，一旦这一理由消灭，民法就无必要存在了。因此，我们的民法典草案只有斑斑点点的"绿"而不能实现全"绿"，乃属正常现象。

2003年8月18日于胡里山炮台之侧

认真地反批评梁慧星教授的批评①

2002年11月8日，中国政法大学民商法学院举办了“中国民法典论坛”第一场，提供机会让江平、梁慧星、王利明三教授就中国民法典的问题各抒己见。其中，梁慧星教授点名批评了我的一些学术观点，我认为不尽妥当，特作出反批评。

第一，梁老师说：“改革开放，一言以蔽之，增加财产。只有增加了财产，有吃的，有穿的，才能意识到人格权的重要性，才能要求对方把自己当作人来对待。比如隐私权是非常重要的，但是试想一个没有房屋的人，吃穿皆无保障的人，哪有隐私可言？这是我和他的基本分歧。”②这是对他的“穷汉无人格说”的重申。对于这个问题，我过去评论甚多，现在只讲两点：第一，改革开放，不能以“增加财产”来蔽之，也蔽不了，因为物质财富增加的目的还是为了人，因此，改革开放不仅带来了财富的增加，而且也带来了人权保护水平的提高。人权由一个不能讲的问题变得可以讲了，可以据之提起诉讼了，这是在改革开放前不可想象的。关于这一点，梁老师自己在他那本四川人民出版社出版的《民法》的序言中说得很清楚③，不知为何在法大的论坛上改变了观点？而且，没有饭吃的人也不能说他没有隐私权呀？呵呵！！按梁老师的说法，我们可以骚扰任何一个乞丐了，甚至剥掉他的衣服！！大家不用我说，都知道这可不行。

第二，梁老师说我的新人文主义的大旗上“显示出了封建主义的烙印”，原因在于“绿色民法典”的目录中有亲属会议和人事保证。对于这一评论我做出如下应答：

我首先想说很高兴梁老师看了我组织的民法典草案的目录，中国有两个互相竞争的民法典草案，一个是北京学者搞的，一个是我牵头，由武汉和厦门的学者参与搞的，竞争对手间互相看一看对方的成果，很正常，这也是竞争的效果。

其次我想说的是很可惜梁老师只看了目录，没有看到我们的绿色民法典草案本身，就匆忙下了结论。这不怪他，第一怪我没有寄给他一个文本；第二怪出版社出书速度还是不够快④。由于上述条件，梁老师批评了我们草案中的这两个问题，听众由于没有书也无法判断

---

① 本文原载徐国栋．认真地对待民法典[M]．北京：中国人民大学出版社，2004．

② http://www.lawintime.com/ReadNews.asp? NewsID=919&BigClassName=%C3%F1%B7%A8%B5%E4%D7%A8%CC%E2&BigClassID=30&SmallClassID=40&SpecialID=0.

③ 参见该书1989年版第426页。

④ 该书即将在2004年3月出版，目前我正手持其四校样矣！

他的批评的正确与否，因此，我只得在这里作出详细申辩，以正视听。

第一，关于亲属会议的问题。梁老师说："什么是'亲属会议'，中国的老一辈同志最清楚。我建议，年轻同志看一看彭德怀的自述：彭德怀少年时接受了新的思想，主张不孝顺父母。他祖母召集亲属会议，决定将彭德怀沉塘。在关键时候，他舅舅赶来救了他的性命。这就是中国历史上的亲属会议。"[①]

那么，我们的亲属会议是否一回事？它被规定在自然人法的保护制度中，从第 154 条到第 174 条，它是决定监护与保佐事宜的决策机构和监督机构。我们知道，在监护制度中，监护人仅仅是监护执行机关，由于他是作为强者面对弱者，必须对其权力加以控制，因此法律设监护决策机关和监督机关制衡。在民法通则中，这一职能由居(村)委会执行，考虑到这样的作为法人的行政机关难以切实地履行这一职能，而且考虑到监护和保佐是市民社会的自组织的方式之一，没有多大的必要惊动居(村)委会。因此，我们的草案规定以亲属会议来履行这一职能，它是对保护事务中的重大事项为决定的机构(第 154 条)。其构成成员是被保护人的直系尊亲属及其成年的兄姐或最年长的叔父或姑母、叔祖父或姑祖母、无亲权的父亲或母亲，它仅能以多数决决定监护和保佐事务中的重大事项，对其决定不服的可以上诉至法院。它毫无把一个被保护人"沉塘"的权力。这一点请梁老师在我们的民法典草案出版后买一本看清楚。

顺便指出，网上有些同情我的观点，反对梁老师的妄评的"明法"同志(参见中南财经政法大学网站的网页"封建主义的徐国栋"[②])说我规定亲属会议是想借鉴民国的立法经验，此言不确，因为我们的民法典草案关于亲属会议的规定并非借鉴民国，而是借鉴法国人勒内·达维德起草的埃塞俄比亚民法典。西方国家的民法典如法国、德国的民法典(称"家庭委员会"，目前已废除)，都规定了亲属会议，因此，应该修正一下梁老师的"亲属会议是封建主义的"命题，改成"亲属会议是资本主义的命题"。把我说成封建主义者，帽子戴错了。彭德怀将军是民国时人，民国民法典不是封建的而是资本主义的，它当时也没有规定亲属会议有沉塘权，这一点，大家花 5 分钟查一下现在的台湾地区的"民法典"就清楚了[③]。彭的祖母召集"亲属会议"的真伪，大有可考，能有沉塘权的只能是族长，用不着什么亲属会议的。亲属们要集会是不错，但不是来参与决定，而是来"受教育"的。因此彭德怀自述中的这一被梁老师引述的记载，大有考头。不管它是大清的还是民国的，这样的"亲属会议"与我们的民法典草案中的亲属会议甚至民国民法典中的亲属会议风马牛不相及，则是毫无疑问。

顺便指出，尽管彭德怀同志威望很高，我还是要说，按照现在的道德标准，他主张不孝顺

---

① http://www.lawintime.com/ReadNews.asp? NewsID＝919&BigClassName＝%C3%F1%B7%A8%B5%E4%D7%A8%CC%E2&BigClassID＝30&SmallClassID＝40&SpecialID＝0。我查了自藏的《彭德怀自述》(人民出版社 1981 年版)，并无梁老师转述的彭德怀几乎被其祖母沉塘的报道。查《大清律例》，也无关于长亲以沉塘惩治卑亲的规定。后来在费成康主编的《中国的家法族规》(上海社会科学院出版社 1998 年版)一书中查到，沉潭(非"沉塘"也!)是一种某些地方的家族法规中规定的刑罚(第 109 页)。

② http://bbs.znufe.edu.cn/showthread.asp? planid＝30867.

③ 参见该法典的第 1120 条至第 1137 条。

父母也不对。不孝顺父母不是什么新思想，而是异端邪说。发表它的人，沉塘诚然过重，但按照现代亲属法，亲权人对之实施适当惩戒是可以的。

第二，关于"人事保证制度"问题。梁老师说："这个人事保证制度是什么呢？就是大家毕业以后找工作，你的才能你的知识，他们都满意，但要求你找一个有产者作保证。这个有产者一定是个老板。因此这个人事保证制度在解放前被称为'物保'。一个商店的老板给你作保人，法人才能接受你。"那么我们规定的人事保证合同是否如梁老师所批评的呢？

我们的人事保证制度规定在我们的民法典草案的第 840 条至第 848 条，其定义规定："人事保证，是一方于他方的受雇人将来因职务上的行为而应对他方为损害赔偿时，由其代负赔偿责任的合同。"（第 840 条）

比较一下，不难看出，梁老师又搞错了，他理解的人事保证不是我们理解的人事保证。按他的理解，人事保证是受雇的前提；按我们的理解，人事保证是荐人者对被荐者在受雇过程中因职务行为对老板造成的损失承担的责任，不是受雇的前提。

按梁老师的理解，人事保证非老板不能为，而且必须是有店铺的老板，我们的民法典草案中并无这样的规定。比较一下，梁老师的批评不攻自破，我就不多说什么了。这里只想阐明一下人事保证制度的意义。

我作为一个小的部门的负责人，对于人事保证制度的必要体会较深。在当代中国，最不负责任的人是什么？是那些推荐人的人！他们往往是吃了干求者的一顿好饭后，面红耳赤，打着饱嗝，抖着双手下笔数百言，说某某人如何坚持四项基本原则、如何勤劳勇敢、如何聪明能干云云。这样的推荐信在当代中国满天飞，也没有什么人信，不过，万一有哪个倒霉蛋信了，受了损失，他可对荐人者无可奈何，这种公然的受贿（吃好饭一顿）和欺骗（明知干求者有人格缺陷仍把他说成一朵花）只属于道德调整，与法律无干，导致中国变成一个与诚信越来越远的社会，合理？难道法律就不能管一下？在封建社会，法律是管的，例如在清代，被荐者在官场上犯了事，荐人者要承担连带责任（许多时候要以身家性命担保），这导致荐人者的谨慎以及他对被荐者在受任后的一定的约束权。这是很好的事情，所以当时的一封荐书也没有现在的不值钱。这样的制度即使是封建的也可以作为优秀遗产继承。而且，大家都知道，在资本主义社会，有身份的人也不乱荐人，这是一个挺神圣的地域，是中国教授们的当代中国式的荐书污染了这个地方，导致中国荐书要被人家拿放大镜看了。因此，说这一制度是资本主义的也未尝不可。反正现在是资本主义的比封建主义的稍微香一点。在当代中国，荐人者没有任何责任，所以荐书也多了起来，也不值钱起来，中国人的信誉也危机起来，因此出现了重建一个诚信社会的口号。我们规定的人事保证合同就是重建这样的社会的一个具体步骤，它是对诈欺的一种对抗：明知被荐者有道德或能力缺陷仍盲目推荐的，构成消极的诈欺或所谓的知而不言（Reticencia），他对被荐者造成的损失承担的责任就是这种诈欺的代价，同时，它也是对用人者的信赖利益的一种保护，因此，对人事保证合同的规定，是贯彻诚信原则的一个措施，是维持良好的、信用的人事运作的保障。

顺便说说我个人的经验并发表一项声明。对于荐人问题，我的对策有二：第一，在我们的绿色民法典草案的相应条文变成法律之前不相信任何荐书，视为放屁。确实，我相信过几次，每次的结果都是肠子悔青；第二，不轻易写任何荐书。例如，每年的博士生入学考试推荐信，哪怕我自己培养的硕士，不是做学问的料的，喊我祖宗都拒绝写，为此闹翻师生关系的先例有。而且我想在这里做一个声明：我绝不应任何人的请求写这样的荐书。如果我认为你可以，我会主动为你写的。至于如何对付那些相信通过纠缠就能达到目的人，我设想过收高额费用的办法：收你2万元看你出得起否？这样把我自己也弄成受贿了。看来，还是要在法制的轨道上解决这一问题。对于那些乱写推荐信的教授，一旦被荐者不适格，应该对之处以经济的或行政的制裁，至少要剥夺他写荐书的资格若干年。这样，中国这样的社会才会有信用，人们才会在考虑责任的基础上行事。我看不出这样的安排哪一点与我们的国体不合？跟我国目前的不良现实不合罢了。

以上辩解不见得正确，欢迎梁老师的反反批评。

2002年11月10日于哥伦比亚大学

附记：2003年1月15日，“军都夫子”报道了江平教授与吴敬琏教授的对话，其中有关梁慧星教授与我关于亲属会议问题争论的评价，有为我辩护的倾向，摘录如下：“过去不强调社会权力（权利）还好说，现在强调了，那么社会权力（权利）和国家权力又该怎么样划分？我还记得不久前政法大学举办了一场有梁慧星教授、王利明教授和我参加的‘中国民法典论坛’，在讨论的时候梁慧星当场批判了徐国栋，我听说徐国栋后来在网上就反驳了，因为梁慧星批评徐国栋的亲属会议是旧人文主义，有什么新呢？又恢复过去的亲属会议，而过去旧社会的亲属会议，连离婚都要通过亲属会议，法院都不能去，这不是限制剥夺妇女自由吗？但徐也提出他的观点，具体我没看到，但我想他也会说：为什么任何问题都要通过法院去解决，而不能像过去一样，在一个家庭里面就能解决？比如说分家析产，如果这家里哥仨分财产吵起来了，是不是必须要打到法院去才算最公平，如果家长或者其他人出来做主，就这样分了，有什么不好呢？我提这个只是想说明任何问题都可以提出来讨论，他哪点对，哪点不对，不能笼统说百分之百都错了。现在世界上还没有人能提出来什么就百分之百错误，一点可取的都没有。对于任何人提出来的思想我们都要思考，其好的地方在哪里，坏的地方在哪里。我觉得社会权力（权利）思想好的地方就是希望用某种社会的力量来解决问题，但是可能它也有它的不足，我们还要研究。”①

看了这段为我辩护的文字，我非常感谢江老师并且佩服他的敏捷：他马上抓住了亲属会议的本质是市民社会的自维护的要点。但不幸的是，我也发现了江老师和梁老师的共同点：他们都是在未读我主持的《绿色民法典草案》甚至其关于亲属会议的十几个条文的基础上发表意见的，这种凭想象的发言真是不怎么“抗震”。我们的《绿色民法典草案》中规定的亲属会议制度像其他外国民法典规定的相应制度一样，都是把这种会议当作未成年人保护制度

① http://www.lawintime.com/bbs/showtopic.asp? TOPIC_ID=1144&Forum_ID=1.

中的重大事项决策机构规定的，从未设想过它有分家析产的功能；而且，如果江老师指的“旧社会”是民国，那么这个社会的亲属会议也从未有过对离婚事项的管辖权！这点大家花几分钟翻一下台湾地区的“民法典”就会明白。在我国的学术讨论中充满着如此多的想当然的言论，我们可以想象此等讨论的质量！也可以想象严肃的学术批评在我国的需要紧迫度！怎么批评起一个为你说话的人来？犯规矩了，犯规矩了！

2003 年 7 月 27 日补于厦门

认真地评论民法典论坛第二场[①]

2002年11月19日晚，中国政法大学民商法学院组织了“中国民法典论坛”第二场，其间，人大法工委民法室的王胜明同志、经济法室的魏耀荣同志作为中国民法典起草的召集者和起草小组成员阐述了立法机关对起草中国民法典的基本设想，随后，杨振山教授又站在学者的立场建言。[②] 感谢网络，我很快看到了隔着一个大陆和一个大洋传来的论坛记录稿。我认为，第一场与第二场有连续性。第一场中，王利明教授明确提出了人文主义的民法典结构主张，倡导人格权优先于财产权。把人格权安排在各编之首。然后，把与人格权最为密切的亲属、继承放在人身权之后规定。然后再规定各种财产权，如物权、债权。这完全是一个人文主义的体系。作为理由，王利明教授也明确提出了突破德国模式的口号，德国模式的衍生物苏联模式自然不在话下。我们必须记住，中国人民大学是商品经济的民法观的发源地，物文主义的民法传统根深蒂固。很有意思的是，不是在其他高校，而恰恰就是在物文主义的堡垒中国人民大学率先突破了这种陈旧落后的主张。如果说佟柔教授是人大的民法第一代掌门人，王利明教授则是第二代，是新桃换旧符的带头人[③]。

在我看来，第二场的特点是再次吹响了人文主义的号角。王胜明同志在发言中首先指出了当前中国存在两种民法观：其一为商品经济的民法观；其二为综合的民法观。后者认为民法不仅调整商品经济，而且规定市场的主体前提，这部分也就是所谓的人法。王胜明同志表示这两种观点都对，表现了他丰富的政治生活经验。事实上，在两种对立的观点中，不可能都对。因此，王同志的倾向性最后要不可避免地暴露出来。但在他的真实想法暴露之前，

---

① 本文原载徐国栋. 认真地对待民法典[M]. 北京：中国人民大学出版社，2004.

② 参见“中国民法典论坛”第二场，载 http://www.docin.com/p－267122502.html，2017年1月11日访问。

③ 王教授作为佟柔教授的弟子，最近在纪念谢怀栻教授的文章中这样说：“谢老一直坚持认为，民法应当调整平等主体的人身关系与财产关系。在20世纪80年代初期，否定民法的功能与作用的各种观点甚嚣尘上的时候，佟柔教授第一次系统地论述了民法与商品经济的关系，并提出了民法调整的社会关系的核心部分是商品关系，在此基础上构建了民法的体系。佟柔教授的这一观点可以说奠定了我国民法学的基础，但是佟柔教授对于民法对调整平等主体之间的人身关系却没有过多的阐述。而谢老在此时大胆地阐述了民法在调整人身关系中的作用，他在多次会议上反复强调，不能仅注重民法中的财产法部分而忽视人身法部分，人身关系与财产关系都是民法的调整对象，不能有所偏颇。”不难看出，这些文字表达了他对乃师的商品经济或物文主义的民法观的扬弃。http://www.civillaw.com.cn/thesiscenter/content.asp? id＝305.

我先必须遗憾地说，王同志还是把人法与商品经济挂钩，而事实上，人法与资源分配只有或然的而非必然的联系。人法是市民社会的组织法，物法是资源分配法。人文主义的民法观强调民法的功能首先是社会组织，然后才是资源分配。打个比方，这种主张就是要求大家先排好队（社会组织）再开饭（资源分配），但排队的目的是否仅在于开饭？人文主义的民法观认为，排队与开饭只有或然的关系，没有必然的关系。例如，有时我们排队是为了开饭，但有时我们排队仅仅为了培养起纪律性。比如人法中的家庭法的有些内容关系到开饭，有些内容并不关系到开饭，组成家庭的结婚行为就不属于开饭的范畴，而属于人类社会的自组织的范畴。监护制度也与开饭无关。相反，物文主义的民法观认为，排队仅仅是为了开饭，因此把民法理解为经济法、市场法。这是一种经不起稍微对民法的内容进行定量分析的观点，因此，它在百多年来的主要使命就是把它不能解释的民法内容开除出民法典。

但王同志接下来马上就讲，近几十年来民法的变迁主要是对人的重视的强调，此语就大大地扩张了他介绍的第二种观点的范围，实际上已经在说人法不仅仅是市场主体法了，这是一种进步的认识。但美中不足的是，王同志在民法典起草完毕前就先行把条文规模定为1500条，是否拍脑袋拍出此数？我以为，不能定好了条文规模再去起草，而是应该起草完了再看有多少条。能长则长，能短则短，不能有先入之见。从现代社会生活的复杂化来看，从现代民法科学的发展来看，德国民法典和法国民法典各有两千多条，新的魁北克民法典有3000多条，我国民法典只有理由比它们的条文多，没有理由比它们少。

魏耀荣同志对世界各国先进立法的把握程度令人感佩。作为一个在行政部门工作的老同志，能这么通晓世界上最新的魁北克民法典和荷兰民法典，有这么好的英文水平，确实难得。一句话，清华有才也，湖南有才也（我是东北移民的儿子，并非地道湖南人，同志们勿以为我自吹）。我认为，在未来民法典的根本取向上，魏同志的观点与王同志是一致的，尽管他没有把民法做人法和物法的二元分析，但他设计的民法典基本结构是：总则、人格权、婚姻家庭、继承、物权、债法总则、合同、侵权行为、涉外民事关系的法律适用，显然这一结构受到了魁北克民法典的影响。在这个结构中，前几编都是人法（总则、婚姻家庭、继承），然后才规定物法（债总、合同、侵权），实际上是把王胜明同志的抽象说明具体化了，建立了一个人文主义的民法典体系。

魏同志说法工委的理论水平有限、有自知之明，需要理论界来补充自己的不足，这样的谦虚话语代表了法工委与理论界关系的一个根本转折。想当年，也是法工委民法室的人口出狂言“你研究你的，我制定我的”，至今给广大理论人士留下心灵创伤。因此，魏同志的这番话，不妨可看作一个化解，也表明了立法部门与理论部门的新型合作关系而非役使关系。

振山教授在发言中提出了通过向广大人民群众学习来制定民法典的民粹主义口号，听起来挺美，但不符合民法典起草的历史规律。历史告诉我们，民法典起草从来都是几个法学家的事，这取决于民法高度的专业性和科学性，它包罗广泛，牵一发而动全身，一个外行就某个具体问题提出的好意见可能对法典的整体是个十足的破坏。因此，在各国民法典的制定过程中，不光不需要普通老百姓说话，而且连国会议员也都不让他们多说，只能就是否认可民法典的基本原则进行概括投票，不许讨论民法典的细节问题。这是我在“国外民法典的立法程序考究”一文中已经介绍过的各国制定民法典的通常程序规则[①]。作为消极的例子，俄罗斯民法典的第3卷由于包含继承法，杜马议员个个都可以说上一嘴，其制定民法典的程序规则又未排除这种可能。于是，直到2001年12月，在第2卷颁布生效6年后才勉强制定出来，搞成了一部“胡子”民法典，其间的教训值得深记。简单说一句不合中国国情的话，民法典就是智者为愚者立法，在古代西欧，通常请常常是外国人的哲学家来为本国制定法典。在近代西方，民法典的制定无不表现为某个核心学者的智力独裁(例如安德雷斯·贝略之于《智利民法典》、戴维·菲尔德之于《纽约民法典草案》，这两部民法典是两位学者坚强意志的结晶，这样的庞大的、无数人都可以发言的工作，没有坚强的意志维持，早就垮掉了)。如果把民法典交给群众讨论，必然的结果是民法典一辈子也制定不出来。

振山教授的民粹主义观点涉及另一个根本问题：民法典在当代中国，其使命是反映还是改造？振山教授的观点骨子里是反映论，认为我国未来的民法典应反映中国的文化现实。而我认为，作为一个继受法国家，民法典在中国的使命主要是改造！我们的本土文化是民法的杀手，民法是提供一个解决纠纷的诉讼依据，按我们的本土文化，打官司本身就不对。因此，我们的本土文化一直没有孕育出自己的民法来。我们当前制定民法典，是为了引进西方的先进的社会组织和资源分配工具，完成自己的法律文化的现代化。按照反映论，我们就别谈什么现代化了，还是让我们回到恬静的大清的田野，享受和谐的中世纪的古典美吧！在那里，一个有可以不孝顺父母的新思想的孩子可以被其祖母命令沉塘，无论亲友与否，大家纷纷前往观看，一个叛逆被消灭于萌芽之中，这是多么美好的民粹主义场景！

当然，如果大家接受我的民法典改造工具论，再谈论以民为师或向群众学习，就没有多少必要了。

综上所述，在两场民法典论坛中，我们至少看到有三位民法典起草召集人和起草委员提出了明确的人文主义民法观点，其他人文“隐士”还有待在以下的几场中发现，由此我们可以怀抱未来中国民法典是一部人文主义的民法典的希望。

2002年11月25日于哥伦比亚大学

---

① 载2002年4月22日《人民法院报》“法治时代”周刊。

认真地反思民间习惯与民法典的关系[①]

在法律思想网组织的民法典论坛中，一些网友提出搞民间习惯调查是制定民法典的必要步骤[②]，这种主张促使我进一步思考民间习惯与民法典的关系的重大问题。

首先必须说明习惯是什么？习惯是独立于国家制定法之外，发生于某种社会权威和社会组织，具有一定的强制力的行为规范。习惯当然不是国家立法机关制定的。它可分为全社会的和特定地区的两种。前者流行于全国，后者适用于大到一省，小到一县一村的地域[③]。

如上阐述有两个要点：第一，既然并非国家立法机关制定的，习惯一旦为制定法吸收，它就不再是习惯。所以，在我们说习惯法的时候，只可能说的是未被制定法吸收的那部分习惯法。由于制定法时过境迁之后会暴露出漏洞，必然产生新习惯来应对。因此，习惯总是与制定法共存的，不存在制定法将习惯一网收尽的可能。而且还有制定法主动不收罗已知的习惯的情况，例如，在我国广泛流行的正式结婚前订婚的习惯，我国婚姻法就长期未收录，这出于立法者的价值判断的原因。第二，习惯有全社会的和地方性的两种，前者是少的，尽管我在前面已把订婚说成是广泛流行的习惯，我也不敢担保它在西藏和新疆也流行。尽管如此，我们的绿色民法典草案还是把这样的习惯法吸收进来，说明我们对良好习惯的重视[④]。不妨说，大部分习惯都是地方性的。这一论断可以从中国政法大学重印的国民政府司法行政部编的《民事习惯调查报告录》中包括的结论是按省、按地方组织的事实得到证明。

其次必须说明民法典是什么？当然，我们可以从许多方面展开这一问题，但在当下的语境中，我完全可以说，民法典是统一全国法律的工具，是“一个国家，一个法律”的思想的体现。

民法典是怎么来的？它是在封建制结束之际，中央权力扩张之际诞生的。从政治学的意义言，民法典是对国家统一和中央权力强化的事实的确认书。在封建时代，国王名义上为全国的君主，实际上，其政治权力遭到层层截留：各级领主有自己的法院，有自己的据说也是祖上流传下来的，把它叫作习惯法也无妨的庄园法；各城市还有自己的习惯的或制定的法；

---

① 本文原载徐国栋：《认真地对待民法典》，中国人民大学出版社2004年版。

② 例如网友“野火”的帖子“调查研究与民粹主义——评徐国栋教授对杨振山发言的评论 http://www.law－thinker.com/cgi－bin/yadian/dispbbs.asp? boardID＝4&RootID＝1784&ID＝1784.

③ 彭万林主编. 民法学[M]. 北京：中国政法大学出版社，2002：32.

④ 参见绿色民法典草案第3分编第7条至第19条。

教会还管辖着相当多的世俗事务,以至于其法律超越了神法的范围;中央法的效力只限于中央法院的院子内等等,法的不统一是封建社会的最典型特征。这些形形色色的法,除了教会法,都是地方性的,它们使一个国家形同散沙。因此,每个奋发有为的君主都是这样的地方性因素的敌人,他们得胜的标志就是制定了全国统一的民法典,1756 年的巴伐利亚民法典是这样,1794 年的普鲁士国家制定的普通邦法(Allgemeines Landrecht für die preußsischen Staaten)是这样,1811 年的奥地利民法典也是这样,这两部民法典的名称中都有"普通"二字,"普通"就是全国通行的意思,这一名称就标志着民法典对地方性因素的极大排斥。1804 年的法国民法典更加是这样。我们知道,在制定它之前,法国北部是习惯法地区,南部是罗马法地区,在后者,适用的是罗马法而非罗马律。因此,这里的罗马法也是习惯法,因为它已经失去了立法权威的依托演变成了习惯。这样,法国在法律文化上实际上是分裂的,尽管这个国家在路易十一时期就实现了国家的统一,并且力图以制定部门法性质的诸条例的方式实现法律的统一,但后者属于要由拿破仑补充完成的未竟之业。拿破仑把南北两方的法加以融合,分别吸收代表南方法区和北方法区的法学家参加民法典的制定,实现了法国法律上的统一。考虑到地方性因素是消极力量,法国民法典不承认习惯是法的渊源,只认制定法为唯一的渊源。换言之,只承认中央制定的法律为有效。不论这种安排的可行性如何,它反映了当时的政治制度现实。因此,当我们听到"地方性"这个词又时髦起来的时候,我们必不得忘记该词曾经有过的完全消极的意义。在民法典的早期史上,民法典与地方习惯是完全对立的两个东西!

如果说法国是一个中央权力克服地方势力的成功的例子,那么,西班牙则是这方面的一个不怎么成功的例子。这个国家的民族构成十分复杂。其最早的居民是利古里亚人(Lygurian)和巴斯克人(Basque),他们是公元前 3000 多年前就定居在这里的印度——日耳曼群体。后来的居民有罗马人、日耳曼人、阿拉伯人。这些来源不一的民族在西班牙境内形成不同的公国,从 11 世纪起,先后有阿拉贡、莱昂(Leon)、卡斯提尔(Castile)、加泰隆和瓦伦夏(Valencia)等。1492 年卡斯提尔和阿拉贡合并,两国的国王费尔南多(Fernando)和伊莎贝尔(Isabel)结为连理,才铸造了西班牙政治上的统一①。但这种统一由于地方势力的强大十分脆弱,表现为巴斯克人至今也不认同自己的西班牙人身份;而加泰隆人则在法律上排斥卡斯提尔法作为统一整个西班牙的法。从根本上说,以巴塞罗那为首府的加泰隆接近意大利和法国,在法律上更接近罗马法;而卡斯提尔法更多地表现了 3 世纪入侵西班牙的哥特人留下的法律遗产,接近日耳曼法。由于这样的差异,更由于经济发达的加泰隆地区的人民不愿受西班牙的经济欠发达地区的拖累,加泰隆人遂在 19 世纪末制定西班牙民法典的当口,祭起萨维尼的"民族精神"的旗帜,大搞地方主义、民族主义,拖西班牙民法典编纂的后腿。最终的结果是,尽管西班牙民法典最终于 1889 年制定出来,但并不完全适用于加泰隆。

---

① Thomas H. Reynolds, Arturo A. Flores, Foreign law electronic database, On http://www.foreignlawguide.com/cgi－bin/ipvalidate_htbypass.cgi.

它有自己的所谓的加泰隆民法，1998 年它还制定了自己的家庭法典，1991 年制定了继承法典，这些地方势力对中央统一举措的抵制导致西班牙 1812 年的加迪斯宪法第 259 条的规定（"一部单一的民法典应在整个西班牙王国的领土内生效"）落空，而这种抵制恰恰是以习惯（Fuero）的名义进行的[①]。

地方性因素在立法史上"香"起来，开始于德国民法典起草论战。萨维尼提出的法是民族精神的表现理论是现在所有的地方性知识重要论的始祖。蒂堡与萨维尼之争，是德国民法典条件成熟论与暂时不成熟论之争。萨维尼祭起"民族精神"的谜语（之所以说它是谜语，乃因为直到现在人们也不知道它是什么意思）对抗蒂堡。正如后世作者敏锐地指出的，萨维尼的真实目的是把法多留在法学家手中若干年再交给国家[②]。因此，我们并未看到萨维尼打着民族精神的旗帜去进行民间习惯调查的报道，只看到他写作系统的罗马法著作。请注意，罗马法对当时的德国恰恰是非地方性因素，是普世之物、外来之物。还要注意，萨维尼写作的罗马法，不是作为历史材料的罗马法，而是作为德国活法的罗马法。因此，萨维尼的迟延论的客观效果，是促使大家搞科学研究，使未来的德国民法典获得了一套更加精致的话语体系，例如，以潘得克吞体系取代了法学阶梯体系。由于德国民法典也是德国来之极为不易的政治统一的成果，它也并未承认地方性因素的代表习惯法的渊源地位。从这一角度看，主张把民法典作为国家政治统一象征来制定的蒂堡战胜了萨维尼，因为按照民族精神理论（深刻地看，它实际上是孟德斯鸠的地理气候条件决定论的翻版），德意志民族有大的统一的民族精神，普鲁士和巴伐利亚也可以有各自的小的民族精神。因此，统一的民法典一旦遭遇到这两种具体的民族精神就必须让位于后者呢！

习惯取得民法典中渊源的地位开始于瑞士。其法理上的原因我已在我的博士论文中做过充分分析[③]，在这里我只分析其中的政治结构原因：瑞士与德国的不同在于前者是一个联邦制的国家，后者是一个单一制的国家。在中央与地方的关系上，前者实行大权独揽，小权分散；后者实行大权小权一把抓。在瑞士立国的早期，联邦对民法的债法以外的部分无立法权，因为这些属于地方性因素的地盘，各州都有自己的民法典。大致情况是法语地区受法国民法典影响，德语地区受德国的学说影响。联邦到 1874 年才取得对债法的立法权，因为债法关系到跨地区的交易，它有全国统一的自发冲动。因此，联邦于 1881 年制定了债法。随着全国的统一性的加强，联邦进一步主张民法的非债法部分的立法权，其成功的结果是各州在这方面的立法权上交，联邦于 1897 年制定了瑞士民法典。因此，瑞士民法典是"两块瓦"式的。由于地方性因素与统一因素的紧张关系，联邦必须为各州留出一定的活动空间：在民

---

① See Siobhan Harty, Forum: Catalan Nationalism and Civil Codification in Nineteenth－Century Europe: Lawyers, Codification, and the Origins of Catalan Nationalism, 1881－1901, also see Stephen Jacobson ,The Case of Catalonia in Comparative Perspective In Law & History Review 20(2002),pp.349ss.

② See Mathias Reimann, The Historical School Against Codification: Savigny, Carter, and the Defeat of theNew York Civil Code, In The American Journal of Comparative Law, Winter 1989.

③ 徐国栋. 民法基本原则解释——成文法局限性之克服. 增订本[M]. 北京：中国政法大学出版社，2001:327.

法典中规定习惯法是补充渊源。说实话，这样的“习惯法”是否老百姓的无意作品，我深表怀疑。它们很可能就是曾经在各州生效过的民法典中的不与联邦法重复的部分。总之，到制定出这部法典之时，瑞士的“一个国家，一部法律”的目标终于实现。

瑞士的案例清楚地向我们揭示了习惯法与一定的政治结构的联系，并且把民法与地方性因素的关系做了细化处理：债法被设定为普遍性较强的因素，亲属法、物权法和继承法被设定为地方性较强的因素(当然，地方性强的因素在瑞士如此之多，跟这个国家的人民的多民族、多语言的特殊背景有关)。从此，普遍性与地方性因素的关系问题不应再被一揽子地谈论，而应该具体化。

我们要处理的习惯法还可以再分：在一个国家初创之时、全面立法之时需要被反映的习惯法和在一个国家的法律体系已经建成后作为补充渊源的习惯法。自瑞士民法典以后的各国民法典多承认了习惯的渊源地位，除了法理学上的原因外，政治上的原因就是因为 20 世纪进入了一个完全的现代民族国家的时代，封建割据已不再成为一个问题，各国遂允许以一定的习惯补充制定法的不足。此时的习惯法，不再是一国立国之初等待被整合到制定法之中的那种习惯法，而是与制定法并存的习惯法。它是制定法的“永恒的隐形伴侣”。说它是“永恒的”，乃因为制定法无意吸纳它，因为制定法自己已经放弃了万能的幻想；说它是“隐形的”，乃因为这样的习惯法只有在法官的寻法活动遇到“断桥”时才会被捕捉、被固化，法官要经过“自由的科学研究”才能达到这种结果。既然经过了“研究”，这样的所谓的习惯法的客观性是相对的，法官在“捕捉”它们时会受到社会价值观念和个案功利需要的强烈影响。

追溯了习惯法的生活史，现在可以就我国的习惯法问题做一些结论了：

第一，我国是单一制的国家，一直坚持制定全国统一的民法的传统，甚至不承认民法的普遍性强的部分(例如债法)与地方性强的部分(例如亲属法)的区分。作为这种政治传统的延续，未来的民法典只可能是在政治上和法律上统一全国的工具，没有必要赋予习惯法以在联邦制国家那么高的地位。

第二，假定我提出的全国性的习惯很少的命题为真(欢迎证伪，我专治民法近 20 年，为讲课需要想破了脑袋也想不出几条哪怕是地方性的习惯!)，那么我们现在谈论的民间习惯多是地方性习惯，如果我们在敝家乡湖南发现了一条不错的习惯法，我们要把它吸收到全国性的民法典中吗？既然它是一条地方性的知识，它离开了湖南就背离了其本质！把这样的习惯强加给全国的危险性，犹如把法国南方的罗马法强加到法国北方！我们是要把它专门适用于湖南吗？湖南作为一个省没有制定民法的立法权，因此，湖南的地方立法机关缺乏把它转化为制定法的资质。它唯一的作用，是在湖南的法院适用全国性的民法典遇到法律漏洞时，恰恰这条习惯法可用来补漏，这个时候它才有机会成为法。

第三，当前的中国并非一个新立的国家，而是已经存在了 50 多年、积累了涵盖所有民法领域(总则、债权、亲属、继承、知识产权都比较全面，物权法差一些)的单行法的国家。现在制定民法典，并非抛开这些立法成果重新开始，而是以它们为基础进行再造。因此，在当下的中国，习惯法不是等待被整合的规范要素，只是法律体系已经建成后的补充渊源。说实话，在这个时候，该发现的习惯法也发现得差不多了。君不见这么多民法专家写教材，谈到习惯法的时候，都免不了援引50年代最高人民法院西南分院关于适用赘婿可以继承岳父母的习惯法的批复。我们找到的习惯法就这么多！

在继受法国家，对地方性习惯法的过分注重一直是可怕的立法陷阱。兹举印度之例说明之。

印度于1945年独立后，其宪法第44条规定："国家致力于确保公民有一部统一的、适用于全印度领土的民法典。"[①]这是基于国家统一的现实提出的统一法律的目标。但印度民法典现在也没有搞出来，原因者何？乃因为印度尽管在政治上是一个统一的国家，但是一个在文化上很不统一的国家，由于宗教和种族(穆斯林、基督徒、犹太人、袄教徒、锡克教徒、佛教徒、婆罗门)的众多的原因[②]，难以进行统一的立法，而印度领导人又无坚强的意志实现全国的法律统一。因此，印度长期实行属人法(Personal law)。在属人法涵盖的主题上，任何法院都要根据人们的宗教信仰适用不同的法律规则。这样的属人法涵盖的主题包括夫妻关系、亲子关系、继承和财产处分等。对于属人法涵盖的主题，无属地法可言。因此，就属人法的同一个主题，需要为不多的宗教－种族群体制定不同的法律。例如，对基督徒，制定了1872年的《印度基督徒结婚法》和1869年的《印度离婚法》。但1865年，又为袄教徒制定了《袄教徒结婚离婚法》。因此，要制定统一的印度民法典首先要统一印度人才行。故自独立以来，印度除了制定出一部《印度刑法典》之外，制定民法典的允诺迟迟没有兑现。可见，印度领导人上台时的处境与拿破仑差不多，但他们由于过多地考虑地方因素，没有实现"一个国家、一部法律"的目标，其中的教训值得深思。

一句话，那些主张先搞民事习惯调查的同志，不妨先对民事习惯的性质和沿革史做一番研究，对民事习惯的积极和消极作用有比较全面的认识，至少全面阅读满铁研究所搞的民事习惯调查以及民国搞的《民事习惯调查报告录》，确认其中哪些东西可用(我问了熟悉《民国民事习惯调查报告录》一书的同志，他们说没有什么用呢！)，哪些不可用，设计出详细的调查计划，说服我们改变对民事习惯调查的怀疑态度。如果拿不出自己的货色来，一问三不知，或者，一旦被中央领导安排去搞民事调查，倒是拿出一大堆心脏病、糖尿病、身边无子女、北京的生意离不开我的证明来推诿，我倒有理由怀疑尔等是否真心主张民事习惯调查，而是借着这个由头发泄自己未蒙宠幸的哀怨了！

2002年11月29日感恩节次日于哥伦比亚大学

① See J.Duncan M.Derrett, Religion, Law and the State in India, Delhi, Calcutta Chennai Mumbai, 1968:321.

② See J.Duncan M.Derrett, Religion, Law and the State in India, Delhi, Calcutta Chennai Mumbai, 1968:39.

认真地听中国学者对德国民法说不[①]

千呼万唤始出来，
出来怕是变了样。
认真一看变不大，
依稀还是那个样。

——美东时间2002年12月12日作为第7个读者从法律时评网获取民法典论坛第三场记录稿时欣喜口占

2002年11月26日晚，中国政法大学民商经济法学院主办了"中国民法典论坛"第三场，邀请王家福、郑成思、费宗祎3位教授和法官就"物权法、知识产权法和中国民法典"的主题做了联合报告。次日，网友"流金岁月"用神话笔调描述了这场论坛的要点，指出费法官批评了"迷信"德国法、一听到这种批评就"如丧考妣"的某些学者。[②] 从此以后，法律时评网就一反发表前两场记录稿的快捷，迟迟不发表第三场的记录稿，令我等关心民法典论坛进展的学人如大旱之望云霓，担心三位教授为了不影响关系，过分用心打磨已出之言的棱角。今天傍晚上网，一眼发现法律时评网刚刚登出第三场记录稿，迅速拷贝下来阅读一遍，发现基本内容仍如"流金岁月"的报道，不禁非常高兴，对演讲者的实事求是的精神深感钦佩，于是口占上述诗句。美国的时间比中国晚一天，为了及时传达我对第三场内容的看法，遂放弃每天坚持看的一场英语电影连夜写这篇评论。

我认为，民法典论坛是三场一场比一场好。本场是三场中最好的，何出此言？

第一，因为本场最充分地展示了我国民法典的结构设计向人文主义转向的信息；第二；本场最充分地表现了我国民法学界在100多年的西法东渐史上的民族智力独立意识的觉醒，因此开始对德国法说不！容分述之。

关于第一，我们首次从演讲者那里得到了最丰富的关于未来中国民法典结构的信息。

---

① 本文原载徐国栋．认真地对待民法典[M]．北京：中国人民大学出版社，2004.

② 参见起"大话民法典论坛之子虚乌有篇"。http://www.law－thinker.com/cgi－bin/yadian/dispbbs.asp? boardID＝4&RootID＝1732&ID＝1732&star＝1.

费法官告诉我们，其基本结构是总则、人格权、物权、合同、侵权、知识产权、婚姻家庭及继承、涉外法律关系的适用8编制；家福教授告诉我们，其基本结构是总则、人格权、婚姻家属、继承、物权、知识产权、债权、涉外法律关系的适用8编制，这两个结构大同小异。

同者，都抛弃了德国民法典的5编制体系和物法优位主义，采取了更加具有分析性的结构和人法优位主义，把德国民法典忽略的人法凸显出来，明确了人格权的优先地位，并反映了现代知识经济的现实，把知识产权整合到民法典中来。另外，吸收世界各国的通行做法，把国际私法纳入民法典。

异者，对人文因素的重视程度有轻微的差异。王教授的体系更加重视人法与物法在结构上的明晰性，把所有人法的内容归拢在前，把婚姻亲属紧靠着人格权规定，这样更加科学，更有逻辑性。费法官把同属于人法的婚姻家庭放在物权、侵权和知识产权之后，显得不伦不类，等于是把人法和物法插花规定。当然，他在发言中认为民法材料的顺序是无所谓的，在这个问题上，我们就姑听他言吧！然而，婚姻家庭和继承的区分是绝对有所谓的！前者属于身份法，后者属于财产法！不排除现在有些大学为了压缩骨干课程的需要，把这三者挤在一起讲的，但在立法上不能如此无视事理之性质。因此，在如上被透露的两个结构设计中，我还是赞同家福教授的设计。我认为搁置人文物文的建议可以接受，但把民法的全部内容区分人法和物法两大板块，从而把它们合并而非插花规定的科学需要是不能搁置的。为何要如此？台湾地区身份法专家林秀雄说得很好，财产法是属于公平竞争的原理，而身份法（也就是大陆说的人法）属于弱者保护的法理，类似于社会保障法[①]。因此，民法的两大板块的逻辑不同，应把相应的内容集中规定，形成泾渭分明的格局。

最后要说明的是，费法官的结构设计中没有债法总则，他自己认为这样安排无所谓。我最近在研究《奥斯曼民法典》，这也是一部没有债总的民法典（其结构大致如下：第一编，买卖；第二编，租赁；第三编，保证；第四编，债务移转；第五编，质；第六编，受托管理；第七编，赠与；第八编，取得和损害；第九编，禁治产和强制、赎回；第十编，合伙；第十一编，委任；第十二编，和解和免除），让我们看现代作者是怎样评价这种安排的：其致命的缺陷之一是没有规定债的一般理论，这是现代民法典的主要依托，因此限制了其关于具体债的规定的有效运作[②]，古人留下的这点教训，请费法官留意了。

关于第二，我们可以说费法官是大声地对德国民法说不。他大声疾呼“要突破对德国法的迷信”。郑教授则是小声地对德国法说不：他说：“所以说抛弃了德国的，我们这个世界也不会发生存在不存在的问题。”意思是不借鉴德国法，不会发生灭世大水或大火，中华民族照样可以生存下去。而王教授基于其丰富的政治生活经验，以不说的方式对德国民法说了不（高！大音希声哪！）：“首先声明，我不赞成在讨论中说什么派（德国派、英国派等之谓也）

---

① 参见 hsiawenc：台湾地区当代身分法名家林秀雄教授访谈录，On http://bbs.pku.edu.cn.

② See George N.Sfeir，Modernization of the Law in Arab States，An Investigation into Current Civil Criminal and Constitutional Law in the Arab World，Austin & Winfield，Publishers，San Francisco－London－Bethesda，1998，p.91.

……我们是中国派。……中国民法典所采用的体系，应是从各国民事法律体系中采用其最好最科学的那些部分所组建起的自己的体系，这个结构应该是中国的体系，而不是德国的、美国的、英国的……我提议的是在外国找不着的体系。"因此，第三场的最强音就是三个年龄、经历、背景不同的中国学者异口同声地对德国民法说不！这是为什么？

我认为，首先这是中国国民智力独立意识兴起的体现。而我们在第一场的记录稿中看不到这种意识，在第一场，江平和梁慧星两位教授像两个幼儿园的老师，面临中国民法典这个即将入园的孩子，讨论起该给他喂什么奶粉来。江平教授说美国奶粉好，因为美国人都吃得肥肥壮壮。梁慧星教授说不对，德国奶粉更加养人。只有王利明教授谈出了点东西，把全部的民法分为以人为中心的规范群和以物为中心的规范群，表示要先人后物[①]。看了这场讨论的记录稿后，我这个经常和洋人打交道，现在也身处洋国的人感到很难受，感到很羞耻！我们中国人讨论民法问题，什么时候才能不从邻居怎么过年谈起，直截了当地就说我认为怎么过年好呢？那场讨论基本表明了中国的文化寄生虫或文化被殖民地地位，显示了国家智力的孱弱。我们需要中国的思想！外国的任何思想都只能作为滋养中国思想的材料而非就是我们的思想。终于在第三场，我们听到家福教授讲出了上面的时代强音。我认为，家福教授不仅对德国法说了不，而且对美国法、英国法也说了不。他讲的是要吸纳百家塑造我们的中国法，让我国从被殖民地变成一块文化自决的土地。说到英美法，我特别要建议，凡主张自己受这种法影响的人都必须证明他学过这方面的什么课程，看过哪些经典。因为比大陆法复杂得多的这种法，没有下过几年工夫的人说自己受了它的影响，是比较失真的。如果只是在酒桌烟炕上听人家聊过几句英美法就自称受了它的影响，非常牵强。我看本论坛的参与者郑教授才是真懂英国法的，他举证说明自己学过财产法、合同法、侵权法、恢复原状法。这样的人谈论英国法才有可信性。其他人以后是否可以免谈？

对德国法说不，还是我国法学的学习对象多元化的成果。正如费法官所言，"我们有德国留学的、英国留学的等人才，都带进来很多东西"。实际上还不止德、英，本场的主持人费安玲教授就是留学意大利的呢！我国还有一些留学法国、哥伦比亚、阿根廷等国的优秀民法学者。由此在制定中国民法典时，我们已经有了一种综合性的智力环境，由此我们有可能在竞争性的程序中选择不管是何种来源的方案。

最后，我国学者对德国民法说不，还是我国综合国力提高，我国人民眼界开阔的结果。在我国贫弱之时，祖先的一次偶然选择就决定了世世代代的路径，加上腰包不鼓，我们哪里有胆子对德国法说不，图一时痛快说了人家中断援助呢！现在不同了，我国是世界上的重要国家，由于财富的增长，人民满世界周游，见的好东西多起来，除了德国货，我们还知道了许多的外国货都可以进口为我所用。"其实，属于大陆法系的，不仅仅有德国法，还有法国法，怎么德国法就一定特别好！"费法官说得何等的好哦！尽管我国属于大陆法系，过去单方面

---

① http://www.lawintime.com/ReadNews.asp? NewsID=919&BigClassName=%C3%F1%B7%A8%B5%E4%D7%A8%CC%E2&BigClassID=30&SmallClassID=40&SpecialID=0.

地学德国法，对法国法的无知不是耻辱，而是时尚，把我国民法学界搞成了个跛脚鸭。这种说法算客气的。不客气的说法是搞成了个卧床的残疾，因为大陆法还有意大利法[①]、西班牙法、葡萄牙法等等呢！多学一点，杂取于百家，有什么不好？这种多元选择只会使我国未来的民法典得到更丰富的营养。

在这样的有利条件下，本场论者家福教授不仅想到了不要老亦步亦趋学谁谁谁的问题，而且想到了“我当一回老师怎么样”的问题。德国民法典没有规定知识产权，荷兰民法典规定知识产权的计划也功败垂成，而中国民法典的结构设计中已经包括知识产权。因此，在当今之世，在知识产权纳入民法典、抽象出它与民法物权制度的共性问题上，我们中国人无名师可从，因此：“如果20世纪中国的知识产权编搞好了，将是对人类的贡献，因为别人没有做，而我们中国人却将知识产权的一般规定写进了民法典。”我想，没有一定的国民智力独立意识，这样的话是说不出来的！家福教授主张民法典要把人格权、侵权行为法都单独成编，提出的理由是“21世纪是人更有价值的世纪”，这是对德国民法所处时代的非人精神的深刻批判，那是一个泰勒制的时代，财富的增长重于人的福利，那样的时代塑造了那样的德国民法典。现今时代不同了，我们当然要另谱新曲。费法官还明确提出了超越德国民法典的口号，属于同音相和。

基本的前提问题一旦搞清，细节问题就势如破竹了。作为打消德国民法的独尊地位之思想的实践，我们在记录稿中看到了这样一些有意思的表达。家福教授说：“民法是国家的基础性法律，也是市场经济的基础性法律，它调整着人们之间的人身关系和财产关系。”大家可注意他以与民法通则第2条不同的方式处理了人身关系与财产关系的关系，发生了先人后物的转变。而且他也不再把民法的功能唯一地定位为“市场经济的调整”，而是承认其还有“国家的基础性法律”的功能。那么，什么是他理解的“人身关系”？他说：“民法总则从人出发，规定了主体资格，规定了权利人的行为能力，规定了法律行为也都是自然人或法人的法律行为……”这显然已经突破了过去人们对人身关系的人格权关系和身份关系的理解，把人格即权利能力问题纳入到了人身关系的范畴，由此达到了对德国法的有关规定的拨乱反正。因为我们知道，德国民法典的鼻祖之一温德夏德对这一问题的看法是这样的“所有的私法，要做的事情，有两个目标：(1)财产关系；(2)家庭关系。因此，私法的主要划分是财产法与家庭法的划分”[②]。这位温老兄把人格关系忘掉了，梁老师的书也跟着他忘掉了[③]。我们看到家福教授没有发生不应有的遗忘。当然，我们也看到他在本场说了一些穷汉无人格、

---

① 郑教授说的1943年的意大利民法典已经过时了的说法我不赞成，他不知道，民法典不仅是法，而且是法的渊源，后者本身就是民法典的一项功能，该功能能使民法典避免过时，而且他旁边的费小权威正在搞意大利民法典的新译本，把几年的修订反映进来呢！你说德国民法典平均每年修订一次是不错，但你也不能把意大利的法学家设想成全部走穴去了，以至于放任自己的民法典过时。

② Cfr.Bernardo Windscheid, Diritto delle pandette(Vol. I), trad. it. di Carlo Fadda e Paolo Emilio Bensa ,UTET,Torino,1925:41.

③ 梁慧星. 民法总论[M]. 北京：法律出版社，2001：11. 其中介绍民法的体系时，只说民法有财产法和身份法两部分。

"人""物"先后无所谓之类的话,那是人家的政治生活艺术,至少我是这样理解的。

接下来,费法官也基本达到了对民法调整对象问题的正确理解。他说,"需要有一部民法典来调整市场经济体系中人与人、人与财产的关系"。他讲的"人与人"的关系,就是不以财产为媒介的社会关系,也就是人身关系。他讲的"人与财产的关系",应解读作"以财产为媒介的人与人之间的关系",因为正像家福教授在同场中所说的,不存在人与物的关系,财产权关系的本质还是人与人之间的关系。因此,费老也正确地实现了全部民法材料的二分处理,并把其中关于社会组织的部分置于首要的地位。当然,他把民法的功能仅仅限定为"市场经济"的错误观点是要留待他将来修正的。

第三场的记录稿保留的听众 4 的提问提出了一个辛辣的问题:那些德国民法典至尊论者了解的是什么时候的德国法?是 30 年代的还是现在的?是直接进口的还是通过"转口贸易"得来的?据我所知,民法典起草小组成员中无人专门到德国长期学习过、懂德语,因此,他们所了解的德国法是不是真的德国法?是否为现在适用的德国法?是通过台中国湾地区、日本过来的二手货,还是就是台湾地区法和日本法本身?对这些,我也像费法官一样先"画个问号"。

德国法的尊崇者的目的如何?我通过各种来源得到两种解释:其一,私人利益说。费法官引述的王胜明同志的话揭出了真相:你不按德国的方法制定民法典将来我的书不好教!这是一种在世界各国反复出现的阻碍改革的话语。我手头就有一本《英格兰和纽约州的法典编纂》[①],其中引述的反对制定英国民法典的四大理由之一就是英国律师已经习惯了现在的这套法律方法,一旦改变需要重新学习,划不来!另外,就纽约民法典的制定爆发的菲尔德和卡特的论战,后者的实际反对理由之一也是如此。这些是对熟悉的谋生手段的维护阻碍了法典诞生的故事,也有相反的。美国购买路易斯安那后,打算在这里搞普通法,当地的老百姓习惯了按西班牙法处理问题,改换方法将导致他们重新学习,他们也认为划不来,因此他们抗议外来新事物,并成功地促成了路易斯安那民法典的制定[②]。说这三个例子,并非为了卖弄知识,不过想证明中国的某些德国法的尊崇者的动机是普遍的(许多人都同样行为),但是是私人的(出于对自己的考虑而非出于对合理性本身的考虑),把话说明白了比扯其他理由强!

其二,祖宗成法说。根据网友"蚕桑地主人"在法律思想网发表的对梁慧星教授在厦大做的《中国民法的继受问题》的报告的报道[③],梁教授认为我国清末通过日本继受德国法,北洋政府和国民政府继之。新中国成立以后继续继受受德国法影响的苏联民法。总之,由于历史的偶然性,我国一开始就继受了德国法,至今已 100 多年,教科书的体例基本上是德国

① Amos Sheldon,Codification in England and the State of New York, London: W. Ridgway, 1867.

② See George Dargo, Jefferson's Louisiana: Politics and the Clash of Legal Tradition, Harvard University Press, Cambridge, Massachusetts, 1975, p.114.

③ 参见其"梁慧星教授在厦门大学作南强学术讲座"。http://www.law-thinker.com/cgi-bin/yadian/dispbbs.asp? boardID=4&RootID=1939&ID=1939.

式的，学者、法官、律师已习惯于依据德国法的概念体系来思考问题，所以我国未来民法典不能脱离德国民法的基本结构和概念体系设计。这种说法细节上的真确性姑且不论，我只是通过它感到历史的惊人类似。

清末民初，鹿钟麟将军奉冯玉祥将军之命将满人小朝廷扫荡出故宫，被溥仪一把扯住，帝曰："帝制之在我国，开创于秦代始皇帝，历汉、晋、隋、唐、宋、元、明等二十余朝，满国之人，都习惯了按帝制的方式思考问题，一天不跪拜就膝盖发痒，尔等安能毁我皇皇帝制于今日耶?"鹿将军武人出身，讲不出多少道理，他的铁砂掌就是他的硬道理，只见掌起"帝"坠，中国帝制休矣！

还是用我的外国民法典收藏座右铭来结束此文吧！

胸怀祖国，放眼世界，天下智慧，皆为我用！

毛主席也教导我们：中国对于人类应该有较大的贡献！我们13亿人的国家，如果连这点雄心都没有，我们这个民族就真正的心死了！

2002年12月13日完稿于哥伦比亚大学

认真地点评葛云松对我的批评文章①

今天上网，一下子看到葛云松对我的《认真听中国学者对德国民法说不》一文的评论，大感兴趣，在网上读了一遍，深感此文文笔不错，有激情，动了感情，而且欣赏作者真名真姓与我论战的勇气。随即到网上查了作者的背景资料，以理解其思想的来龙去脉。同时也感到紧张，担心遇到自己应付不了的对手。遂把葛云松的文章下载下网后仔细研究。一遍读过，心中释然，再没有对付不了对方的感觉，因为这篇文章一经仔细分析，就会发现没有几个要点，我对作者的评价是：适合于写小评论，不适合写论文，葛云松同志的学术经历证明了这一点。

由于葛云松文章中的意气多于实质，我没有感到有必要写一篇专门的答辩文章，以他的文章做基础，以【】号加上我的点评就足以让读者了解问题的症结所在了。相信认真读过我的文章的人都可以得出自己的看法。

以下是葛云松的文章和我的点评：

评徐国栋教授的《认真听中国学者对德国民法说不》

葛云松

徐国栋教授近来多次“认真”地发表了很多关于民法典体系的见解和评论。他虽然远在异国，无四座在侧【*不能说在国外就没有四座，哥大的大量中国留学生就看我的“认真”系列文章，耶鲁的中国学者看了“请求国士待遇”一文后来电话说写得好，要把其中的建议传达给全国人民代表大会的领导。意大利有人来电邮说同样的文章在当地中国学者中争相传阅。其中有人说，那些说德国法好的人首先必须证明自己懂德国法，证明手段是翻译一部民法典或翻译一部经典著作。这招太毒，把南郭先生们都难倒了，大家都要有一碗饭吃嘛！所以我未接受这样的甄别建议。其他国家如法国等，也是类似情况吧！在这个网络的时代，读者群是全球性的。*】，但也可以说次次语惊四座，字字透着锋芒了。徐教授人到中年，还有如此锐气，足令我辈后生倾倒。【*此段无实质内容，似乎说我中年人怎么还像个小伙子，不予置评*】

徐教授论战的最大特色，是帽子横飞，以“扣帽子，打棍子”为能事。所谓人文主义物文主义之争，不过是徐教授先自己炮制出一顶所谓的“物文主义”的帽子，然后不管三七二十

① 本文原载徐国栋．认真地对待民法典[M]．北京：中国人民大学出版社，2004．

一，将别人扣在下面，然后就沾沾自喜地认为已将别人驳倒。【*人文主义与物文主义之别，我在多处说过，不那么好懂，尤其是对我国民法学者难懂，因为这些学者通常不看法哲学和哲学的书，对法律史也达不到专业熟悉的水平。而这个题目恰恰属于在大法学内跨学科的领域。梁老师就是吃不准我的文章才找其弟子帮忙的。他自己谦虚地说，只懂一些二十几年前学的马克思主义哲学，对于现代哲学基本不知。这里不是说清它的地方。葛云松的文章将促使我把"认真地把人文主义的民法观通俗化"一文写出来。*】

这次，又祭出一顶"洋奴"【*葛云松，这可是你祭出来的帽子，我从来未用此词！按照你的分析逻辑，我不该用"洋奴"的帽子，而应该是"德奴"的帽子呢！呵呵*】的帽子，再一次将别人扣在下面，于是再次凯旋。

对于徐教授这次旗帜鲜明地高举的民族主义【*同"洋奴"的情况，我没有用过此语。在"民法典草案的产生问题"一文中，我还专门批判过这种主义*[1]】大旗，我除了感到好笑，没有什么别的感受。在我看来，所谓对德国法说不，与其说是什么"中国国民智力独立意识兴起的体现"（又一个新概念，或者说给自己又戴上的一顶新帽子），倒不如说像是十三四岁的孩子对于一切唠唠叨叨老生常谈的东西的莫名逆反。不需要理由，就是天天都听别人说，腻烦透了，要换点新鲜的，爽的，酷的！【*你葛云松感到好笑并且把我假想成喜新厌旧的孩子，可以！但你必须以实质性的论据批驳呀！请出招！！呵呵*】"那场讨论基本表明了中国的文化寄生虫或文化被殖民地地位，显示了国家智力的孱弱。我们需要中国的思想！"中国的传统法律恐怕最体现了中国的思想了吧？干吗不恢复大清律例，那是多么令人怀念的纯正"中国的思想"啊。【*把"中国思想"与大清律联系起来，算是认真地面对了我提出的问题，这里才产生了我认真地面对你的需要。读者从我的"认真"系列文章可以看出，我对大清律没有什么好感。我说的"中国思想"，是在杂取百家的基础上形成的现代中国思想。读者注意:这是我接触到了葛云松文章的实质点之一。*】

可是徐教授自己也说"我们当前制定民法典，是为了引进西方的先进的社会组织和资源分配工具，完成自己的法律文化的现代化"，也不愿意"回到恬静的大清的田野"去享受"和谐的中世纪的古典美"(《认真地评论民法典论坛第二场》)，于是他也是满口的"物权""债权""法人""自然人""人格权"，没有一样是纯种的中国思想【*这些术语我用得很少，都是孩子们在用，因为《绿色民法典草案》的这些部分是他们起草的*】。他自己毫不认为自己因此就智力孱弱，或者成了文化殖民主义者不自觉的工具。当然，徐教授主张"多学一点，杂取于百家【*看到这里，我觉得没有必要写上段对葛的文章的实质点之一的分析了，葛对我了解得很呢！！*】"，这也很正确【*完全同意你的这一观点！！*】。如果徐教授真的提出一个真正比起德国或者任何一个国家的民法更加高明的方案，我相信没有谁会因为这不是洋玩意而是中国人"自己"的东西而讨厌和放弃它。关键是你有没有能力提出来。是的，徐教授提出来一个方案，自己认为高过了洋人。梁慧星老师实质上只是认为他的方案并没有他所标榜的说服

① 该文载《法律科学》1998年第3期。

力【*葛云松差矣！我们的方案没有放在网上公布，还在印刷过程中，你没有见过，梁老师也没有见过，在你和他得到把它与德国民法典比较的机会前，你和他先就说它不如德国民法典是违反认识论的基本原理的！你说我"自己认为高过了洋人"，用的是虚拟语气，我不怪你，我自己至少认为超过了德国民法典，因为我们的草案比它晚了100多年，又吸收了这一个世纪以来世界上的其他"洋人"对德国民法典经验教训的总结，不比它强是奇怪的，也是违反历史发展的基本规律的*】，认为它并没有比德国法更好，梁老师只是认为德国法是最好的方案，因此未尝不可取来为我所用而已【*本来不想把梁老师扯进来的，你既然提到他，我也就不回避了。根据我对他的了解，梁老师是否知道德国法族以外的其他方案，我画一个问号。他对我的主张亲属会议就是封建主义的无端批评，十足地证明他没有通读过法国民法典、甚至瑞士民法典和德国民法典，因为这三部民法典都规定了亲属会议，民国民法典中的亲属会议并非来自大清，因为大清律中没有这个制度*[①]*，而是来自明治维新后的日本*[②]*，而他认为亲属会议是中国封建社会的东西。这样的人说德国法好，德国人是否觉得适当，我也画个问号！"最好"是最高级，人们使用最高级的时候都要界定比较的范围，这是每人都知道的西方语法常识。如果一个人连比较的范围都不能确定，他怎么能使用最高级呢？*】。谢鸿飞、张谷等人也都进行了有力的反驳。徐教授没有能力（也许是不屑吧）说服梁老师以及那些和梁老师有类似想法的人【*葛云松你又不了解情况了，你讲的这两个人的文章都是我编的，也算是我催发出来的，在编的过程中有许多切磋。他们中的一人接受了我的观点*】，于是虚晃一枪，懒得去进行什么学术辩论了，直接给梁老师贴上洋奴的标签【*读者明鉴！是葛云松你贴的这个标签！不是我贴的*】，一切万事大吉。好高明的一招！

抽象地谈'对德国法说不'，或者对任何洋人说不，我也同意【*那还说啥？我们不就一致了吗！*】。任何外国的经验，我们都应当仔细地甄别、思考，如果认为不合国情或者不合理，就不接受。梁老师就反对德国的物权行为独立性和无因性原则（尽管我不赞同梁老师的见解）。但是如果分析的结果是，别人的经验很合理，有什么理由不接受？为什么仅仅为了显得更加"中国"，非要去创造一种不那么合理的东西？徐教授既然运用物权债权概念，既然主张民法典中设立总则和债法总则【*葛云松你又不了解情况了，我从来就不主张民法典中设总则！这是任何一个熟悉我的观点的人都知道的*】，显然也是接受了外国法的东西，尤其是德国法的东西。为什么徐教授仅仅因为在民法典体系问题上有了一点自己的新见解，就那么骄傲，俨然成了"国民智力独立意识"的代表？我实在看不出来梁老师认为德国民法典的体系比较优越和徐教授接受德国的法律行为概念以及债法总则的设计之间有任何实质性的差异。

"怎么德国法就一定特别好?"这是一句多么雄壮的质问。但我相信费宗祎教授的意思仅仅是，需要比较鉴别，而不是徐教授的那种曲解后的意思【*我曲解成什么意思了？我自己*

---

① 查田涛、郑秦点校的《大清律例》（法律出版社1999年版），无亲属会议之规定。

② 戴炎辉. 中国法制史[M]. 台北：三民书局，1966：208.

都不知道】。我们同样也可以问，“怎么德国法就一定不特别好？”【*你怎么就是在德国法上兜圈子，眼界怎么不放宽一些，把选择的对象范围扩大一些？*】德国不一定特别好，但是也不一定就不是特别好。万一客观地比下来真的是特别好，你又没有能力找到更好的，用德国法模式就等于让自己的民法典成为最好。我们需要的是依照客观标准最好的民法典，而不是有中国特色的但是不那么好的民法典。所以这是一个纯粹的学术问题，和民族主义无关。如果说有关的话，那么主张借鉴德国法的人，又何尝不是为了让中国有一部最好的民法典呢？

徐国栋教授最后欢欣鼓舞地揭露了有关教授坚持德国法体系的实质：私人利益——哦，原来他们是为了自己的饭碗才固执己见的。中国人【*葛云松！你可别忘了你自己也是中国人呢！国人在骂自己所属的共同体时，总是把自己作为例外的，但我看不出葛云松有什么特别！！呵呵*】最喜欢诛心之论——证明了别人的邪恶动机，一切也就不必讨论了。又是高明的一招啊。原来要在学术争论中胜出，除了学术贡献外，还有这么多见血封喉的奇招呢。

我想说的是，第一，动机是（至少基本上是）不可探知的。指责别人“居心叵测”是最无聊（然而似乎相当有效）的一种辩论术。我也可以怀疑徐教授是不是因为觊觎民法权威的封号而标新立异，大出风头【*关于我现在是否为民法权威的问题，你我心里都有数，我宁愿把这个问题的结论交给后人去做*】。但是我从来不认为这和徐教授的观点是否正确有什么关系。因此我从来没有想到用徐教授的动机做什么文章。

第二，制定法律是不是需要考虑已经存在的传统和法律专业人士的思维习惯？假定论战双方对于实体性的制度没有任何争议，但是一方主张沿用旧的概念体系，一方主张换成新的。要知道，制定法律不是追求新鲜感。概念和体系的变化，意味着法律界乃至整个社会付出巨大的成本！最起码的，教科书需要全部重新编写，教师需要重新备课，律师、法官需要重新学习，普通民众也可能需要为了对新的法律做基本的了解而付出更多的时间精力。即便是有若干实质性的制度创新，也要尽可能在旧的概念和体系的范围内作出革新【*我无比兴奋地发现，葛云松文章的唯一的要点在此！！对于维护德国法，他提出了“制度转换成本说”，这比私人利益说的公共性强多了，这是一种值得认真考虑的意见，也是葛云松先生对民法典讨论的一点贡献！！但对于那些充斥中国大学的“懒鬼”来说，葛云松的观点是个利好消息。葛云松提到了备课，相信他自己就有这方面的经验，这些懒鬼为了避免重新备课，把合同法颁布前的讲稿在颁布后继续用呢！不过，帝制改成共和也有成本，而且非常大，葛云松是否仍然认为还是保持帝制好？我说这个问题是为了证明你的成本太高说与祖宗成法说的联系*】。假如实质内容完全一样或者基本相同，这些代价的付出到底为了什么？有什么意义？有什么效益？难道只是为了满足几个充满了创新欲的学者和充满了创造历史的万丈豪情的立法官员的成就感吗？【*对于官员的感觉，我说不好。对于学者，我满可以说上一嘴：一个没有创造历史的万丈豪情的学者是一个糟糕的货色，你可以选择当一个没有豪情的人，但不能阻止人家当一个有万丈豪情的人呀！呵呵！！*】“祖宗成法”固然不见得必须遵循，但是祖宗成法更不是必须摈弃！如果要改变人们已经习惯了的“祖宗成法”，必须有充分的理由，否则，就应当坚持！【*这不是正确的废话嘛？*】

最后，不能免俗但是出于真心的是，我的上述评论并不表示我全盘否定徐教授。徐教授的多数工作是非常有贡献和值得尊重的【*谢谢!!* 】。但是他在民法典体系问题上的诸多言论，实在和他的其他工作太不相称。

小结：以更加清晰的方式重申我的观点：我在自己的评论文章中已经指出：中国人不仅应该对德国法说不，而且应该对美国法、英国法乃至于意大利法说不，也就是说，我们不能把自己拴在某个西方法学大国的身上，对它亦步亦趋，而是应该都学，兼收并蓄，以它们为养料塑造中国自己的法学。这种法学既非德国的，亦非其他任何国家的，而就是中国的。做到这一步并非没有先例，1948 年的埃及民法典就做到了。当然，这对于老一辈学者乃至于中年学者，是个严峻考验，因为他们大多除了先是通过中国台湾地区后是通过日本传来的德国法，不知道有什么其他的法。

了解我的人都知道，我不是一个民族主义者，甚至从不声称自己是一个爱国主义者①，把我称作一个在中国出生的世界公民，我认为是适当的。我的口号是崇洋不媚外。我崇的“洋”是广泛的四“洋”而非东西南北洋中的任何一洋。为何不媚外？因为我出生在中国，因此我认为中国人应该有自己的民族尊严和民族利益。这一点，我在自己的评论文章末尾引述的我的外国民法典收藏座右铭中说得很清楚。

一句话，葛云松的文章是为中国学德国法的必要性进行辩护，按照通常的写作逻辑，他首先要证明德国法的好处，但他在本文中未做这样的证明，沾点边的证明是“德国法在中国已经深入人心，换马制度成本高”；其次，他要证明为什么要专取德国法，实际上，葛云松与我的区别在于我持“杂取说”，他持“专取说”（他在这一问题上漂移不定，因为他也说：“抽象地谈‘对德国法说不’，或者对任何洋人说不，我也同意。任何外国的经验，我们都应当仔细的甄别、思考，如果认为不合国情或者不合理，就不接受。”），但是他又不说专取说的理由！实际上，必要的证明是德国法比现在任何的其他法都好，为此，证明者面临两项困难：第一，为何一个 100 多年前的“旧曲”就比一个“新篇”（例如荷兰民法典和魁北克民法典）要好？（当然，德民是否就是“旧曲”是一个问题，问题在于那些德国民法典的赞美者没有能力在法典条文之外系统地把握通过判例学说在这一旧曲之外谱就的新篇）。第二，证明者必须对世界上的所有新篇有足够的了解，然后再把它们与德国民法典比较优劣，然后作出选择，这对民法学界的绝大多数的同志，是一个极为困难的甚至是不可能的使命。在这样的条件下说德国民法好，不过是毫无意义的空气震动而已。不过是“我已经听惯了德国曲子，也不懂别的曲子，凭什么给我听那些陌生的东西”的心态的另一种表达而已。

正因为具有上述致命的缺陷，葛云松的文章的情绪化太强，认真说来，你这篇 2000 多字的文章中只有“制度更换成本论”一个要点（至少是这一问题上的新说），未免过于稀薄。因此，宽恕我违反自己的习惯不做专文批驳你，只点评一下你而已。希望你以后的批徐文章能

---

① 徐国栋. 西口闲笔[M]. 北京：中国法制出版社，2000：178.

就“专取说”的理由深入下去，写得有内容一些，做到这一步我就专门写文章驳你或采纳你的观点。另外感谢你对我的文章的评论，为此还要感谢你对它的阅读。只有经过讨论甚至争论，我们才能发现彼此观点的价值。

2002年12月22日于哥伦比亚大学

附录：我与葛云松先生就《认真地听中国学者对德国民法说不》一文的后续讨论

葛云松：谢谢徐教授的回文，也多谢徐教授对我的"勇气"的恭维。不过我自己倒没有感到真名挑战需要什么勇气。因为徐教授既不管我工资奖金，也不管我职称分房，何需什么勇气？倒是诛心论者可以怀疑一下我是不是有什么"叵测"的用心：是不是借此讨好一下当今权威梁老师，谋点什么。随便。不过我在前文之中已经说明，动机是不可探知的，也是不重要的，看我的观点和论证才是正道。另外，署真名也是响应徐教授的号召嘛。

关于徐教授说我"只适合写小评论，不适合写论文"，我倒不看作对我的人身攻击，而只看作徐教授对我的学术能力的一种综合评价而已，他因此而感到了"释然"，这当然是他的自由。我无所谓。至于我写过的寥寥几篇"论文"到底算什么，那是一个公论的事情。

就徐教授就教在下的几点，简单回应如下：

"洋奴"并不必须意味着所有洋人之奴，专为德国人之奴，也符合"洋奴"的逻辑。这一点徐教授也是承认了的。所以将徐教授的观点缩略为"洋奴"标签，应无问题。

徐教授的方案虽然没有全部公布，但是编制体例早已经出来了。你的"人文主义"的全部内容，不就是体例的主义吗？我倒不是说你的内容不"人文"，但是在具体内容上，你又说出梁老师的方案哪一点不"人文"了呢？也就是说，至少从你现在发表的观点看，"人文"和"物文"的区别仅仅在于"人头物身"还是"物头人身"的结构问题，所以只需看你所列的民法典结构，就知道了你的人文主义民法观的全部内容了。

另外你说自己的方案不比德国民法强倒奇怪了，恐怕有些太过自信了吧？你俨然以"历史发展的基本规律"的代表或者发现者自居，恐怕也太过自信了吧？至少，绝对不是必然的。

对我用"最好"一词的指责，恐怕也不妥当。每个人的知识能力有限，所以所谓"最好"，只能够说是自己知道范围内经过比较认为最好。你提出的新方案，前无古人，自然应当纳入比较的范围，但是也完全可能在比较之后发现还是不如别人的好。

张谷、谢鸿飞都是我很好的朋友，他们文章的来由我也大约知道。你编辑此书的雅量是值得赞赏的。但在客观上，你的的确确没有"认真"回应啊。

你的小总则（"序编"），除了把"人"部分抽掉以外（还是留下了"第二题 人"，不知道内容是什么），恐怕和德国民法总则没有太大区别吧？当然，你说我这是误解你的观点也可以，我道歉就是了。不过这完全不妨碍我的主要观点。

你说“一个没有创造历史的万丈豪情的学者是一个糟糕的货色，你可以选择当一个没有豪情的人，但不能阻止人家当一个有万丈豪情的人呀！”在下以为，有没有豪情是个人的事情，一个人工作的价值与其豪情有多少丈没有关系。但是，作为学者的基本社会责任，应当是以社会为重。不要为了创造历史而创造历史。一个军事天才也不能为了成为一代名将而制造战争而给自己表现的机会吧？如果仅仅为了满足自己的豪情而牺牲社会利益，多少应当叫作自私吧？

关于“民法权威”一句，我想徐教授误解了我的意思。我只是想表明动机是不重要的，顺便用你做一个例子。我的确不知道你的动机，而且我相信这不是你真正的动机——你早已经是成名学者，如此这般到处“惹是生非”（非贬义）并非真正的逐利之道。我不了解徐教授，对于人格问题无法置评，从文风来看，倒更像一个英雄意气、光明磊落的人。但是这对于我们的争论来说也不重要。我只是认为你对民法典体系问题的思考方法实在差劲，忍不住“跳出来”辩驳一下而已。

“祖宗成法”一段，是针对你《认真听中国学者对德国民法说不》一文中，看到别人说要坚持祖宗成法，立刻显出的满脸不屑。我说的的确是正确的废话，但是常识并不真的就是“常”识。在“创新”论者来看，创新就是铁砂掌，就是硬道理。

另外，希望徐教授和其他读者明鉴的是，至少在我的评论中，根本没有说我自己对德国民法体系好不好的观点。我虽然觉得德国民法体系最好，但是仅就这篇评论而言，却没有一个地方在“为中国学德国法的必要性进行辩护”。我只是在批评徐教授思考和论证观点的方法。所以“专取说”的帽子，吾不受也。如果非要我说，我就说一点，首先需要有徐教授那样“天下智慧，为我所用”的气度，对任何一种可能的合理设计都尽量进行思考辨别。但是如果某种国外成案最为合理，也可以为我所用。相反，徐教授倒似乎有一点“天下智慧，为我所用；惟独体系，须我独创”的狭隘意味。

徐教授努力捕捉我的要点，最后只发现了一点。的确，这是我认为重要的一点，我上课给学生其实早已经讲过此点。不过，我希望协助徐教授再找一个要点，不知道是否值得一驳：为什么采取物权债权法律行为概念是“崇洋不媚外”，可是主张采用德国民法的编制体例就是“崇洋且媚外”？为什么前者不妨碍民族尊严而后者就妨碍了民族尊严？

徐国栋：葛云松是条汉子！讨论到这里，你我的差别不怎么大了，说实话，通过讨论，我们彼此都感到对方光明磊落，这就行了，不同意见的地方可以保留。说实话，我觉得自己该说的都说了，重复起来没有什么意思，尤其是关于人文物文，我自己都腻了。采用物权债权概念与崇洋媚外没关系，我就不具体解释了。谢谢你帮我找出了这个要点。说实话，你文章中的要点是不多，我可是逐段分析的。

关于你最觉得好笑的“人头物身”还是“物头人身”重要之问题的论点，我想到了一个例子：金刚石与碳的分子数目是一样的，只是由于它们排列方式的不同才有云泥之别。另外我在《绿色民法典草案》序言中已经说过，民法典玩的就是形式。这里不展开，涉及民法传统的基本走向问题。要说实质，搞什么民法典，基本的单行法我们都有了呢！

葛云松：徐教授，前面几个帖子，我们打了一轮架，又有了一轮互相吹捧。我希望上述“和解”能够更让我们消除无谓的意气之争，而进行严肃的学术对话。当然，说话冲一点也无所谓，关键是要言之有物。实际上，你还没有回答我最初帖子里面最核心的问题：民法典体系问题（乃至具体制度）和中国的“国民智力独立意识”或者说民族尊严有什么关系？

我当然理解你在国外诸事繁忙，但是如果拖延超过“合理期限”，则须推定为放弃答辩，因此将来讨论民法典问题请再勿和民族感情联系在一起。

另外，关于你前贴中关于金刚石和碳的比喻，吾以为不妥也。类比需要有可比性，法律和分子式有“云泥之别”，没有可比性。所以你的比喻只能看作寓言式的。但是我还是愿意就这个寓言提出一个疑问：我们看到了金刚石和碳的区别——就我们所谈，二者分子式的差别是因，二者硬度和其他物理特征的差别是果。那么你就应当说说“人头物身”和“物头人身”的区别的实际效果——你大概只能说出个“精神气质”，但是作为法律，作为法律人以及身受法律管辖的芸芸众生，除了个别人如徐教授者外，他们关心的是法律调整的实际效果。所以，能否在“精神气质”之外再谈出一些差别？

于“民法典玩的就是形式”问题，以后再讨论。

徐国栋：《认真地听中国学者对德国民法说不》一文的讨论逻辑应该是这样的：第一，徐国栋是自己对德国民法典以及其他外国民法说了不，还是他只是概括了第三场的学者说了这样的不？如果是后者，大家应该讨论的是三位教授为什么对德国民法典说不，大火应该烧到他们身上去！如果列位认为我编造了三位教授的意思，你们自己不妨写一篇关于“中国民法典论坛”第三场的述评出来，把你们认为的三位的真意概括出来，然后我们再讨论这个真意？如何？遗憾的是，到目前为止，无一人评断我的“说不”论是三位教授的意思还是我的意思，认认真真地跟我算上账了[①]，这个步骤不科学。俗话说，冤有头，债有主，你们该给谁较劲就跟谁较劲。完成这一步骤后，如果列位通过举证证明了我编造了三位教授的意思，你们再来跟我较劲，不迟。说实话，你们输的可能太大了。因为我取了一个颠扑不破的前提：兼取百家，壮我中华，这个没有什么反驳头，放之四海而皆准，你们可以说我狡猾，当然我会说自己智慧。尔等在认为我反对德国法的前提下评说我，我没有这个意思呀！我在《认真地为民法典起草者请求国士待遇》一文中，提出为民法典起草委员配 6 名助手，其中需要的语言素养就包括了德语。而且我的《绿色民法典草案》参考德国民法典甚多呀！继承合同就是从德国民法典学的。我的外国民法典收藏中就有德语世界的三部原版民法典呀！在德国学习的

① 2003 年 6 月 28 日回到厦门的头一周，有幸与一位德国法研究背景的学者讨论我与葛云松以及其他网友就《认真地听中国学者对德国民法说不》一文进行的论战。他承认，我没有歪曲三位教授的意思。我马上提出为何大家不与他们较劲而专门讨伐我的问题，其回答是“你年龄轻、火力大、影响大，故如此”。我很怀疑自己的影响力，但我满意得到了一个真实的回答。可惜这样的回答只能在私下的场合得到。

同志可以回来先当助手，将来当老板。如果语言能力很强，不妨多学几种语言和法律，兼听则明。这些都是白纸黑字，没有改动，大家自己回去再看。看来，尔等看文章都过于心急，过于考虑自己的利益。巴掌山挡住了尔等的眼睛了①。我要是尔等就这样立论：兼学百家说来好听，实际上不可能，因为人生苦短，搞懂一家就需要一辈子，因此，一个人在一辈子不可能懂百家。按照我的逻辑游戏，演算可以继续这样进行下去：可以让每人治一家，然后 100 人凑在一起讨论呀！这样的推论，也可能找到反驳的，但我现在就找不出来。

徐国栋：葛云松同志，你的问题我就不答辩了，我认为在自己的文章中都已说清楚了，重复起来我的时间不够。我昨天的帖忘了一点：把法制改成法治有何意义：许多人据说为此改变奋斗到白头，一听中央到底改了就涕泪交流呢！没有要你回复的意思，补充昨天的遗忘而已。说实话，参加这个讨论，很感觉国人的"难得糊涂"观念，一笔一画，搞那么清楚干什么？不过，按照经院哲学的精神，就是要研究一个针尖上可以站多少个天使这样的问题。这在我国是被当笑话说的，自己学问不做到一定的程度，怎么能理解这一点不好笑呢！说实话，吃饱了的人才能研究这样的问题，这是贵族的问题。饥肠辘辘的人只会觉得这很好笑。当然，经院哲学家也觉得他们好笑。还是回到国内，让我们以书法为例：一横是一，二横是二，三横是三呢。郑板桥同志对于这样的问题，大概不会采取难得糊涂的态度了。不然，1 两银子的货他付了 30 两，他又不搜刮老百姓，他一个月的工资怎么能熬到月尾？参加讨论的同志们不顾我的逻辑前提对我做了许多玄想，作为报复，我也玄想一回：郑板桥之所以挂冠而去，并非什么好听的"田园芜兮胡不归"，而是在难得糊涂的思维定式下算错了账，该付 1 两的付了 30 两，结果熬不到月底了，越想越气，才回去画画的。呵呵，新说新说，戏说板桥，郑氏后人宽恕则个。

葛云松：徐教授的在意大利的朋友说证明自己懂德国法的方法是翻译德国的法典或者著作，这分明是难为我等嘛！知道我只是粗通英文，连德文有多少个字母都不知道。我也从来不敢说懂德国民法，但是还是敢说对德国的一些制度是懂的。譬如德国法上有法律行为概念，有物权行为独立无因制度，我相信自己还是了解的。佛学传入中国久矣，古来多少佛学大师，又有几个懂得梵文？至于唐僧等二道贩子是否借机兜售私货，恐怕没有人知道。借着日本、中国台湾地区的二道贩子们了解德国法，未必就一定不稳妥。这甚至不妨碍我们有可能对德国的民法理论做一些也许他们也没有进行过的思考。比如我在《股权、公司财产权性质问题研究》一文中对物权客体为什么须限于特定物、独立物的分析，至少从我们接触过

① 还是在与前注中提到的德国法研究背景的学者的讨论中，我问到大家为何如此对我的"杂取百家、壮我中华"的真理性命题动火，答曰："你要砸研究德国法的人的饭碗，大家能不动火？"他还具体举例说，他在德国见到了一位专门狠批过我的这一命题的网友，谈话中说到他对我老徐的其他都没有什么说的，就是对我对德国法提意见反感很大，因为这影响到他将来的饭碗。这一谈话带给我万千感慨，它们凝结为如下诗句：真理诚可贵，饭碗价更高。若为后者故，前者尽可抛。我一方面感叹我国有太多的学术讨论渗透了太多的饭碗的因素(例如经济法学者对民法学者的论战)；另一方面感叹某些德国法研究者的脆弱：他们对自己的转业能力以及对自己如此钟爱的德国法太缺乏信心，同时夸大了我的破坏德国法的动机以及破坏能力。

的关于德国法的中文资料中是没有过的(对不起,如果有误,请德国来的高手指正)。这种思考反过来促进了我们对国外采用某种制度合理性(或者不合理性)的认识。我相信我这个三道贩子也有可能帮助人们理解其意义,关键问题是要敢于运用你的理智。

所以徐教授说他的朋友出的招太毒,我不这么认为,我认为此人十分浅薄。

另外杂取百家固然抽象来说不错,我在最初的帖子里也说"抽象地说对德国法说不,我也同意"也是这个意思,但是一旦决定了在某个问题上采取某一国的成例,则在这个问题上须更多地以该国学说制度为参考。比如物权变动模式,如果采纳了德式物权行为制度,则"杂取"法国日本相关学说的机会虽然不至于无,但是至少在法律解释论上就少得多了。相反,如果采取了法国日本的债权意思主义,则德国学说的参考价值必然大大降低。这一点也是需要注意的。

我同意网友们的做点实事的建议。并且由于我不认为徐教授所谈的意义上的体系问题重要,所以我根本没有写过什么这方面的文章,我的这篇批评也不是谈哪种体系更好,只是说讨论体系或者任何民法典起草的其他问题的时候,一些思考方法必须纠正,一些无关的干扰因素必须排除,比如民族荣誉感(民族荣誉感应当有,但是和民法问题没有关系),还有诛心论,以及对"创新"的盲目追求。这些问题不解决,很多讨论都会流于情绪化而没有实际意义。

鉴于许多讨论已经偏离了我最初讨论的问题(这在网上似乎是必定出现的,不这样倒奇怪了),我建议这个标题之下尽量讨论我开始谈的一些问题,而那些后来介入的一些实质性问题换个地方专门讨论,比如,民法典体系的意义问题,从一个角度说就是"物头人身"改为"人头物身"有什么意义的问题。不知道大家以为如何?

徐国栋:认真地回应葛云松的问题。关于你帖子中的最核心的问题:民法典体系问题(乃至具体制度)和中国的"国民智力独立意识"或者说民族尊严有什么关系,我经过几天的思索,今天答复你,你就不要抓我的时效问题了。

可以说,这个问题由来有自。首先,我在中国社会科学院研究生院读博士时,与哲学系的同学接触多。他们称赞一个人,就说某人是最好的黑格尔专家、研究某某的专家,我纳闷,研究黑格尔难道是目的,我们通过研究他人的思想入门,最终是要创立自己的思想的呀!而多数人把手段当作目的了。至少根据我的价值观念,你说我是"最好的黑格尔专家"这句话是骂我。

其次,想起了顾培东在一本书的序言里说的话:"你研究博登海默最好也不如博登海默"[①],我认为此语可见顾培东的心气之高。

第三,想起了我的家乡人魏源老先生,他说师夷之长技以制夷。我们现在埋头学人家是不错,如果想得远些,就这么学一辈子、两辈子……千秋万代学下去么!魏先生想到了不学

① 顾培东. 社会冲突与诉讼机制——程序法学的法哲学研究[M]. 成都:四川人民出版社,1991:序,3.

的那一天。我受他的影响，也这么想。

作为一个中国人，作为一个经常出国的中国人，我为自己的国家在近100年以来没有为人类文明输出过什么感到羞耻，我们从头到脚都是学人家的，包括发式和鞋子、术语（你用了“酷”这个词）。这完全是个文化寄生虫嘛！我希望有一天，我们也能回报一下那些给过我们很多东西的人和民族。

当然，我还想到了刘心武的小说：一个人说自己是吃日本奶粉长大的，并夸耀自己得了一场地道的日本感冒。实际上，刘心武与顾培东如出一辙。都是想得远一些的人。

这个回应，是否叫你满意？

葛云松：回徐国栋教授。对不起，因故迟迟回复，希望也不至于罹于时效。

多谢回应。也赞赏你的责任感。但是，我仍然认为，应当警惕民族荣誉感对学术问题的干扰。借用一下徐教授爱用的比喻或者类推的方法，这两年通过网络涌现出来的大批爱国贼，以爱国的名义，行误国之事（当然，他们还没有能力直接误国，但是其言论至少已经导致了对国家荣誉的伤害，而且如果实行其主张，必然大大误国），实际效果和卖国并无差别甚至有过之。我绝非影射徐教授误国，而只是想说明，出发点或者动机并不必然决定其效果。有更高的民族责任感的人，其主张未必比起其他人更对民族有利，更何况主张德国体系的人，也未尝不可能怀有同样的责任感。我绝不会反对这种民族责任感，只是说，既然民族责任感对于我们讨论学术观点正确与否没有关系，就应当避免将其作为学术争论中的一个讨论对象。

我们都赞成像魏源说的那样，先要学习人家，但是也不是千秋万代学下去，但是什么时候可以不再学的那一天的到来，不是民族荣誉感能够决定的。否则，从魏源那个时候就可以不学。

另外，对于黑格尔专家和博登海默专家的问题，我也觉得徐教授的民族荣誉感成了妨碍他客观认识其意义的障碍。是的，研究博登海默再好也不如博登海默，但是，一方面，学术工作有分工，黑格尔专家和博登海默专家们的专门研究可以帮助人们更加深入地了解他们，从而为像徐教授这样的思考型和创新型的学者减轻工作负担，集中精力进行更有创造性的工作；另一方面这种专门研究也提供了超越的可能性。不排除一个人40岁之前是黑格尔专家，40岁以后就成了以超越黑格尔为职志并且的确具有这种素养和基本训练的人。

还有一点，虽然不能说世界正在走向大同，但是全球化是一个不可否认的事实和趋势。所以，如果的确没有特殊的需要，融合进“全球”正是对世界的一个贡献。欧洲的统一化无可避免地在消灭一些民族特色，包括德国也为了执行欧盟指令以及适应其他公约的趋势而修改其本国法。中国加入WTO是以牺牲了多少实实在在的民族利益为代价的，但是只要认为利大于弊，就值得做。我并不以此作为中国应当照搬某国成例的直接根据，只是说如果照搬了，也未必就不是中国对世界的一个贡献。

好了，我不知道是不是可以将这个话题的讨论暂时告一段落。正如徐教授所言，我们可以求同存异。如果我的一些思考可以对徐教授或者其他人有一些劝诫的作用,我的目的也就达到了。在本话题的讨论中,"拥徐"和"反徐"两派都有一些过激言论。本人早已明言,用一些比较感性的言辞未尝不可,但是须表达的是基于正确的思考方法组织起来的思想。我个人并不希望有"学术恩怨"之外的感情恩怨成为讨论的对象:那不是一个公共话题。

认真地把人文主义的民法观通俗化[①]

一、从何说起?

2000年,我在是年的《法学研究》第1期上发表《民法典草案的基本结构》一文,首次提出了我的人文主义民法观。次年,我又发表了《两种民法典起草思路:新人文主义对物文主义》一文[②],以及“再论人身关系”[③],进一步深化了这种新的(实际上比起被我称之为“物文主义”的民法观来,是一种更旧的理论)民法理论,这三篇文章是对我已经成稿的《民法哲学》和《民法的名称问题与民法观念史》两书中比较成熟的观点的披露,初步推出了我的新人文主义的民法观念。但到目前为止,时间过去了2年多,新理论引起的效果并不理想。在这里,我不得不对大家做一个悲哀的坦白:无论是支持我的新人文主义的民法观的人还是反对的人,我尚未见到有多少人理解了这种学说。就是我亲自指导的学生,在宣扬我的理论的时候我也发现他们根本没有理解它呢!主要的原因在于它的提出意味着一个挑战,因为自清末我国继受大陆法系以来,从纵向上看,我国民法学者的知识链条通常只延伸到德国法;从横向上看,同一些学者对于外国法的知晓通常只限于德国法族国家和地区的法(德国、日本、中国台湾地区,此为一小组,瑞士是德国法族的另一小组,该国法律的基本精神与德国法有所不同,但是,这些学者对奥地利法也基本不知。当然,他们对英美法也有所知晓,但底子是德国法,英美法只做拾遗补阙之用,简言之,我们甚至不能说这些学者通晓整个德国法族国家的法,而不过熟悉其中的潘得克吞法),由于德国法以及追随德国法的苏联法对我国民法学界思想的长期支配,可以说,学者们对潘得克吞法以前的大陆法系的民法思想以及潘得克吞法以外的其他大陆法系国家的法以及相应的法律思想,比较陌生。这些被疏离的法文化的生产国有古罗马及其现代传人意大利、法国、西班牙、葡萄牙以及整个的拉丁美洲。关于拉丁美洲诸国,国人可能因其经济上经常出现问题、曾经有过的军人独裁等原因而看不起它们,但如果较量起法学水平的高低,对于我不熟悉的国家我保持沉默,对于阿根廷、秘鲁、墨西哥、巴西4个国家,我可以有把握地说,远远在我国之上。何以见得?从立法和著作两方面谈。就前者而言,1998年的阿根廷民法典草案是一部把潘得克吞体系完善化的杰作。在我看来,

---

① 本文原载徐国栋:《认真地对待民法典》,中国人民大学出版社2004年版。

② 徐国栋.中国民法典起草思路论战[M].北京:中国政法大学出版社,2001:137及以次。

③ 载《中国法学》2002年第4期。

它是世界上目前最好的民法典草案;而1984年的秘鲁民法典是一部举世公认的比较先进的民法典,尤其是其人法反映了世界各国先进的理论和技术成果;巴西2002年的新民法典远远逊色于1998年的阿根廷民法典草案,只是在它自己的起点上做了调整和改良,因此只能在学说上说该国的成就;就后者而言,表现为关于民法的大部头评注书、体系书的成批产生,这四个国家都做到了这一步,而在我国大陆,至今没有一部民法体系书问世!十几年前的《中国民法学》系列书是建立中国的民法体系书的尝试,但它只包括《民法债权》、《民法总论》、《知识产权》,物权法分册在忙于生产自救的教授手里夭折,亲属法分册也没有。而且相较于国外的同类著作,这些书也显得单薄。

这里要说到我个人的经历:我像我的讨论对手一样,从进大学研习民法以后就受潘得克吞法学的影响,与大家具有相同的经历。1994年我到意大利罗马一大进修罗马法,看到这里设有一门"人法"的课,感到震撼和莫名其妙,也像我现在的论战对手一样想把开这门课的人揍一顿,但上完这门课并看了相关的许多文献后,我才发现了"人法"的含义:不过是关于主体的法而已,我由此把这一主题与民法调整对象问题中的人身关系问题联系起来。当时惊怪国内著作不谈人法,后来又重新翻检一些书,发现有谈的,过去我对它们视而不见而已,例如,周枏的《罗马法原论》就谈到了人法,不过没有说透,要从字里行间理解而已。相较于大陆法系的拉丁法族,国内对于这一主题只能说是提到了,谈不上研究。后来,我又通过开会与秘鲁建立了学术联系,通过私人交往以及学生的帮助,与阿根廷、巴西、墨西哥建立了学术联系,能获得它们最新的法典或草案以及权威的体系书,从而逐渐建立了自己对大陆法系的另一支派的认知,由此完成了一次升华,借此,我不仅能理解潘得克吞体系的民法思想,而且能够理解拉丁法族的同样思想,并且认识到后者在学说史上更为古老,且在一些问题的处理上更有合理性。我由此变得"异类"于多数其他民法学者,我认为自己的视野是二元的(德国法族和拉丁法族),而"其他民法学者"的视野是一元的(潘得克吞法加上一点英美法)。我与他们的观念冲突证明了一个事实:人类的心灵一旦接受了既有的东西,对客观的或主观认为的新东西都有一种排斥,而且对新东西的理解也是吃力的。

本文是对怒气冲冲地质疑我的新人文主义民法观的同志们的综合回答,上面的文字是确定讨论的背景,讲的是我自认为的我与我讨论的同志们的知识背景的对比。如果读者认同上述事实描述,那就要承认自己的知识背景在某些方面的不足,从而对自己不怎么习惯的理论抱一种谦虚的乃至于敬畏的心态:承认自己与我在这一问题上的知识水平上的势差,从而怀疑自己未看懂而并非是老徐在胡说。

当然,山外有山,人外有人,如果读者自认为利器在手,你也可以证明,你老徐自傲的那些知识背景我也有,基于对同样数量的信息资源的占有(换言之,并非只懂潘得克吞法和一点点英美法),我得出了与你老徐不同的结论,而且是我对你错,错的原因在于你的方法或其他方面,由此,你的新人文主义民法观必须打倒。这是一种我最愿望的结果,但它出现的可能很小,因为我的这套理论孕育了很长的时间,经过了反复推敲,写作了上面提到的两本专著,现在发表的只是冰山的一角。而且非像我那样专心且杂学的学者甭想跟我较劲,而这样的人在学界难找，大家还在受着欲望的煎熬和专业的禁锢哪！第二种结果是：你老徐不是说到目前为止没有什么人理解你的理论吗！那么我就来一个证伪，让我试用三言两语就把你的那套破理论概括出来，看是不是你的意思？如果如此，那我的赫胥黎就找到了，我将高兴得梦中笑醒呢！不过我对这么美好的结果总是抱谨慎乐观的态度，我只好自己亲自动手将自己的新人文主义民法观通俗化了。我云："言而不俗，行之不远。"因此，为了让上层人物听懂自己的主张，经济学家不得不把自己的主张简化为三句口号，一段三句半呢！我现在也不得不追随他们了，呵呵！

一种难的理论并非就是好的理论！但理论的分工是必要的，一种新理论的创造者往往不善于通俗地传播其理论，达尔文就是如此，因此要有赫胥黎作为其斗犬完成其不能之业，我的悲哀在于我没有一个这样的赫胥黎。但新理论接受难的原因既有创造者（也许叫"发扬者"更合适）也有受体两方面的原因，作为创造者，我已经承担了责任；对于受体，我也不推卸他们的责任：他们是那样地忙，以至于没有心情通读我的论文，读的是别人拉的"条子"，当然其理解就更可能有偏差了。而且，我的理论兼涉哲学、法哲学、法律史等多种通常民法人不兼备，而且也无必要兼备的知识，听不懂的同志是没有责任的，唯一的责任是丧失对自己知识状况的清楚认识而已。还有，普通的读者是那样的穷和沉迷于网络。由于前者，买不起发表这些文章的杂志和书（所以我把这些文章全部登载于法律思想网首页以将就这些读者），由于后者，他们只能读网络上发表的我的作品简写本或全本，这种阅读的效果不能高估。由于这些原因，越是穷的人，离我的人文主义民法观就越远。他们由于穷而不能关心功利目的之外的学问，不能为杂学，不能出国深造，甚至舍不得买书，这些都是限制他们对我的理论之接受的因素。

二、人文主义民法观的诸命题

尽管如此，我也要考虑这些读者，尽管不满意，他们也是我的民哪！因此，我不得不自己动手把人文主义的民法观通俗化，把它概括为若干简短的命题，以方便同志们明白。为了避免把学术探讨变成在没有或不愿理解对手观点前提下的"群殴"，我把这一理论分解为若干环节，谓之"关"，如果有人要与我辩论新人文主义的民法观的是非，我希望他们能与我一关一关地过招，从而暴露出争议点。为了节省精力，不过此"关"的人就不必进行到下一"关"。

命题一：民法的全部内容分为人身关系法和财产关系法两大部分。

这一命题恐怕无人怀疑，这是从盖尤斯的《法学阶梯》到苏联的民法理论以及我国目前的民法理论所秉持的，顶多有人怀疑这两个部分的排列顺序。实际上，这一命题讲的是民法的基本结构问题，民法的庞杂内容可以二分，调整人身关系的法叫作人法，调整财产关系的法叫作物法。这样，比较为国人陌生的人法和物法的概念就与大家都熟悉的人身关系和财产关系的概念联系起来了。

有问题的在于对这两种关系的范围的理解。让我们从容易的开始。财产关系比较容易,尽管在20世纪曾有一段时间人们对它争执不休,现在,它是以财产为媒介发生的人与人之间的关系已成为人们的共识。人身关系比较难解,过去人们给了它一个"没有财产内容而具有人身属性的社会关系"定义,把这种人身关系的内容描述为生命、健康、姓名、荣誉等权利,以及著作权、发现权、发明权等与人的姓名、荣誉直接联系、不可转让的权利[①]。可以看出,这种传统的人身关系理解把苏联民法理论中的与财产关系有关的人身非财产关系和与财产关系无关的人身非财产关系合二为一,其涵盖对象被框定为侵权法中的具体人格权以及知识产权法中的创造人身份权(这种所谓的身份权,我认为它不具有民法上身份的分配性、对偶性,因而不是身份,而是一种类似于荣誉权一样的人格权)。它是苏联立法者把传统的人身关系排除出民法后才进入民法的(后文详论),它不同于未发生这种立法者动作的拉丁法族国家对同一种关系的理解:这些国家将它理解为关于主体的权利能力的规定(人格关系)、人格权关系和亲属关系,通过比较两者马上可以得出结论,两种人身关系的理解,前小后大。之所以说"前小",乃因为具体人格权是一种消极的权利(即 free from something 的权利,民法通则的立法行文也把这种消极的性质揭示出来了[②]),创造者的身份权是一种偶然的权利(多数人一辈子都当不了创造者,从而不能充当这种权利的积极主体,而只能充当其消极主体即义务主体,从这个意义上看,知识产权法是特别法而非普通法)。基此,"后大"是必然的,首先,权利能力是一种积极的权利,民法通则的立法行文也证明了这一点[③],正因为如此,它是自然人日常行使的权利,其行使频率远远高于具体人格权的;其次,亲属关系是前一种人身关系理解所不包含的,它的回归民法是对把民法财产关系法化之运动的反动,这种回归导致了民法调整的人身关系的范围的扩张;再次,亲属关系中包含的权利例如亲权,也是日常行使的积极权利。结论:民法调整的两部分关系的文字表述尽管在苏联和古罗马和其他拉丁法族国家都一样,但它们的实际内容并不一样,有大小之别,积极与消极之分。我国以前的民法调整对象理论与苏联的一致,现在的民法调整对象理论与拉丁法族国家的一致或更为接近[④]——亲属法的回归民法典就是这方面的例证之一,人格与人格权的区分是这方面的例证之二。由于内容的变化(人身关系部分的扩大、加强),民法调整对象的文字表述也应做调整。如果说,过去的人身关系的内容由于被反复缩减,最后变成了财产关系的附属物,现在它取得了更加重要的地位,犹如一个小孩长大了,过去的小褂不能包裹他了,为此他要对财产关系提出自己的名分问题。姑且不说它要取得高于财产关系的名分,现在至少可以说它可以力求与财产关系等同的名分。

---

① 佟柔. 民法原理[M]. 北京:法律出版社,1983:13.

② 例如其第101条规定:"公民、法人享有名誉权,公民的人格尊严受法律保护,禁止用侮辱、诽谤等方式损害公民、法人的名誉"。该条中的"禁止"一语昭显了名誉权的消极权性质。

③ 例如其第11条第1款的规定:"十八周岁以上的公民是成年人,具有完全民事行为能力,可以独立进行民事活动,是完全民事行为能力人。"该款中的"可以"一语昭显了自然人行为能力的积极权性质。

④ 关于拉丁法族国家的民法调整对象理论,参见我发表于《法学》2002年第6—7期的论文"人身关系流变考"的最后几段。

说到这里，我对自己的通俗化的效果都失去信心了：又扯出许多新概念：人格与人格权的区分、消极的权利和积极的权利、权利能力的权利属性、拉丁法族、人身关系内容的反复缩减等等，除非对专攻有关方面的民法研究生，它们对于哪一个一般读者不是新问题？解释清楚它们，哪个又不需要一篇大论文，而不使用它们，又怎么说得清楚我手中的问题。因此，请允许我对试图挑战我的理论者做一个测试：

第一关：你懂得上述新概念吗？如果不懂，请看我发表在有关刊物上的《人身关系流变考》[①]和《再论人身关系》这两篇论文。不明白的地方可以通过电子邮件问我或质疑我。如果你公开或私下承认你不明白上述对你是新的概念，你就别那么自信地以为我在胡说，而应该怀疑你自己的知识缺陷了。不搞清上面的问题，我们无法进行下面的讨论。如果你不明白又懒得弄明白，那么就不要进入下一关。

命题二：人身关系法相对独立于财产关系法。

人身关系法为何要与财产关系法共存于一部法典，这是一个稍有反思意识的人都要为此苦恼的问题，因为处置这两类关系的逻辑有所不同。现代民法对于前者持保护弱者的立场，在亲属法上甚至提倡一定的利他主义；而对于后者，在多数情况下是持开明的自利主义甚至是经济人假说。大致可以这样说，前者是个温柔乡，后者是个竞技场[②]。但这样的烦恼对于诸法合体时代的人们不存在，因为他们只有两种法：一种是调整人与神之间关系的圣法，另一种是调整人与人之间关系的世俗法。世俗关系包括人身关系和财产关系，它们可以在一个"俗"字下得到统一。民法的前身——市民法最早就是世俗法的意思[③]，它与现代民法相同的地方是既调整人身关系，又调整财产关系，不同的是，现代民法以民事手段进行此等调整，而古市民法以综合的手段（刑事的、行政的手段）做同样的事，因为当时刑法和行政法和其他法都尚未从市民法中分离出来。17 世纪，以路易十四制定分门别类的"条例"为标志，发生了部门法运动，浑然一体的市民法发生解体，分解为现在的各个部门法，民法由世俗法的整体"减等"成其中的一个分支[④]，由此发生了如何定位它与其他部门法的关系问题。为什么其他部门法都只有一个调整对象，例如刑法调整的只有犯罪与惩罚的关系，而民法却有人身关系和财产关系两个调整对象，而且两者的逻辑不一致？对此问题有两种解答：其一，"民法老大说"。按照此说，民法的上述独特状况是由它与其他部门法的关系史决定的，在发

---

① 载《法学》2002 年第 6—7 期。

② 参见 hsiawenc：台湾地区当代身份法名家林秀雄教授访谈录，On http://bbs.pku.edu.cn.

③ 甚至在有些近代作家的笔下，市民法仍然是世俗法的意思。意大利作家曼佐尼在其小说《约婚夫妇》中有这样的表达："所有的教士，不管是世间教士还是修会的教士，都不受民法管辖，不宁唯是，连同他们居住的地方也享有豁免权。"因为神职人员"在任何情况下都外在于民法，他们的生活由其自己的规则调整"。（曼佐尼：《约婚夫妇》，张世华译，译林出版社 1998 年版，第 312 页。）此外，在利玛窦时代的传教士的信中，人们这样提到中国的民法问题："他们特别研究他们法律中的民法和他们的治理形式。"（参见裴化行：《利玛窦神父传》，管震湖译，上册，商务印书馆 1998 年版，第 68 页。）显然，这两个地方的民法都是世俗法之整体的意思。

④ 徐国栋. 民法的名称问题与民法观念史.《中国政法大学学报》2007 年第 2 期。

生市民法的解体前，整个的世俗社会关系只有人身关系和财产关系两类，作为世俗法整体的市民法以综合的手段调整它们而已。市民法解体后，以民事手段调整的人身关系和财产关系被保留给了民法，以其他手段(刑事的、行政的)进行此等调整的法被分离出去成为独立的部门法，民法不过是这种分离运动后遗留下来的那部分市民法而已。此时，民法与它们形成"月"与拱卫"月"的众星的关系。换言之，其他的一切部门法，都是为了保障民法的基本原则和制度服务的。这就要承认民法的高级法地位，承认它对其他部门法的凌驾关系。如此，不会发生说明民法调整对象特殊性的困难。

其二，"宪法老大说"，这是多数国家处理民法与其他部门法关系的思路：宪法被确定为万法之源，从它派生出彼此平等的各部门法，形成一个我们熟悉的理性的但非经验的法律体系。由此产生了要求民法向其他部门法看齐，获得单一的调整对象的要求。它导致了民法的再解体。德国人黑格尔和费希特最早提出这方面的主张，前者发现了人身关系法中的亲属法的原则是"爱"，因此与财产关系法中体现的经济人假说不同[①]；后者发现了道德对亲属关系的更大支配力，主张国家立法权从这个领域撤退，把它留给道德调整[②]。认真地贯彻他们的理论都会导致就人身关系和财产关系单独立法或放弃对人身关系立法，从而产生财产关系法式的民法典的结果。奇怪的是，德国的立法者并未采用这种理论，他们仍然把亲属法纳入了民法典中。不过，参与德国民法典制定的法学家温德夏德却认为人格关系不属于民法调整，它只调整财产关系和亲属关系[③](请注意，在大陆法系的历史上，这是第一次把财产关系当作民法的先在调整对象！盖尤斯的民法调整对象理论把人身关系作为民法的先在的调整对象)，传统的人格关系(例如，罗马人法中关于 3 种身份构成人格，人格因身份的减少而减少的规定；法国民法典中与此相类的关于国籍的规定)被从民法调整对象中取消掉了。对于这种变化，我的解释是：在德国民法典的时代实现了宪法和民法的分工，人格问题被认为是一个公法问题(正犹如国籍问题现在肯定被认为是一个公法问题)被剔除出了民法。由此，财产关系和亲属关系在"私人关系"的基础上获得了同质性，它们由此获得了共处于一部法典中的理由。尽管如此，德国民法典仍开启了把公法性的人格关系从民法中排除的运动。

民法的发展到了苏联人的手里，彻底地把身份关系排除出去了，出现了就财产关系和亲属关系分别立法的格局，前者在 1922 年被制定为苏俄民法典，后者在较晚(1926 年)的时间被制定为婚姻家庭和监护法典。原因者何？乃因为苏联人遵照马克思的教导认为这一法典调整的事项与民法典调整的事项具有不同的逻辑(马克思说："资产阶级撕下了笼罩在家庭关系上的温情脉脉的面纱，把一切都变成了金钱交换关系。"参见马克思、恩格斯：《共产党宣

① 黑格尔．法哲学原理[M]．范扬，张企泰，译．北京：商务印书馆，1961：177．

② 费希特．以知识学为原则的自然法权基础[M]．谢地坤，程志民，译．梁志学．费希特著作选集(2)．商务印书馆，1994：585．

③ Cfr.Bernardo Windscheid, Diritto delle pandette(Vol. I), trad. it. di Carlo Fadda e Paolo Emilio Bensa ,UTET, Torino, 1925: 41.

言》，在《马克思恩格斯选集》第 1 卷，人民出版社 1972 年版，第 254 页)，为了避免资产阶级已经犯过的错误，身份关系法被排除出民法典，成为独立的法律部门。至于人格关系法，苏俄民法典中当然包括关于主体权利能力等属于人格的规定，但它们没有机会反映到苏联的民法调整对象理论中，其中的原因恐怕在于德国在这方面的立法和学说对苏联的影响。按照在 20 世纪 50 年代形成的苏联民法调整对象理论：民法调整一定范围的财产关系和与财产关系有关的人身非财产关系。这里的“与财产关系有关的人身非财产关系”并不包括人格，而是指知识产权中的身份关系和法人就其商号形成的关系[①]。如此，苏联立法者把传统的人格和身份排除出民法之余，也吸收了时代发展造成的新的知识产权法律现象进入了苏联民法调整对象理论中。知识产权中的创造人身份权之所以能与财产关系共同成为民法的调整对象，乃因为它以财产关系为基础；如果遭受侵害，也以财产的方法来调整。由此，人格关系和财产关系在“财产”的基础上统一起来共处于一部法典。不论后人如何评价，苏联人做到了理论的自足。他们的这种处理导致了后来的以财产为核心的民法观，在中国表现为商品经济的民法观，后来又表现为物文主义的民法观。其最经典形式是“三件套”式的民法构成分析：民法由主体(商品的所有人)、所有权(商品所有权)、债(商品的流转)三大制度组成，三者围绕着“商品”的圆心做轨道运动。不论这种理论的是非如何，它也做到了逻辑的自足。但我想提请读者注意的是：这不是一种从来就有的理论，它产生于特殊的政治和意识形态背景并凭借这些因素对我国民事理论和立法产生了深远的影响。目前，这些因素已发生改变，由此要求我们对这种听惯了的理论作出改变或调整！

改变之一在于我国已经承认了公私法的区分，因此，亲属关系的回归民法可以在“私”的关系的基础上获得它与财产关系的同质性证明，这只是问题的一个方面；另一方面，我国对公私法的区分又不如德国那么严格(多数后社会主义国家的民法典都把大量宪法性的人权规定在民法典中，现社会主义国家越南也是如此，澳门民法典也是如此，它这样做只不过出于政治上的权宜之计)。因此，这样的区分并不妨碍严格说来是公法性质的人格关系法在民法中的存在，而且由于一些学者和立法机关重视人权保护的意识，最终导致在传统的人格法(即主体法)之外另设人格权编。无论如何，亲属法的回归和人格权法的新设等新的立法和理论现象再一次向敏感的学者提出了人身关系和财产关系的同质性问题！简言之，两者在古罗马时代是以“世俗性”得到自己的同质性证明的；在德国，不存在“人”“身”关系与财产关系的同质性问题，在理论排除(立法上未完全排除，也有关于权利能力的规定，但十分简单)了人格关系的前提下，德国人把财产关系和身份关系的共同的“私”的性质作为它们的同质依据。在苏联，也不存在“人”“身”关系与财产关系的同质性问题，因为该国已经把“身”排除出民法，但人家还是以财产关系是人身关系的出发点和归宿证明了“人”与“财产”的同质性，铸造出现在深远影响我国的商品经济的民法观或其翻新形式物文主义的民法观。但敏锐的读者可以从上面的论述中察觉一个铁的事实：我国在证明人身关系与财产关系的同质性时

① 格里巴诺夫，等. 苏联民法[M]. 上册. 中国社科院民法经济法室译. 北京：法律出版社，1984：10.

的话语背景既不同于德国，也不同于苏联，因为我们谈论的是“人”“身”“财”三者的同质性。而它们要么谈的只是“身”与“财”的同质性；要么谈的只是“人”与“财”的同质性，因此，如果我们仍然采用德国的民法调整对象说明（例如梁老师在其《民法总论》中所说的“民法的体系包括财产法和身份法两个部分”之类的话①）或苏联的民法调整对象说明（民法通则第 2 条以及官方民法典草案第 2 条不过是对苏联这方面表述的微调），必然会发生名实的不符，因为“实”已经变而“名”却未变！这是不能容忍的疏忽！这也是人文主义的民法观的产生背景：在“世俗关系说”“私人关系说”“财产关系说”三种证明民法调整的两类关系的同质性的理论之后，我力图根据我国人身关系诸构成成分的变化对人身关系和财产关系的同质性作出新证明。人文主义的民法观远远不像有些不读原始文献或理解不了此等文献的学者以及受他们影响的许多后生想象的那样简单：比较人与物两个生活要素的轻重高低。如果说，过去对人身关系依附于财产关系的解释维持了我国民法与其他部门法关系的平衡，现在新增的人身关系要素则使这种解释面临困难。为此要寻找两类社会关系的同质性的新基点，否则，人格权编在民法典中的存在以及亲属法的回归民法都会是脆弱的，一有风吹草动，民法会再次解体。

显然，民法的新构成成分的加入或回归打破了苏联人建立的民法两大调整对象统一于财产的解释，诱发了人身关系与财产关系的游离状况：如果说过去意义上的人身关系离开了财产就没有什么意义，那么，现在意义上的人身关系与财产关系只有或然的却无必然的联系。人格法（即主体法）既可以适用于市场活动，例如物权、债权主体，也可以适用于亲属法。在前一种情形中，人格法确实是财产法的前提，在后一种情形中却并不如此。而亲属法（身份法）本身与财产法的关系也是如此，在许多时候，它是继承法的前提，但在有的时候它脱离财产法，它本身就有人身法和财产法两方面的内容，前者也不必然是后者的前提，例如夫妻互负贞操义务与财产法有何联系呢？最好的例子还是人格权法，它张扬的是人的尊严和价值，每个被设定这种权利的人都不希望发生它遭到侵犯的情事，尽管侵犯的事实可以引起财产赔偿，我们不能由此说具体人格权的设定是为了可能发生的损害赔偿关系。

通过上述分析，我们可以得出一个重要的阶段性结论：在当代我国，民法的人身关系法并非在所有的情况下都是财产关系法的前提条件，而有自己的独立性。这种状况要求我们根据条件的变化建立一种不同于德国和苏联的民法调整对象理论。人身关系法过去在我国的依附于财产关系法的地位是由那一时期的意识形态和民法内容构成决定的，这些环境因素的改变迫使我们要重新认识人身关系的地位。

第二关：你是否对人身关系法的逻辑不同于财产关系法的逻辑有认知？你是否清楚部门法运动？你是否清楚民法的解体史？你知道潘得克吞学派的民法调整对象理论吗？你对苏联的民法调整对象理论有认知吗（这是一个最容易的问题）？你思考过人身关系与财产关系的同质性问题吗？你思考过宪法与民法的关系问题吗？如果你不能全部回答这些问题，

① 梁慧星．民法总论[M]．北京：法律出版社，2001：11.

我建议你还是回去研习一下大陆法系的历史，而这些在国内只能学到ABC。因此，我建议你还是到一个大陆法系国家专修一段这个问题后再回来参与讨论。自认为通过了如上测试的同志，可以进入下面的第三关。

命题三：人身关系法先在于财产关系法。

这是一个结论性的命题。因为从上面的说明已足以推出人身关系法先在于财产关系法的结论。何以见得：

第一，人身关系法与财产关系法共同构成民法的两个板块，前者包括人格法、人格权法、亲属法（我在前面已指出，知识产权法中的所谓“创造人身份权”，我认为不过是一种相当于名誉权或荣誉权的人格权，因此此处不把它列为“人身关系”目下的独立一项），后者包括物权法、债法、继承法等。两大板块实行的规则性质有所不同，前者实行弱者保护，例如，人格法中对未成年人的保护与亲属法中对妇女儿童的保护如出一辙；后者实行经济人假说，这两部分内容宜集中规定，不宜插花规定。如果实现了这种安排，必然产生一个哪一部分内容为先的问题。只有三种处理结果：其一，插花规定，只要该规定的都规定了，它们彼此的排列顺序可以随机安排，这是费宗祎法官提出的观点，梁老师也常露此意。一位网友以归谬法对之进行了批驳：把总则放到最后规定不知费同志是否在意？我认为这是一种有力的批驳。其二，先规定财产关系法，后规定人身关系法，民法典的第一编当规定物权，1928－1936年的伊朗民法典就是这样做的；或者，如果采用总则，在其规定民事法律关系的部分的第一个单元规定物，然后规定主体，梁老师的《民法总论》就是这样做的①。姑且不论理由，对于上面的一个立法例，一个学说例，大家可能都感到不对劲，因为它违反了我们人类从自身出发考察周遭世界的习惯，正如在任何一种语言的人称代词系统中，“我”都是评价的原点，“你”不过是与我较近的人，“他”是与我较远的人，远近的设定都以“我”为准。以此类推，人身关系是一个“我”，财产关系是一个“他”，由己及物，是一种自然的语法，所以主语都处在句子的开头，一个以宾语开头的句子是令人奇怪的。如此，只能作出顺乎自然语法的安排，那就是其三，先规定人法的诸单元，然后规定物法的诸单元。这是绝大多数国家的安排，我们觉得它很顺，乃因为它符合下面要说明的第二点理由。

第二，基于人身关系法相对独立于财产关系法的命题，又基于在前者与后者发生联系时是后者的前提的分析，这部分作为财产关系法前提的人身关系法应先在于财产关系法。又基于人身关系法和财产关系法宜各自集中规定的前提，那部分不作为财产关系法前提的人身关系法，例如关于监护人对被监护人承担的人身照料义务的规定，也应依托作为财产关系法前提的人身关系法前置于财产关系法。

---

① 参见梁慧星：《民法总论》，前引书，第97页及以次。梁老师在其《中国民法典大纲草案》（徐国栋主编：《中国民法典起草思路论战》，中国政法大学出版社2001年版，第24页及以次）中也是这样做的。尽管他未在出版物上说明这是一个错误，但在中国民法典立法研究课题组《中国民法典草案建议稿》中已经对此改正，把权利客体放到权利主体的后面去了（法律出版社2003年版第3页及以次）。这真是一个令人欣慰的改变，要是有学说上的同步改变，就更令我欣慰了，但这需要花费一点勇气和时间。

那么,如何证明"人""身""财"三者的同质性？显然,苏联留下的"以财统人"的证明已经不行了,而这种证明恰恰是商品经济的或物文主义的民法观的拱心石。那么,像德国人那样以"私"来统领三者如何？这是许多学者隐持的民法调整对象的同质性理由,但我不认为它正确,因为在一些德国学者如温德夏德和我看来,民法的人格法是公法,我甚至认为物权法、亲属法和继承法中的多数规定是公法①,按照这种逻辑,"私"也不能作为三者的同质性证明依据。寻找三者的同质性依据是一项困难的工作,我至今不能说自己已经完成了它。但我目前可以提出一个临时的三者的同质性依据:市民社会！我回到民法最古老的含义,把它理解成市民社会的法,它有两项使命:第一是市民社会组织,人格法承担宏观组织(社会)的任务,身份法承担微观组织(家庭)的任务;第二是分配这个社会赖以维持的资源,它保障财产在诸社会成员中的公正拥有以及流转。它们除了以人的福利为目的外,没有自己的目的,因此,物法,永远是人的物法。还必须说明的是,在我的并非独家抱持的理解中,市民社会不等于市场经济,市场经济只是市民社会的一个部分②,那些不依赖国家,而靠市民社会的成员自己解决问题的机制都是市民社会。因此,监护和保佐制度作为对国家救济的一种避免,它们也是市民社会的一种存在形式。

第三关:你是否知道民法公法说？你是否了解伊朗民法典的结构？你是否懂得经济人假说？如果你对上面三个问题的回答都是否定的,请不要进入下面的余论部分。

余论

读者读完本文,再把我在其他刊物上发表的三篇关于人身关系的论文对照一下,可以发现我基本上在以尽可能通俗的方式复述我已经表达过的观点,但读者同时可注意到,梁老师把本文表达的人文主义民法观缩减成了人与物哪个重要的问题,基此提出了穷汉无人格说,并在全国到处传播其误解,弄得一些小同志在民法论坛为这两个生活要素的何者重要问题打得头破血流,我不愿意自己被曲解或误解,也不忍心看到群殴,遂写作此文,希望能证明人法先在还是物法先在的问题不同于人或物何者重要的问题。即使对与我的人文主义民法观无关的穷汉无人格说,我也将写《认真地评论穷人非真人说》一文予以分析。

读者也可能经过三关看完本文后哈哈大笑,以为费如此精力和篇幅不过证明了民法诸材料应如何排序的问题,形式意义大于实质意义,但这是表面的观察,因为人文主义的民法观在形式上诚然是民法诸材料的排序问题,实质上它代表了一种对民法的新理解,试图把当代我国民法诸构成成分的改变反映为相应的理论,为此要批驳只能以旧的民法材料构成为

---

① 我在这方面的证明,请参看我发表在《中国法学》2002年第4期的《再论人身关系》一文。

② 2002年4月4日,在中德民法研讨会上,德国著名民法学者卡纳里斯(Canaris)在回答我的关于市民社会与市场经济是否一回事的问题时说:"市场经济无市民社会作为基础不行,反之,市民社会可以脱离市场经济而存在。"

依据的物文主义的民法观，以取代这种已经丧失解释力的理论。有些论者由于未看到我的民法观的实质方面，主张实质重于形式，关键在于把法律的具体设置落到实处。我觉得此论混淆了立法和法的实现两个阶段的任务。我们现在谈的是立法，没有谈怎么贯彻它。在立法的阶段就是把这一阶段的事情做好，那就是按照逻辑性和重要性排列民法的诸材料，使之环环相套，明白易懂，举一反三。

本文为了求得通俗，避免不必要的纠缠，撇开了论题的哲学方面，只谈其法律史和法律的方面，但这并不能以此文证明我放弃了本论题的哲学方面。

本文的立论前提是我国未来的民法典不设德国式的大总则，由此才可以谈人法规范和物法规范两大群落的相对独立，这是本文的命门之一。

命门之二：市民社会的自治性理论在当代遇到了深刻的危机，因为这种理论以"每个人都是自己利益的最佳判断者"的命题为基础确立市民社会的自治，而这个命题现在基本上已经被推翻[①]，市民社会的自治马上成为问题。为此，国家干预的扩张成为必然，如此，以市民社会作为民法的依托，并且承认民法的相当内容都是公法，那么，这样的市民社会肯定不是什么纯粹私人自治的领域，在这种前提下，为何还要使用人们通常在另外意义上理解的市民社会概念？

命门之三：作为民法功能之一的"社会组织"涉及民法与其他部门法的分工问题。社会组织不仅是民法的任务，而且是宪法行政法的任务，民法与它们的关系如何？我的理论没有把这说清楚。

命门之四：对民法"重心"的说明为什么一定要上溯到罗马法，然后再往下扒拉，到德国法，到苏联法，为什么就不能根据中国自己的情况把问题说清楚？对这个命门的攻击我是准备好了盾牌的：起源决定一切，民法在传入中国的过程中就把一些它在西方世界中就遭遇到的问题带到了中国，我们回避不掉背景说明。

看到广大同志理解不了我的理论又想驳倒我，忙得热汗横流又开瞎枪又打瞎炮，我实在看不过眼，心一软就把自己的软肋暴露出来了，以便大家向我开炮：同志们，准头高些，开炮吧！也为人文主义的民法观送行。呵呵！

2003年1月5日初稿于哥伦比亚大学

1月9日改定

① See Sam Issacharoff & George Loewenstein — Regulation for Conservatives: Behavioral Economics and the Case for Asymmetric Paternalism, In 151 Uunversity of Pennsylvania Law Review.

认真地评论穷人非真人说[①]

我在《认真地把人文主义的民法观通俗化》一文中指出了我主张的如题民法观与人和物两个生活要素的重要性比较没有直接联系，此等比较是一些同志误解或曲解我的民法观的结果。尽管如此，我仍承诺写《认真地评论穷人非真人说》一文回应这种广泛流行的观点，本文是对这一承诺的兑现。

一、如何理解梁老师的说法

梁慧星教授的说法："一个毫无财产，一文不名的人，连生存都难以维持，能算是真正的人吗?"它最早在《中外法学》2001 年第 1 期登载的梁老师的《当前关于民法典编纂的三条思路》一文中被表达出来，用以支撑其物文主义的民法观。2002 年 11 月 8 日晚，梁老师在中国政法大学民商法学院举办的"中国民法典的立法思路和立法体例"会议上又老话重提，说："我和徐国栋的根本分歧在于他贬低财产关系、财产法和财产的重要性。我个人认为，人格权当然很重要，但人没有财产不能生活。……只有增加了财产，有吃的，有穿的，才能意识到人格权的重要性，才能要求对方把自己当作人来对待。"这一表达对发表在《中外法学》上的表达有所发展，首先，人与财产的对比被扩展成了人和人格权与财产、财产法和财产关系的对比；其次，生物学意义上的人不能成为法律意义上的人的原因从客观转化为主观，即被授予法律人格的人由于财产短少而缺乏一种主体的自我意识。过去，我把上述说法概括成"穷汉无人格说"，经反复捉摸，现在我宁愿把它概括成"穷人非真人说"，因为"穷汉"中的"汉"有两个缺陷：其一，把"半边天"排除出了讨论的范围；其二，与命题中的第二个"人"字形不成严格的同字异义的关系，不能把两种"人"的转换关系揭示出来，故我放弃了"穷汉无人格说"的提炼。现我根据梁老师说法的可能的文义对之做出如下三种解释：

其一，"穷人无权利能力说"。梁老师的说法中包含两个"人"字——"一文不名的人"和"真正的人"。第一个"人"指生物学意义上的人，第二个"人"指法律意义上的人，也就是主体。因此，梁老师的话语背景是古老的两种"人"的背离现象：并非所有生物学意义上的人都

① 本文原载徐国栋.认真地对待民法典[M].北京：中国人民大学出版社，2004.

是法律意义上的人，前一种人只有在具备相当的财产后才能成为后一种人。当然，如何实现两种"人"的统一，自古至今的各国法律规定不同。在古罗马，前一种"人"必须同时具备市民、自由人和家父三种身份才能成为后一种"人"，身份被作为撑起"人格"的要素。梁老师只在两种"人"的过渡中设定了一个"财产"的必要条件，如果前一种人不具备这一必要条件，他就不可能完全地成为后一种人，只是一个"假人"；具备了这一条件的人才能完成从前者到后者的过渡，成为所谓的"真正的人"。如此，财产取代身份成了撑起人格的唯一要素。

其二，"穷人行为能力受限说"。梁老师的"能算是真正的人吗"一语，也有可能解释出以下的含义：如果不具有财产的要件，第一种"人"尽管名义上被承认为第二种人，但这种承认对他没有什么意义，因此，他尽管获得了人格或权利能力，但他不能充分地行使此等能力，因此，他的行为能力是受限的①。梁老师用一个"真"字揭示了名义与内容的差别，把法律的赋予与"赋予"的兑现的矛盾张扬了出来。

其三，"穷人自卑说"。前两说都是客观说，讲的是"穷人"由于他们自身以外的原因不能得到权利能力或不能实现其行为能力。此说为主观说，讲的是"穷人"引为"穷"而底气不足，法律尽管赋予他们这个那个能力，但他们却并不自视为此等能力的承担者，没有勇气要求他人把自己当作主体。此等主观说在梁老师在中国政法大学的讲话中表现明显。

以上三种概括，我自以为穷尽了梁老师说法的各种可能。它们有共同点：都在穷人与富人②的比较中发现并强调穷人的不利的法律地位，因此，它们的本质就是穷人和富人的法律平等问题。这是一个古老而常新的问题，下面以平等问题为基点分别对三种解释进行分析。

二、"穷人无权利能力说"分析

1.人格＝经济人格？

按照对梁老师说法的第一种解释，财产是第一种"人"过渡到第二种"人"的必要条件，那么，接下来的问题该是需要多少财产（按元计算）才能完成这一过渡，因为在现代社会条件下，完全一文不名的人很难找（"一文"就是一分钱哪！），如果不解决财产之条件的量化问题，梁老师的说法就没有什么意义，至少作为一个法律命题没有可操作性。要命的是梁老师从不谈这一问题，他主持的民法总则草案建议稿第11条第2款虽涉及这一问题，但做出的是

① 网友willing在2002年11月8日的帖子中表达了类似的理解，他说："财产是权利的客体，但同时也是某些权利实现的前提，是权利得以实现的保障，所以虽然没有财产的人不能说不是人，但是权利不完整的人。"http://www.law－thinker.com/cgi－bin/yadian/dispbbs.asp? BoardID＝4&RootID＝594&id＝1021&star＝4&skin＝

② 也许要加一个只具有中等财富的"中人"的环节才更加科学，但为了简化讨论，我只取穷富两个极端，并相信研究的结论的科学性不会因此受不利影响。

完全相反的处理[1]:承认一切自然人的权利能力平等,并未说他们要有一定的财产才能取得权利能力,甚至用“平等”两字将自然人中的贫富差别在法律上的效果一笔勾销。

尽管上述第11条第2款让我们看到了梁老师的学术发言与起草的法案的矛盾,但我必须说,梁老师在其法案中采用的是世界最通行的对这一问题的处理。我尚未能找到把拥有一定的财产作为自然人取得法律人格的前提条件的现代立法例,然而,我却找到了大量的(没有例外的)把同样的要素设定为待设立的法人取得法律人格的条件的立法例!显然,法律规定的企业法人设立的最低资本额就是可以操作的从“非人”转换到“法人”的财产额要求,法律为不同类型和不同规模的企业规定了不同的最低资本额。从理论上说,离法定资本额差一分钱就拿不到法人资格,此时,人格真是由钱撑起来的!

如果说,自然人不要一分钱就可以取得人格是一个极端,企业法人少一分钱就不能取得人格是另一个极端,那么,在这两个极端中还有一个中项:事业法人。民法通则规定有一定的财产或经费就可以成为事业法人,没有具体的财产数额要求。在这三个比较项中,财产的要求从强到弱到趋于零,原因者何?窃以为企业法人在立法上被设定为经济活动的主体,因此对其有最低资本额的要求,其人格就是经济人格;事业法人被设定为不完全的经济活动的主体,换言之,它们不过是为了实现国家目的或公共服务的目的有必要附带地进行经济活动,因此对其财产额只有泛泛的要求。而自然人完全不是被作为经济活动的主体设定的,因为这个原因和下文还要谈到的另一个原因,立法对他们取得法律人格的财产额不做任何要求。这一问题在民商分立的国家表现得格外清楚:只有商自然人是被作为经济活动的主体设定的[2],而民法上的自然人不是这样。因此,梁老师把财产设定为第一种“人”向第二种人过渡的条件,是把民法上的人格全部理解为经济人格的错误造成的,由此把所有的自然人都视为“企业自然人”或“商自然人”,忽略了事业法人和像我一样的“事业自然人”的存在。梁老师在给出他的说法的时候,大概想的“十亿人民九亿倒,还有一亿在思考”的国情吧!但那“一亿”人在理论上也不能忽略呢!更有意思的是,我国民法通则中规定的个体工商户和农村承包经营户相当于外国商法典中的商自然人,通则也未规定它们设立的财产额要求!而立法者在这一方面是最有理由这样做的!只能以牺牲交易安全鼓励交易来解释。

2.法人间的平等何以可能?

我已经说到,在企业法人的设立中,法律为不同类型和不同规模的企业规定了不同的最低资本额,由此产生了这样的问题:具有不同最低资本额的企业是否彼此平等?换言之,需要10000万元注册资本的企业的地位是否高于只需要5000元注册资本的企业?在财产额无明确要求的事业法人中也存在类似的问题。假设1000元是一个事业法人通常应具有的财产,那么,只有999元的事业法人的人格比有1000元的事业法人的人格是否小一点?只

---

① 第11条第2款:“自然人的民事权利能力一律平等。”

② 尽管如此,查智利商法典和哥伦比亚商法典,却无关于商自然人的最低资本额的规定,哥斯达黎加商法典通过把商自然人定位为“个人企业”(第5条)对之提出了资本要求(第10条第3款),但无明确的数额要求。这样处理可能是为了鼓励进行经济活动,尽管一定程度上牺牲了交易安全。

有 500 元的事业法人的地位又如何呢？只有 1 元的又如何呢？这里就产生了有趣的“穷法人”与“富法人”的对比问题。

能否套用梁老师的说法，说“穷法人非法人”？显然不能！因为“穷法人”跟谈论自然人时提到的第一种“人”不同，它们已经是法律上的人。因此，“穷人非真人”的命题涉及的是某个自然人得到法律承认前的阶段；而“穷法人非法人”的命题涉及的是某个法人已取得法律的认可，进而在财产的量上与其他也得到了法律承认的法人比高低的阶段。前者谈的是“准人”问题，后者谈的是“平等”问题。它的问题是是否财产越多的法人人格越大？我们看到，尽管企业法人间经济能力的差距是一个事实，立法还是确认它们彼此平等，立法者满足于设定形式的平等，我只能说此乃因为他们没有实现实质平等的欲望或能力。

3.梁老师说法适用于企业法人和自然人的不同效果

尽管“穷人非真人”的命题与“穷法人非法人”的命题处在不同的层面，但“穷的待设立法人非法人”的命题与“穷人非真人”的命题却处在一个层面，可以两相比拟。前者意味着什么？相信学过民法的人都可以马上回答：领不到营业执照、没有法律人格、所进行的经济活动都属于非法经营，等等。这些它得不到的，都是法人有权做的。因此，穷的待设立法人真的不是法人，原因在于它穷。由此我们看到，法人，尤其是企业法人的人格或曰权利能力，的确是由财产支撑起来的，“无财产即无人格”的命题在这里十分真确，梁老师说法的真理性得到了有限的证明。

但同样的说法对自然人却没有什么适用性，因为自然人“成人”（成为主体）的过程与法人不同。法人有一个“待设立的法人”的阶段，其中，它艰苦奋斗，“发家致富”，达到法定资本额，从一个“非人”变成一个“人”。简单说，法人都有从“非人”到“人”的成长史，而自然人没有这样的成长史，如果他离开母腹且幸运地活着，他就在这一瞬间获得了人格或权利能力，法律还来不及判断他的贫富，就把这样的人格赋予了他。这是每一部现代民法典都要设专条规定的，连梁老师负责的民法总则草案建议稿也不例外（第 12 条【民事权利能力的取得和终止】自然人从出生时起……具有民事权利能力）。这样的人格是人人都有的呀！因此，本文开头设定的从第一种人到第二种人的过渡，是古代法中的现象，对于一个现代人来说，他一生下来，就既是第一种人，又是第二种人。因此，梁老师的“穷人非真人说”，以现代的立法现实为标准判断，是一个伪命题！正因为如此，连梁老师自己都不相信它，所以在自己起草的有关条文中完全不体现这种所谓的学说。这样的言行不一是极有批判余地的，由于我批判别人太多，还是把这一工作留待各位读者自己去做吧！

非独此也，即使我们假定自然人从第一种“人”向第二种人的过渡有一个过程，并且像梁老师想象的那样一定的财产是完成这种过渡的条件；换言之，把上述可以适用于企业法人的规定适用于自然人，大家可以发现这样会形成财产歧视（例如规定要有 1000 元财产才能成为民事主体，有 999 元的都不能成为这样的主体），这会违反任何国家的宪法规定（说“任何”，乃是因为我尚未见到例外），它们都规定大意为“公民间的平等不因财产状况的不同等因素而受影响”之类的话。至此，我遗憾地发现，如此一较真，梁老师关心穷人的一个命题就迅速转化为一个打击穷人的命题！更难堪的推论结果是：如果把财产的过渡条件量化，例如规定拥有1000元才能从第一种"人"过渡到第二种"人"，那么，只有999元的第一种人怎么办？只有500元的怎么办？严格执行法律的规定必然把他们排除在主体之外，他们不是主体，是什么？是客体吗？换言之，他们是奴隶吗？或者是介乎主体与客体之间的中间"人"？现代民法已经废除了奴隶制，因此，财产短少的人不会成为奴隶……他们只好按照梁老师的说法当他的"假人"了，喃喃，这真是一种有意思的法律情势。

4.经济人格观的原因

前文已谈到梁老师设定的从第一种人向第二种人转换的条件与罗马法就同一问题设定的条件不同，按照梁老师的条件，第一种人办一道"手续"就可以成为第二种人；而按照罗马法的条件，要办三道"手续"才能完成这一过程，光从这一点看，梁老师的说法为自然意义上的人转化为法律意义上的人提供了更多的可能。而且我们还要看到，相较于市民、自由等身份，财产总是最取决于主观努力的东西，只要争取，就可获得；而市民、自由等身份更多地取决于出身，这是通常人尽管努力而不可得的（只有家长这种身份比较容易为处在不利起跑线上的人取得）。因此，历史上，贫贱者如古罗马的平民、大革命前法国的第三等级，都是先在经济上翻身，然后才在政治上翻身的。不妨这样说，在人类的政治史上，以财产的条件取代"身份"的条件总是意味着一个进步。"从身份到契约"的命题实际上讲的就是这个意思。

但显然，相较于罗马法设定的两种"人"的转换条件，我们看到梁老师对财产别有所重。申言之，按照罗马法，一个贫穷的第一种人可以成为第二种人，许多贫穷的罗马贵族担任治国重任的掌故（例如辛新那提独裁官）充分证明了这一点，因此，在罗马法中，穷人是有人格的（下文将谈到图留斯改革的一个例外，但那是一种更早的罗马法）！正犹如罗马法中的"人格"广泛于我们现在理解为民事权利能力的人格，罗马的穷人不仅能充当民事活动的主体，而且具有充当政治领袖的主体资格；而按照梁老师的说法，穷人的民事主体资格都是不完全的，更谈不上具有充当政治领袖的主体资格。这种对比的意义既深且长，我们看到了古代民法（罗马法）与梁氏民法（求表达简洁而用此语，无贬义！实际上，梁老师的民法观也是为目前多数国人所秉持的）对主体资格（"人格"）理解上的差别：在前者，"人格"至少同时被理解政治活动和经济活动的前提条件；在后者，"人格"仅被理解为经济活动的前提条件。于是，罗马法上含义广泛的"人格"，到了梁氏民法中，被缩减成了"经济人格"。原因者何？

当然，古罗马法与梁氏民法是不能等量齐观的，前者诸法合体，这种内容构成在一定程度上塑造了其"人格"概念的宽广含义；后者经过了部门法运动的洗礼，是诸法中的一门，这导致其"人格"含义的必然的狭窄化。因此，首先我们要说，罗马法的宽广"人格"与梁氏民法的狭窄"人格"的对比，是古代市民法与现代民法的差异造成的。这是导致两种人格观之差异的客观原因。

有无主观原因？我认为有的。为了说清这个问题，应先界定什么是主观原因。在我看来，如果人仅仅是财产活动的主体的设定在部门法意义的民法上得到证实，那么，经济人格的观念乃出于事理之性质，是客观的。相反，如果上述设定在部门法意义上的民法得到否证或只得到部分的证实，我们可以说，如此的原因之一是认识者把自己的主观性全部或部分地投射到了民法的本性上，这时我们就找到了古代和近代的人格观差别的主观原因。简单地说，我们要验证的是：在梁老师欣赏的德国民法典式的总则、债权、物权、亲属、继承的5编制的范围内，人是否可以仅仅被理解为财产活动的主体？

答曰否！总则中的具体人格权（例如姓名权）的主体不是财产活动的主体，我们不能说一个人为自己起一个名字仅仅是为了参与交易，因为姓名的用场远远不止于交易；债权中的某些不作为之债的权利主体也非进行财产活动，例如在订立“深夜不得弹钢琴”的不作为之债的情形，权利主体求得的是宁静而非财产。在亲属法中，主体并非财产活动主体的例子更多，结婚的双方首先是为了爱情和生育子女，结婚行为至少并非全然的经济活动。这方面的例子不一而足。由此我们可以说，即使在梁氏民法体系中，人格也不见得是纯粹的经济人格。由此我们看到梁老师处在其命题不能涵盖它所由出的全部论证材料的逻辑困境中！看到其主观性对他的支配。作为一个希望自己能代表我国当代现实存在的广大穷人的学者，他把自己对贫富不均的现实的愤懑和对财产的偏爱带到了自己的研究中，此乃不争之事实。

当然，以偏概全的经济人格观还有以下可能的原因：其一，“算大账”。在现代民法中，人无疑主要是作为财产活动的主体存在的，我刚才费力找出的是些例外，而且进行非财产活动往往需要以财产作为后盾（例如中国民法学研究会召开年会，这不是财产活动，但没有钱也开不了会[①]）。因此，根据多数吸收少数的原则，可以大略地把民法中的人格设定为经济人格。其二，随机做出的表达，“没有想那么多”，因此情感多于理智。考虑到梁老师提出的仅仅是一个结论，在发表它前后都未以专论支持其观点并反驳相反的观点，这种可能性不能低估。当然，其他可能性也不能排除，它们甚至可能与最后一种可能性共同对梁老师发挥作用。

上述种种原因，无论何者为真或它们结合起来塑造了梁老师的说法，都证明此等说法科学性的不足。在科学研究中，学者应该尽可能排除自己的主观性，尽管做到这一点很难；“算大账”更是要不得的研究方法，科学研究的本质就是斤斤计较甚至两两计较，一毫一刻都要算得清清爽爽。不做深思熟虑地或为煽情信口陈述自己的学术观点，更不是一个严肃的学者所应当为。如果在思维方法或情绪的平和上有缺陷，由此得出的结论必然不可信。

5.不平等的立法处置：形式平等模式

前文已述，梁老师的说法相对于罗马法是一个进步，但它相对于法国民法典第8条却是

① 因为定不下会长，现在是有钱也开不了会矣！1985年成立中国民法经济法研究会，其历史不过18年，每年一会应开会18次，现在由于一些非学术的原因竟然有3年未开。在此制定民法典之际，广大民法学者不能利用这一论坛对本专业内的这一最重大问题进行讨论和参与，形成红色中国民法史上的一个重大不幸事件。

一个退步[①]。它规定:"所有的法国人都享有民事权利。"这一条文一扫罗马人法关于人格的琐碎规定,干净洗练,赋予了所有生物意义上的法国人以人格,未为从第一种法国"人"向第二种法国"人"的转换设定任何条件(只是外国的第一种"人"只有经外交互惠才能成为第二种"人")!此条开创了现代人法关于人格之规定的方式的先河,它就是赋予所有的人以形式上的平等,不考虑他们的实质平等问题的方式。

法国民法典第8条的规定当然比罗马法的"三合一"的人格立法更加尊重所有的人,前者无意蔑视任何法国人,后者却是忍不住要把自己对某些社会成员的蔑视公开出来并制度化的。法国人民以几百万人的生命为代价才换来了这个第8条。我们知道,大革命前的法国实行等级制,法律也公开站在僧侣和贵族阶级的立场上蔑视第三等级。这一等级尽管在经济上富有,却在政治上没有身份[②]。因此,他们承担了大部分社会义务却不能享有社会权利。因此,他们造反了,他们胜利了,他们可以按照自己的意愿制定法律了!法国民法典就是他们的立法成果。按照常人的做法,他们会对社会进行报复:过去,僧侣和贵族以自己的身份压他们的财产,现在翻过来了,他们在废除身份的同时,应该把他们的优势宣称为整个社会的价值坐标才对。换言之,他们有理由按照拥有财产的多寡确定社会成员的等级层次。对于穷人,不赋予人格或赋予较小的人格,由此完成对"穷人非真人说"的立法确认。然而他们没有这样做,尽管这样做并非没有先例!先说近的中世纪,欧洲的有些共同体就把全部成员根据财产的多少分成积极公民与消极公民,消极公民当然是财产少,由此承担税负少的公民啦!再说远的罗马王政时期,公元前578年左右的图留斯改革按照财产的多寡把全体罗马市民分为五个等级,未进入等级的社会成员称"无产者"("穷人"的典雅表达),各个等级的政治地位依财产多寡递减,"无产者"的地位最低,他们尽管不承担什么社会责任,但也没有多少权力参与政治决策[③]。中世纪的立法者也好,古罗马的立法者也好,都认为不平等是必要的因而维持这样的社会结构,而法国民法典的立法者由于采取了新的强调普世平等的自然法的意识形态,遂把平等列为自己的政治纲领的第二项内容(自由、平等、博爱),他们由此完成了对自己的阶级利益的超越而成为全体法国人(包括被他们推翻的僧侣和贵族)的代表。不如此分析,不足以显现法国民法典之制定者的伟大!

这些伟大人物难道不知道人生而不平等的残酷现实?我相信,任何一个对生活有着基本的观察力的人都知道此!当然推测不及证据有说服力。证据是有的:其一,他们的旗帜上写的第三项价值:博爱。什么是博爱?它的西文词源学含义是兄弟之情(Fraternity),试问,

---

① 相对于奥地利民法典第16条和德国民法典第1条也是这样,它们分别规定"人的权利能力始于出生的完成"。"每个生物学意义上的人都享有与生俱来因而被看作法律意义上的人的权利。奴隶制、奴役以及以奴隶制和奴役为依据的权力行使,禁止之。"它们都未为取得这种能力设定任何财产条件。

② 这一历史掌故是对梁老师的"穷人非真人说"的极大讽刺,因为这里出现的是"富人非真人"的问题,它揭示出从"人"到"真人"的过渡,财产绝非唯一的条件。

③ 前文介绍的忽略财产要素的罗马法中的"三合一"的人格观属于6世纪的优士丁尼时代,因为优氏的《法学阶梯》如此规定;而在王政时期的罗马,财产显然也是一个影响人格的因素。如此,我们可以说在罗马法史上,本身就有一个从"重财"到"轻财"的演变。

一个身体健全的哥哥有理由不爱一个残疾的弟弟吗!?因此,博爱的核心就是强者对弱者的关爱。其二,作为法国民法典第8条之来源的1789年的《人权与公民权利宣言》第6条:“在法律面前,所有的公民都是平等的,故他们都能平等地按其能力担任一切官职、公共职位和职务,除德行和才能上的差别外不得有其他差别。”这是一个宣告形式平等的条文,却浓浓地透出立法者对不平等的认知:“按其能力”是公民的能力不等,量才使用的意思,“德行和才能上的差别”所表达的不平等意味就更加明显了。如果上述分析为真,我们便可认为,法国革命的巨人们以“博爱”和“差别”的字样确认了全体法国人中强弱(经济上的、能力上的、品德上的或任何其他方面的)的不等,但无意以立法确认这种不平等,而宁愿采取立法并非完全反映现实,而是批判现实的立场,设立确立普世平等的第8条作为整个社会的道德和法律理想。

但法国民法典为这种形式平等的实质实现做了什么?答曰像梁老师主持的民法总则草案一样什么也未做!狄骥告诉我们,《人权与公民权利宣言》第6条宣告了“……国家并没有消除事实上存在的不平等的义务,而只有确保所有人受到同等保护的义务”[①]的立场,由于该条与法国民法典第8条的渊源关系,由此可以推知,后者的立法者也采取以宣布普遍的平等为已足的立场,拒绝承担实现实质平等的义务。对于这样的规定,我们可以说它虚伪,指责它把做不到的事情规定下来有什么用?说它允诺的那个人格对穷人是空头支票。实际上,梁老师的说法就是对这样的形式平等的批评和对实质平等的追求。

写到这里,我陷入了深深的困惑中,一方面,我觉得自己已经把梁老师的说法驳得体无完肤,而且觉得它根本经不起稍微认真的推敲;另一方面,我相信梁老师、领衔并参加主题为“真正的人”的网络讨论[②]的李军等人都是聪明人,有学养的人,他们为这一说法触动,为之呼号,难道他们都犯了如此低等的错误?我不大愿意接受这种可能。另一种可能是他们是否与我在不同的理路上?如果真是如此,我与他们的分歧点又在哪里?

经过长考,我认为分歧点在于我们对立法者职分的认识不同。打个比方,立法者是一群强弱不一的人的赛跑的组织者,按照我的理解,立法者的职分就是画起跑线。他可以在两种安排中做出选择:其一,对强弱不等的人画一条同样的线,即宣布形式的平等,法国民法典第8条就是这样做的。如此,立法者一方面使自己的工作简单化;另一方面,也期望通过这样的同一起跑线的竞争让强者出头,淘汰弱者。其二,画数条参差不齐的线,弱者可以站在划得较前的线上起跑,可以比强者少跑几十米,由此可以达到赛跑的参与者从不同的起跑点出发,但差不多同时到达终点的效果,这就是实质平等的立法。如此,立法的工作要麻烦得多,立法者的目的也仁慈得多。无论这两种立法有怎样的不同,它们的共同本质是把立法者的工作限定在“画线”的范围内,不越雷池一步。按照我推论的梁老师及其追随者理解的立法者职分,他们应该这样行为:把所有的赛跑参与者先集中起来居住,强的锻炼身体,弱的补充

① 莱昂·狄骥.宪法学教程[M].王文利,等,译.沈阳:辽海出版社、春风文艺出版社,1999:178.

② 这场讨论的文字记录稿所在的网址是 http://www.law－thinker.com/cgi－bin/yadian/dispbbs.asp? boardID＝4&RootID＝594&ID＝594&star＝1.

营养兼锻炼身体，等到两者身体的素质差不多了再宣布他们是平等的，然后进行比赛[①]。从政治学的角度讲，这样的"立法者"是在做行政机关的事，后者是国家活动的持续的实施者，而立法机关是"断续"的国家活动的实施者：每年开会数次，其他的时间休会；没有自己从中央到地方的一整套班子。立法机关的这些性质就足以决定它的工作只能是"画线"了，要它去行政或执法，那是它无能力承担的工作。

接下来的问题是，梁老师的说法是一个涉及立法的说法呢，还是一个涉及行政或司法的说法？如果它涉及的是后两个领域，那么我对它的批驳将变得毫无意义。我们必须记住，梁老师是在关于民法典的结构设计时发表他的说法的。因此，它关涉的是立法问题，所以，我对它的批驳是有意义的。

6.不平等的立法处置：实质平等模式

这一分节要讨论的是，如果梁老师及其追随者把他们的关注点从立法以外的领域拉回到立法领域，他们可以为穷人做什么？可以怎样做？如果做不了，这种失败的理论意义如何？

问题是实质平等的立法实现问题，它以对不同人分别设线的立法者处置解决。人之所以不同，无非因为种族、性别、年龄、贫富四者。20 世纪以来，法国民法典第 8 条式的形式平等规定经常被实质平等的规定取代，国内外的立法都为我们提供了不少这方面的实例。

一说种族。对这个问题，中国和美国都以"反拨行动"(Affirmative action)实现实质平等。在我国，少数民族过去备受歧视，被赶进了深山老林，过着刀耕火种的原始生活，与汉族不在一条起跑线上。为了实现他们与汉族的实质平等，国家赋予他们两项让他们先"跑"的特权：其一，高考时，少数民族考生在分数上受到照顾。以武汉市为例，在中考中，填报武汉市中南民族中学志愿的少数民族考生，适当降分优录；报考职校、技校类的，可降低 10 分录

---

① 例如，网友李军说，"法律制度的有关内容体现在这三个方面：价值理念层面、制度设计层面和制度操作层面。从哲学的术语来看便是应然，欲然与实然。可我们的问题就出在制度操作层面"。显然，我与李军的分歧在于我认为立法者的使命在于价值理念层面和制度设计层面，而他认为立法者应当管操作层面的东西(2002 年 10 月 24 日帖子 http://www.law－thinker.com/cgi－bin/yadian/dispbbs.asp? boardID＝4&RootID＝594&ID＝594&star＝1)。又如网友"枫信子"在 2002 年 11 月 5 日的帖子中说："或许人编放在物编前面，能显示出人的重要性，能体现出民法典对于人的关怀。但是，对人的关怀，更主要的还在于法律的具体设置，它必须落到实处，而不能仅仅停留在民法典的前后顺序上。再者，法律对人的关怀也不能仅仅停留在法律文本之中……因此，不要过多的将精力放在讨论人编与物编的顺序问题，而应该更加投入到法律的具体设计与培育法治观念上去"他还说："其实真正的人的定义，只能从社会学的角度来回答。在社会中什么样的人才算是真正的人呢？我想拥有一定财产的人，才能算是一个真正社会意义上的人。财产是他安身立命的前提和基础，没有财产的人是不具有真正意义上的独立人格的，我们没有必要去回避一些伦理意义上的讨论，只有从现实的角度来衡量人的定义问题，才有助于我们来解决这个社会中如何确定真正的人的定义，那就是不仅要解决它作为人的伦理意义，更重要的是如何从其物质的角度来确立其他真正的人格。"http://www.law－thinker.com/cgi－bin/yadian/dispbbs.asp? BoardID＝4&RootID＝594&id＝818&star＝3&skin＝

取。在高考中,报考民族院校和湖北省属院校的少数民族考生,可在总分上加10分录取[①]。其二,按人口比例来衡量,少数民族在参政议政的机会上被安排得大于汉族。以第九届全国人大、政协为例,在这一届议会的存续期间,少数民族人口占全国人口总数的8.98%,他们在全国人大有代表428名,占代表总数的14.37%,高于他们在全国总人口数中所占的百分比;他们在全国政协有委员257名,占委员总数的11.7%,也高于他们在全国总人口数中所占的百分比。[②] 在美国也有同样的事情。在1997年的密西根大学,发生了Grutter v.Bollinger一案和Gratz v.Bollinger一案,被告是密西根大学的校长(现任哥伦比亚大学校长),原告都是被拒绝录取的法学院白人考生,因为校长通过降低对黑人学生的录取标准提高他们的就学机会并增加校园文化的多元性,从而剥夺了一定的白人的入学机会。校长的行动依据就是“反拨行动”,这是一种追求实质平等的制度安排[③]。

次说性别。由于妇女在漫长的历史时期处在受歧视、受禁锢的地位,她们对社会生活的参与与男子形成极大的不平衡。为了恢复此等平衡,我国对妇女也实行了“反拨行动”:在我国各级领导班子中,按规定必须配备一定比例的妇女干部。在这种情况下,为了满足性别比例的要求,才具略高的男子不见得能竞争过才具略低的妇女,后者在这种情况下享有了特权。

三说年龄。未成年人与成年人在算计能力上处在不平等的地位。自古至今,法律遂赋予前者特权维持两者的平衡,使他们在交易中处在不倒翁的地位,未成年人与成年人进行的交易对未成年人有利则有效,对未成年人不利则无效。法律以此维持了强者与弱者的一定均衡。

四说财产。在四种造成人类差异的主要因素中,财产处于非常特殊的地位。为了达成实质的平等,现代立法者对于前三种因素的处置都是“扶弱”,而他们对于财产这种因素的处置却是“抑强”:用高额遗产税“剥夺”富人后代的过多发展手段,使他们与穷人处于相当的起跑线上。超出现代的“扶弱”的例子可以找到,如革命者的“开仓放粮”“分田地”;更古的造反者的“均贫富”,这不光扶了弱,而且还抑了强呢!但它们都超出了立法活动的范围,属于革命活动(即排除法律手段的活动)而非正常的治理活动中的现象,所以没有什么理论价值。由此产生的发人深省的问题是:立法者为何对财产这种差别制造因素与对其他差别制造因素的态度不一样?我们知道,种族、性别和年龄三者都是与当事人意志无关的差别制造因素,换言之,一个少数民族人士、一个女人、一个未成年人,无论怎样努力也不能变成一个汉人、男人或成年人。当事人改变不了自己的不利地位,只能把这个任务交给立法者。而且,上述三者都是原因性的,换言之,如果解决不好这方面的平等问题,当事人在其他方面的地

① 叶长青.中考、高考优录少数民族考生[M].《楚天都市报》1999年4月27日第16版。

② 参见“1998年中国人权事业的进展”,载《法制日报》1999年4月14日第4版。

③ 2003年6月23日,美国联邦最高法院裁定密西根大学在入学考试中优先录取黑人等少数民族裔学生的做法合宪,反拨行动终于盖棺论定。姬虹.四次判决的里程碑意义[J].检察日报2003年7月3日第4版。

位会有连锁反应式的影响；而财产是深受当事人意志影响的差别制造因素，在通常情况下，当事人只要努力就可致富，因此立法者无必要通过自己的干预让每个人都成为富人。而且，财产是结果性的，贫困往往是多种主客观因素的结果，只有在不正常的社会状况下，贫困本身才成为贫困的原因。

至此我们看到，梁老师的说法挑选了财产这个立法者最难驾驭，以至于基本采取无为政策的差别制造因素作为自己的工作对象，并且提出了实质平等的主张。如何实现它呢？梁老师自己没说，也许也没想，但我可以根据中外古今的立法例帮助他把自己的思路贯彻到底。

第一步：在全国进行财产普查，根据调查的结果确定全国的穷人、中人和富人的范围，贫富差距的程度。

第二步：制定财产差别梯度表，例如，以 10 万元为第一档，1 万元为第二档，1 千元为第三档，1 百元为第四档，1 元为第五档。划定第一档为富人，第三档为中人；第三、四、五档为大中小三贫。

第三步：起草民法典草案中总则部分关于权利能力之取得的条文如下：

第【】条：穷人、中人和富人取得权利能力的机会平等。

第【】条：为了以形式上的不平等达成实质上的平等，本法典对自然人权利能力的取得设定财产数额要求。并对穷人、中人和富人取得权利能力的财产条件实行差别要求。

富人须有 10 万元资产才能取得权利能力，中人有 1 万元即可取得此等能力。拥有从 1000 千元到 1 元的穷人，按照其相应的财产额取得权利能力。

依上操作，才能在立法者的“画线”职能范围内解决“穷人非真人”的问题，这是唯一的途径。而梁老师除了到处空喊“穷人非真人”外，没有在他负责的民法总则草案中做任何上述事情。他所做的唯一的事情，是在其《民法总论》一书中悄悄地把“物”的位置前移到了在主体之上的位置，以此表达了他对中国广大穷人命运的关切！

至于上述虚拟操作的合理性如何？是否荒唐，并且现代立法者是否因此等荒唐而放弃了对它们的采用，那是由读者诸君自己判断的事情啦！

三、“穷人行为能力受限说”分析

经过对梁老师说法的第一种解释进行分析，我们已经发现它的煽情性远远大于其科学性，穷人听了开心而不能解决问题。现在让我们看对同样说法的第二种解释进行分析会得出什么结果？仔细想来，梁老师的说法在行为能力领域又有两种可能：第一，把财产作为人取得行为能力的一个要素(他们的权利能力是天然会得到法律的承认的)[①];第二,把财产作为行使行为能力的一个要素。

关于第一种可能,我们都知道,世界各国都只把健全的理智设定为权利能力的拥有者也取得行为能力的唯一标准,没有把具有一定的财产作为取得此等能力的标准。但我们也知道,我国最高人民法院关于贯彻执行民法通则的若干意见第 2 条中有关于所谓的"准治产人"的规定,允许 16 岁以上,拥有自己独立的财产来源的人提前取得完全的行为能力。这一规定为梁老师主持的民法总则草案建议稿承袭,其第 17 条第 2 款做了如下的规定:"年满 16 周岁不满 18 周岁的自然人,以自己的劳动收入为其主要生活来源的,视为具有完全民事行为能力。"此款的法理意义在于它能否被理解为为自然人取得行为能力设定了财产(可以维持自己生存的劳动收入)的第二标准?从该款的文义来看,有做这种解释的余地,但从其立法理由来看,却不能做此等解释。事实上,这样的"准治产人"在拉丁法族的民法典中被称为"脱离亲权人"(字面含义是"被解放人",来自罗马法中的家父解放家子的制度)。"脱离"的条件一是达到一定的年龄(例如 16 周岁),二是已经结婚。既然已经顶门立户,就必须承认他是一个独立于父母的主体的现实,法律遂赋予他行为能力,这是立法的一个权宜之计。有意思的是,我国实行这样的权宜之计时考虑的因素不是结婚,而是有自己独立的收入,典型地表现出我国人格立法的经济人格走向。但事实上,这样的准治产人不过是心智提前成熟到可以认知自己行为后果的人,判断他是否提前成熟有两个标准:第一,接近成年年龄,如此,一个 10 岁的孩子尽管有维持自己生活的独立收入,也不能成为准治产人;第二,有可以维持自己生存的劳动收入。在我看来,这不是取得行为能力的一个要件,而是证明主体具有成熟的心智状态的一个证据,因为一个稀里糊涂的人是不可能赚得自己每日的面包的。如果不采用这种理解,我们就无法说明一个 16 岁的人可以和一个 18 岁的人同时取得行为能力。因此,即使按照梁老师负责的民法总则草案建议稿第 17 条第 2 款,自然人获得行为能力的条件也没有增加财产的要素。这就提出了两个非常有意思的问题:第一,为什么世界各国都不把或不能把财产作为取得行为能力的要件?我认为答案很简单:民法中的人不是被完全作为经济主体设定的,他们除了进行经济活动外,还要进行许多的其他活动呢!第二,为什么多数国家的商法典甚至也不把财产作为商自然人(单纯的经济主体!)取得行为能力的条件,我认为这种安排是为了避免一个难堪的问题:如果把具有一定的财产增设为自然人取得行为能力的条件,必然会产生财产多的人行为能力大,财产少的人行为能力小甚至没有行为能力的立法结果。尽管事实上真是如此,但只有粗蛮的古代和中世纪的立法者才会傻

---

① 网友慧剑修罗在 2002 年 11 月 2 日的帖子中不同意行为能力说:"回过头来,对于'穷人非人'的问题,从法学对于主体的设定来讲,他的主体地位不可否认,穷人的人格是存在的,同别人没有什么区别,有所区别的仅仅是他实际进行行为的受限制程度。这种限制不是行为能力意义上的限制,更不是权利能力意义上的。但它却是一种事实,一种你我都可以看得见的,身同体受的事实。这种事实不能也不可能用任何理论来掩盖,任何高尚的理论其实对于掩盖事实的情况都会变得很荒谬。所谓穷人非人的命题,就是在现代社会甚至至今为止的社会中都是一种事实的存在。"http://www.law-thinker.com/cgi-bin/yadian/dispbbs.asp?BoardID=4&RootID=594&id=818&star=3&skin=

乎乎地把它们规定下来授人以柄。

关于第二种可能，我们可以这样说，如果人主要被或仅仅被理解为经济活动的主体，你有了健全的理智干什么呀？还不是在多数情况下都作用于财产！如此，财产就成了实现权利能力和行为能力的必要工具，正犹如一个具有全球旅行的权利能力的人只有有了足够的钞票才能实现这一能力，否则各种能力对他都是一句空话。我认为梁老师的说法浓重地包含有这种意思，它触及了人虽然被抽象地赋予平等的行为能力，但此等能力由于个人财产状况的不同而实际上不平等的现实并对之持批判态度。

但这一现实是否值得批判，确实是一个大问题。首先遭遇到的是真正的普世平等能否实现的大难题：美国人的话很好地描述了这一命题的处境：平等是地平线，可望而不可即也[①]！其次遭遇到的是有无必要实现上述平等的伤人问题。有些坦率的人，例如哈耶克和霍尔姆斯，就毫不客气地说平等是弱者的呻吟[②]。而且“穷”通常是结果而不是原因，它是懒惰、判断失误、运气不好等因素的单独的或综合的结果，如果我们承认这些因素客观存在，而又提出穷人的行为能力大小问题，实际上是在张扬一种结果平等的“均贫富”的中国传统主张。

在我看来，上述不平等的现实不值得批判。任何一个社会都会有富人和穷人，这没有什么不好。不然，社会拿什么去惩罚那些由于懒惰或粗心大意的失败者呢？那不成了干好干坏一个样？而且，没有由于自然原因造成的贫富差别，怎么进行社会分工和社会组织呀？因为脑力劳动与体力劳动的分工，社会的分层化安排，都在很大程度上是以贫富的区分为基础的。当然，捅破这层窗户纸比说谎需要更多的勇气，因此大家通常选择说谎罢了。而事实上，穷人的行为能力在任何国家都不可能大，在中华人民共和国也不可能例外。

实际上，更加重要的问题在于通过何种机制或途径使某些人必不可免地成为穷人，另一些人必不可免地成为富人？财富的世袭制已经遭到了最深入的理论的和实际的批判，现代的高额遗产税制度更是对它做出了立法批判。基于这一现实，我们也许应选择这样的制度安排：让那些更有条件的人成为富人，让那些不具备条件的人成为相对的穷人，同时也让他们分享富人努力和成果的部分成果。这里描述的是西方福利国家的现实。

四、“穷人自卑说”分析

梁老师说法的第三种解释是“穷人自卑说”，我认为这种说法没有立法学的意义，故不怎么值得评论，因为立法除非在不得已的情况下，都只调整人的外在行为而不调整其内心状态，如此的原因一：人的内心状态外人很难知晓；原因二：人的内心状态的个别性太强，难以

① 十几年前，在武汉，在马积华先生举办的一次讲座中，他提到《哈佛法律评论》的一篇文章中有这样的妙喻。

② 霍尔姆斯的这种观点，见哈耶克．自由秩序原理[M]．北京：三联书店，1997：102．哈耶克自己的这方面的观点，见同书第104页。

就之制定普遍的规则。例如，许多穷人就不自卑，所谓人穷志不短是也，他们尽管衣着寒素，腹中素多荤少，却仍尊严地对中人和富人主张自己的人格。立法在不得已的情况下规定人的内心状态，我指的是它对于故意和过失等事项的规定，虽然难以规定，但由于它们是确定责任的依据，因此立法者也要知难而进。

结论

至此我们可以说，梁老师的说法对于自然人完全不适用，硬性适用会得出可笑的结果。因此，梁老师连自己也不适用它，没有在他负责的民法总则草案中体现它半分。这证明他对他到处宣讲的"穷人非真人说"，煽情而已，证明自己疼爱穷人而已，叶公好龙而已。但必须承认，梁老师的说法对企业法人制度有一定的解释力。他的根本错误在于把能适用于企业法人人格的那些规定推广用来说明全部的民事主体，由此造成了"经济人格"制度的泛化，不得不以偏概全。当然，受德国的潘得克吞学派以及马克思主义的唯物主义的影响，我国的人格法理论中本来就有一种经济人格趋向，这一现实更加鼓励了梁老师的经济人格的人格观。但它是并不符合民法的实际内容的，应该加以改变。

梁老师的说法之所以引起了广泛的共鸣，乃因为发生了领域的串位：梁老师的说法属于立法学的范围，而其共鸣者的说法属于社会学的范围或法的实现的范围。这种串位来源于对立法者职分的误解。事实上，立法者的职分总是面临不平等，通过"画线"来贯彻自己的抑强扶弱的平等目标，与法的被适用者直接接触、进行某种工作达到平等再制定关于平等的立法的要求，有违立法工作的性质。面临不平等，画线求平等，是我的立场；"消除不平等再来规定平等，这样的平等才有意义"，这是许多梁老师的追随者的立场。

梁老师尽管把自己作为穷人的代言人，遗憾的是，在他负责的民法总则草案中他却未为穷人的利益做任何追求实质平等的规定，他对自然人的权利能力取得等问题的规定，仍然停留在法国民法典第 8 条的形式平等立场。于是，我们遗憾地看到了他的宣言与其行动之间的不小的距离。

作为本文工作对象的梁老师的很有煽动性，引起了那么多人的讨论，动情甚至动火的说法，一经科学分析，却发现它那么脆弱，不经一驳。然而，在我自感已经驳倒它后，我却感到悲哀，因为我难以相信众人的理性不及我个人的理性，因此我怀疑自己是真的胜利了呢，还是在方法论上出了错，根本没有动摇这一那么多人接受的说法？为此，我衷心希望广大读者对我的结论和方法提出质疑，以证明我的胜利或失败。

2003 年 1 月 26 日第一稿于哥伦比亚大学

1 月 30 日春节前夕第二稿

魂兮归来！ 认真地理解亲属法向民法的回归[①]

2002年12月5日晚，中国政法大学民商经济法学院主办了“中国民法典论坛”第四场，其主题是“中国亲属法的现在与未来”，主讲人巫昌桢、杨大文和陈明侠三位教授做了一场精彩的人文主义联合演讲。正如主持人夏吟兰教授指出的，与前三次论坛相比，本论坛有的特点之一是亲属法的人文关怀。据我用E方法[②]对记录稿进行的统计，全场使用“人文”一语11次(包括提问者使用一次)，“人性关怀”一次，因此，相较于先前的3场论坛，这是一场人文主义的盛会，是人文主义的民法观深入学者之心的一个见证。如果说前3场的演讲者张口闭口都是“财产”、“物”、“智力成果”，全场“物”气兴旺；而本场的演讲者则张口闭口都是“人”，“人”气高扬。我们知道，民法的全部内容，分为与人有关的和与物有关的两大规范群，按照我的民法观念，前者应先在于后者。因此，政法大学应把本场安排为第一场才对，而且，与把民法的财产法部分的讨论安排三场相应，也应另外再安排两场关于人身法部分的讨论以取得人法与物法的平衡(例如，本场的主题是身份法，至少可另外安排一场人格法以及一场人格权法)，但由于历史积淀的原因，本场被安排为老四，而且看不出有另外组织两场人法论坛的征兆，这些表明了组织者的传统的、不值得怪异的、在中国根深蒂固的物文主义立场。但本场的演讲者不为这种不利因素干扰，仍底气十足地吹响了人文主义的号角，让我们至少听到了11次人文主义的音符。通过阅读记录稿我认为，本场提出的基本事实和观点对于我们正确地重新铸造中国的民法调整对象理论具有深远的意义。

本场提出了什么基本事实?

第一，中国的婚姻法已经发展为或恢复为亲属法的事实。巫昌桢教授告诉我们：她的工作领域有大中小三种理解。小的理解叫作“婚姻法”，它调整婚姻的成立、效力以及婚姻的其他具体问题，是只管“两口子”的法；中的叫作“婚姻家庭法”，它除了调整上述“两口子”的关系外，还把家庭关系纳入自己的调整范围，是调整1+1=3的法。大的叫作“亲属编”，它在“中的”基础上再扩大自己的调整范围，调整包括近亲和远亲在内的亲属关系。读者一眼可知，过去我国对巫老师的工作领域做小的理解，现在，人们在大的理解的基础上讨论我国未

---

① 本文原载徐国栋:《认真地对待民法典》，中国人民大学出版社2004年版。

② 该场的纪录稿的网址是 http://www.lawintime.com/ReadNews.asp? NewsID = 1007&BigClassName=民法典专题&BigClassID=30&SmallClassID=40&SpecialID=0。关于E方法的含义，参见徐国栋. E时代的E方法[M]. 法律方法与法律思维. 第1卷，北京：法律出版社，2002.

来民法典的内容构成和基本走向，这种大小对比意味着"人法"内容在民法体系内的增长。如果说，过去的人身关系相较于财产关系不得不处在"阑尾"的地位，现在这条"阑尾"长大了许多，以至于能否再把它叫作"阑尾"可以构成一个问题。正如巫老师指出的："中国是泱泱大国，有 10 多亿人口，3 亿多家庭"，这 3 亿多家庭的自组织和被组织负载着十多亿人的幸福和人口再生产的重任，我一点都看不出它有任何理由比承担物资资料的再生产的财产法次要。当然，亲属法的回归意味着一个一级学科变成二级学科，一个会长变成副会长或常务理事，用通常的话来说，要炸掉一个"山头"，而 3 位教授自愿这样做，其志可敬，其德可佩，与民法学界的有些前辈形成对照，由于厥志厥德的阙如，民法这个学科已经 3 年开不了年会了。

第二，中国的亲属法应该回归民法典已成为过去人们习称的"婚姻法学界"（现在应称为亲属法学界了）的共识。以这一共识为基础，第四场讨论才能进行得起来。达成这种共识的意义只有在历史的长河中才能看得清楚。可以说，民法分为人身法和财产法两个部分，如何寻找两者的共性以证明它们共处一法的理由是从 18 世纪的部门法运动以来困扰世界法学家的难题，因为在 1756 年的巴伐利亚民法典之前，民法就是与教会法相对立的所有的世俗法的意思，人身关系法和财产关系法乃至于刑法、行政法，都可以在"世俗"的基础上获得同一性。但随着民族国家的兴起以及其活动的扩张，产生了分门别类地调整各种世俗生活关系的要求，于是发生了"民法的解体"，过去的大一统的民法分解为许多的部门法，正像苏联解体时的情形，刑法、行政法等先后宣布"独立"。经过一阵动荡和骚乱，现在的包含人身关系和财产关系两大块的民法像俄罗斯联邦一样幸存下来，但人们开始以更具有分析性的眼光透析其"二合一"的理由。最早的"分裂分子"是德国人。黑格尔发现，在人身关系中的亲属部分实行"爱"的原则，不同于财产关系法部门实行经济人假说[①]。费希特则认为，亲属关系属于道德调整的领域，无须国家为之立法[②]。我们不能否认这两位哲人发现的民法的两大块内容性质上的差异表现出的他们的聪敏，但他们的此等发现的逻辑结果是民法的再解体——人身关系法与财产关系法分裂，把人身关系法驱逐出民法典，从而把民法变成单纯的财产关系法。意大利人皮萨内利在黑、费提出的命题基础上继续推演，在他的国家提出了把人身关系法排除出民法典，从而把此等法典变成"经济法典"的建议[③]。由于资料所限，意大利立法当局未接受皮氏之建议的原因已不可考，但他的建议得到了新生的苏维埃政权的接受。1923 年的苏俄民法典是一部调整财产关系和 personal relationship（指关于民事主体的规定）的法典，在民法典之外另立"婚姻家庭和监护法典"是苏联民法模式的重要内容，它传播于差不多所有的前一现社会主义国家。此语中的"差不多"的限定只适用于古巴。东欧剧变后，俄罗斯自己尽管大量地弃旧图新，但在民事立法模式上排除身份关系的做法却不加改变，现今的俄罗斯联邦民法典仍然不包括身份关系法，其他东欧系统国家在 89 年事变后大

① 黑格尔. 法哲学原理[M]. 范扬，张企泰，译. 北京：商务印书馆，1961：177.

② 费希特. 以知识学为原则的自然法权基础[M]. 谢地坤，程志民，译. 梁志学. 费希特著作选集(2). 北京：商务印书馆，1994：585.

③ 桑德罗·斯奇巴尼. 前言[M]. 意大利民法典. 费安玲，丁玫译. 北京：中国政法大学出版社，1997：1.

多在这方面继续维持前例，只有两个国家（乌克兰和格鲁吉亚）突破了这一模式，也发生了本场论坛涉及的亲属法的回归民法问题。

然而，亲属法从民法的脱离，不仅是一个纯粹的意识形态问题，而且也是一个技术问题，因为把身份关系和财产关系安排在一部法典中必须证明它们的同一性作为理由，如果不能找出这样的理由，就不仅在苏联集团国家，而且在伊斯兰国家也要发生身份关系法从民法典的脱离。土耳其帝国1869年的奥斯曼民法典在这方面首开先例，这部民法典被处理成单纯的财产关系法（也包括一些民诉法的规定），另外于1917年制定了个人身份法调整身份关系[①]，比苏联更早地开创了把传统的民法典内容做"两块瓦"处理的模式。1883年的埃及国民民法典采用之，并把这种模式推广到整个伊斯兰世界。这一历史掌故证明本场论者杨大文教授关于"除了原苏联、东欧一些国家把婚姻家庭法典作为与民法典平行的部门法以外，凡是制定民法典的大陆法系的国家，没有一个不包括亲属编或者是婚姻家庭编的，制定民法典却不把婚姻家庭纳入其中可以说是从未有过"的说法是不确切的。

让我们回到苏联的"两块瓦"模式。它在共产党政权的苏区时期就来到了中国。1949年全国政权易手后，红色中国最早制定的法律之一就是婚姻法。在这里，我们看到了一个有趣的模式传播中的变形——在苏联，民法是以"两块瓦"的形式存在的，中国共产党人只对其中的一块感兴趣，甚至只对这块"瓦"中的几小片感兴趣，因为苏联的婚姻家庭监护法典到了苏区就变成了婚姻法，而第一块"瓦"中的后两小块以及另一块"瓦"，要到50多年后的今天才引起中国立法机关的兴趣，我们中国人学苏联的选择性何其强也！意识形态上的独立性又何其强也！当然，在新中国时期，在学科上也形成了民法与婚姻法并存的格局，两者成为分别的法律部门，这点跟苏联的相应状况是基本一致的。

因此，当今之时，我们在人身关系与财产关系之关系的问题上，要料理的不是苏联模式，而是苏区模式，即"小理解"的巫老师的工作领域。它现在是本场三位教授的工作对象，工作的任务一是把它扩大，即把它从"小理解"的转化为大理解的。在某种意义上，这一工作是补当年苏区学苏联时所作的遗漏，因为苏联民法体系中的身份法是"大理解"的；之二是把经过扩张的亲属法纳入民法典，这一工作称为"回归"。"回归"到什么地方？显然不是回到苏联模式，因为过去的苏联模式和现在的俄罗斯联邦民法典模式都实行身份关系法与财产关系法的分立！那么回到什么地方？杨大文教授给出了这个问题的答案："我国的婚姻家庭法与民法经历了一个始合后分的过程。清末制定的《大清民律草案》，北洋军阀的《中华民国民律草案》，以及1930年制定1931年施行的《中华民国民法》……都是把亲属编纳入整个民法草案或民法典的。"这段话明确宣示，我们要回归的地方是《中华民国民法》（其他两部草案不是法律，谈不上要回到它们）采取的身份法与财产法之关系的模式！

这就带来了一个巨大的问题：我们现在的民法调整对象理论是从苏联移植的，它以苏联

① See George N.Sfeir, Modernization of the Law in Arab States, An Investigation into Current Civil Criminal and Constitutional Law in the Arab World, Austin & Winfield, Publishers, San Francisco－London－Bethesda, 1998:27.

的"两块瓦"式的民事立法模式为基础，是对调整财产关系的"那块瓦"的内容的概括，因此规定民法调整平等主体间的财产关系和人身关系。实际上，"人身关系"（personal relationship）是一个不当的翻译，因为稍想一下就会明白，身份关系的三大内容"婚姻家庭和监护"都到了另一个法典中，在"这一块瓦"的民法典中何来身份关系？因此，所谓的"人身关系"，不过是"这块瓦"中也规定了的人格关系而已。倒霉的 personal relationship 一词本来就应是人格关系的意思。"身份"要用"Status"的词素表示，伊斯兰国家例如埃及就是这样做的①。

好！我们的亲属法回归民法典了，它的意义如何？以我们继受的苏联模式的民法体系为参照系，我们可以发现这样的回归带来了民法调整对象理论的归纳对象的改变，这一对象比过去扩大了、多元了，另外带来了民法的人法和物法两大板块的比重的改变，也就是说，人法的比重增加了。如果我们考虑到人格权内容的膨胀以及对不同于人格权的人格取得正确认识后带来的对这方面内容的厘清，人法的分量如果说还未达到与物法等量齐观的地步，两者的差距可以说是大大缩小了。在这样的条件下仍然坚持苏联式的民法调整对象定义——就像最近颁布的官方民法典草案第 2 条所做的——而不把财产关系与人身关系的位置掉个，不过证明立法者没有理解自己让亲属法回归的行为之意义而已！应该说，民法调整对象的定义像一个开名公司的名称，其中罗列所有股东的名称，现在，亲属法作为一个股东"回归"了，这种"回归"必须体现在民法调整对象定义上。如果亲属法的回归民法典（以及人格权独立成编的立法规划）不能在民法的调整对象定义上得到反映，只能发生亲属法的"身"归而"魂"不归的效果，我不愿看到这种结果发生，遂将"魂兮归来"作为本文的标题。

我们还必须注意到，过去包括许多钟爱民法的人张口闭口把这种法与商品经济联系起来，不顾我的无限厌恶的表情以调整商品经济为例证称赞民法的重要（他们忙得甚至顾不上跟上中央的步伐，把"商品经济"改成"市场经济"，以收与时俱进之效），亲属法的回归应该迫使他们调整自己已讲得口滑的说法，因为新近"回家"的亲属法调整的不是什么商品关系，甚至不是什么市场关系。正像杨大文教授所说的："婚姻家庭关系与其他民事法律关系相比，有种种的特点……首先，婚姻家庭法律行为具有限定性，法律对婚姻家庭的行为（原文如此，徐国栋按）比其他民事法律行为要求更加严格……在婚姻家庭法领域里，好多后果是法定的……在民法中到处通行的意思自治原则，在婚姻家庭法领域处处受到必要的限制……婚姻家庭法关系具有稳定性。……在婚姻家庭法领域，有些权利和义务是结合在一起，密不可分的，或者说是权利也是义务，是义务也是权利。"亲属法的上述种种特性，不过反映了国家对于人类生活的基本单位的家庭的关怀，它与相对自由放任主义的财产法实行不同的逻辑。所以，同志们，万勿把商品经济或市场经济的油彩乱涂在亲属法身上，也不要乱涂在人格法身上，拜托了！

---

① See Nathalie Bernard－Maugiron and Baudouin Dupret（edit），Egypt and its Laws，Kluwer law International，London Hague New York，2000：3.

然而，亲属法的回归意味着重提那个造成它的被驱逐的问题：人身关系法和财产关系法共存于一部民法的依据是什么？如果不能从根本上说清这个问题，它的回归与其说是基于科学，不如说是基于意志。根据的缺乏最终会导致它再次被驱逐。调整这两种关系的法彼此间的异质性被杨大文教授感到了，他说："虽然婚姻家庭法是民法典的一部分，但它又是相对独立的一部分……民法典总则编的好多规定不适用于婚姻家庭编。"既然如此不同，为何要把它们拢在一起？遗憾的是本次论坛没有探讨这个最要命的问题。说实话，亲属法的回归所归的那个中华民国民法典以及它所由出的德国民法学也没有说清楚这个问题。这一问题虽然是德国人提出来的，但德国人采用的处理却是消极地进行理论驱逐（例如上面提到过的黑格尔和费希特对家庭法的特性的看法），导致他们的学生（苏联）的立法驱逐，只有人文主义的拉丁法族的民法理论才说清了这一问题：民法是市民社会的法，其第一个职能是组织一个市民社会，这一职能由人法承担；其第二个职能是分配一个市民社会的存续所需要的资源，这一职能由物法承担，因此，民法先调整人身关系（包括组织一个宏观社会的人格关系和组织一个微观社会的身份关系），然后才调整财产关系。这就是我说了许多遍而人们仍不理解的人文主义的民法观。如果采用物文主义的民法观，亲属法可以现在回归，但它的再次被驱逐只是时间的问题。

2002年12月28日于哥伦比亚大学

附记

1.在本场论坛的记录稿发表之际，官方的民法典草案已经公布[①]，其总则第18条对亲权与监护的不分引起了学者的强烈批评[②]，本场论坛表明，上述三位教授是非常知道应该区分二者的，其正确意见没有被采纳的原因是巫昌桢教授所说："我们这些专家和立法部门的关系，就是提供一些数据、外国的法规等资料性的东西，还有就是提出一些观点建议……但决策权在立法部门，我们的建议有的被采纳，有的不被采纳。"当然，杨大文教授对自己的地位要乐观一些："觉得法学家在立法过程中起的作用要比过去大，决策机关还是相当能够听取我们的意见的……但我们绝对没有决策权。"但法学家的明白不得不屈从于立法部门的"能不改就不改"的思路，我由此想到了一些常见的错别字被承认为正确的事实，例如，"烫衣"终于取代了"熨衣"，我认为这是下层文化取代了精英文化。

2.陈明侠教授在演讲中认为"村委会、居委会不应承担监护工作，它们难以承担责任"，因此，监护机关原则上应是自然人，这一观点与我以亲属会议取代"两委"的思路不谋而合，深感同音相和之快，特此声明。不过，陈教授提出了那么多的监护机关，完全采用的是"雄伟石厦"的思路，恐怕与立法部门的"三根棒棒"思路矛盾着呢！

---

① http://www.law－thinker.com/detail.asp? id＝1499.

② http://www.law－thinker.com/cgi－bin/yadian/dispbbs.asp? BoardID＝4&RootID＝3687&id＝4343&star＝3&skin＝].

认真地为民法典起草者请求国士待遇[①]

早有写作本文的计划，今天写出来，是网友李军一个帖子的催发。在2002年12月9日于法律思想网《绿竹幽径》栏目发表，后被我于同年12月27日转贴于《民法典论坛》栏目的帖子中[②]，李军网友针对我在过去的帖子中有过的对参与民法典起草的某些成员的“成天走江湖，使枪棒卖膏药”“在全国漫游，忙着自己解放自己”的讽刺，对我提出了大意如下的劝告：

老一辈整天忙着赚钱是不错，
你这个年轻人瞧着莫嫉妒。
与其嫉妒不如自己来，
也去赚个100万。

李军同志认为我的讽刺是嫉妒所致，他劝我放弃嫉妒，轻装上阵，100万到手了，嫉妒也就失去依据了。这一帖子扯下了我过去的讽刺帖子上笼罩的朦胧，迫使我把“老一辈这样做是否合理?”之问题的答案公开出来。

当然不合理！为什么？韩愈已经把道理说得很好：“业精于勤荒于嬉”。学问如同逆水行舟，不进则退，每人每天只有24小时，赚钱用的时间多了，用于做学问的时间就少了。因此，赚钱导致了一些教授的学术水平的明显退化。这些老一辈的属下最清楚他们的退步：一些准备考他们博士生的人对自己未来“老板”的评价是：10年内没写出过有分量的东西。至于他们对学生辈的牺牲、剥削，相信许多学界中人都有亲身经历。正因为这样，他们中的一些人在学术讨论中感到明显的力不从心，听不懂对手理论而自说自话的，被人多次“血洗”而唾面自干的，从长篇大论高手沦落为豆腐块文章专家的，编这个、出那个，根本不看自己所编所出的一个字，只顾抽头拿钱，愚弄读者、剥削作者的，都有种种劣迹，在法学界的酒桌烟炕上传播不已。如果他们是一个小范围的负责者，倒也罢了，顶多害几个人，而现在他们许多

① 本文原载徐国栋：《认真地对待民法典》，中国人民大学出版社2004年版。

② http://www.law－thinker.com/cgi－bin/yadian/dispbbs.asp? boardID＝4&RootID＝2244&ID＝2244.

身担国手的重任，却不自珍爱，这样危害可不小，一旦国手变成国蠹，影响的可能是有100多年寿命的中国民法典的质量和中国法学界的荣誉。

中国的法学，与中国的围棋和足球是多么相像哟！在谈论我们的民法国手的时候，我们千万别忘记聂卫平是怎么垮掉的！他曾经因为全心全意治棋而连克日本国手。后来，用业内人士的话来说，是“一会想干这，一会想干那，最后忘了自己的本行”，成为街头棋摊主都不屑一顾的臭棋篓子。当聂卫平如此糟蹋自己的时候，韩国人大感惊奇，因为他们的李昌镐是只被允许全心全意搞围棋，不许越雷池半步的！我们也不要忘了世界杯赛前的中国足球队，他们凭借不管是怎样的原因出了线，结果主教练带头，做广告的做广告，做生意的做生意，结果在韩国大败亏输，血染汉江，零蛋归家。对他们赛前的作为，韩国人也大感惊奇，因为他们的国脚全部被封闭训练，不得出禁区半步呢！这些国耻记忆犹新，而民法学界的“聂卫平”“国足队”还在“操练”，还在产生，他们正在沿着聂卫平、国足队开创的道路大步前进！可惜中国的法学界没有围棋界、足球界的人那样敢说，因此我们还在听着玉树后庭花的小曲呢！

上面是对某些国手的批评，下面要为他们辩护。一些老一辈（需要说明并非全部）为何现在要牺牲学问、牺牲立法质量去赚钱？乃因为国家没有给他们足够的钱！中国教授与发达国家教授收入的差距我就不说了。对于这些身在重要岗位的学者，国家根本没有以国士待他们，因此，他们也没有以国士自重的感觉。在这一方面，我愿提供一些相反的事例。

首先是路易斯安那州给民法典起草者高额报酬的例子。1806年7月7日，路易斯安那议会指定詹姆斯·布朗（James Brown）和路易斯·莫罗-李斯莱（Louis Moreau-Lislet）编订一部民法典。他们在两年的时间内完成了委托给他们的工作，于1808年10月11日把他们的民法典草案提交给议会。两名起草者各自得到了每年800美元、连续付5年的报酬，总计每人得到4000美元①。这笔钱在现在也不是一个小数，在当时更是一笔巨款。何以见得？让我们看路易斯安那本身的价格就知道了。拿破仑在1803年把这块土地卖给美国时售价8000千万法郎（合1500万美元），而那时的路易斯安那有100万平方英里，上面的价格除面积，合2美分1英亩。两名起草者得的8000美元当时可以买好几个县呢！因此，路易斯安那议会拨专款给法典的起草者反映了它对知识和专业技术极为尊重。4000美元的报酬分5年给，也表明当时该州并不富裕。尽管出了8000美元，现在算账，还是路易斯安那议会划得来，一个法典用了150多年，成为本州的骄傲，本州的独特文化传统的最实质代表，它得到的远远大于付出的。

其次是瑞士联邦政府给民法典的起草者欧根·胡贝尔（Eugen Huber）良好待遇的例子。在被召起草瑞士民法典前，胡贝尔正在德国的哈勒大学就职。为了便于他工作，伯尔尼政府为他在伯尔尼大学安排了一个瑞士民法的教席，同时，又让他于1902年被选为国民议

① See John T. Hood, Jr., The History and Development of the Louisiana Civil Code, In Tulane Law Review, V.33, 1958—59:14.

会的代表,使他可以方便地在国民议会前为其民法典草案作出说明①。相较于路易斯安那,瑞士给予民法典起草者的待遇主要是精神上的。

尽管我一时找不到中国古代统治者给予法典编纂者高额待遇的例子,但我现在找得到给予从事类似工作者高待遇的例子。清代乾隆年间编《四库全书》,纪晓岚主其事。他的待遇如何?乾隆为了方便他从事这一嘉惠万代的工作,在中南海附近赏了他一座宅子,配女秘书两名,肉类敞开供应、酒类时刻保证,乾隆在繁忙的军务中还不时派人送上人参3斤。纪晓岚待遇为何如此之高,因为乾隆重视文治,中国二十四朝,只有明成祖和他做过这样的事呀!一旦做成,彪炳千古,焉得不重视!

与上述例子相反,我国对民事法律的起草者不给予任何直接报酬,甚至发生有些起草者到人民大会堂开会的车费都是自己出的怪事。从根本上说,这还是当权者没有理解民法典的意义造成的。在中国历史上,大凡每朝开国必办两事:第一为本朝修典;第二为前朝修史,以表示文治取代武功。不知何故,现政府基本上把这两件事都拖下来50多年。说"基本上",乃因为现政府执政不久就制定了宪法,这算是一个小"典",对于民法这样的大"典",是拖下来了的。好!现在终于想到修大典了,却又舍不得为修好的大典支出成本,原因在于没有看到一部好的大典的价值。我们知道,中国历朝法典从秦律起步,到唐律而盛,唐以后的各朝大抵在小有修改的基础上沿袭唐律。撇开秦律不说,一部好的唐律,用了唐、宋、元、明、清五朝,近1000年,而且被日本、朝鲜、越南等周边国家广泛使用,如果在制定唐律时花了一些成本,你们说划不划得来?唐律这么好,可以反推当时也是花了不少成本的,一分钱一分货嘛!我们小时候也经常说"江山千秋万代……"之类的话,就算是有这么长,难道还想制定数部民法典?5~6个"三根棒棒"还不如一座"雄伟石厦"呢!从中国历史来看,每朝都是200年左右,一典而终。如果本朝也是如此,现在制定一部民法典要用百好几十年,可谓百年大计,质量第一,为保质量,投入不能低!一旦投入,万般便宜。因为一时的几百万元的支出能带来一部能用1~200年的法典,它每年在中国这个有2700多个法院的大国的使用成本摊下来才几万元,这是多么合算的交易!

由于现政府没有算明白民法典投入的高额回报,于是对民事立法的起草委员不给任何待遇,采用了零成本政策。唯一的"回报"是让起草委员们在法律颁布后通过出小册子、讲课来弥补自己的支出。由于"补亏"心切,在统一合同法颁布后,发生了某委员40多天连续辗转于路途,靠兴奋剂维持,喉咙讲坏、身体讲垮的惨事。从精神待遇来看,除了王利明、郑成思和王家福三位教授,也没有把其他的起草委员选为人大代表。而且,起草者的条文最终要被连人大自己的同志都承认水平不怎么高的法工委工作人员转化为他们自己的条文②,委员

① Voir M. Walter Yung, Eugène Huber et l'espirit du code civil suisse, Librairie de L'Université, Georg & Cie S.A., Genève, 1948, Appendice: 191.

② 关于法工委工作人员"水平不高"的话,出自魏耀荣同志在"中国民法典论坛"第二场上的演讲。http://www.lawintime.com/ReadNews.asp? NewsID=954&BigClassName=%C3%F1%B7%A8%B5%E4%D7%A8%CC%E2&BigClassID=30&SmallClassID=40&SpecialID=0.

们得不到主张哪些条文是自己的作品的精神利益。这样的处理表面上省钱,实际上付出了重大代价:表现为一些委员由于不能专心于起草,提交的提案许多内容陈旧落后,与30年代的提案没有什么区别,置民法科学世界范围内在70多年期间取得的成就于不见,世界上的新立法例他们不知道,知道了也利用不了,因为没有时间坐下来学外语、读书、消化。他们中的一些人越来越依赖于用耳朵听来知识,阅读对他们中的一些人已经是为难之事,甚至发生依靠他人阅读全文,委员自己只看提要的情况,因此往往不能正确理解相关的作品,发生许多笑话。他们中的一些人长期周游于北京以及全国各地的宾馆泡会,不读书只看报,而且看的是小报,其中多半说养猫;只发文不写稿,偶尔写稿也是ABC介绍,用来向德国同志做汇报,汇报完后出口转内销,国内同志一听开头起身就跑。由于只出不进,多出少进的原因,知识枯竭,有把5年多前发表的旧文利用自己的起草委员的名头在杂志上再发表或再再发表的[①]。如此等等,不一而足。同行们看在眼里,痛在心头。

因此,提高民法典起草小组委员的待遇,不是一件仅仅为他们利益的事,而是为国家利益的事。为此,我以从现在开始到2010年定稿的8年起草期间为时间参照系,郑重对我国全国人民代表大会和国务院提出给予民法典起草委员国士待遇的如下建议:

第一,财政部应在8个财政年度内按年为民法典起草作出充分的预算,其数额应能满足如下要求:(1) 起草委员在起草期间享受的由国库直接承担的高工资,要高到委员们认为自己完全没有必要考虑钱的问题。(2) 在人民大会堂附近为他们每人分一套三室两厅房子的费用。(3)购买必要资料的费用。在民法典论坛第二场的记录稿中,我看到魏耀荣同志读的《魁北克民法典》和《荷兰民法典》都是外国人送的,而且后一部法典只有译成了英文的两编[②],我很难受。如果我们有专门的预算,我们可以自己买这些法典,荷兰民法典没有译成英文的部分我们可以组织人力译成中文供起草者参考。(4) 解脱某些委员的重大债务的费用,以免他们的起草意志受到其债权人的支配而影响立法的公平。(5)用于实施如下其他建议的费用。

第二,民法典起草委员应暂时集中居住于国家在人民大会堂附近为他们提供的住房以方便与人大法工委同志的联系。他们在本单位的工作在起草期间解除。爱人随调于就近单位,小孩(包括孙子辈)无条件就近入学。他们的生活和工作环境应相对封闭,禁止到处"走穴"。起草动态由专门设立的民法典研究所新闻发言人向新闻界与学术界发布。封闭的环境可以使他们相互间进行更深入的沟通,并排除院外活动集团对立法走向的不当干预。从亚洲的近代史来看,成功者如日本、韩国没有别的诀窍,只有全心全意一个诀窍!无论是围棋、足球还是民法典,都是如此。

第三,建立民法典研究所或称民法典学院(Institute of Civil Code)。上述相对封闭的民

① 在《法学》上发生过这样的事。其编辑寄给我一篇来稿,希望我从中找出论题进行讨论。我一看此文似曾相识,一查资料,才发现它已经发表过两次了。

② 参见"中国民法典论坛"第二场,载 http://www.docin.com/p-267122502.html,2017年1月11日访问。

法典起草委员的生活和工作环境构成临时性的"中国民法典研究所",法典完成后即解散(此种研究所系仿巴西例,详见我的《国外民法典的立法程序考究》一文[①]),改成民法典博物馆供人参观学习,并做研究中国民法典编纂史之用。研究所的成员由上述起草委员及其助手构成。每位起草委员应配备 6 名博士学位以上,由国库专门从民法典预算中支付高额工资的助手,每位委员的 6 位助手的外语语种应涵盖英语、德语、法语、西班牙语等大语种,以便能满足委员对各国立法例的咨询要求。研究所应收藏齐全世界各国的主要民法典。如果一时做到这一步有困难,可以得到我的帮助。

第四,在起草期间,把全部起草委员都安排为全国人大代表,以便他们成为真正的立法者而非"军师"。在有将近两届人大的起草期间内,他们可以从其他人大代表中汲取对有关制度设计的理念,同时他们也可以对其他代表普及民法典的观念。

第五,设立民法典研究所的专门网站并配备强大技术力量维护管理。它将用于定期公布起草小组的各次草案,听取社会意见。也不妨组织对疑难问题的讨论。

第六,起草委员应每周至少开会两次,就民法典起草中的条文逐条进行讨论,讨论过程应有详细记录。讨论中提倡使用民法术语,不提倡使用自然语言和夹杂外语词汇,不提倡文言文或文白夹杂,以维护白话文运动的来之不易的成果。我们看到,台湾地区从 1974 年成立"民法研究修正委员会"并召开首次会议,至 1998 年 4 月 2 日"立法院"三读通过其债法修正案,在 14 年的时间内举行会议 707 次,以债法全部条文 603 条计,平均每条耗去会议一次[②]。我们的民法典研究所要做到平均每条开会讨论一次,以确保质量。按照王胜明同志的介绍,未来的中国民法典的估计条文数是 1500 条,如此,要开 1500 次以上的会议。像我们现在的一些起草委员到处"走穴"的状况,是开不了这么多会,达不到如此深入的讨论的。

第七,由于我国的民法典起草时间放得较长,为了保证起草质量,应同时进行外国著名民法典的翻译工作。魏耀荣同志自己能看两部新的著名民法典不够,还得让其他起草委员看。因此,至少要把荷兰民法典和魁北克民法典以及其他重要民法典译成中文,尽快出版大字本首先供委员们使用。将来在民法典研究所解散时,作为其工作成果与"法典草案""起草资料"合并出版。说实话,在新中国的民法典起草史上,目前的这次起草最为马虎。20 世纪 50 年代为了起草中国民法典,全国人大法工委尚且组织翻译出版了"资产阶级国家民法典资料"8 集(该第 8 集就是德国民法典,其翻译文笔我至今难忘,觉得比现在市面上的好)并出了分解资料呢。20 世纪 80 年代起草中国民法典时,彭真同志尚且安排法律出版社出版过专门为他印的《法国民法典》的大字本呢(为我亲见)。做这些事都需要钱,可以推知当时为起草民法典是有专门预算的。今天要求专门预算不算新奇。

第八,起草委员草定的草案应得到法工委的尊重,后者不得做全面变更,改头换面将之转化为自己的草案,以此承认起草委员对相应起草部分在立法史上的著作权。

---

① 载 2002 年 4 月 22 日《人民法院报》"法治时代"周刊。

② 陈灵海.台湾"民法"的最新发展及其借鉴意义[J].台湾法研究学刊.2000(4).

经验证明，只有制度保障才能带来良好的行动效果，我们不能凭运气得到一部良好的民法典，好的民法典靠好的制度安排，而在这方面，世界各国已经留下了一些行之有效的经验，我们完全可以借鉴。基本的理路是：只有多的智力投入才会产生好的法典，而多的智力投入又取决于参与者是否衣食无忧和具有居高临下、为天下立范的心态。我国的立法史已经证明，花钱少当然可以得到一个草案，但绝对不会是好的草案。你不以国士待他，他就以糊弄待你，这是屡试不爽的真理。

当然，这样安排，国士们以及国士们的单位都要作出一定的牺牲，这也是考验国士们是真国士还是假国士的一块试金石。实际上，上述措施我国政府对“两弹”元勋都采取过，并无新意，那些人可是真国士，他们隐姓埋名在深山沟里做这么大的事呢！没有一个“走穴”的呢！如果我们承认民法典对于我们这个国家一点也不比“两弹”次要，我们就完全可以对起草委员们实施对“两弹”元勋实施过的管理。委员们把一部好的中国民法典搞出来时，他们也必将得到“两弹”元勋们已经得到的荣誉！甚至可以考虑建立中国民法典纪念碑呢！

至此，我与李军分歧的根本点就暴露出来了：他认为“国士”们应该自己去赚100万，而我认为如果他们认真地做好其本职工作，就可以得到国家给他们的100万甚至更多！相信老一辈更愿意接受我的这种安排，因为我的安排比李军的安排让他们更省劲些，更有尊严些！我到广东和四川地面走过，合同法颁布后，许多老一辈到这两地宣讲，当地的“刁民”们给他们打分，有的得分可低！有的话可难听！你从事商行为，人家就不给你斯文人待遇了。我听到这种种传说，心里真不好过。

至于李军同志对我提出的像“老一辈”那样赚个100万的建议，我断然拒绝，因为我觉得自己的本职工作不在于此，我在多个作品中已经多次声明在大学教书在全世界都是一种非经济取向的选择[①]，甚至在美国也不例外。大学教师是我的职业选择，我以在这一行做得最好而非以经济收入为自己的成功尺度，并不想以赚钱多闻名于世，以企业家的成功尺度作为自己的成功尺度。而且，外出找钱是为“穷”的感觉压迫所致，不知怎的我就是找不到这种感觉，我总觉得自己是一个大大的富人。反正穷富感觉的主观性很强，我的主观感觉一直就是富人。客观上物欲也不多，钱总是够花，因此，我总是像富人一样思考和写作，力求在作品中表现一种贵族的心态，不希望像有的同志的思考和表达，有一股穷酸之气。

说到底，本文还是要深入到一个伤人的问题：中国的立法质量取决于人的质量，人的高质量取决于贵族阶级的形成。没有有产阶级，没有三代以上的富裕家庭背景，就不可能有像样的法学家，由此我们很难指望一部优秀的民法典。法典的整体大于各个部分之和，前者要体现一种精神，有三种可能的选择：穷人的精神、中产阶级的精神和贵族的精神！在一个国家，不可能为三个阶级制定三部民法典！鲜江临网友那样的所谓的“小民的民法典”[②]的说法极大地违背了法律的普遍性！因此，必然要以一个阶级的精神作为中国民法典的精神挺立

① 徐国栋. 西口闲笔[M]. 北京：中国法制出版社，2000：88.

② http://www.law－thinker.com/cgi－bin/yadian/dispbbs.asp? boardID＝4&RootID＝1869&ID＝1869.

于这个世界！这个问题的理论部分我宁愿放到其他文章中去说，这里我只说其情感部分。我相信，至少在对外的场合，让贵族的精神作为中国民法典的精神会让我们觉得更体面！让穷人的精神主宰这部民法典，我自己都觉得丢人，也不符合我们民族的爱面子习惯！更否定了我们改革开放以来取得的成就。

但是，我们有无可能达到贵族的精神？答曰困难！因为我们是个穷国，学问对于多数人还是脱贫的工具。一旦治学取得一定地位，常见的结果是大家迫不及待地要以各种方式把它换成钱，尤其期望回到家乡对欺负过自己的同乡说一句"老子终于富了"并掴他一个耳光！如此，学问的进步就常常被发财梦阻断，整体的学术水平得不到提高。我国多年来学术的些微进步就依靠学者致富前的那股冲劲而已！大家看一看自己周围的教授级人物，他们的学术生命基本上就维持到他们拿到最后学位为止(如果他们上过研究生的话)，这个时候，他们需要做艰苦的研究建功立业，其后许多就安享其年轻时的成果了，缺乏竞争和淘汰的体制又能允许他们这样混得下去。而一旦学术精气枯竭，这些"搞过学术的人"位居要津又尸位素餐，由于不能有正常的学术批评，他们甚至可能自我感觉还挺好，于是，他们轻的时候是误事，重的时候是戕害学术。庞德讲的"每一门学科的最大敌人就是其教授"就是这一道理。依我看，我们一些"老一辈"已经成为本学科发展的敌人了，不"做掉"他们本学科就难以有像样的发展，甚至连学术会议都开不成。相反，贵族精神讲究的是为学问而学问，学问本身就是目的，而非为自己脱贫进而为家族脱贫的工具。以这样的精神治学才能使学术获得持续的发展，辉煌的希腊思想就是这方面的例证。而这样的贵族精神只能从相对富裕的生活而来。

我在10所大学里待了24年，一直围绕经济背景与选择趋向的主题观察周围的人，阅人甚多，得出上述不幸结论。基此，我招收研究生也很在意家庭背景，希望尽量招中产阶级的孩子，因为无恒产者无恒心的定律是屡试不爽的。

一些"老一辈""漏船载酒泛中流"，终有穿帮的一天(还有"小一辈"呢！我也观察到，一个单位的有名的老一辈的恶劣行为方式对"小一辈"的影响很大，老一辈的生存技术小一辈全部学会，糟蹋学术的所谓"学者"总是一窝一窝地出！)，那时候，他们会被某个高手一棒点翻，但是，谁来当这个"高手"？在中国，这样的人可是难找，多栽花少栽刺嘛！故事云：一个小孩子坐在树上往路上撒尿，第一个被尿者夸奖小孩：尿得好，心里说下一个人会揍这厮，结果1000个中国人都这样想，那个小孩在树上每天尿一个人尿了整3年。最后把他抓下来揍一顿的是个日本人还是个美籍华人，待考，我看日本人对这个小孩的杀伤力更强，所以我宁愿相信戳穿把戏的是个日本人。这个故事发人深省，大家也就可以从中理解为何方舟子的学术批评网要从国外向国内发射巡航导弹了！在中国法学界，像牟其宗那样做空头的有的，像蓝天集团一样搞欺骗的更不少，我知道这两个骗局的揭穿十分偶然，但我相信，在它们被揭穿前，知道真相的人一定不少，但他们都不说，最后是一个"日本人"揭穿了骗局。说实话，在法学界中，由于我的"无欲则刚"的信条，我算是比较勇敢的，但要我去揭穿行内人的秘史，尤其是高我一辈的行内人的秘史，我还是没有那个勇气，还是自己"无欲则"刚不彻底，有所

"欲"和有所"畏"吧！何谓"有所欲"？由于历史的原因，这些劣迹斑斑的人掌握了许多资源的处置权，我作为一个圈子内的人还是要担心他们的报复。何谓"有所畏"？在中国，讲究少的要敬老的并为"老者讳"，许多行为不端者都是我的前辈，我这样"以小犯老"违反中国传统伦理呢！老老相护，一些自身清白的老同志对我施压呢！由于"有所欲"的原因，邀请某些"老一辈"演讲的人，尽管都知道他们讲的内容平庸、重复，属于新闻发布，在他们走后痛骂他们不过讲什么人在什么会上说了什么话，但还是不断地邀请他们去讲呢！而这些被邀者，不知是真不知道还是装着不知道人们对他们的真实看法，也就把他人的变相贿赂当作对他们学问的认同，把自己手里的机会用到极致，捞一个算一个了。到了这个份上，他们也只能把自己的角色演下去了(可怜那些台下的孩子!)，只是有时半夜起来有些恐惧，担心郝铁川之类的杂志编辑组织起一些像我一样的愣头青搞什么"法林逸史"揭他们的老底……现在，这种担心完全多余了。郝铁川已成为统治阶级矣！"法林逸史"关张的事实证明这种搞法在中国行不通。而我是这个国家的公民，受到这些位居要津者在评奖、授予学位点等事项上的左右，因此，我也只能做到对事不对人的批评。实际上，我所批评的，都是被批评者自己曾经批评过的，"59 岁"时与年轻时的想法不同而已，由此可见法学界也是有"59 岁"现象的。为此，我不得不承认自己的怯弱而欣赏他人的勇敢。未来的勇敢者当产生在美籍华人中吧！因为这些人既了解中国的情况，又不受这些人支配，而且还学了美国人的那种认死理的精神，容易勇敢得起来呀。上面之所以假定日本人把尿尿的小孩扯下来揍了一顿，乃因为该小孩偷吃了人家的东西，人家可以告他盗窃，所以日本人有盗窃案中的被盗人的心理优势，如此而已。

2002 年 12 月 9 日于哥伦比亚大学

12 月 11 日改定

认真地反思第四次民法典起草的组织方法[①]

一、引子

2002年12月23日,中华人民共和国民法典草案终于按照李鹏前委员长的心愿在第九届人大第三十一次常委会上得到讨论,这标志着我国的第四次民法典起草暂时告一段落。此前,民法学界一片沸腾:有些起草小组的成员一方面忙着起草,另一方面忙着在全国各地讲学,向大家报告起草动态,同时也赚取一些讲课收入弥补繁重的起草工作带来的消耗;有些则忙于会见记者,介绍起草动态和基本指导思想。有条件的未名列起草小组的教授,则忙于组织大型民法典研讨会,希望集思广益,让大家谈出一些好意见来提高未来民法典的质量。在国外的教授,包括我在内,也不甘寂寞,借助于网络发言,希望对这一立法盛事进行智力参与。学生们则忙着听讲座、看帖子、见名人、表意见,睡眠时间较平常减少,脑细胞运动加快。反正,中国民法学界从台上到台下,热气腾腾、烟雾蒙蒙,温度比平常高了好几度。经过辛勤工作,起草小组的草案终于在2002年4月完成(称为"小组稿"),它分为总则、人格权、物权、债法总则、合同法、侵权法、亲属法和继承法8编,共2812条,后来又加进知识产权和国际私法两编,形成中国立法史上一个条文数目众多的立法草案[②]。

由于起草小组的草案要经过人大法工委民法室的加工才能提交议会讨论,"小组稿"完成后,民法室的员工在4个月的时间内完成了对其重要部分的加工,将之转化为自己的草案,称为"室内稿"[③]。它分为总则、物权法、合同法、人格权法、婚姻法、收养法、继承法、侵权责任法、国际私法9编。其中的合同法、婚姻法、收养法、继承法4编是将已颁布生效的法律不加修改地搬入,共计1209条。它就是得到了第九届人大第三十一次常委会讨论的那个草案。讨论过后,其部分编章在法律思想网上公布[④],因过于粗陋,尤其由于不加修改地纳入现

① 本文原载《法律科学》2003年第5期。

② "小组稿"各编的多数文本,曾刊登在www.civillaw.com的"立法聚焦"栏目。

③ 王胜明.法治国家的必由之路——编纂《中华人民共和国民法(草案)》的几个问题[J].政法论坛.2003(1).

④ 登载在www.law－thinker.com的《民法精义》栏目中的《学人文章》子栏目。

成法律，激起了不少批评[①]。再过一阵，民法典热终于冷下来。冷极生静，现在到了可以总结一下本次民法典起草的成败得失的时候。这一题目太大，本文只打算对本次民法典的起草的组织方法做一些反思，因为它是成果质量的保证，因此是一个基础性的问题。

按照我国的老规矩，我打算先讲成绩，后讲问题，而且打算把成绩讲够。

二、成绩

首先要确定一些基本数据。第一，本次民法典起草是中华人民共和国历史上的第四次。第一次发生在20世纪50年代初，第二次在20世纪60年代初，第三次在20世纪80年代初，接下来就是本次。我们只有把本次放在四次起草的历史长河中评价，才能做到公正。第二，本次起草与前三次起草不同，被评价的草案不是一个，而是五个甚至数个，除了“小组稿”和“室内稿”外，还有“自发稿”和“补全稿”（其含义详见后文），因而起草者的队伍更加广泛，草案来源更具有多元性。

明白了上述数据，成绩有哪些就十分明确了：本次民法典起草是唯一有始有终的。对共和国的民法典编纂史，人们有“三起两落”的描述，说的是前两次都未进行到底，中断了；第三次应该说是“散”掉了，因为“批发”战略改为“零售”后，民法典起草演变为一些重要的单行法的起草，民法典只形成了一个粗糙的草案[②]就寿终正寝。而本次民法典起草既未中断，也未散掉，而是产生了五个民法典草案，它们都鸿篇巨制，基本属于“雄伟石厦”风格，力图汲取世界各国民法思想精华，跟当年的“三根棒棒”式的草案不可同日而语[③]。此外，这些草案中的一个还得到了人大常委会的讨论，它是共和国民法典编纂史上唯一进入了这样的立法程序的草案。之所以能如此，乃因为法治观念在我国日渐深入人心，中央领导人，尤其是李鹏前委员长，开始把法制建设中的重大工程与自己的名誉、政绩联系在一起。许多人对此批评甚至谩骂[④]，我不这么看，我认为这是一个进步。如果说前几代领导人把搞出“两弹”、修多少公里铁路当作自己的政绩，那么，第三代领导人中的有些，则把搞出重要法典当作自己的政绩，这是一个纯粹的进步，它表征着国家领导人的价值观念从“武功”“经济建设”到“文治”的一个大转变。这一进步的意义是没有如下经历的法律人难以理解的：遥想当年领导人的价值观念未转变之时，我们民法经济法研究会每年的年会都呼吁中央重视制定民法典，喊了多年

---

① 登载在 www.law－thinker.com BBS 的“民法典论坛”栏目。

② 我手头收藏有1981年7月31日的《中华人民共和国民法草案》（第三稿），共有510条，正好每100条构成一根“棒棒”，总共有五根棒棒。

③ 关于“雄伟石厦”与“三根棒棒”的含义，参见徐国栋：“是三根棒棒还是雄伟石厦，这是一个问题——绿色民法典草案序言”，登载于《杭州师范学院学报》2003年第5期。

④ 参见 www.law－thinker.com BBS 的《民法典论坛》栏目中的子栏目“LP 民法典的制定应该缓行”，http://law－thinker.com/cgi－bin/yadian/dispbbs.asp? boardID=4&RootID=1400&ID=1400。

无人理睬，现在领导人终于回应了，这正是我们民法学界期待已久的。因此，他们的有力支持是一个需要我们正面评价的事实。

第二，本次民法典起草是历史上最民主的一次。为数众多的学者，无论是否作为起草小组的成员，无论是否有北京户口，都受托地或自发地参与了这一工作。从统一合同法的起草开始，我国形成了一个立法惯例：人大法工委把法律的第一稿放手交给学者起草，然后再以学者稿为基础起草自己的稿子，如此，形成一个法律必定有两个草案，甚至一个法律的学者稿的某一部分就有两个草案的局面（例如“小组稿”中的物权编分配给梁慧星教授起草，未受这方面委托的王利明教授也组织人起草了一个物权法草案；“小组稿”中的侵权行为法编分配给王利明教授起草，未受这方面委托的梁慧星教授也组织人起草了一个侵权行为法草案）。除此之外，还有未受法工委委托的学者起草的“自发稿”。“自发稿”者，不甘心因未受委托就置身事外的京外民法学者自行起草的部分性的或全局性的民法典草案是也。“部分性的”，有西南政法大学的张玉敏教授率人起草的继承法草案[①]；“全局性的”，有我率人起草的《绿色民法典草案》[②]。何谓“补全稿”？被委托起草“小组稿”中的部分编的学者，不甘心放弃对未受委托起草之部分的发言权，通过申报中华社科基金项目或其他途径组织京内外人士起草这些部分，连同其受委托起草的部分构成的完整的民法典草案也。有梁慧星教授主持的《中国民法典草案建议稿》（2003 年法律出版社版）和王利明教授主持的《中华人民共和国民法典草案学者建议稿》（起草过程中）。“补全稿”的特点之一是以其组织者都是“起草小组”的成员，以自己在“小组稿”中受委托完成的起草成果为本，补充未受委托的部分构成一部完整的民法典草案，故谓“补全稿”。梁老师的“补全稿”吸收京外学者参加，他们构成与北京学者“联营”的第四类起草人员。在这种四类人员参与形成四种草案的格局下，学者的意见得到了更自由表现的机会，其内部也展开了竞争和争鸣，这对于提高民法典草案的质量起了良好的作用。

第三，本次民法典起草得到的成果是历史上最好的。据我在有限条件下做的统计，“小组稿”有两千余条[③]，梁老师的“补全稿”凡 1924 条；王利明教授的“补全稿”有 2054 条；“室内稿”凡 1209 条，都是历史上条文最多的。一方面，它表达了我国立法思想向严格规则主义的迈进，起草者希望增强法律的确定性的愿望；另一方面，它也表明了过去 20 余年来我国民法科学取得的长足进步，因为没有学术支撑，想制定鸿篇巨制的法典也是不可能的。

总之，本次民法典起草的成果为下一步的工作提供了一个较高较好的起点，功不可没。

---

① 张玉敏教授的这一草案也曾刊登在 www.civillaw.com 的“立法聚焦”栏目。

② 这一草案将由社科文献出版社在 2003 年 10 月左右出版。

③ 统计“小组稿”的条文数目是一项困难的工作，该稿计划有总则、物权法、债法总则、合同法、侵权行为法、亲属法、继承法和国际私法 8 编，然而，最后 3 编的稿子却未见诸公布，因此无法统计条文总数。而梁老师的“补全稿”的亲属法、继承法编却公布了，“室内稿”的国际私法编也公布了。看来，增加起草过程的透明度是一个紧迫的问题。

三、不足

目前正是第四次民法典起草的喘息期，李鹏同志的让民法典草案“上会”讨论的愿望尽管得到了满足，但在2010年完成我国民法典制定的原计划并没有被改变的消息，我们只能认为这一计划继续维持。因此，从现在开始到2010年，我们还有7年的时间继续这一宏伟的事业。而民法典起草小组的多数成员已垂垂老矣，年龄最大的已73岁，是否有必要让他们、他们是否有可能坚持到这一工作完成；换言之，是否要实现小组成员的年轻化，是首先要考虑的问题。另外，在本次民法典起草中暴露出的一些严重问题不能带到下一阶段的起草工作中去。为此，我们有必要在总结上一阶段工作的经验教训的基础上筹划下一阶段的工作。

我认为本次民法典起草在组织方法上存在如下问题：

第一，民法典草案起草人员的任命程序过于随便。我们从梁慧星教授知道，被第八届全国人大常委会副委员长王汉斌同志任命的民法典起草小组共有9人，包括6位教授、1位退休法官和2位退休官员。6位教授是中国社会科学院的梁慧星，中国政法大学的江平、中国社会科学院的王家福、中国人民大学的王利明、清华大学的王保树、北京大学的魏振瀛。退休法官是曾在最高人民法院工作的费宗祎、退休官员是曾在人大法工委工作的魏耀荣和肖峋[①]。他们成为起草小组成员的时间是在1998年1月，其时，王汉斌同志即将退休，为了在此之前给自己增加一项政绩，他决定重开中国民法典的起草，为此任命了上述民法典起草小组。关于这些起草人员的任命程序，梁慧星教授是这样说的：1998年1月13日，王汉斌邀请王家福、江平、王保树、梁慧星、王利明5人座谈民法典起草事宜，一致认为起草民法典的条件已成就，王汉斌遂立即决定恢复民法典编纂，任命了9人组成的起草小组[②]。这显然是临时起意、个人决定的一件事情，因为程序上的这一缺陷，除了梁慧星教授在全国巡回演讲中经常提到王汉斌同志的委任外，我们看不到有关的任命文件，更看不到有关任命的法律，很不严肃。相比之下，法国和波多黎各任命起草人员的程序要严肃得多。

首先看法国。该国采取直接任命方式。1945年6月7日，戴高乐总统以1194号法令设立民法典改革委员会。规定它由3名法律系的教授(其中1人将担任委员会的主席)、3名法官、3名律师组成[③]。由上可知，法国是以专门的法律来任命起草委员，其构成采用教授、法官、律师(含公证人)的三三制，以便综合理论和实务部门的意见，使制定出来的民法典既表现最新的法学思想，又不至于不可操作。

---

① 参见 http://text88.myrice.com/htfjz/fudanjiangxueneirong/000001.htm.

② 梁慧星. 中国民法典草案建议稿[M]. 北京：法律出版社，2003：序言 1-2.

③ Voir Travaux de la Commission de Reforme du Code Civil, Annee 1945—1946, Librairie du Recueil Sirey, Paris, 1947: 11.

其次看波多黎各。该国[①]采取间接任命方式。1997 年 8 月 16 日,波多黎各议会通过了第 85 号法律,决定成立"波多黎各民法典修改和改革常设联合委员会"(Comision Conjunta Permanente para la Revision y Reforma del Codigo Civil de Puerto Rico,以下简称为"委员会"),其任务是重新起草一部"跟上了我们的时代的作品"取代西班牙人留下的民法典。该法律授权上述委员会通过订立合同聘请教授参与起草工作[②]。以这样的方式,在"委员会"成立至今的 4 年期间,先后有 30 多名教授被吸收参与民法典起草。

我国本次民法典起草未采用立法形式任命起草委员,上面的两个国家采用立法形式这样做,为什么后一种做法就一定好?我认为,采用立法形式任命民法典起草委员有以下好处:其一,可使民法典起草的决定由个别领导人的行为变成整个议会的行为,一方面,有利于在发挥领导人政绩意识的积极方面的同时,防止它对立法科学性带来的副作用;另一方面,有利于为将来在议会通过民法典打下思想基础。其二,议会由来自全国的代表组成,这些代表一方面是全国人民的利益的代言人;另一方面也是其所属的省市自治区的利益和特殊性的代言人,由他们以共同的意思表示任命民法典起草委员,可防止下文要批评的起草委员全部由北京市民组成的现象。

第二,本次民法典起草中的起草委员的构成不合理。这一问题分为两个方面:其一,职业构成不合理;其二,籍贯构成不合理。先说其一。

我国本次民法典起草考虑到了避免起草委员职业单一问题,实行教授、法官、立法官员的三结合制,三者的比例是 6∶1∶2,力图实现学界、司法界与立法界的沟通。这种大思路是正确的,但在细节上仍有可完善之处。具体来说是:在人员构成比例上教授过多,法官太少,律师和公证人没有。大体上可以说,第四次民法典起草的成果是一部教授们的作品。

法官的参与太少有何坏处?我们知道,法官的思维与教授的思维不同,前者倾向于具体问题的可操作方案之获得,后者讲究理论的完满与和谐。法官的意见在民法典草案中得不到充分表现,势必损害此等草案的可操作性。从以往的经验来看,法官对自己在立法参与上的亏空通常以在法律颁布后制定大量司法解释的形式弥补。如果在立法阶段就多吸收法官参加,也许立法与司法解释比例失衡的现象可以在未来民法典的适用中避免。

律师是从另外的角度(或许可以说是从寻找法律漏洞的角度)参与法律适用的专业法律人士,他们的参与有利于消除法律漏洞。把律师排除在民法典的起草队伍之外,证明这种职业活动的性质在我国尚未得到充分认识,律师的地位仍未能与其他法曹相当。

公证人在民法典的运作中也地位重要。民法的轴心是法律行为,书面的法律行为或由公文书证明,或由私文书证明。公文书多数是由公证人制作的,它们关系到合同、遗嘱等方

---

① 波多黎各的正式名称是"波多黎各自由联系国"(Estado Libre Asociado de Puerto Rico)。在西班牙文中,Estado 既是"国"的意思,也是"州"的意思,但波多黎各确实没有获得美国的一个州的地位,因此,暂且不怎么恰当地把这一共同体称为"国"。

② Véase "Exposicion de Motivos" de la Lye Num.85 de 16 de Agosto de 1997, Segun Enmendada por la Ley Num. 327 de 2 de Septiembre de 2000.

面。公证人还有提存机关的功能。因此,外国民法典中涉及公证人的条文很多,例如埃塞俄比亚民法典提到公证的地方有62处,智利民法典有53处,阿尔及利亚民法典有20处。我国民事立法中涉及公证人的条文少得多,相当于外国民法典之各编的主要民事立法(包括民法通则、公司法、合伙企业法、担保法、著作权法、专利法、商标法、合同法、婚姻法、收养法、继承法11个法律)提到公证的地方仅有18处[①],上述对比证明我国立法机关对公证人在民法运作中的重要性认识不足,公证人对民事立法的参与也不够。因此,民法典的起草更有必要吸收公证人参加。

再说其二,众所周知,所有上述9名起草委员都是北京市民。这是在我国没有迁徙自由的现体制条件下,以及起草经费短少情况下做出的不合理和不得已安排。基于同样的体制,最高人民法院于1999年在招聘高级法官时已经做出过应聘者必须有北京户口的广受争议的要求[②]。由于没有迁徙自由,不能容易地把外地学者迁到北京参与民法典起草;由于经费短少,不能承担外地学者到北京起草民法典而发生的运送、居留等费用,由此做出一个"北京人代理全国"的安排。事实上,这种安排已经遭到了广大外地学者的不满,其表现之一是西南政法大学的张玉敏教授自己率人起草了一部与起草小组的相应草案并行的继承法草案,我组织起草了《绿色民法典草案》。表现之二是烟台大学法学院的老师通过参与北京学者承担的课题承担了继承法编的起草任务。

或问,难道北京的学者、法官和官员就不能代表全国人民的意志起草民法典?为什么非得让每个地方的人自己来参加起草?为了节省笔墨,我用归谬法来回答这一问题。如果北京人可以代表全国人民的意见,我们根本不用每年召开一次耗资巨大的全国人民代表大会全会,把30多个省市自治区的数千人民代表以各种运送工具送到北京来,连吃带住十几天耗费国帑,在北京组织一次小型的北京市人民代表大会不是可达到同样的目的吗?我国的政治实践告诉我们达不到同样的目的,因此,全国人大还是年年开。如果北京市的小型会议不能取代全国人民代表大会全会,则北京市的起草委员也无资格为全国人民制定民法典草案!

我也愿举一个对于类似问题做相反处理的例子证明另外的解决的可能。1992年,我有幸成为福特基金会《外国法律文库》的编委。它以北京学者为主,吸收外地学者组成。每次开会,我们数名外地委员都要乘基金会买票的飞机赶来,在北京使用基金会付账的食宿,而北京委员除了每天的少许车马费和餐费,哪有我们这么多开销!在如此状况下,为什么美国人坚持要有外地学者进入编委会呢?因为他们认为只有这样才能使编委会有充分的代表性。其实,他们的理由跟必须召开全国人民代表大会的理由是一样的,出于起码的民主观念

---

① 以上是我以"寻找"方法对上述民法典和我国主要民事立法的电子文本进行的统计分析。后者包含公证规定的具体情况如下:民法通则,0;公司法,0;合伙企业法,0;担保法,1;著作权法,0;专利法,0;商标法,0;合同法,2;婚姻法,0;收养法,12;继承法,3。

② 见1999年3月2日《法制日报》。对这种做法的批评,参见徐国栋.平等与修宪[J].法商研究.1999(3).

而已。出于同样的观念,美国宪法也不是费城(当时的美国首都)的代表单独制定的,而是13个殖民地的代表共同制定出来的。

最后举法国民法典制定过程中如何处理起草人员的代表性的例子。拿破仑于1801年任命了民法典4人起草小组,其中的两人,特隆歇(Tronchet)和比古·德·普雷阿美努(Bigot de Preamenu)来自北方的习惯法地区,另外两人,包塔利斯(Portalis)和马勒维尔(Maleville)来自南方的成文法地区[①],由此维持了民法典对全法国国情的涵摄,为我们提供了可借鉴的经验。

第三,起草者普遍过于年高导致实际起草者与被任命的起草者的相对脱离。从网络上查到6位教授的年龄分别是:梁慧星,59岁;江平,73岁;王家福,72岁;王利明,42岁;王保树,62岁;魏振瀛,71岁(已退休)。他们的平均年龄是63.1岁,超过了60岁的一般公务员的退休年龄,离65岁的部长级公务员的退休年龄相距不远。至于参加起草的法官和官员费宗祎、魏耀荣和肖峋3位先生,梁老师介绍他们时用的定语都是"退休"[②],按照我国现行的退休规定,他们应该都在60岁以上。所以,把这样的起草小组叫作"老人小组",基本符合事实。以60岁的年龄界线把这个小组叫作"退休人员小组",除了对梁慧星教授、王利明教授不合适之外,对其他教授都合适。至此,我不幸发现了第四次民法典起草与退休的密切联系:即将退休的王汉斌副委员长任命了多是退休人员的专家小组来起草民法典,把这一工作设定成了退休人员发挥余热的舞台;李鹏委员长又指令他们赶出一部民法典草案在他退休之前讨论一次。所以,把第四次民法典起草的工作成果叫作"退休民法典草案",也不算过分。

让白发萧萧的老教授、老法官、老官员起草民法典有什么不好?对于这样的问题,我宁愿用一个反问来回答:让一个有丰功伟绩的领导人从盛年一直干到他去世有什么不好?邓小平同志认为这不好,费了很大劲才在法律上废除了国家领导人的终身制,其潜命题是人到一定高龄后体力和智力的衰退使其不能承受治国的重荷,如果勉强让其继续干下去会给国家带来灾祸。在中国这么一个敬老的国家,这一普适的自然规律是我们的国家付出了重大代价才得到承认的[③]。然而,王汉斌同志任命起草小组成员时却想把学界当作这一命题效力的例外。

这种例外成立吗?如今,起草小组成立并活动了5年,可以得出结论了。有心人可以发现,起草小组的成员忙闲不均。忙的是谁?年龄轻的;闲的是谁?上了年纪的!起草小组的梁慧星教授和王利明教授是最年轻的,他们事实上也成了小组的中坚人物。根据法工委于2002年1月11日召集起草小组成员工作会议作出的分工,梁慧星教授负责起草民法典的总则、债法总则和合同法,王利明教授负责起草人格权和侵权法部分[④]。他们的工作表现非常

---

① Voir Rene Robaye, Un Histoire du Droit Civil, Academia, Louvain, 1993, p.36.

② 参见 http://text88.myrice.com/htfjz/fudanjiangxueneirong/000001.htm.

③ 然而近年来,有些当局者出于各种各样的非科学的目的搞什么终身教授,试图向自然规律挑战,排除我国政治体制改革取得的成就在学界的适用。

④ 参见王胜明,前引文。

不俗。事实上，梁教授除了上述分得的任务外，已领导了物权法草案的起草，另外还领导了法学所“补全稿”中的侵权行为法、亲属法、继承法草案的起草。王利明教授也领导起草了一部物权法草案和一部侵权行为法草案，超额完成了法工委分配的任务。其他起草小组成员除了费宗祎法官负责后来新增的涉外民事关系的法律适用编外，并未见谁被分配有某编的起草任务。是因为民法典草案的各编的起草任务已分配完毕，不够他们起草吗？不是，我们看到，为了起草亲属编，起草小组后来增补了巫昌桢教授；为了起草后来决定增加的知识产权编，又增补了郑成思教授；为了起草民事责任编，又增补了最高人民法院原副院长唐德华[①]。其他无具体任务的起草委员至少从起草的意义来看是闲着的。

闲的自闲，忙的却要请外人帮忙，这种“增补”和“转包”的合法性何在？先说“增补”。首先我要承认巫昌桢教授和郑成思教授很有资格参与民法典起草，他们在起草过程中发挥了良好的作用。但按照梁老师的说法，9 人起草小组是第八届人大的王汉斌副委员长任命的，那么，被增补者的任命程序是否与 9 人小组的任命程序一致？实际上，没有这种可能，因为我们没有看到第九届人大的一位副委员长任命他们如此资格的报道。如果不一致，换言之，他们是法工委“邀请”参加起草的，这种不一致的法理依据是什么？为何要按照两条途径、两种程序任命？看来，不按照立法的方式任命起草委员，这样的“剪不断、理还乱”的问题必然要产生。

再说“转包”。从起草小组的运作可知，许多编的草案并非起草委员本人完成，而是他们把自己的起草任务转包给本单位或外单位的人完成的。这种转包是否合法？转包给本单位人员的合法性问题，取决于议会首长对起草者的委托是针对个人还是单位问题之解决？我认为是针对个人的，这是一个民法代理制度中的常识问题。委托关系基于委托人对被委托人的人格和技能的信任，我以为一个人员众多的单位的人格和技能难以评估，因此难以成为受托人。正因如此，世界各国民法典的起草委托都针对个人而非针对个人所属的团体[②]。基此，如认定议会首长对起草者的委托是针对个人而非单位，起草委员把起草任务交给自己单位的成员完成就是非法的。既然如此，起草委员以各种形式把起草任务转包给外单位成员的非法性就更大了。实际上，这种内外的转包是维持老年起草小组之存在的基石。

那些不起草的起草委员做了些什么？由于起草小组的会议记录未出版，我们无进行这方面观察的可靠渠道。我可以设想他们参加了草案的讨论，还可以设想他们投入了民法典草案的宣传工作，因此同样在为起草小组的目标努力。但我必须指出，起草小组成员的使命就是起草，不起草而参加讨论，为民法典事业宣传鼓动，接受记者采访，是小组以外的人也可以做的事，并非起草小组成员的职分。

总之，民法典起草小组的运作证明：任命高龄人士起草民法典只能造就一些挂名的起草委员，最后的工作还是要年轻力壮的人来做。既然如此，何不就任命年轻力壮的人来起草民

---

① 参见王胜明，前引文。

② 参看下文关于 4 个国家民法典起草的受托者年龄的论述。

法典呢！西方国家就是这样做的，兹举4例说明之。

其一，1806年路易斯安那民法典的起草者詹姆斯·布朗和路易斯·莫罗—李斯莱受命起草时分别才40岁和36岁[①]。其二，瑞士民法典的起草者欧根·胡贝尔于1892年受命起草时只有43岁[②]。其三，巴西法学家奥古斯多·泰赫拉·弗雷塔斯(Augusto Teixeira de Freitas)于1860年与巴西司法部订立委托合同起草《巴西民法典草案》时只有44岁[③]。其四，智利民法典的作者安德雷斯·贝略(Andres Bello)受命起草时只有31岁[④]。为何上述州或国家要安排少壮人士承担重任？我理解，乃是因为他们认为编纂一部民法典需要起草者对当今世界民法典编纂具有最新的知识，年龄过大者难免在知识水平上落伍。同时，他们也承认民法典编纂像大型词典的编纂一样，不仅是脑力劳动，而且在某种意义上是繁重的体力劳动，过于年老者将不胜重负。

最后还要提到一个按照中国国情不宜说出来的赤裸裸的事实：起草小组的高龄委员的法学教育多在我国历史上最不幸的时期完成，他们的学业受到了严重耽误，相对于改革开放后培养的年轻一些的民法专业人士，他们在对世界先进民法制度的认知方面存在严重缺陷，因此，抛开年龄和精力的考虑，他们的知识结构的缺陷也使得他们不适合担任民法典起草小组的成员。

第四，零成本起草民法典的政策损害草案质量。前文已述，1998年，王汉斌同志以非常随便的方式任命了民法典起草小组，由于任命的随便性，未见有任何为起草小组拨款的报道。2002年4月初，在中德民法研讨会上听中国政法大学的一位民法老师讲，起草委员去人民大会堂开会，要自己花钱支付交通和其他任何费用，这种经济上的不利使得这位小有成就的教授不想参加民法典的起草。后来这种情况有了一定改善，在美国听法工委的一位高级官员讲，起草委员去人大开会可以取得50元车马费，他承认，对于住得离人民大会堂远的起草委员，这笔钱不足以支付出租车费。所以，9位起草委员为民法典事业已经工作5年多，没有取得什么经济利益，而是承担了相当的时间上和精力上的牺牲。

其他国家或州是怎样处理民法典的立法成本问题的？首先让我们看波多黎各。1997年8月16日，波多黎各议会在以第85号法律成立“波多黎各民法典修改和改革常设联合委

---

① 关于Moreau—Lislet起草路易斯安那民法典时的年龄，根据Alain A.Levasseur, Louis Casimir Elisabeth Moreau Lislet: Foster Father of Louisiana Civil Law, the Louisiana State University, Law Center Publications Institute, Baton Rouge, 1996, p.82.提供的生平资料计算出来。关于詹姆斯·布朗起草路易斯安那民法典时的年龄，根据www.enlou.com/people/brownj—bio.htm提供的生平资料计算出来。

② 根据M.Walter Yung, Eugène Huber et l'espirit du code civil suisse. Librairie de L'Université, Georg & Cie S.A., Genève, 1948, Appendice, pp.191s提供的生平资料计算出这一年龄。

③ 根据José Carlos Moreira Alves, A Formacao Romanistica de Teixeira de Freitas e Sue Espirito Inovador, In Sandro Schipani(A cura di), Augusto Teixeira de Freitas e il Diritto Latinoamericano, Cedam, Podova, op.cit., p.17, p.23提供的生平资料计算出这一年龄。

④ 根据Juan G. Matus Valencia, The Centenary of the Chilean Civil Code, In American Journal of Comparative Law, Vol.7, 1958.pp.71ss提供的安德雷斯·贝略的生平资料计算出这一年龄。

员会”的同时就拨给“委员会”年经费 50 万美元，第二年增加到年七十七万五千美元。以这笔雄厚的预算为依托，“委员会”通过与教授们订立合同来起草民法典，按小时付给教授们报酬，最高的每小时 50 美元[①]。所以在波多黎各，教授们都能专心起草，没有听说过有四处“走穴”的或转包起草任务的。尽管学生也参与这一工作，但都只起辅助性作用，例如制作比较法对照表和外国民法典分解资料[②]。

波多黎各采用事前付酬的方式，而路易斯安那则采用事后付酬的方式。1806 年 7 月 7 日，路易斯安那议会指定詹姆斯·布朗和路易斯·莫罗－李斯莱编订一部民法典。他们在两年的时间内完成了委托，于 1808 年 10 月 11 日把他们的民法典草案提交给议会。他们各自得到了每年 800 美元、连续付 5 年的报酬，总计每人得到 4000 美元[③]。这笔钱在当时是一笔巨款。因此，路易斯安那议会拨专款给法典的起草者反映了他们对知识和专业技术极为尊重。4000 美元的报酬分 5 年给，也表明当时该州并不富裕，但它并不打算以零成本的方式起草民法典，因为这样做得不到好的起草结果，因此宁愿付酬。

我国的起草委员并非得不到任何报偿。按照多年来形成的惯例，他们以这种方式得到补偿：在法律制定完毕后通过四处宣讲自己参与制定的法律获得讲学收入，同时通过写作普及该法律的小册子（通常是“某某法律讲话”之类的作品）取得稿费收入。由于这种“报偿”只是对立法参与者的特殊身份的利用允许，实际上还是起草者自己的劳动收入，所以他们的受酬报感仍然不足，于是他们不得不在承担繁重的起草任务的同时，通过四处宣讲起草动态满足广大人士对民法典的关心，同时弥补自己的时间精力支出。这种表面上省钱的立法安排付出了重大代价：一些委员由于不能专心于起草，提交的草案的许多内容陈旧落后，有的地方与 30 年代的草案没有什么区别，置民法科学世界范围内在 70 多年期间取得的成就于不见，世界上的新立法例他们不知道，知道了也利用不了，因为没有时间坐下来学外语、读书、消化。他们中的一些人只是充当“包工头”的角色，从人大法工委领到任务后交给本单位或外单位的年轻人起草，议会领导人对他们的委托已经被他们的转委托替换。他们中的一些人越来越依赖于用耳朵听取知识，阅读对他们中的一些人已经是为难之事。由于只出不进，多出少进的原因，知识枯竭，有的不敢或不能起草民法典，满足于充当民法典草案的宣传鼓动家或新闻发言人。一句话，由于无钱养廉，零成本起草民法典政策腐蚀了起草者队伍。

第五，起草成果出版不全面。最近，梁老师主持的“补全稿”（其中包括梁慧星教授牵头起草的“小组稿”中的有关部分）已出版[④]，为下一步的起草积累了资料，这是好事。但美中不足的是，起草小组和法工委民法室召开的历次会议上的发言很可能没有整理出正式的记录，即使有这样的记录也未出版，这影响了民法典起草过程的透明度，不利于公众监督起草委员

① 根据 2003 年 4 月 24 日我对“委员会”执行主任 Marta Figueroa Torres 教授的访谈。

② 根据 2003 年 4 月 24 日我对“委员会”执行主任 Marta Figueroa Torres 教授的访谈。

③ See John T. Hood, Jr., The History and Development of the Louisiana Civil Code, In Tulane Law Review, V.33, 1958－59, p.14.

④ 中国民法典草案建议稿[M]. 北京：法律出版社，2003(5)。

的工作态度和工作实绩（例如，如果某起草委员打着委员的名头未设一谋，尸位素餐，公众无从知晓；哪些委员表现突出，屡出奇策，公众也无从知晓），并为后人积累学术资料。我认为这种现象是起草小组缺少专门的书记人员和出版经费的结果。

作为对照，我们看到，法国在“二战”后任命民法典改革委员会时，在任命起草委员的同时就任命书记人员。委员会配秘书长 1 名，由法律系的教授担任。配 3 名秘书，他们必须是法学博士，其中两名在法官中选择①。由于有这些人专门承担委员会会议的记录工作，所以委员会的工作成果和会议记录能按年出版，从 1945－1946 年的第一卷，到 1952－1955 年的最后一卷，共计 8 卷。今人通过读这些书，完全可以知道某委员在某会议上讲了什么话，这些话按当时标准和现在标准来看的价值等，都是珍贵的资料②，读者难以不为委员会的工作精神感动。另外，西班牙民法典的起草经过了 77 年的过程（从 1812 年决定起草到 1889 年颁布），其间形成过 4 个草案③。由于在漫长的起草和争论过程中记录和资料保存工作做得好，今人得以写出两卷本的《西班牙民法典编纂编年史》，上卷阐述 4 个草案的起草过程和主要学术观点，下卷收录各个草案④，为研究提供了极大方便，也非常令人感动。我认为，法国和西班牙能做到这一步，第一个原因是除了有专门的起草班子外，还有专门的秘书班子；第二个原因是有充足的起草经费出版起草成果。

最后说到但最重要的问题是应如何理顺“小组稿”和“室内稿”的关系。首先必须承认，为制定一部民法典形成两个草案是许多大陆法系国家的正常现象。受托起草的学者完成的

---

① Voir Travaux de la Commission de Reforme du Code Civil, Librairie du Recueil Sirey, Paris. 1945-1955.

② 这些记录保留的资料对今人十分宝贵，举民法典结构设计为例，可以看出 20 世纪 50 年代的法国人对法国民法典结构设计的不满态度。3 位教授委员分别提出了自己的新民法典结构设计方案，最终合成了一个集体的设计方案。M.Niboyet 提出的结构设计方案是：第一编，法律、行政规章和外交条约的公布；第二编，个人的身份；第三编，无能力；第四编，法人；第五编，财产与权利；第六编，法律行为；第七编，债与合同；第八编，夫妻财产制；第九编，赠与与继承。M.Henri Mazeaud 提出的结构设计是：序题，讲法的渊源；可以考虑在这里安排法在空间上的冲突的内容；第一编，人，规定自然人，法人，合伙，协会和基金会；姓名，住所、民事身份等。第二编，家庭与家庭财产。第三编，物与物权。第四编，法律行为。第五编，债。第六编，智力权。第七编，人格权（或非财产权）。M.Houin 提出的结构设计是：序题，除了讲法律文件的公布的传统内容外，把法律在时间和空间上的冲突都安排在这一部分。第一编，人与家庭。第二编，财产，物权与智力权。第三编，继承与施舍。第四编，法律行为、合同与债。第五编，职业与企业（De la profession et de l'entreprise）。委员会全体会议在 1949 年 6 月 23 日和 7 月 1 日的会议上通过的民法典结构设计是：序题，包括冲突法的内容；第一编，自然人和家庭；第二编，继承和施舍；第三编，财产，物权和智慧权；第四编，行为和法律事实；第五编，债；第六编，有名合同；第七编，法人。从以上方案中，我们至少看到法国“今人”对“古人”作品的 3 点改进：增加法人、法律行为、知识产权 3 项制度。Voir Travaux de la Commission de Reforme du Code Civil, Annee 1948－1949, Librairie du Recueil Sirey, Paris, 1950, pp.9ss.

③ Thomas H. Reynolds, Arturo A. Flores, Foreign law electronic database, http://www.foreignlawguide.com/cgi－bin/ipvalidate_htbypass.cgi.

④ 我在波多黎各民法典修改和改革常设联合委员会见到此书，浏览了其内容，可惜当时未录下其版本资料。

草案成为先期草案(西班牙文是 anteproject,法文是 avant-project,我国习称"学者建议稿");经议会委托的权威机构审议后的草案才叫"草案"(project),可以交议会审议。两个草案的接续存在是为了保障民法典起草过程的对抗性,从而保证草案的质量①。要形成对抗,参与对抗的双方的学术功力必须旗鼓相当。然而,尽管民法典起草小组存在这样那样的问题,其学术水平和学术资源动员能力仍远远高于人大法工委民法室的员工。前者多是教授、博导,出版有民法著作;而后者多是本科、硕士学历,在当今博士如云的时代,却因待遇太低吸引不了人才,至今连一个囫囵的法学博士都没有(有两个在职在读的博士生)。而且民法室按行政机关的方式活动,与学界甚至司法界的联系都相对隔膜。因此,根本无法与起草小组对抗却又肩负这种对抗使命,难免发生把一个较好的草案改得不如过去的问题,甚至发生是否看得懂起草小组的草案的问题②。因此民法室在本次民法典起草中的表现遭到了学界的严厉批评③。批评之后是建设,问题在于要找到一个能与起草小组资质相当的对抗者。

结论或建议

上面根据我拥有的知识在肯定成绩的基础上对第四次民法典起草中的一些消极现象提出了严厉批评,其目的是为了改进下一步的组织工作,为我国赢得一部尽可能好的民法典。为此我建议:

第一,在下一阶段的民法典起草工作中解散王汉斌同志指定的民法典起草小组,重组起草班子。旧起草小组的王利明教授、梁慧星教授可以保留,其他成员应从小组退休。新起草小组应遵循以下要求组建:(1)入选者的年龄应在 50 岁以下。(2)职业构成为教授三分之一;法官三分之一;律师和公证人共同占三分之一。(3)籍贯构成为华东、中南、西南、西北、华北、东北 5 个大区至少每区一人。每省都选派起草人员将造成起草班子的过于庞大,因此宜按大区选派。

第二,应以人大常委会颁布的法令的形式直接任命新的民法典起草委员会。在任命起草委员的同时任命充足的书记人员。书记人员的职业构成和籍贯构成遵循适用于起草人员的同样原则。任命法律中应明确规定议会与起草委员间是个人委托关系,不允许转包、分包

---

① 徐国栋. 国外民法典的立法程序考究[J]. 人民法院报. 2002 年 4 月 22 日.

② 陈华彬教授于 2003 年 3 月 21 日在河南师范大学阶梯教室 402 举行的讲座"民法典草案评讲"中说,立法机关对专家建议草案的态度是:看得懂就要,看不懂的就不要。http://law－thinker.com/cgi－bin/yadian/dispbbs.asp? BoardID＝4&RootID＝15457&id＝20349&star＝1&skin＝。

③ 关于对法工委民法室的其他批评,典型的还有"忧国忧民"的帖子"法工委成员应该是法学界精英",其中提道:"法工委作为国家立法机关的智囊团,应该是法学界精英施展才华的地方。从这次民法典草案的产生过程中,我们可以看见生动的一幕:专家起草民法草案建议稿,但专家的身份反倒成了学生,法工委的成员成了老师,学生把建议稿作为作业交给老师,老师然后批改,就成了现在的民法典草案"。http://law－thinker.com/cgi－bin/yadian/dispbbs.asp? boardID＝4&RootID＝3921&ID＝3921&star＝1.

起草任务。

第三，在上述任命起草委员和秘书人员的法令中规定对民法典起草委员会的拨款额，用来支付起草委员的报酬(其数额要足以让起草委员们专心起草，保证草案质量)、支付外地起草委员来北京参与起草的费用，按年分卷出版起草记录和起草成果的费用、购买外文资料的费用、出国考察的费用、召开小型研讨会的费用，以及其他一切办公费用①。

第四，将人大法工委民法室从具体的起草任务中解脱出来，变成一个为民法典起草提供各种服务的机构。民法室原来承担的“先期草案”的对抗者的职能改由“第二民法典起草小组”承担。该小组按组织“第一民法典起草小组”同样的原则和方法组织。当然，它的组建也意味着第一民法典起草小组的解散。两个起草小组的成员不得互相重复，以保持第二小组对第一小组的工作成果的完全的批评态度。

如果按照以上方式继续第四次民法典起草，我们可指望得到一部中华人民共和国历史上最好的民法典草案。

结束之际，我要声明两点。第一，我喜欢独自行动，不习惯参与多人行动，因此，如果上述建议得到权威机关接受，我自己将不接受任何起草委员的任命。第二，5 年前，我应《法律科学》之约写了《民法典草案的产生问题》一文(见该刊是年第 3 期)，对社会发出了在 3～5 年内搞出一部私家的民法典草案的承诺。5 年后的今天，这一长期压迫我的承诺即将兑现，《绿色民法典草案》马上要出版。正当此时，我又应《法律科学》之约自告奋勇为第四次民法典起草写小结，形成如上得罪人的，但总得有人说的文字。一些事实描述的不确切之处望当事者原谅。写完此文，我有一种起于《法律科学》、终于《法律科学》，转了一个圈的感觉。我想说的是，这是一个美丽的圈，我在这个圈上行走得很愉快，呵呵！《法律科学》，感谢你了！

2003 年 5 月 28 日于哥伦比亚大学，其时也，离回国之期还差 24 天

① 关于这一问题的展开说明，参见徐国栋发表在本书中的文章：《认真地为民法典起草者请求国士待遇》。

新论编

公证制度与民法典[①]

公证主要是一种证据制度，它与民法典有何关系？大陆法系国家的立法实践表明：公证法是民法典的配套法规。一国的公证立法往往分为两部分，一部分是公证法典或公证人法，这是公证机关的组织法和公证程序法；另一部分是民法典、公司法、民事诉讼法、证据法中关于公证之运用的各项规定，这些是公证机关的活动法，这两部分内容综合起来才构成一个国家的完整的公证法制，任何部分的残缺都将造成公证制度的“跛脚”状态。我国正在制定民法典，探究公证制度与民法典的关系，对于在未来民法典中参照国际惯例为公证机关的活动法留出空间，正确处理这一部分法与公证机关组织法和公证程序法的关系，具有重要的理论意义和实践意义。

一、对三个国家和地区的公证法与民法典中关于公证的规定的关系的考察

进行如题考察要求我同时拥有被考察国的公证法和民法典，这两个立法都为我掌握的国家和地区只有意大利、阿根廷和魁北克，因此，我只以这三个国家和地区为考察对象。这三个国家和地区都是拉丁公证国际联盟的成员国[②]，它们在被考察领域采用的做法应能反映上述联盟的一般状况，而且对于已加入这一联盟的我国来说，上述做法具有更直接的借鉴意义。

1.意大利

该国于1913年2月16日颁布了《公证法》，经多次修改适用至今。其基本内容分为6章。第一章是“一般规定”，涉及公证人的性质、对公证人的专职要求、公证区的划分、公证人的数目限制等内容；第二章是“公证人”，涉及公证人的任命程序、履行职务方式等事项；第三章是“公证文书”，内容关于公证文书的制作程序、效力、保管、副本和抄本等事宜；第四章是“公证人协会和公证委员会”，涉及公证人的社团与自律；第五章是“公证档案馆”，涉及公证

① 本文原载《中国司法》2005年第7期。

② 关于意大利和阿根廷属于拉丁公证国际联盟，司法部律师公证工作指导司．中外公证法律制度资料汇编[M]．北京：法律出版社，2004：552．关于魁北克属于同一联盟，根据厦门鹭江公证处饶健公证员的介绍。

文书的保管与存档；第六章是“对公证人、公证委员会和公证档案馆的监督、检查”，涉及对公证活动的他律以及对违规行为的制裁[①]。从以上内容来看，意大利《公证法》是公证机关的组织法和公证程序法。

1942年的《意大利民法典》共2969条，其中17个条文涉及公证，占条文总数的约0.57%，分别关系到如下问题：(1)公证的一般规定。在证据制度，尤其是书证制度的上下文中规定了公证书的概念（第2699条）；公证书的效力（第2700条），公证书的转换（第2701条），公证书的复印件的效力（第2714条、第2716条、第2717条、第2718条）。(2)关于须公证或可以公证的法律行为的规定。它们有：a.设立社团和财团（第14条）；b.设立协议共有财产制（第210条）；c.设立家庭财产基金（第167条）；d.赠与（第782条）；e.设立股份公司（第2328条）；f.设立有限公司（第2475条）；g.设立合作社（第2518条）。这些涉公证条文反映出《意大利民法典》的“公证点”为：其一，设立社团或财团的行为。这种行为涉及的法律关系复杂，而且一旦完成产生综合性的后果，要求其在实施时伴以公证的形式，可促使当事人冷静考虑是否实施以及如何更好地实施，避免纠纷。其二，单纯让一方得利的法律行为，如赠与，由于这种行为的当事人双方的利益失衡，设立公证程序，可促使利益丧失方冷静思考。其三，易生争议的法律行为，例如设立协议共有财产制、设立家庭财产基金，课加公证程序可防止纠纷于未然。

《公证法》第二章和《民法典》第2699条、第2700条都是关于公证书的规定，但两者并不重复。《公证法》第二章规定的是制作公证书的程序，《民法典》的上述条文规定的是公证书的定义和效力，两者结合起来，正好可以让人完整地了解公证书的方方面面。这一事实恰可以证明意大利公证立法的两分性和两者的互补性。

2.阿根廷

该国于1947年7月25日颁布了《公证人法》。其内容分为5编。第一编是“公证人”，规定了公证人的任职条件，其职业登记和住所等事项；第二编是“公证事务所”，规定了公证人以集体形式进行的职业活动；第三编是“公证人职业的管理与规则”，规定了公证人的渎职责任、他们承受的法院监督、公证人会等内容；第四编是“惩戒方法”，规定了渎职的公证人要承受的处罚；第五编是“补充规定”，它包含一些适用于新法和老法的过渡期的规定等[②]。从以上内容来看，阿根廷的《公证法》只涉及公证人的组织事宜，甚至不涉及办理公证的程序，因此，只是公证机关的组织法。

公证机关的程序法和行为法体现在现行的1871年《阿根廷民法典》中，它共有4051条，其中涉及公证的有87条，占条文总数的2.15%，远远高于《意大利民法典》这方面条文在总条文数中占的比例，重要原因在于《阿根廷民法典》包括了《意大利民法典》不包括的公证程序法，关于制作公证书程序的条文多达9个（第997条、第998条、第1000条、第1001条至

---

① 司法部律师公证工作指导司. 中外公证法律制度资料汇编[M]. 北京：法律出版社，2004：767.

② 司法部律师公证工作指导司. 中外公证法律制度资料汇编[M]. 北京：法律出版社，2004：958.

第1005条、第3370条)。除公证程序法外,上述涉公证条文主要涉及如下内容:(1)在"法律行为的形式"标题下的关于公证的一般规定。规定了公证书的意义和效力(第973条、第979条、第996条);包括公证书在内的公文书的证人资格;公证书副本的交付及其效力(第1006条至第1010条),公证书的保管(第1025条);追索公证费的时效(第4032条),公证遗嘱的订立和开启程序(第3651条至第3707条),公证人的禁绝购买关系财产的义务(第1361条)。(2)规定必须公证的法律行为以及违反强制公证的后果(第1184条、第1223条、第1225条、第1229条、第1241条、第1810条、第2071条、第2753条、第2932条、第3128条、第3135条、第3345条)。这类法律行为包括涉不动产的合同、非经法院程序分割遗产的行为、民事合伙合同及其延展和变更、婚姻财产协议和嫁资的设立、终身定期金的设立、遗产权利的让与、拒绝或抛弃,一般的或特别的诉讼代理授权书、管理财产的授权书、针对不动产达成的和解、对产生于公证书中载明的行为的诉权或权利进行让与、以公证书形式制订的合同的一切从属行为、对公证书中载明的债务所为的清偿(但部分清偿以及对利息、年金或租金的清偿除外)、价值超过1000比索的赠与、不动产赠与、定期金或终身定期金的赠与、土地划界协议、设立抵押、抛弃价值超过1000比索的遗产,违反强制公证的后果是行为无效。(3)规定可选择公证的法律行为(第2006条、第3622条),包括订立保证合同的行为和订立遗嘱行为;(4)规定公证人的证明活动,包括证明社团的职权机构的设立和委任(第46条);发生于公海的出生(第81条),父母授予的解除亲权(第131条),承认子女的意思表示(第248条),父母为子女的监护人指定(第383条),和解的成立(第838条),妻子归夫管理的财产的存在(第1305条),不动产的占据状态(第3936条)。(5)规定公证人的其他活动,包括公证争讼诉权的让与(第1455条),参与制作遗产清单(第3541条),制作动产清单和不动产现状书(第2847条),将在海外订立的或战死沙场的军人订立的遗嘱登记入册(第3637条,第3677条),保管遗嘱(第3649条),担任遗嘱执行人(第3848条)[①]。显然可见,《阿根廷民法典》中的"公证点"涉及:以重要财产(例如不动产、价值超过一定金额的财产)为标的的法律行为、使行为人自己丧失利益的行为、涉及重要的人身关系的行为、易生争议的行为等,这些"公证点"的安排都是为了预防纠纷,但《阿根廷民法典》还规定了一系列公证人的事务性活动。全部规定具有两个特点:第一,把公证程序法规定在民法典中;第二,在规定法律行为的形式的部分而非在规定证据的部分规定公证的一般问题,由此试图完成一种对公证性质从证据到法律行为形式的转移。

《阿根廷民法典》关于公证的多且细的规定都是该国的《公证人法》未规定的。离开了《民法典》中关于公证的规定,这部《公证人法》就像没有子弹的枪一样毫无意义。

3.魁北克

该省于2000年11月23日通过了《公证法》,它分为6章。第一章是"魁北克公证协会",规定了公证管理机构;第二章是"公证人职业",规定了公证人资格的取得、执业资格、非

① 本段之写作,利用了徐涤宇的待刊的《阿根廷民法典》译稿,在此向译者表示感谢。

法执业等问题；第三章是“非法执业”，规定了对假冒公证人为公证的行为及其制裁；第四章是“公证证书”，规定了公证书的制作、格式、保存、复制或摘要、登记等问题；第五章是“条例”，规定了公证管理机构制定规章的权力及其范围；第六章是“修改和最后条款”，涉及《公证法》与其他立法的协调等问题①。显然，这部《公证法》完全是一部公证机关的组织法和公证程序法，规定公证机关的行为法的任务被分配给民法典承担。

1991 年的《魁北克民法典》凡 3168 条，有 59 条规定公证事项，占条文总数的约 1.86%，涉公证条文数在被比较的 3 个国家和地区中占第二位，它们主要涉及如下内容：(1)在证据法的上下文中的关于公证的一般规定，包括公证书的性质和效力（第 2814 条、第 2819 条）；公证人签名的法律效力（第 2988 条）；公证人的回避，例如，公证人为遗嘱人的配偶、三亲等以内的直系或旁系血亲、姻亲或民事结合的亲属的，不能公证他对之有利害关系的遗嘱（第 723 条）；公证人公证了某一遗嘱的，遗嘱人对他本人及其第一亲等的亲属所为的遗赠无效（第 759 条）；公证人不得取得讼争的权利，否则买卖绝对无效（第 1783 条）。(2)关于要公证或可公证的法律行为，重要的法律行为须公证并应将公证书保存在公证人处，称“保存于公证人处的公证书”，不遵守这一程序的行为无效，它们包括婚姻契约（第 440 条），解除民事结合的共同声明（第 135 条第 2 款），放弃分割家庭财产的意思表示（第 424 条），放弃继承或接受继承的意思表示（第 646 条第 2 款，第 649 条第 2 款），遗嘱（第 716 条及以下数条），赠与（第 1824 条第 1 款），人身照管委任（第 2166 条），设立抵押（第 2692 条），对地籍修正的同意（第 3044 条），涉及物权的法律行为（第 3110 条），作为登记申请替代物的“概要”（第 3005 条），登记申请（第 3009 条）。(3)关于公证人的其他活动。包括证明财产清单（第 1327 条）；证明提示交付（第 1575 条）；起草文件，如起草解除民事结合的共同声明（第 129 条第 2 款、第 521 条附 12 条）；召集亲属会议（第 224 条第 1 款）；主持结婚仪式并收取这方面的费用（第 366 条、第 376 条第 1 款）；证明兼保存文件（例如第 423 条第 2 款）；无偿担任遗产清算人（第 724 条）；核实当事人的身份、资格和行为能力（第 2991 条）；公示权利（第 2998 条第 1 款）；核实通知内容的准确性（第 2999 条附 1 条第 3 款）②。《魁北克民法典》包含的公证点涉及如下内容：第一，涉及人身关系的重要法律行为；第二，单纯使行为人丧失利益的行为；第三，涉及物权的行为。另外规定了一些公证人的事务性活动，如关于公示权利的规定就很有新意。对提示交付的证明功能也是未见于其他被考察的民法典的。

显然可见，《魁北克民法典》关于公证的 59 条规定与该省的《公证法》的规定并不交叉，两者共同构成魁北克的公证制度。

或问：能否把上述三部民法典中关于公证的规定都统合到有关国家和地区的公证法中，从而形成统一的公证立法，避免现在的“两分制”或“多分制”（考虑到商法或公司法、民事诉讼法、证据法还要规定公证时这么说）立法的麻烦？答曰不可！因为公证制度的理论基础并

① 司法部律师公证工作指导司．中外公证法律制度资料汇编[M]．北京：法律出版社，2004：841.

② 本段之写作，利用了孙建江、郭站红、朱亚芬翻译的正在中国人民大学出版社出版过程中的《魁北克民法典》的译稿，在此对上述译者表示衷心的感谢。

不在公证法本身，而在民法典中规定的民事证据制度或法律行为形式制度以及权利证明制度。

先说民事证据制度。我国学者普遍把证据当作一种程序法的问题认为应将其规定在实体法之外，但将证据规定在民法典中，在世界范围内都是一种普遍的做法。1838 年的《荷兰民法典》第四编（同时包括关于时效的规定），1869 年的《奥斯曼民法典》第十五编（还包括宣誓），1889 年的《日本民法典草案》第五编，1943 年的《多米尼加共和国民法典草案》第六编；1931 年的《北圻民法典》第四编都是如此，1804 年的《法国民法典》第三编第三题第六章也是如此，不过将之专门化为"债务及清偿的证明"而已；1866 年的《下加拿大民法典》第三编第三题第九章也是如此。基于这一传统，《意大利民法典》第六编第二章分别规定了书证、证人证言、推定、承认和宣誓。书证又分为公文书和私文书。公证书是公文书的一种。因此，小而言之，意大利的公证制度从属于民法典中的书证制度；大而言之，它从属于民法典中证据制度，它们构成公证制度的"总则"，一国的公证法不过是落实这个总则的"分则"，后者离开了前者就变得不完整。对这一命题，还可以《魁北克民法典》的例子来证明。它处理公证问题的方式与《意大利民法典》更类似，设第七编专门规定证据，该编的第一章规定书证，包括法令副本、公文书、准公文书、私文书、其他书证、书证的介质和技术中性、因移转生成的文件和副本等内容，其中的"公文书"部分规定了上文介绍过的《魁北克民法典》关于公证的一般规定，它显然是包括该省的《公证法》在内的公证制度的基础。

次说法律行为形式制度。这是《阿根廷民法典》为该国的公证制度设立的总则，它把公证问题从属于第二编"民事关系中的对人权"（实际上就是债权）中的第二题"法律行为的形式"，确定这些形式包括书面文件、证人证明、公证人或公务员签署的书面文件、由所在地法官参与制定的书面文件（第 973 条）。此条构成了阿根廷公证制度的"总则"。在同编的第三题、第四题、第五题中，又把第 973 条涉及的书面形式细分为公文书、公证书和私文书，中者包含了上文介绍的《阿根廷民法典》关于公证的一般规定。《阿根廷民法典》的如此安排，可能基于立法者对在一部实体法典中专门规定程序性的证据问题感到的不顺，于是把证据问题转化为法律行为的形式问题以摆脱上述窘境。这样的安排与我国的民法理论传统更加吻合，因为在我国的民法教科书中没有专门论述证据问题的章节，公证问题往往作为"法律行为的特别书面形式"之一得到谈论①。在《绿色民法典草案》中，公证的一般问题也是在"法律行为的形式和证明"的标题下得到规定的②。

最后要说的是大陆法系国家民法典中的权利证明制度。这一制度基于任何权利都需要证明的观念。在财产法领域，它把债权和物权分开处理，对于前者的存在及其清偿，主要以包括公证在内的证据制度证明之，例如《法国民法典》第三编第三题第六章（第 1317 条至第 1321 条）的规定；对于后者，主要以登记制度证明之，例如《法国民法典》第三编第十八题第

① 彭万林. 民法学（修订本）[M]. 北京：中国政法大学出版社，1999：146.

② 徐国栋. 绿色民法典草案[M]. 北京：社会科学文献出版社，2004：24.

四章的规定，两种证明制度构成有关民法典的述事“隐脉络”。因此，如果我们承认物权登记的必要性，就难免不回过头来想债权证明的必要性问题，从而在民法典的设计上做出以公证为主要内容的制度安排。此等安排也构成公证立法的主要基础。

从上可知，尽管在处理上略有差异，如上三部民法典都确立了各自利用的公证制度的基础。

或难曰：在公证法与民法典中关于公证的规定的关系处理上，为何我们一定要采取大陆法系国家的上述解决模式，难道我们就不能坚持现在的“二合一”的路径？我个人倾向于回答“不可”。理由一，在主要规定公证机关的组织和公证程序的公证法中规定公证机关的活动类型，难免脱离开展公证活动的具体情境，导致规定过于简单或缺乏可操作性。试图规定公证行为法的现行的《公证暂行条例》第4条以及《公证法草案》第10条至第11条的过于简略提供了证明如上论断的实例，因为公证是民事活动的形式，民事活动是公证的内容，只有在民法典规定民事活动的过程中规定相应的公证活动，并设定后者为前者的效力前提，形式和内容才能融为一体，避免“两张皮”状况的出现。理由二，上面介绍的处理两者关系的模式是拉丁公证国际联盟国家普遍采用的模式。目前我国已加入这一联盟，自然应考虑在公证立法模式上与该联盟接轨，采用上述模式是完成此等接轨的具体步骤。

或又难曰：上述理由以民事证据法包含在民法典中规定为前提，如果民事证据法独立出民法典，则可以在证据法典中规定公证的前提制度，如此，公证法就不是民法典的配套法规，而是证据法的配套法规了。此论有部分的真理性，因为无论是毕玉谦等的《中国证据法草案建议稿及论证》①，还是肖建国、章武生主持的《民事证据法》（建议稿）②，都有包含关于公文书的规定“书证”一章可以作为公证制度的基础。但我们要记住：第一，对公证在民法典中的位置，不仅可作证据法的处理，还可以作法律行为的要式形式的处理，后一种处理更加符合我国的民法理论传统。第二，即使退一万步讲，在民法典中的证据法和法律行为形式法中可以不规定公证制度，但权利证明制度仍是要在民法典中规定的，否则推定等制度都失去了存在的依据，整个民法典的述事脉络都将崩断。因此，即使在证据法独立于民法典的立法条件下，民法典中关于公证的规定仍然要作为整个公证立法的“那一半”存在。

二、对我国的公证法与民事单行法中关于公证的规定的关系的考察

考察完了三个欧美国家和地区处理公证法与民法典中关于公证的规定的关系的模式，现在考察一下我国处理同一问题的模式。我国尚无民法典，因此在实在法方面，只能以其总和涵盖面相当于民法典的11个单行法关于公证的规定为考察对象。

---

① 法律出版社2003年版。

② http://www.civillaw.com.cn/weizhang/default.asp? id=9651，2005年4月18日访问。

但先看我国的公证法这一头。我国尚无公证法，只有1985年3月6日颁布的《公证暂行条例》，它共有6章。第一章是“总则”，规定公证的一般问题；第二章是“公证处的业务”，仅一个条文（第4条），规定了公证处的证明、保全、保管、代书等职能，立法者的意图显然是把这一章、这一条作为公证机关的行为法；第三章是“公证处的组织和领导”，是公证机关的组织法；第四章是“管辖”，涉及不同地方的公证处的业务划分；第五章是“办理公证的程序”，其内容如题目所示；第六章是“附则”，规定一些杂类事项。不难看出，这一条例除了第二章相当于公证机关的行为法外，其他内容与上述3个国家和地区的同类立法无大异。

《公证法草案》（2004年8月12日法制办送审稿）[①]的基本结构对上述《公证暂行条例》有所调整。第一章是“总则”；第二章是“公证机构”，其第11条和第12条规定了经扩大了的公证机关的业务活动范围，也是立法者试图将之作为公证机关的行为法的部分；第三章是“公证员”，规定了公证人的任职条件等；第四章是“公证程序”，其内容如题所示；第五章是“公证效力”；第六章是“公证员协会”，规定了公证人的社团的组织及相应的职能；第七章是“法律责任”，规定了伪证、错证的后果等；第八章是“附则”，规定了我国驻外使领馆的准公证机关地位以及可以确定公证收费标准的机关。可见，《公证法草案》对于《公证法暂行条例》的调整在于增加了关于公证员的规定，关于公证效力的规定，关于公证员协会的规定，以及关于法律责任的规定。比较接近国际上的相应立法了，但关于公证效力的规定，在上述3个国家和地区是民法典的内容。这种安排连同在《公证暂行条例》和《公证法草案》中，立法者都以一个或两个条文规定公证机关的行为范围的做法，表现了起草者建立统一的而非二元的公证立法的愿望。

正由于我国立法者长期受上述愿望的支配，我国相当于民法典的11个单行法中关于公证的规定非常薄弱。我国尚无民法典，《民法通则》《公司法》《合伙企业法》《婚姻法》《收养法》《合同法》《担保法》《继承法》《专利法》《商标法》《著作权法》等构成我国民事立法的基本框架，它们共有1260条，只有6条涉及公证，占条文总数的0.48%。这一比例比上述3个国家和地区都低。《合同法》在赠与合同问题上有两个条文涉及公证（第186条、第188条），《继承法》有一个条文承认了公证遗嘱的可能（第17条），《担保法》第43条规定了公证部门为抵押的登记机关。《收养法》有两条关于收养公证的（第15条、第20条）。其他单行法无任何关于公证的条文，而在大陆法系国家的民法典中，公司法、合伙法、婚姻法恰恰是公证人活跃的舞台。如上考察的结论只能是我国的公证立法在相当程度上呈现出“跛脚”的状态，换言之，我国的公证立法主要体现在公证法中，相当于民法典的单行法中关于公证的规定非常萎缩。

如果说上述11个单行法对公证的漠视可归于历史的原因，那么，经受新的法学思潮洗礼的学者起草的民法典草案对公证的态度又如何呢？

---

① http://www.lawkj.com/Article/ShowArticle.asp? ArticleID=321113。2005年4月13日访问。

首先让我们看一下较早出版的梁慧星教授主持的《中国民法典草案建议稿》[①]。它共有1924条，涉及公证的条文数为9条，占全部条文的0.468%。它们分别涉及如下问题：(1)规定经公证的给付请求权的诉讼时效(第198条第1款第9项)。(2)规定须公证的法律行为，它们包括企业担保的设定行为(第563条)。(3)规定可选择公证的法律行为，它们包括赠与(第982条)、收养的设立和解除(第1773条、第1783条)、订立遗嘱(第1868条、第1869条)。(4)规定公证送达可作为贷款人向借款人传送催收通知的方式(第1107条)。(5)规定公证人在遗赠事宜上的回避义务(第1876条)。对上述涉公证规定可以进行的分析是：第一，数目偏少，比我国单行法中公证条文占条文总数的百分比还低(0.48%∶0.468%)；第二，没有关于证据制度或书证制度的一般规定，也没有公证作为要式法律行为的一种形式的规定。因此，未为整个的公证制度设定"总则"。第三，安排必须公证的法律行为太少，只有一项，显得非常突兀：如果根据重要性来安排某个交易是否应被设定为必须公证，与企业担保之设定重要性相当的法律行为不知凡几，而草案的起草者偏偏只安排了企业担保之设立作为必须公证的交易，显得其头脑中根本无公证意识，第563条仅仅是一个偶然的安排(譬如关于企业担保的条文恰恰是从一个为之设定了必须公证的程序的外国立法借鉴的)。第四，由"第三"决定，草案在一些常见的"公证点"上未设定公证，例如第842条关于合同形式的规定，第1515条及以下数条关于保证合同的规定，第1688条及以下数条关于约定夫妻财产制的规定，第1895条及以下数条关于遗赠扶养协议的规定等。尽管如此，该草案关于公证的规定分布比较均衡，这恰恰是王利明教授主编的民法典草案的弱点。

王利明教授主编的《中国民法典草案建议稿及说明》[②]共有2056条，只有5条涉及公证，占条文总数的0.243%，比梁慧星教授主编的民法典草案的相应数字还低，甚至比民法典草案出现之前的我国主要民事单行法中涉公证条文数目的百分比还低。上述5个涉公证条文都集中在第四编"继承"中。第551条规定了遗产管理人应将遗产清册交公证机关公证，第596条规定了公证遗嘱是遗嘱的一种形式，第598条规定了制作公证遗嘱的形式，第606条规定了公证遗嘱的优先效力，第629条规定了公证遗嘱有缺陷时的后果。在该草案的其他6编，无任何涉及公证的条文。在一些民法典中传统的"公证点"上也无公证人的踪影。这些点有：第1311条关于合同形式与合同效力的关系的规定很容易包含合同的公证形式却未包含；第1402条及以下数条关于赠与合同的规定是传统的公证人活动的舞台，甚至在我国现行《合同法》中也未见这一规则的例外，但在王利明教授主编的这一民法典草案中，这一例外出现了；第1793条及以下数条关于保证合同的规定；第七编第三十七章关于和解合同的规定，都因为其一定的损己利人的性质易生争议，从而有公证的必要并因此成为传统的"公证点"。遗憾的是，上述民法典草案又成了规则的例外。该草案把侵权行为法设为专编，对各种侵权行为做了相对细化的规定，然而，对公证界广泛讨论的错证赔偿问题却也未著一字。

① 法律出版社2003年版。

② 中国法制出版社2004年版。

原因者何？在王利明教授主持的民法典草案中，我们不难发现，在传统的“公证点”上，都有登记、核准、批准等字样的存在——例如在关于合同生效要件的第 1311 条中就是如此——能够为此等行为的，都是国家机关，它们当然比作为社会中介机构的公证机关更值得崇拜。因此，选择运用国家权力机关还是公证机关采取不同的手段预防可能发生的争议，在某种意义上是在政治国家与市民社会之间做出的选择，我们应该看到的趋势是：市民社会不断扩大自己的地盘，取代了许多过去由政治国家占据的空间。因此，仍然迷恋政治国家的行政手段落后于时代潮流。

在最后说但并非最不重要的是我主编的《绿色民法典草案》，它共有 5333 条，其中有 56 条规定公证，占条文总数的 1.05%，是三部民法典草案中最高的。它们涉及如下方面：(1)在法律行为的形式和证明的上下文中规定了作为公证制度“总则”的公文书问题（序编第 152 条），经公证的私文书向公文书的转化（序编第 161 条），私文书的存在得到公证书的证明之日为它取得确定的日期之日（序编第 168 条）；(2)规定了公证人在遗嘱处分事项上的回避（第四分编第 12 条、第 86 条）；(3)规定了必须公证的法律行为，它们有分居协议（第二分编第 126 条）、继承合同（第四分编第 508 条）、对撤销继承合同的同意（第四分编第 513 条）、债权让与（第七分编第 61 条）、5000 元以上的赠与（第八分编第 301 条）、对新信托受托人的指定（第八分编第 370 条）、信托受益人接受此等身份的表示（第八分编第 372 条）；(4)规定了可以公证的法律行为，它们有合同在这方面的一般规定（第八分编第 60 条）、信托参与证书的发行（第八分编第 383 条）、农地使用权合同（第八分编第 1269 条）；(5)规定了公证人的证明活动，它们有：对签名的公证及其效力（序编第 166 条），证明自然人的年龄（第一分编第 23 条至第 25 条），证明监护人和保佐人资格（第一分编第 45 条），证明被保护人财产清单和用益财产清单的制作（第一分编第 91 条、第五分编第 471 条）；证明遗嘱的开启（第四分编第 148 条、第 150 条、第 151 条），证明不可抗力（第八分编第 128 条），证明开标（第八分编第 222 条、第 223 条）；(6)规定了制作公证遗嘱、盲人遗嘱、灾变遗嘱过程中公证人的活动（第四分编第 83 条、第 85 条、第 88 条、第 90 条、第 91 条、第 93 条、第 95 条、第 110 条、第 112 条、第 136 条）；(7)规定了公证人备案自书遗嘱、在外国订立的遗嘱和灾变遗嘱的功能和保管遗嘱的功能（第四分编第 102 条、第 116 条、第 137 条、第 152 条、第 153 条）；(8)规定了公证人登记动产抵押、权利出质的功能（第七分编第 275 条、第五分编第 567 条、第 623 条）；接受提存的功能（第五分编第 624 条至第 625 条），监管期房买卖的进行的功能（第八分编第 269 条），监督射幸合同的运作的功能（第八分编第 1350 条）；(9)规定了经公证的债权的优先效力（序编第 78 条、第八分编第 338 条）。显然可见，《绿色民法典草案》选择《阿根廷民法典》的公证制度总则确立模式，唯一地规定了法律行为的形式和证明制度作为公证制度的前提，比较符合拉丁公证国际同盟国家的传统。它对公证制度的广泛运用表明了起草者的公证意识以及防范纠纷的愿望（对公证的忽视客观上意味着对预防纠纷的忽视，谑言之，有为法院提供案源以增加其诉讼费收入之嫌），由此它成为三部民法典草案中至少在公证方面规定最完善的一个，完全可以跟正在起草的《公证法》配套形成完备的我国公证制度。尽管如此，它仍有公证规定分布不均衡,在第二分编"法人"中无一个公证条文,在不动产移转合同上未设置任何涉公证条文的缺陷。

三、简短的结论

本文的主要目的,是证明一个大陆法系国家的公证立法并非仅仅由该国的《公证法》或《公证人法》组成,而是由这一立法和民法典中关于公证的规定共同组成,甚至外加商法典、民事诉讼法典和证据法典中关于公证的规定共同组成。而民法典中关于公证的规定,因为它们规定了作为公证制度的属制度的证据制度、权利证明制度或法律行为形式制度,成为单行的公证法的基础,形成公证制度的"根"在公证法之外的状况。这种状况的必要性尚未被我国的实际立法者和多数民间立法者认识,形成一元制公证立法的不成功尝试以及相当于民法典的民事单行法或民法典草案中涉公证规定萎缩、在传统的"公证点"上公证人缺位的不合理状况,影响了公证制度预防纠纷、增加行为成本、促使当事人慎思是否进行行为之功能的正常发挥。为了在将来正式制定的民法典中消除这种状况,除了要促使立法者获得对公证制度的立法二元性的认识、对传统的"公证点"的认识,从而增加公证意识外,还要吸收公证人参加民法典的制定。在这方面,法国为我们提供了好的先例。在1945年开始的重新起草法国民法典的活动中,法国政府任命了教授、法官、律师(含公证人)各占三分之一的起草者队伍①。公证人得到了参与民法典制定的机会,可以把他们的职业知识运用于起草,从而保持公证规定在民法典中的合理存在并保持与其他制度的良好衔接。我有幸参加全国人大法工委于2004年8月4日至9日召开的物权法草案专家研讨会,其中有教授、法官、律师和仲裁机关的参与,但没有公证人的参与,这很容易作为我国民事单行法中公证规定薄弱的理由,希望这一理由及早消亡。事实上,作为民法典的一部分的物权法从来是公证规定高发部门,而梁慧星教授的民法典草案在其物权法中只有一条涉及公证,王利明教授主持的民法典草案中无一条涉及公证,这种状况已经引起了学者的不满,汤维建教授的《公证立法与物权立法的交错——应重视公证在物权法中的地位和作用》②一文,姬英敏的《不动产物权变动中的公证制度》③一文,李玉文的《建立不动产契约公证制度的意义》④一文,都可以作为这种不满的证据。

2005年4月18日于胡里山炮台之侧

---

① Voir Travaux de la Commission de Reforme du Code Civil, Annee 1945—1946, Librairie du Recueil Sirey, Paris, 1947, pp.11s.

② http://www.civillaw.com.cn/weizhang/default.asp? id=18376,2005年4月18日访问。

③ 载《河南商业高等专科学校学报》2003年第6期。

④ 载《法学》2004年第8期。

中国官方民法总则草案的罗马法基础[①]

一、中国民法总则的制定概述

2014年10月23日的《中共中央关于全面推进依法治国若干重大问题的决定》提出编纂民法典,这一承诺让制定中国民法典的进程走出了低谷,引发了各相关方的积极行动。第一,中国法学会民法典编纂项目领导小组于2015年4月19日在法学创新网公布了中国法学会的民法总则草案(共219条)并征求意见。[②] 第二,梁慧星教授也于2015年4月23日在法学创新网公布了自己团队的民法总则草案(共198条)。[③] 第三,杨立新教授于2015年4月30日在法学创新网也公布了自己的团队起草的民法总则草案(共195条)。[④] 第四,龙卫球教授于2015年10月12日公布了《中华人民共和国民法典·通则编》草案建议稿(共222条)。[⑤] 第五,张子阳律师于2015年12月1日在网上公布了自己起草的《中华人民共和国民法总则草案》(律师建议稿)(凡218条)。[⑥] 第六,孙宪忠教授于2016年2月公布了中国社会科学院法学研究所的民法总则草案(共282条)。第七,全国人大法工委民法室于2015年8月28日完成了民法总则"室内稿"(共160条,外加附件23条),于同年9月14日到16日在北京开会交19位民法教授以逐条讨论的方式征求意见。2016年3月,上述民法室又把"室内稿"的第二版(共158条)发交各大学的民法老师征求意见。2016年7月5日,在中国人大网上公布了《中华人民共和国民法总则草案》(凡186条)。2016年5月27日,中国政法大学

① 本文原载《法学杂志》2016年第8期。

② 载 http://lawinnovation.com/html/xjdt/13721.shtml,2015年6月16日访问。

③ 载 http://lawinnovation.com/html/xjdt/13752.shtml,2015年6月16日访问。

④ 载 http://lawinnovation.com/html/xjdt/13811.shtml,2015年6月16日访问。该草案也发表在《河南财经政法大学学报》2015年第2期。

⑤ 载 http://www.vccoo.com/v/a5016c,2016年4月29日访问。

⑥ 载 http://blog.sina.com.cn/s/blog_4913cd090102vzvl.html,2016年4月20日访问。

的"中国民法典研究小组"也在"法学创新网"上公布了自己的民法总则草案(共 210 条)。[①]这样,到目前为止,中国已有 8 个民法总则草案(我把 3 个"室内稿"算作 1 个),可谓空前繁荣。应该说,这些民法总则草案大同小异。本文只分析 2016 年 7 月 5 日经过了全国人大常委会讨论的"室内稿"的罗马法基础,因为它是一个官方的草案,代表了中国立法机关的立场,而且新近。

二、具体条文的罗马法基础

"室内稿"第二版中,有 6 条比较直接地来自罗马法。以下分述。

1.对象条款

第 2 条规定:民事法律调整作为平等民事主体的自然人、法人和非法人组织之间的人身关系和财产关系。

I.1,2,12:然而,我们使用的所有的法,要么与人有关,要么与物有关,要么与诉讼有关。首先让朕来看人。事实上,如果不了解法律为之制定的人,对法的了解就太少了。[②]

第 2 条规定的是民法的调整对象,I.1,2,12 界定的是市民法的三个分支。一个是立法,一个是学说,从表面看,两者互不相干,但在大陆法系国家,教科书与法典有一种共振关系。也就是说,立法反映学说,形成所谓的学说法。可以说,第 2 条是根据 I.1,2,12 制定的。I.1,2,12 说到的人法,就是人身关系法,说到的物法,就是财产关系法。第 2 条把 I.1,2,12 转换成法律条文,申明民法调整人身关系和财产关系。

但第 2 条又与 I.1,2,12 有两大不同。其一,I.1,2,12 比第 2 条多一个诉讼法,这是因为在古罗马,尚未实现实体法与程序法的分离,这种分离只是到了雨果·多诺(Hugues Doneau,1527—1591 年)手里才实现[③]。他认为民法应由两部分构成:首先是"法律上归属于每个人的东西是什么",其次是"获得它的程序性手段"。前者是实体法,后者是程序法,前者应该居先,这样就打破了以诉讼统率权利的罗马法传统。他还身体力行区分实体法和程序法的观念,把自己的《市民法评注》的前 16 卷用来讨论实体法问题,用另外的 12 卷讨论诉讼法问题。[④] 所以,第 2 条体现了多诺的工作成果。其二,第 2 条假定只有平等者之间的关系才归民法调整,而 I.1,2,12 未做此等假定。毋宁说,它建立在相反的假定的基础上,因为罗马的人法公开承认民事主体之间的不平等。在主体法上,以自由、市民、家族、名誉、宗教五

---

① 载 http://www.lawinnovation.com/index.php/Home/Benwang/artIndex/id/13579/tid/9.html,2016 年 6 月 6 日访问。

② 优士丁尼.法学阶梯(第二版)[M].徐国栋,译.北京:中国政法大学出版社,2005:21.

③ 徐国栋.民法哲学(增订本)[M].北京:中国法制出版社,2015:16.

④ See Peter Stein, Donellus and the Origins of the Modern Civil Law, In Ankun, J. A. et alii (editores), Melanges Felix Wubbe (Fribourg, Suisse, Eitions Universitaires, 1993), p. 449.

种身份把所有的生物人区分为特权者和受歧视者两大群落。在家庭法上，采用父权制结构，不承认妻子与丈夫的平权，也不承认成年的家子与家父的平权。现代民法扬弃了罗马法的这一体制，基本排除了自由、宗教身份作为不平等的原因，也排除了夫妻之间的不平等、双亲与成年子女之间的不平等，但保留了基于市民身份和名誉身份的不平等。基于市民身份，外国人的权利能力通常要劣后于内国人的权利能力，例如外国人通常不能在内国自由劳动。基于名誉身份，受到处分的当事人的权利能力要减少，立法者甚至把剥夺一定的权利能力当作惩罚手段。所以，现代民法中的主体之间并不完全平等，正因为这样，西方国家的民法理论从来不把平等当作民法调整的社会关系的属性。

但中国的乃至社会主义国家的民法理论受马克思和恩格斯的商品交换的平等观的影响。恩格斯曰：罗马法对"简单商品所有者的一切本质的法律关系（如买主与卖主、债权人与债务人、契约、债务等等）所作的无比明确的规定"，使它成为"商品生产者社会的第一个世界性法律"，是"我们所知道的以私有制为基础的法律的最完备形式"。[①] 在这一论断中，恩格斯把罗马私法等同于商品交换法，遗漏了罗马人法、罗马亲属法、罗马侵权行为法、罗马继承法，完成了对罗马法的限缩，引起了后来的一切问题。马克思曰，在商品流通中，"参加交换的个人就已经默认彼此是平等的个人，是他们用来交换的财物的所有者"。[②] 此语假定平等是实现交换的前提，现代附和契约的存在已证明这一前提不成立。即使这一前提成立，此语的效力范围也只及于买卖，顶多可以扩及于互易，但马克思、恩格斯的社会主义国家的学生们大胆地让这一点可疑的平等之火燎原，让平等成为全部民法的基本原则。[③]

马恩学生的逻辑谬误。其推理三段论类似下列：

重庆人爱吃辣（大前提）

重庆人是中国人（小前提）

故中国人都爱吃辣（结论）

具体到民法上，他们这样进行推理：

买卖关系是平等的

买卖关系属于民事关系

民事关系是平等的

大家可以看出这个推理多么与现实不符，多么荒唐！！正确的推理是从大（大前提中的主语的外延应比小前提中的主语的外延大）推小，这里的推理反过来，从小推大！！

基于上述以偏概全的错误，第 2 条做出了具有这种错误的规定。而这一错误也存在于

① 马克思恩格斯选集(4)：484，248-249.

② 马克思恩格斯全集(46)：1966.

③ 吴汉东、闵锋. 社会主义商品关系与民法平等原则[J]. 中南政法学院学报. 1986(1).

1986年的《民法通则》第2条[①]和第10条[②]中，尽管我发表了一些文章[③]批判这一错误，但我的观点尚未得到立法机关的接受。幸运的是，它在中国法学会的民法总则草案中得到了接受。其第3条第3款规定：法律对未成年人、老年人、残疾人、妇女、消费者、劳动者等自然人有特别保护的，依照其规定。此款是对民事屈从关系的承认。"室内稿"第一版也有类似的规定。[④] 更加幸运的是，我的观点更加在法大版的民法总则草案中得到了接受，它没有以"平等主体"限制民法调整的社会关系，而且取消了平等原则。

然而，我的"人"前"物"后的观点[⑤]却得到了包括立法机关的民法总则草案在内的全部民法总则草案的接受。I.1,2,12是把人身关系当作民法的第一位调整对象、财产关系当作第二位的调整对象的，它的理由是财产关系为人身关系服务，这体现了人文主义的民法观，而在10年前的中国民法典起草运动之前，例如1986年的《民法通则》第2条采用的是"民法调整财产关系和人身关系"的物文主义式的表达，我通过研究I.1,2,12发现了这一错误并批评之，于2002年提出了这一观点，当时遭到批驳和讽刺：批驳语有"物为人而存，物文主义本质上还是人文主义"；[⑥]讽刺语出现在2010年5月21日易继明在台湾地区"政治大学"发表的"中国民法典制定的三条路线"演讲中，易继明说我的此论是"弄噱头"。[⑦] 现在，我的观点已得到全部8个民法总则草案的接受。可以说，这是I.1,2,12在中国取得的战胜德国和苏联的民法对象表达的胜利。德国的表达以温得沙伊得的表达为代表，他说："所有的私法，要做的事情，有两个对象(Gegenstand)：1、财产关系；2、家庭关系。因此，私法的主要划分是财产法与亲属法的划分。"[⑧]显然可以看出，这一分析把人法缩减成了亲属法，并把财产法置于亲属法之前。苏联的表达可以布拉都西主编的《苏维埃民法》的典型表述为代表，谓："苏维埃民法调整社会主义社会中一定范围的财产关系和与此相关系着的人身非财产关系。"[⑨]在这

---

① 其辞曰：中华人民共和国民法调整平等主体的公民之间、法人之间、公民和法人之间的财产关系和人身关系。

② 其辞曰：公民的民事权利能力一律平等。

③ 徐国栋．平等原则——宪法原则还是民法原则？法学．2009(3)．徐国栋．"平等主体"民法调整对象限制语研究综述[J]．北方法学．2009(3)．徐国栋．论民事屈从关系——以菲尔麦命题为中心[J]．中国法学．2011(5)．徐国栋．评析三个民法总则草案中的平等规定——从平等撤退的端倪以及可能的发展[j]．暨南学报．2015(7)．

④ 其辞曰：法律对民事主体有特别保护的，依照其规定。

⑤ 以题为"两种民法典起草思路：新人文主义对物文主义"的论文发表于梁慧星．民商法论丛(21)[M]．香港：金桥文化出版公司，2001：13．

⑥ 尹田．民法典总则与民法典立法体系模式[J]．法学研究．2006(1)．

⑦ 参见易继明："中国民法典制定的三条路线"，On http://article.chinalawinfo.com /ArticleFullText.aspx? ArticleId=88523，2016年7月6日访问。

⑧ Cfr.Bernardo Windscheid, Diritto delle pandette(Vol. I), trad.it. di Carlo Fadda e Paolo Emilio Bensa , UTET, Torino, 1925:41. 实际上，温德夏德是把人格关系当作公法关系在谈论作为私法的民法调整对象问题时忽略它的。对这一问题的详细说明，徐国栋．寻找丢失的人格．载法律科学．2004(6)．

⑨ 斯·恩·布拉都西．苏维埃民法(上)[M]．中国人民大学民法教研室，译．北京：中国人民大学出版社，1954：3．

个表达中,财产关系是民法的核心,人身关系必须与财产关系有关才能被列为民法的调整对象。

把人身关系前置于财产关系的意义何在?它标志着人们对民法认识的改变:从市场交易法和家庭法的私法的民法观到承认非私法(具有资源分配性质和规训法性质的主体法)在民法中存在的民法观,标志着民法公私法混合法的认识之达成。

2.原则条款

第 6 条规定:民事主体从事民事活动,应当遵循诚实信用原则。

I.3,22,3:同样,在这些契约中,一方应对他方根据善良与公平为履行……[①]

从表面看,第 6 条与 I.3,22,3 不同,前者规定的是诚信原则,后者规定的是善良公平的履行原则。前者处在总则中,适用于一切民事法律关系,后者处在合意契约的框架中,只适用于这种契约的债务人。前者兼涉客观诚信和主观诚信,后者只涉及客观诚信。但从实质和历史沿革的角度看,两者如果不能说完全一样,至少是非常类似。具体说来,I.3,22,3 更类似于《意大利民法典》第 1175 条规定的端方(Correttezza)原则:"债务人和债权人应依端方的规则行为。"[②]众所周知,端方是意大利民法理论对客观诚信的别样表达,该国还用诚信的术语表达一般的诚信原则。[③]

首先看两者实质上的同一性。诚信原则的要求是平衡双方当事人的利益[④],债务人依善良公平为履行的规定,要求债务人在履行中不仅要考虑自己的利益,而且要考虑债权人的利益,以此实现双方利益的平衡,与诚信原则具有同样的旨趣。

其次看历史沿革。在现代民法典中,例如在《法国民法典》和《德国民法典》中,诚信原则也曾仅仅是债法的原则,严格说来,是债务人的履行原则。[⑤] 只是在晚近的时间,诚信原则才在法律道德化的浪潮推动下被提升为民法的基本原则,并实现了客观诚信与主观诚信在这一层面的合流。例如,我国台湾地区"最高法院"曾因拒绝将诚信原则适用于物权关系而遭到学者们的严厉批评。他们认为:诚信原则虽起源于债法,但并不仅以债法为自己的适用范围,法官应从具体法条中抽象出一般原则适用于一切法律关系。诚信原则应从债法中抽象出来适用于全部民法。[⑥] 在批评的压力下,台湾地区"立法机关"只得改弦易辙。1982 年修正公布、1983 年 1 月 1 日开始施行的"民法修正案"已于第 148 条增列第 2 款:"行使权利,履

---

① 优士丁尼. 法学阶梯(第二版)[M]. 徐国栋,译. 北京:中国政法大学出版社,2005:379.

② 富有意味的是,在费安玲等译的《意大利民法典》中,该词甚至被翻译成"诚实信用"。参见其译本的第 291 页,中国政法大学出版社 2004 年版。

③ 例如第 1337 条(谈判与先契约责任)的规定:当事人在谈判及订立合同的过程中,应依诚信行事。又如第 1375 条(诚信履行)的规定:合同应依诚信履行。

④ 徐国栋. 民法基本原则解释:诚信原则的历史、实务和法理分析(再造版). 北京大学出版社,2013:25.

⑤ 《德国民法典》第 242 条规定:债务人有义务照顾交易习惯,以诚实信用所要求的方式履行给付。《法国民法典》第 1134 条第 3 款规定,契约应以诚信履行之。

⑥ 王泽鉴. 民法学说与判例研究(1)[M]. 台湾大学法学丛书. 1975:330.

行义务，应依诚实及信用之方法。"从而确立了超越于债法的一般的诚信原则。[①] 所以，说 I. 3,22,3 是第 6 条的渊源，应该是安全的。

3.保护胎儿利益条款

第 16 条规定：涉及遗产继承、接受赠与等胎儿利益的保护，胎儿视为具有民事权利能力。但是，胎儿出生时未成活的，其民事权利能力自始不存在。

D.1,5,26（尤里安：《学说汇纂》第 69 卷）：几乎市民法的所有规定都认为胎儿是自然中已存在的部分。……[②]

第 16 条来自《继承法》第 28 条。其辞曰：遗产分割时，应当保留胎儿的继承份额。胎儿出生时是死体的，保留的份额按照法定继承办理。这个第 28 条以胎儿活着出生为条件赋予他们遗产继承权，这意味着在继承的情形，胎儿有权利能力，这样就给《民法通则》第 9 条关于"公民从出生时起到死亡时止，具有民事权利能力……"的规定加了一个例外，承认了在继承的情形，人的权利能力始于受孕。但第 1 条把胎儿的权利能力问题由分则上升到总则，让胎儿的权利能力问题脱离了继承法的语境，这样让胎儿在更多的民事领域都具有权利能力。

这样的总则性的关于胎儿权利能力的规定来自 D.1,5,26，在这个法言中，尤里安说几乎市民法的所有规定都认为胎儿是自然中已存在的部分。反言之，胎儿的权利能力并非只有继承方面的。那么，这个"几乎市民法的所有规定"是哪些？尤里安接下来告诉我们，首先是继承法，这个大家都知道，不赘述。其次是复境权法，如果一个怀孕的妇女被敌人俘获，出生的孩子享有复境权，也就是如果他的母亲没有逃回罗马，他逃回了的，他也恢复其在母腹中时在罗马能获得的权利。再次是身份法，尽管在母腹中，他也跟随其母或其父的身份。[③] 由此可见，在市民法中，胎儿是多种权利的主体，并非仅是继承权的主体。由于胎儿的综合权利主体性，关于他们的规定不宜放在继承法中，而应放在总则中。事实上，优士丁尼的编纂《学说汇纂》的班子也是这么想的，他们并非把胎儿的主体资格问题放在该书相当于继承编的第 28 至 37 卷中，而是放在相当于总则编的第 1 卷中，置于"关于人的身份"的标题下。可以说，第 1 条与 D.1,5,26 十分切合。

本文研究的官方民法总则草案是以王利明团队的民法总则草案为基础起草的。后者完成了把胎儿地位条款从继承法提升到总则的动作。其第 17 条规定：涉及胎儿利益保护的，视为已出生。[④] 当然，梁慧星团队的草案第 14 条、杨立新团队草案的第 20 条也有类似的处理，可以说，把胎儿的主体地位提升到总则的层面，是中国民法学界和立法机关的共识。

这样的共识在中国计生政策调整中完成。1985 年前，全国都只允许一对夫妇一个孩

① 黄建辉. 法律漏洞・类推适用[M]. 台北：蔚理法律出版社，1988:47.

② 罗智敏，译. 学说汇纂（一）[M]. 北京：中国政法大学出版社，2008:105.

③ 罗智敏，译. 学说汇纂（一）[M]. 北京：中国政法大学出版社，2008:105.

④ 参见王利明主编：《民法总则专家建议稿（征求意见稿）》，载 http://wenku.baidu.com/link? url=V3Rpz ZH2L7DT8oejUKTQmcZTFFxXM_RQjVg7Je4wN288HYGjIbFhJS0nDzDMcn5X－rDJp2Ouji8yUgfPT8S Th2T8RRCJ6bSTLgzvYJ－v31i，2016 年 4 月 29 日访问。

子。是年，浙江省允许都是独生子女的夫妻生两个孩子，到 2011 年，河南省通过了具有同样内容的法律。通过同样法律的省份越来越多，最后形成全国都允许双独二胎的局面。2013 年 11 月 5 日，《中共中央关于全面深化改革若干重大问题的决定》允许有一方是独生子女的夫妻生两个孩子。到 2015 年 10 月，中共中央十八届中央委员会第五次全体会议决定允许任何夫妻都可以生两个孩子，不设条件。这样，过去极为严格的计生政策终于宽松化。这样的环境有利于胎儿地位的提高。说生育限制越严格，胎儿的地位越低，生育限制越宽松甚至不设限制，胎儿的地位越高，应该是安全的。

胎儿在官方的民法总则草案中得到了地位提高，那么，胎儿除了继承权外还享有哪些权利？学说认为，他们还享有健康权、受遗赠权、受抚养权、依契约受益权、充当诉讼主体权。所谓健康权，指胎儿在母腹中遭受侵权行为的情况下于出生后提起诉讼的权利；所谓受遗赠权，指胎儿之母腹中时即可接受他人遗赠的权利，不需为接受之表示；所谓受抚养权，指在母腹中的胎儿的扶养义务人因他人侵权行为死亡的，胎儿对加害人享有的赔偿请求权；所谓依契约受益权，指胎儿作为赠与、保险合同的受益人的权利；所谓充当诉讼主体权，指胎儿通过代理人进行诉讼实现他享有的所有实体权利的权利。[①] 这一被列举的权利范围与尤里安列举的胎儿的权利范围有所区别，但两个作者的共同处是都在总则的层面谈论胎儿的权利能力的。

4.实质公平条款

第 129 条规定：一方利用对方处于困境、缺乏判断能力或者对自己信赖等情形，致使民事法律行为成立时显失公平的，受损害方有权请求人民法院或者仲裁机构予以撤销。

C.4,44,4(戴克里先皇帝及马克西米安皇帝致大区长官奥莱里·卢保)：要是你或你的父亲以较低的价格出售一件价值较高的物品，下列做法是合乎情理的：或者你把钱退还给买方并在法官的主持下收回售出的土地；或者在买方同意的情况下，支付你按实际价值计算少收的价款部分。这里所说的支付少收的、应当由买方补足的部分，是指所付款项不足应付款项一半的情况。发布于 285 年 10 月 28 日……[②]

应该说，第 129 条来自 C.4,44,4。但 C.4,44,4 只处理土地买卖中的显失公平，而第 129 条处理一般法律行为中的显失公平，适用范围更广。非独此也，C.4,44,4 的公平标准更具体：标的物的价格低于其价值的一半，第 129 条的显失公平标准则含糊多了。从名称来看，第 129 条可称为显失公平条款，而 C.4,44,4 被称为非常损失规则。[③] 尽管有这些差异，两者的相同点颇多。其一，对显失公平的法律行为，都采用变更和撤销两种方法处理；其二，此等撤销或变更并不通过当事人自己进行，而是通过法院或具有类似权威的机构进行；其三，两者保障的都是实质公平，程序公平则交给欺诈、胁迫等规则解决。

---

① 罗时贵、唐青林. 论民法对胎儿的保护[J]. 南昌高专学报. 2003(1):14.

② 桑德罗·斯奇巴尼. 契约之债与准契约之债[M]. 丁玫，译. 北京：中国政法大学出版社，1998:49. 译文有改动。

③ 徐国栋. 公平与价格—价值理论——比较法研究报告[J]. 中国社会科学. 1993(6):120.

令人好奇的是,C.4,44,4 的个案式的规定是如何转化为第 129 条式的抽象规定的?我们可以发现第 129 条与《德国民法典》第 138 条第 2 款极为相似:某人利用他人处于急迫情势、无经验、欠缺判断力或意志显著薄弱,以法律行为使该他人就某项给付向自己或第三人约定或给予与该项给付明显地不相当的财产利益的,该法律行为尤其无效。[①] 尽管《德国民法典》对于"暴利"行为的处理更严厉:不是可撤销,而是无效。但《德国民法典》第 138 条第 2 款仍然很抽象,它与个案性的 C.4,44,4 之间的桥梁可能是 1794 年的《普鲁士普通邦法》第一编第 11 题的第 58 条和第 59 条。前者规定,仅以货物价值和价格不成比例为由提起的合同无效之诉,不予支持;后者则规定:"但是如果这种不合比例性如此之大,以至于价格超出了价值的两倍多,此时为了保护买方的利益,即认为这种不合比例是建立在一种使得合同无效的错误的基础上的。"[②]这两条显然来自 C.4,44,4,但初步克服了其个案性,将之提升为买卖合同中的比例原则。《德国民法典》第 138 条第 2 款则进一步把 C.4,44,4 的内蕴提升为法律行为制度的一般规则,并增加了违反比例原则的原因列举:乘人之危、利用相对人的无经验、欠缺判断力或意志显著薄弱。并且把违反比例原则的标准弹性化:采用了显失公平的用语。

无论如何,第 1 条和 C.4,44,4 都是国家对私法关系的干预,它们都排除了私法自治的绝对性,实现了对法律的正义价值的追求。

5.不可抗力条款

第 161 条规定:因不可抗力不能履行民事义务的,不承担民事责任,法律另有规定的除外。

D.19,2,25,6(盖尤斯:《行省告示评注》第 10 卷):不可抗力就是希腊人称之为神之力者。如果这种自然力是不可抗拒的,那么,给果实造成的损失,承租人不承担责任。如果这种自然力是可以承受的,那么,承租人就要承担一切损失,因为给他带来的损失并不大……[③]

第 161 条显然来自 D.19,2,25,6,当然,罗马法原始文献中还有另外 6 个法言涉及不可抗力问题[④],它们也可被看作第 161 条的来源,我把 D.19,2,25,6 当作它们的代表而已。第 161 条显然来自 D.19,2,25,6 的共同点是都确立了不可抗力的免责事由。在中国古代法上,有类似于不可抗力的规定,例如《唐律·杂律》关于"雨水过常,非人力所防者,行船卒遇风浪,损失财物及杀伤人者,不坐不偿"[⑤]的规定即是。这样的规定与罗马法的规定共享不搞客观归责,把行为人的自由意志当作责任的基础的精神。但中国法中无不可抗力的概念涵盖诸多的人力不可控现象,这一概念是从罗马法继受来的。当然,这种继受并非从第 161 条开

① See The German Civil Code, Translated into English by Chung Hui Wang, London, Stevens & SonS Limited, 1907, p.31.

② Vgl. Allgemeines Landrecht für die Preußsischen Staaten, Nauck, Berlin, 1835, S.178.

③ 桑德罗·斯奇巴尼.契约之债与准契约之债[M].丁玫,译.北京:中国政法大学出版社,1998:457.译文有改动。

④ 陈帮锋.论意外事件与不可抗力的趋同——从优士丁尼到现代民法[J].清华法学.2010(4):167.

⑤ 李志敏.中国古代民法[M].北京:法律出版社,1988:194.

始，而是从1911年的《大清民律草案》开始。[①] 该草案有数条涉及不可抗力，例如其第749条第2款规定：定人所供材料，因天灾及其他不可抗力而灭失、毁损者，承揽人不任其责。[②]

但D.19,2,25,6只是在农地租赁合同的框架内谈论不可抗力问题，比较具体，而第161条则在总则的层面谈论同样的问题，比较抽象，这是两者的差别一。差别二是D.19,2,25,6讲到的不可抗力较宽，换言之，不可抗力分大小两种，大的是当事人不能克服的，此时的不可抗力导致免责，小的是当事人能够克服的，此时的不可抗力不导致免责。能否克服，取决于当事人的具体情况，所以，这种意义上的不可抗力具有主观性，且并非纯粹的免责事由。但第161条规定的不可抗力是纯粹的免责事由，具有客观性，换言之，排除了D.19,2,25,6谈到的小不可抗力[③]进入其范围。至于"不可克服"的参照系是当事人还是"合理的人"，从学者对其第161条的先祖《民法通则》第153条[④]的解释[⑤]可知，"合理的人"是这样的参照系。

6.诉讼时效条款

第167条第1款规定：向人民法院请求保护民事权利的诉讼时效期间为3年，法律另有规定的除外。

I.2,6,14（神君马尔库斯的一个告示规定）：从皇库买得他人之物的人，如果出售过去了5年，可借助于抗辩对抗物之所有人。……[⑥]

我认为，第167条第1款来源于"马尔库斯的告示"，该告示确立了罗马私法中适用于财产法的5年制诉讼时效制度，让物权请求权承受时效的限制。对于时效的效力采用了抗辩权发生说，而不采用实体权利消灭说。所以，把这个告示规定的时效说成诉讼时效是合适的，说成消灭时效就不合适了。I.2,6,14中提到的"马尔库斯"指马尔库斯·奥勒留（Marcus Aurelius，121—180年）皇帝，他于161—180年间在位。他的这个告示涉及皇库、标的物的原所有人、买受人三方当事人。情况是买受人从皇库买到属于原所有人的物，这可能是皇库管理人在拍卖物品时发生错误的结果，例如把不属于皇库的物错当成属于皇库的，原所有人发现后追夺之，但时间已过去5年，此时，买受人可以时效已完成的抗辩对抗原告的请求，以维护交易安全。我认为[⑦]，这个5年，就是原所有人物权请求权的时效期间。

但这样的时效期间起源于内尔瓦（Marcus Cocceius Nerva，96—98年）皇帝的一个告示，

---

① 刘凯湘，张海峡. 论不可抗力[J]. 法学研究，2000(6)：109.

② 杨立新点校. 大清民律草案、民国民律草案[M]. 长春：吉林人民出版社，2002：96.

③ 按照 Luigi Capogrossi Colognesi 的观点，这样的小不可抗力指标的物自身的缺陷。Cfr. Le Locazioni Agrarie, Diritto ed Economia nell'Antica Roma, p.326.Su http://dergiler.ankara.edu.tr/dergiler/38/299/2788.pdf，2016年7月16日访问。

④ 其辞曰：本法所称的"不可抗力"，是指不能预见、不能避免并不能克服的客观情况。

⑤ 潘修平. 债权法：原理·规则·案例[M]. 北京：清华大学出版社，2006：143.

⑥ 优士丁尼. 法学阶梯（第二版）[M]. 徐国栋，译. 北京：中国政法大学出版社，2005：153.

⑦ 我没有看到一个研究古罗马的诉讼时效制度的文献把马尔库斯皇帝的告示规定的制度描述为诉讼时效，可以因为作者们受诉讼时效的客体只能是债权性请求权的观点支配，我认为物权请求权也可以是诉讼时效的客体。

它禁止在一个人死后 5 年调查其身份(D.40,15,4。马尔西安:《论公诉中的告发人》单卷本)。[①] 例如调查该人是否为奴隶、解放自由人、家子。这一规定尽管与马尔库斯皇帝的规定相似,但并不完全相同,因为它是适用于人身关系法的,而且以诉权为客体,对于时效完成的效力采取诉权消灭说,而马尔库斯皇帝的规定是适用于财产关系法的,它以物权请求权为客体,对于时效完成的效力采取抗辩权发生说。后来,阿德里亚努斯(Publius Aelius Hadrianus,76—138 年)皇帝扩张内尔瓦的告示的适用范围于活着的人的身份,如果这样的调查会损害一个 5 年多以前就已死亡的人的地位的话(D.40,15,1,2。马尔西安:《论公诉中的告发人》单卷本)。马尔库斯皇帝也颁布过不许在某人死后质疑曾宣布他为生来自由人的判决的敕令,即使在该人生存时已提起的诉讼,也因为他的死亡而消灭(D.40,15,1,2。马尔西安:《论公诉中的告发人》单卷本)。在这个基础上,马尔库斯皇帝进一步把 5 年的诉讼时效期间经过改造后扩用于财产关系,发布了 I.2,6,14 提到的那个告示。

为何自内尔瓦以降的诉讼时效立法规定的时效期间都是 5 年? 5 年是奥古斯都于公元前 18 年制定的《惩治通奸罪的优流斯法》(*Lex Iulia de adulteriis coercendis*)规定的刑事追诉时效期间,采用这样长度的时效期间,显然是私法借鉴公法的结果。[②]

中国法上系统的诉讼时效制度是从西方引进的。值得注意的是,1986 年的《民法通则》第 135 条[③]和第 136 条[④]规定的诉讼时效期间分别是 2 年和 1 年,它们与罗马法的规定神似并不形似,官方民法总则草案统一规定了 3 年的诉讼时效,延长了不少,而且不分情形采用统一的时效期间。经过这样的处理,它与罗马法的规定不仅神似,而且形似了,这或许可以被描述为当下中国的诉讼时效制度向罗马法的靠拢。

以上是我对第 167 条第 1 款与马尔库斯皇帝的告示的关系的认识,并不见得所有的人都赞成。需要指出的是,在意大利流行的罗马法教科书中,无人把马尔库斯皇帝的告示当作诉讼时效制度的实例。[⑤] 并且认为诉讼时效产生的时间晚于马尔库斯皇帝的告示,该制度是塞维鲁皇帝和卡拉卡拉于 199 年以长期时效制度的名义创立的[⑥],狄奥多西二世皇帝于 424 年加以完善的。[⑦] 不把马尔库斯皇帝的告示当作诉讼时效规定的另一个理由是诉讼时效的

---

① See The Digest of Justinian, Vol. 3, edited by Mommsen and Alan Watson, University of Pennsylvania Press, Philadelphia,1985:485.

② 徐国栋.论《惩治通奸的优流斯法》秉承的追诉时效制度及其近现代流变[J].法学家.2012(2).

③ 其辞曰:向人民法院请求保护民事权利的诉讼时效期间为 2 年,法律另有规定的除外。

④ 其辞曰:下列的诉讼时效期间为 1 年:(1)身体受到伤害要求赔偿的;(2)出售质量不合格的商品未声明的;(3)延付或者拒付租金的;(4)寄存财物被丢失或者损毁的。

⑤ Cfr. P. Gallo, voce 'prescrizione e decadenza in diritto comparato', in Dig. disc. priv. - Sez. civ., XIV, Torino 1996:508.

⑥ Cfr.Anna Pozzato, La Prescrizione nella prospettiva storico—comparatistica. Radici romanistiche, ordinamenti nazionali, Principles of European Contract Law, Tesi di Dottore, Università degli studi di Padova,2011:6.

⑦ Cfr.Studi in onore di Remo Martino,Vol.3,Giuffrè Milano,2009:1039.

客体只能是债权请求权，而该告示的客体是原物返还请求权，按照《意大利民法典》第 948 条第 3 款的规定：返还所有物之诉不因时效而消灭，但是，基于时效取得所有权的情况不在此限。[①] 该款构成确立诉讼时效制度的第 2934 条的一个例外，它并存的另外还有人身性请求权、涉及遗产的请求权、宣告合同无效请求权、年金请求权。这样，《意大利民法典》允许的诉讼时效客体只有债权请求权。这样就形成了对债权人和物权人的不平等对待：对于债权人，法律要求他们及时行使权力，不得在权利上睡眠；对于物权人，则仅以取得时效限制他们怠于行使权力。但是，取得时效期间通常较长，例如 10 年、15 年、20 年，诉讼时效期间通常较短，例如 5 年，所以，法律对债权人施加的压力还是大于对物权人施加的压力，形成对债权人的优惠。这种厚此薄彼造成的结果是：物长期为非所有人占有，所有人对此无动于衷，而占有人长期不能成为所有人，影响不特定第三人对物的权属状态的信赖，并影响物的自由流通，充分发挥其效用。而对物权请求权适用诉讼时效就可解决这一问题。一旦时效届满，占有人就取得对抗原所有人的抗辩权，他从过去的非法占有人变成现在的合法占有人。对他现在的地位，法律有两个选项。其一，赋予他所有人的地位，这样，诉讼时效就有了取得时效的功能，这是《荷兰民法典》第 3:105 条第 1 款所做的。[②] 其二，赋予他功用所有权人的地位，给他抗辩权对抗原所有人，直到取得时效完成，再给他完全所有人的地位。马尔库斯皇帝的告示采用的是第二个选项。

那么，第 167 条第 1 款采取的是什么选项？首先应该指出的是，中国的主流学说采用德国的诉讼时效以债权请求权为客体理论，但新近有学者主张诉讼时效也应适用于物权请求权。[③] 其次，中国的民事立法对于诉讼时效的客体没有明确的限制，包括一切民事权利，[④]但受“法律另有规定的除外”的限制，限制的对象有三：(1)支付存款本金以及利息请求权；(2)兑付国债、金融债券以及向不特定对象发行的企业债券本息请求权；(3)基于投资关系产生的缴付出资请求权[⑤]。所以，认为第 167 条第 1 款适用于物权请求权是安全的。因为官方的民法总则草案没有规定取得时效，所以，对于中国官方来说，选项只有一个：那就是时效完成后的占有人取得占有物的所有权。这样，原物所有人丧失的不仅是诉权，而且是所有权。如此，对原物返还请求权适用的诉讼时效在未来的中国会起到取得时效的作用。从物尽其用的角度看，这样的结果是令人欣慰的。

---

① 费安玲，等. 意大利民法典[M]. 北京：中国政法大学出版社，2004:243.

② 其辞曰：“终止占有之请求权的时效届满时，财产的自助占有人即取得该财产，即使该自主占有人并非诚信。”

③ 耿卓. 追问与解答：对诉讼时效客体的再论述[J]. 比较法研究. 2008(4). 朱虎. 返还原物请求权适用诉讼时效问题研究[J]. 法商研究. 2012(6).

④ 只有最高人民法院于 2008 年 8 月 1 日颁布的《关于审理民事案件使用诉讼时效制度若干问题的规定》第 1 条把债权请求权当作诉讼时效的唯一客体。

⑤ 参见最高人民法院《关于审理民事案件使用诉讼时效制度若干问题的规定》第 1 条。

结论

中国官方民法总则草案的上述6个条文比较直接地来自罗马法，但“摹本”相比于“蓝本”，总是前者抽象，后者具体，所以，继受的过程，就是抽象化的过程。这6个规定在186条的总数中占0.322%许，比例并不高，但它们都占据要津，涵盖了民法的对象、原则、主体资格的开始、公平的维持、责任的除免事由、权利存在的时间限度等重要问题，这些问题决定了一部私法的形象。由于这6个规定的存在，使中国官方民法总则草案不同于中国古代法，而类似于罗马法，它们构成宣称在2017年春天诞生的中国民法总则将属于罗马法系的证据。尽管如此，这6个规定是如何借鉴罗马法的相应规定的，却是一个难以举证的问题，只能说，自清末以来，中国继受罗马法的时间足够长，这6个条文的罗马法蓝本已存在于中国法律文化中，立法者下意识地把它们转化为自己的法律草案中的条文而已。

这6个条文的罗马法蓝本是制度性的，所以能转化为中国的条文，还有更多的罗马法元素是概念性的，例如诈欺、胁迫、善意等用语，它们没有机会转化为条文，但星星点点存在于官方的民法总则草案中。

那么，研究官方民法总则草案的罗马法基础除了有家谱考证的意义外还有什么用？我认为这种研究还可服务于私法统一化运动，撇开这一运动在欧洲[①]、美洲[②]、东北亚[③]的展开不谈，仅仅考虑从2014年开始起草的《海峡两岸及港澳四地合同法示范法·合同通则》，它由同属于大中华地区的大陆学者、台湾地区学者、澳门学者(可惜无香港学者参与，尽管香港在“四地”之中)共同起草，意在统一这些地方的合同法。参与的三方都从属于罗马法传统的不同支派(大陆和台湾地区属于大陆法系的德国法族，澳门属于大陆法系的拉丁法族)，罗马法当然是进行这种统一的最重要依据。为了进行这种统一，参与方首先要寻找自己实在法规定背后的罗马法基础。当然，目前三方进行的是最容易进行的合同法统一。当他们进行到民法总则的统一时，本文研究的价值就显现出来了。

2016年4月29日完稿于胡里山炮台之侧

2016年7月17日改写于米兰大学

① 在这里有《共同参考框架》(Draft Common Frame of Reference)的存在。

② 在这里有《布斯塔曼特法典》的存在。

③ 在这里有《亚洲合同法原则》的存在。

回答中国民法典制定的八个问题[①]

1.制定民法典并非中国法律传统,清末变法以来,我国才开始制定民法典。1949年后至今,我国启动了若干次民法典起草工作,为什么这些工作都半途而废了?是因为我们缺少何种条件?

中国民法典起草专家屡败屡战,前赴后继,第一个原因是缺乏政治条件。具体而言,当局者对法治的认识存在偏差。西方的正义女神一手拿宝剑,一手拿秤杆,两手都很硬。1949年以来的当局者非常重视刀把子,比较忽视秤杆子,潜意识里是不把秤杆子当作法治的内容的,而民法典恰恰是规定秤杆子的。20世纪50年代,西南政法学院图书馆的对联就是"擎无产阶级专政一把利剑,读马列主义万卷宝书",这体现的是刀把子的法治观。改革开放后,学界已经把"刀把子"和"秤杆子"等量齐观了,但领导人的政法观念还是"刀把子",既然如此,中国民法典的政治基础是脆弱的。

第二个原因是缺乏诉讼法条件。1949年以来,我国的民诉法一直重视调解,调解的本质是抛开实在法寻求妥协性的争议解决方案。既然实在法可以被抛开,它就是没有也不是个问题。我担心的是,即使本次民法典编纂侥幸成功,在我国现有的重调解的民诉法条件下,它能否得到充分的适用也是个问题。如果得不到充分的适用,不能由此积累起充分的判例拾遗补阙,这样的民法典即使有,也是摆看多于实用。

第三个原因是缺乏法官队伍条件。改革开放以来,我国培养了大量的法科毕业生,"大量"到分配不出去了的程度,我以为我国的法院已充塞法科毕业生。但最近在厦大为培训班讲课,我以听众全部为法科毕业生为前提的讲稿遭到了一定的排斥,反映听不懂。老天呀!我讲的是《今日说法》报道的案例。向带队人一问,才知道法科毕业生撑死了占30%。70%的招干等来源的法官占据了岗位,让法科生进不来,而他们的水平很低。首先,他们没有搞秤杆子法治(即民法典)的冲动;其次,民法典到了他们手里,可能也被弃而不用或乱用。一个重庆地区的受培训法官告诉我,他们院有民法通则法官,即万案皆用民法通则判的法官。在1986年的民法通则后,我们有了合同法、物权法、侵权责任法等多个民法法律,这些对于这种法官都是虚无。我认为,制定民法典要有法官队伍基础,我国的体制是通过司法考试就可当法官,但日本、韩国和我国台湾地区的体制是法科学生通过司法考试后还要受3年的司

① 本文原载《中国法律评论》2015年第4期。

法训练所教育才可当法官，我国不走这一步，是很难型构与民法典匹配的法官队伍的。

2.目前，我国社会主义法律体系已经基本建成，《民法通则》《婚姻法》《继承法》《合同法》《物权法》等民事单行法已实施多年，为什么还需要启动民法典这样浩大的立法工程？换句话说，我们起草民法典的初衷是什么？

在我看来，这次起草民法典的初衷可以界定为“反思”，意思是对既有的民事单行法进行清理，发现错误和缺漏并改正和填补之，并谋求统一的立法风格。

“发现错误”何解？有些民事单行法制定得较早，例如1986年的民法通则，那时我国民法学界的水平不高，现在提高了，过去不认为是错误的东西现在就可看出错误来了，那就要改错。例如在我国大受推崇、在西方民法理论和立法中不见踪影的平等原则，就来自一个逻辑错误。论者从商品交换者地位平等的前提出发，推论出全部民法都采用平等原则，这样的推理跟从重庆人爱吃辣推论出中国人都爱吃辣一样荒谬！因为它犯了“从小推大”的错误，正确的操作是“从大推小”。所以，在未来的中国民法典中一定要取消平等原则，遗憾的是，现有的3个民法总则草案都坚持这一原则。不过，经过我们的批判，中国法学会的民法总则草案6月16日稿已经把“公民的权利能力一律平等”这样的错误规定去掉了，让人欣慰。

“缺漏”何解？没有规定家庭法属此，婚姻法不能取代家庭法。物权法中没有规定添附制度属此。这样的缺漏太多，不一一列举了。

“谋求统一的立法风格”何解？由于众多的民事单行法制定于不同的时期，每个时期的立法指导思想不一样，所以立法风格不一样。例如，婚姻法和继承法就是“三根棒棒”式的，合同法和物权法接近“雄伟石厦”的风格，两者摆在一起，相当于一个骨瘦如柴的人与一个体型正常的人并站。所以，简单地汇编既有民事单行法形成民法典的方案不可行，必须进行真正的法典编纂，“再造河山”，才能得到一部好的中国民法典。

3.目前我国有3位学者起草的民法典草案。这3个草案的结构、内容与立法技术甚至理念都有较大的差异。民法典的结构设计一直是我国学者争议的焦点。各位老师能否简要介绍一下各自起草的民法典草案在体例上最大的特征是什么？

我主持的《绿色民法典草案》的最大特点是没有总则，只有序编，为何如此？因为总则是宏观理论思维的反映，这种思维有抽象癖。例如，按照马克思的说法，买卖合同中有当事人地位的平等，据此就抽象出民法的平等原则，全然不顾民法调整大量不平等关系（例如未成年子女与其父母的关系、雇主与劳工的关系）的现实。结果，找到一个例外就戳破抽象泡沫。这种抽象癖是潘得克吞民法学的遗产。它把民法学带入了近现代阶段，它打造的民法具有整齐有序的几何学形象，像埃及的金字塔一样浑身上下焕发出魅力，让我们治民法者自豪，看不起一些长得疙疙瘩瘩的新兴学科。正由于此，我国自清末以降继受的就是这样的民法学，它对于我国实现法制现代化，建立起与德国、日本民法学的学术营养供应关系，做出了不可磨灭的贡献。但是，历近200年之呈现，它的毛病也渐次暴露，抽象癖是其中之一。相反，英美法在这方面好得多。这种法不搞宏大叙事，甚至连权利能力的概念都没有，从来满足于就事论事的微观理论，顶多做到中观理论，所以很少犯错误，尤其是根本性的大错。所以，研习这种法的学者很少把精力放在无聊的宏大建构的建设与拆除上，而是闷声研究具体问题，发了理论大财。比较起来，潘得克吞系的学者在“建”与“拆”之间浪费了多少精力哟！我认为，我们要抛弃建立宏观理论的愿望，满足于中观理论甚至微观理论。这两种模式的理论，恰恰是世界理论界的方向。

不久前，意大利罗马第二大学教授卡尔迪里(Riccardo Cardilli)在中南财经政法大学做了一个关于民法总则的讲座，观点是民法总则不搞也好，实在要搞，条文越少越好。他这样说，我认为也是因为看到了总则的弊端。

对总则的批判是我的个人意见，但现在民法学界已形成了中国法学会的民法总则草案、梁慧星团队的民法总则草案以及杨立新团队的民法总则草案。基于促成我国民法典的立场，我还是支持这些草案的。在最近写成的《评析三个民法总则草案中的平等规定——从平等撤退的端倪以及可能的发展》一文中表达了这种立场，并批评了对这些草案冷嘲热讽者。

《绿色民法典草案》的第二个特点是坚持民法首先调整人身关系，然后才调整财产关系。这种观点提出之初遭到了冷嘲热讽，现在，上述三个民法总则草案都采用这个观点，甚至有人想把自己当作这种观点的作者。既然如此，我就没有必要对此再说什么了。

4.我国民法典编纂过程中，学者争议最大的问题之一是人格权法有没有必要独立成编。在未来的民法典中，有没有必要基于强化保护人格权的考量，将其单独成编？

实际上，对这个问题的争议不大，因为赞成人格权独立成编的好像只有王利明教授一个，不赞成的是多数。2015 年 7 月 29 日在中国社科院法学所召开的“民法总则立法研讨会”的共识是：人格权与自然人不能分离，即使人格权独立，也不意味着强化了对人格权的保护。所以还是把人格权规定在民法典中的自然人部分为好。王利明教授强调人格权独立，可能是想让中国未来的民法典在世界民法典之林中“出彩”，体现出我们的后发优势。这样的想法“名”的成分多，“实”的成分少。因为一旦人格权独立成编，除了一点宣示意义，它与自然人部分的关系处理，与侵权法的关系处理，会有许多麻烦。依我看，强化保护人格权，不在于让它独立成编，而在于产生大量的保护人格权的判例学说，尤其是判例，这才是“实”的。

从技术的角度看，人格权独立成编也有问题。编(book)的单位概念产生于折子书(codex)时代，是一个代表 4 万字左右的容量单位，在它下面，还有题(Title)、章、节等次级单位。民法典的其他编(例如物权编)都能达到至少四级结构，例如物权编下分为自物权与他物权两题，他物权题下分用益物权和担保物权两章，担保物权章下分抵押权、质权等数节，等等。而人格权的内容量小，在《乌克兰民法典》中独立成编(第二编)的人格权(采用了“人身非财产权”的名义)只有 46 条，而且抓了许多宪法规定的公民的政治权利来充数，王利明教授组织的人格权编最近的杭州会议版只有 107 条，这些单薄的内容根本不可能形成四级结构。如果其他编都能形成四级结构，而人格权编只能搞二级结构，即编下只分章的结构，未免跟其他编不协调。如此，搞人格权独立成编又是何苦？

5.我们在制定民法典过程中，如何处理它与其他法律渊源的关系？我国在制定民法典时，如何做到与时俱进，突出现代社会的特征，如信息社会、风险社会等？

我认为民法典最重要的伴随渊源有二。一曰习惯，二曰判例。两者共同的存在理由是民法典不可能包罗全部民事生活，会留有大量的缺漏让补充渊源填补。在拿破仑的时代，立法者或许隐隐地认为自己制定的法典能涵盖全部民事生活，现代的立法者就没有这样的妄想了，所以，民法典的条文没有被设计得有那么多。例如，1871 年阿根廷民法典有 4051 条，2014 年的阿根廷国家民商法典只有 2671 条。条文减少了差不多一倍，而内容却增加了——增加了商法的内容。立法者感到自己能力有限了。条文少了，意味着漏洞多了，靠习惯和判例补。习惯是人民创立的活法，最与时俱进。判例是法官法，也来自生活。判例除了有补漏的功能外，还有把抽象的规范具体化的功能。严格说来，不经判例具体化的规范是不可适用的。

中国未来民法典最需要突出现代社会特征的地方是规定绿色原则，也就是生态原则，每个民事活动都会留下碳足迹，造成资源的消耗并排出废物。民法典不会创造价值，但可以减少价值的破坏，例如，只要规定无须手术，只要有异性身份认同的稳定趋势就可变性，就会减少多少切除手术和再造手术！就可省多少医疗费！事实证明，立法者的举手之劳可带给当事人巨大的福祉！

6.民法典调整的是市场经济与家庭关系，两者的运行逻辑并不相同。前者以经济利益和理性算计为核心，后者则以基于血缘和姻亲为基础的感情为核心。调整家庭关系的婚姻家庭法、继承法历来也被视为是固有法，具有浓厚的伦理色彩与民族特征。我国民法典在多大程度上可能体现中国人的生活与观念特性？

我认为这个问题设计有误。首先，遗漏了人法即主体法，这是公法性的规定；其次遗漏了人格权，最近看到北洋大学毕业生贾文范先生在 1914 年出版的《罗马法》，其中还大讲罗马法对人格权的保护，罗列伤害身体、束缚自由、公然侮辱、妨害名誉、侵入家宅、图谋奸污、诬告、妨害交通为侵犯人格权的行为，这应让当代长期患有人格权视盲症的学者感到惭愧。还让人惭愧的是，海峡两岸的多数民法学者都把身份权等同于亲属权，而贾文范先生把身份权界定为既包含人格权，也包含亲属权。在民国初期就搞清了的问题现在却搞不清楚了，让人哭笑不得；最后，颠倒了“市场经济”与“家庭关系”的顺序，正确的顺序是家庭关系和“市场经济”。给市场经济加引号，是因为这个表达不确，尽管接受这个“不确”的人很多。试问，按照市场经济与家庭关系的民法两分法，继承属于哪一个？赠与合同属于哪一个？借用合同属于哪一个？因此，这个两分法是错误的。一旦采用了我上面提出的两个修正，这个问题就要改变，变成民法的公私混合性问题和自利行为与利他行为的混合性问题。民法的这种混合性折磨人，但也是它的魅力之所在。

把家庭关系调到市场经济之前很重要，基于这一调整，我们可以给民法一个新理解。它首先规定主体制度，这是法律关系参加者的准入口。然后规定家庭，这是民事生活的最原初形式，这里实行的是利他逻辑。家庭生活需要物资资源，这些资源可以通过交易获得，也可以通过他人的关爱心获得——例如赠与、借用、遗产继承等。当然，有些唯物主义者把家庭对物资资源的取得方式简化为市场经济，把民法粗鄙化了。

民法本质上是身份法，其逻辑是有国民身份者则享有民事权利，外国人在民法典面前止步，对他们开放的是国际私法。但随着人权观念的推行，一些民事权利的享有被视为人权，无须与国民身份挂钩，例如婚姻家庭方面的权利和继承的权利，但远未实现全部民事权利的人权化。

人权是跨越国界之权，与之关联的婚姻家庭法和继承法也具有超越“国民”的“人”的性质，我国民法典在这些方面体现中国特性的空间是很小的，但不是没有，例如我国现有继承法规定的遗赠扶养协议就是。

7.全球化在某种程度上已经成为现实，至少在贸易领域。市场经济法律规则也历来被认为是中立的、普适的规则。《合同法》本身就大量借鉴了国际公约。但我国的政治、经济背景与欧美存在较大差异，我国民法典将如何处理财产领域内的中国特色与世界通例的关系，尤其是在土地物权领域？

其实，在全球化和本土化之间存在“区域一体化”的中介，欧盟成员国之间的民法一体化运动、南方市场国家间的民法一体化运动属此，可以说，全球化很遥远，区域一体化很近，全球化也许只能通过区域一体化实现，换言之，实现了几个大的区域的法律一体化，才可谈区域间的法律一体化。当然，国际公约途径的全球化或许可以避免区域一体化的中间环节。

从目前的实践来看，区域一体化的工作对象集中在财产法方面，这似乎证明了在人身法方面实现一体化的困难。

我国与日本、韩国具有共同的德国法族背景。查条文历史，可找出不少中韩立法者抄袭日本民法典条文的例子，基此，可谋求东北亚的民法一体化，如此可便利这些国家人民间的交往。

在土地物权领域，未来的民法典能否遵循世界通则，例如放弃土地使用权的体制承认私人土地所有权？是一个政治问题。我主张后一种选择，但前一种选择在 1949 年后的中国存在的历史太长，要改变很不容易。

8.各国民法典作为国之大典，其出台往往都经过了相当长的时间，甚至是几十年。目前我国编纂民法典的大致时间表是什么？

我认为这个问题应该由我国的最高领导人来回答！因为制定民法典需要多长时间取决于最高权力怎么行使。众所周知，拿破仑有效地行使了最高权力，法国民法典才得以问世。如果拖上 10 年，这个民法典就流产了，因为 1814 年，拿破仑已经在厄尔巴岛上受流放了。民法典草案的完善是相对的，要等到绝对完善了才出台，等于说不让它出台。另一个例子是 2014 年 10 月 1 日颁布的《阿根廷国家民商法典》，它从 1995 年开始起草，1998 年形成草案，原计划 2001 年 1 月 1 日生效，但 1999 年提交国会后长期通不过。拖到 2014 年，拖不下去了，支持者在国会强行通过了它，反对者退席抗议，但不影响需要的多数。2016 年 1 月 1 日，它就生效了。相反的例子是波多黎各，它于 1997 年组织起草民法典，至今已 18 年，草案都出来了，就是通不过，看来是缺乏有力的领导人。当然，这两个国家和地区是有了完整的草案遭遇议会的阻碍，我国的问题是完整的草案还未拿出来。现在只有民法总则草案，继而债法草案、物权法草案、亲属法草案、继承法草案，每个草案花1年，就要5年，花两年，就要10年。再出来一个巩献田打横炮，以上时间要乘以2，得数是10年或20年。要抓紧，必须在10年内解决。

最近与参与日本民法典债法更新的学者座谈，得知反对新民法典有行业的理由。现有的律师、教授把旧法用惯了，教惯了，颁布新法，他们要重新学习，怕麻烦，故抵制之。我国有些法官只懂适用民法通则，称“民法通则法官”，他们有些人肯定也是反对制定民法典的。

评析三个民法总则草案中的平等规定——从平等撤退的端倪以及可能的发展[①]

序言

2014 年 10 月 23 日的《中共中央关于全面推进依法治国若干重大问题的决定》提出，加强市场法律制度建设，编纂民法典。这一规划让制定中国民法典的进程走出了低谷，引发了各相关方的积极行动。首先，中国法学会民法典编纂项目领导小组于 2015 年 4 月 19 日在法学创新网公布了中国法学会的民法总则草案并征求意见。[②] 其次，梁慧星教授也于 2015 年 4 月 23 日在法学创新网公布了自己团队的民法总则草案。[③] 最后，杨立新教授于 2015 年 4 月 30 日在法学创新网也公布了自己的团队起草的民法总则草案。[④] 三个草案的共同出现表明了我国民法学的繁荣和民法学者的使命感，我为之欢欣鼓舞，完全不同意有的学者私下发表的“看了这些草案想哭”的泼冷水言论，我的看法是：有比没有好，有几个比只有一个好。看到这些草案想哭的人，不妨自己搞出一个不让人哭的草案来，不然，就没有资格想哭！

三个草案都力争引领世界民法理论潮流，都不乏精彩的、体现后发优势的规定。例如，三者共同在民法对象定义条款中采用了先“人”后“物”的顺序，抛掉了潘得克吞法学留给我国及其他德国法族国家的负资产，可喜可贺！！又如，中国法学会的草案不但规定了绿色原则，而且还规定了取得时效制度，这些都是重大突破。再如，梁慧星团队的草案把人格权作为总则的内容，花 11 个条文规定了 9 种人格权，这不失为人格权独立成编以外的对人格权位置的独特处理。[⑤] 再如，杨立新团队的草案规定了连体人的权利能力问题（第 25 条，该条

① 本文原载《暨南学报》2015 年第 7 期。

② 载 http://lawinnovation.com/html/xjdt/13721.shtml，2015 年 6 月 16 日访问。

③ 载 http://lawinnovation.com/html/xjdt/13752.shtml，2015 年 6 月 16 日访问。

④ 载 http://lawinnovation.com/html/xjdt/13811.shtml，2015 年 6 月 16 日访问。该草案也发表在《河南财经政法大学学报》2015 年第 2 期。

⑤ 但这一处理遭到了王利明教授的批评。王利明. 论民法总则不宜全面规定人格权制度——兼论人格权独立成编[J]. 现代法学. 2015(3).

可能要归因于团队成员、连体人法律问题专家张莉教授的贡献),还在1949年以来的民法史上第一次把亲权独立于监护规定,割除了长期不分亲权与监护的理论毒瘤(第38条及以下数条),等等。

但本文并非赞美三个草案之作,而是批评之作,目的是对它们提意见,以便在它们中的一个成为法律时更完善一些。可以提出的问题很多,可大致区别为形式上的[①]和内容上的。内容上的又可分为宏观上的和微观上的。为了集中笔墨,本文仅就三个草案中的平等规定提出意见。

在进入正文前,先做两点方法论声明以避免无谓的误解。其一,本文区分能力剥夺与权利剥夺。前者指被剥夺者在实施某种行为前即被宣告不得实施,后者指剥夺已实施某种行为者的行为成果。其二,在关于权利能力的有机论与原子论之间本文采原子论。有机论者不承认任何具体的能力之存在,把权利能力看作一个整体,要么全有,要么全没有。[②] 而原子论者主张权利能力具有具体性,可以剥夺一个主体的某些能力而保留其他。[③] 汉斯·凯尔逊为此说的主要论者。他认为权利能力并非抽象的,而是要依个案赋予的[④],故实施每一类行为都要以具有此类行为的权利能力为前提。原子论的权利能力观为我国学界所陌生,但我国的立法者和司法者都无师自通地采用原子论,单项地或数项地而非全部地剥夺被规训者的权利能力,这点读者将在下文看到。

一、三大草案中的平等规定胪陈与略析

中国法学会的民法总则草案有三大平等规定:其一,对象条款(第2条):本法调整平等主体的自然人、法人和其他组织之间的人身关系和财产关系。其二,原则条款(第3条):(1)民事主体的法律地位一律平等;(2)国家以及国家机关作为民事主体从事民事活动,与其他民事主体法律地位平等;(3)法律对未成年人、老年人、残疾人、妇女、消费者、劳动者等自然人有特别保护的,依照其规定。其三,自然人能力平等条款(第16条):自然人的民事权利能力一律平等。

梁慧星团队的民法总则草案只有两大平等规定。少一个,此乃因为在其对象条款中未

---

① 在2015年5月23日下午于大连召开的“第二届民法基础理论与民法哲学论坛”会议上,我已就中国法学会民法总则草案的文字方面的缺陷提出意见,此等意见参见《第二届“全国民法基础理论与民法哲学论坛”简报二》,载 http://law.dlmu.edu.cn/09newsview.asp? id=1734,2015年6月16日访问。

② Cfr.La Voce di Capacità di Lavoro di Giuseppe Suppiej ,In Enciclopedia del Diritto, XI, Giuffrè, Milano, 1962:48.

③ Cfr.La Voce di Capacità di Angelo Falzea ,In Enciclopedia del Diritto, XI, Giuffrè, Milano,1962:10.

④ Cfr.Giancarlo Frongia, La Capacità Giuridica, Su http://www.overlex.com/leggiarticolo.asp? id=762,2006年11月2日访问。

设平等限定：本法调整自然人、法人和非法人团体之间的人身关系和财产关系。两个平等规定见诸原则条款(第 4 条)：在民事活动中当事人法律地位平等，任何一方不得将自己的意思强加给另一方；也见诸自然人能力平等条款(第 11 条第 2 款)：自然人的民事权利能力一律平等。

杨立新团队的民法总则草案也有三大平等规定。其一，对象条款(第 2 条)：本法调整平等的自然人、法人和非法人团体之间的人身关系和财产关系。其二，原则条款(第 14 条)：民事主体的法律地位一律平等，一方不得将自己的意志强加给另一方；其三，自然人能力平等条款(第 23 条)：自然人自其出生到死亡，是权利主体，具有民事权利能力，平等享有民事权利，承担民事义务。

显然，三大草案对平等的承认程度不同，杨立新团队承认得最多，未给三大平等设定任何限制。中国法学会草案承认的平等范围次之，尽管它也承认三大平等，但对平等原则设了一个大大的但书：未成年人、老年人、残疾人、妇女、消费者、劳动者与成年人、年轻人、健全人、男人、生产者、雇主的关系自然不平等，属于所谓的民事屈从关系[①]，经法律的干预才有望达成平等。梁慧星团队承认的平等范围再次之，达到了不认为民法调整的关系具有平等性的程度。这是一个很大的冒险，因为在苏联的民法理论框架中，一旦失去平等的拱心石，民法与其相邻法律部门的关系就界限不清了。

尽管三个草案对平等的范围承认程度不一，但都有平等情结，这属于社会主义和前社会主义国家民法文化的一部分。在西方国家的民事立法和民法理论中，从来不见这三大平等规定。[②]

顺便略述一下这三大草案中的平等规定间的重复和矛盾。中国法学会民法总则草案中的第二个平等规定与第三个平等规定矛盾。第 16 条说了自然人的权利能力一律平等，反言之，法人(及其他组织)的权利能力不平等。而第 3 条规定：民事主体的法律地位一律平等。在我看来，法律地位就是权利能力，所以，此条相对于第 16 条属于重复规定。而且，民事主体包括自然人和法人(及其他组织)，第 16 条不承认法人(及其他组织)的法律地位平等，第 3 条又承认这种平等，岂不矛盾乎？

二、对“自然人的民事权利能力一律平等”规定的具体化还原与证伪

本节标题中的这个平等规定三大草案中都有，且都无但书，故先分析之。

众所周知，自然人分为公民、外国人(即非公民，包括无国籍人)。公民分为城市人和农村人。城市人又可分为此城人与彼城人。公民还可分为被监禁的和自由的、失权的和全权

① 关于民事屈从关系的学说，徐国栋. 论民事屈从关系——以菲尔麦命题为中心[J]. 中国法学. 2011(5).

② 对这一方面的考察，徐国栋. 平等原则——宪法原则还是民法原则[J]. 法学. 2009(3).

的、军人和平民、出家人和在家人、健康人的和患有特定疾病的人，等等。按三大草案的规定，这些自然人的权利能力是平等的。明眼人一看就觉得这些类别的人的权利能力不可能平等。所以，一个在抽象语境中看来没有问题的说法，一把它具体化，问题就暴露出来了。[①]

(1)公民与外国人的能力差别

首先比较两者的劳动能力。按1996年的《外国人在中国就业管理规定》，外国人在中国就业必须获得许可(第5条)、办理就业证(第8条)、不得为个体经济组织和个人雇佣(第34条)，对中国公民，则不存在这些限制。其次比较外国人与公民在取得内国土地权利能力上的差别。我国不承认个人可以拥有土地所有权，所以无这方面的立法例，但《埃塞俄比亚民法典》第390条规定：任何外国人都不得拥有位于埃塞俄比亚境内的不动产，依照皇帝命令拥有的除外。[②] 俄罗斯2002年颁布的《农用土地流通法》也规定：外国公民、外国法人、无国籍人士以及外国公民、外国法人、无国籍人士有50%以上参股份额的法人，只能以租赁权拥有农用土地。并且，无论他们是在本《农用土地流通法》生效前还是生效后购得该农用土地或土地份额，都应在一年之内出让，否则负责对不动产产权及其交易进行国家登记的司法机关应当将此情况书面通知俄联邦主体国家权力机关。[③] 可见，在埃塞俄比亚和俄罗斯，外国人无取得内国土地所有权的能力。

(2)农村人与城市人以及此城人与彼城人的能力差别

农村人享有一些城市人不享有的权利能力，例如取得宅基地使用权的能力。这是一种基于属于特定农村共同体身份的能力，换言之，另一个农村共同体的成员和城市人不享有此等能力。故1999年国务院办公厅《关于加强土地转让管理严禁炒卖土地的通知》明确规定，农民的住宅不得向城市居民出售，也不得批准城市居民占用农民集体土地建住宅，有关部门不得为违法建造和购买的住宅发放土地使用证和房产证。与此相应，2010年4月实行“房屋限购令”以来，农村人不具有购买城市住房的能力，除非他们有目的城市1年的纳税、社保证明。非独此也，其他城市的人也不具有购买目的城市住房的能力，除非他们也有目的城市1年的纳税、社保证明。[④]

(3)被监禁者与自由人的能力差别

截止到2012年，我国服刑人员总数为164万人。[⑤] 这是个不小的数字，因此不可忽略不计。所谓“服刑”，是处在被监禁的状态。那么，被监禁的法律意义是什么？按格雷沙姆·塞克斯(Gresham Sykes)在《囚犯社会》(*Society of Captives*)一书中的说法，监禁带来五大痛

---

① 谢鸿飞指出，在权利行为能力的制度构造中，人是抽象的、作为类的人，但必须给法律上抽象的人穿上西服和工作服。谢鸿飞.现代民法中的“人”[J].北大法律评论.2000(2):131.

② 薛军，译.埃塞俄比亚民法典[M].厦门：厦门大学出版社，2013:58.

③ 黄军甫：“从《农用土地流通法》看俄罗斯土地改革”，载俄罗斯研究.2002(3):21.

④ 王思峰、彭兴庭.论中国房地产市场的政府规制——兼评房屋限购令的合法性[J].西北大学学报(哲学社会科学版).2011(3).

⑤ 陈菲、崔庆新.全国共有监狱681所，在押犯164万人.On http://news.xinhuanet.com/politics/2012－04/25/c_111840777.htm，2015年6月15日访问。

苦:自由的剥夺、异性关系的剥夺、自主性的剥夺、物质及受服务的剥夺、安全感的丧失。[①] 此乃经典之论,曾为中国立法者所采。故1982年公安部发布的《监狱、劳改队管教工作细则》(已被1994年颁布的《监狱法》取代)第42条第1款规定:犯人入监后,应当向他们公开宣布:犯人在服刑期间,没有人身自由。凡被剥夺政治权利的,没有政治权利;没有剥夺政治权利的,暂时停止行使政治权利。同法第85条第2款规定:犯人在关押或保外就医、监外执行期间,不准结婚。第86条规定:犯人在劳改期间所写的稿件和著作,原则上不得公开发表、出版。对于确有出版价值的科学技术和医疗卫生等方面的著作,经省、市、自治区或中央有关部门审查批准后,可以出版。出版时须用笔名或化名,出版后的稿费,一半发给本人,一半作为劳改机关教育经费的收入。这几个规定剥夺了服刑人的政治权利、结婚权和部分的著作权。关于服刑人员的著作权问题,广电部还在1988年颁布《关于禁止录制、出版正在服刑的罪犯表演的音像出版物的通知》,非独禁止出版服刑人员的表演音像,而且对刑满释放一年内的人员演唱的录音带出版发行,也要求事先报省级音像管理部门审批,在内容上要严格审查,数量上要严格控制。

但服刑人员不得结婚的规定随着刑罚观念的变动有所松动。2004年民政部颁布的《关于贯彻执行婚姻登记条例若干问题的意见》第10条规定:服刑人员办理结婚登记,应该亲自到婚姻登记机关并出具有效的身份证件;服刑人员无法出具身份证件时,可由监狱管理部门出具有关的证明材料。[②] 此条开始允许服刑人结婚,但它所处的规范层次低,而且制定时没有与负责管理监狱的司法部充分协调,所以得不到监狱的配合,基本沦为具文。[③] 如此结局的原因还由于民政部没有服刑人员可否结婚事项上的立法权。[④] 所以,我国现在的服刑人员实际上仍无结婚的权利能力。在我看来,主张服刑人员应享有结婚权的学者[⑤]有一个共同的缺陷:没有按照服刑人员的不同类别谈论这个问题。如果分门别类来谈,说死刑犯也有结婚权就超过了,因为他结婚不久就要死,留下的子女处在单亲家庭中,可能引发性格缺陷。[⑥] 所以,站在子女最佳利益原则的立场,也不宜允许死刑犯享有结婚的能力,进而享有生育的能力。这一结论对于被判无期徒刑者也适用。

---

① 杨帆.我国监狱服刑人员权利研究[J].武汉大学博士学位论文,2012:74.

② 杨帆.我国监狱服刑人员权利研究[J].武汉大学博士学位论文,2012:70.

③ 说"基本",乃因为在2004年,有安徽某监狱帮助服刑犯人邢永恒与其狱外女友丰丽娜结婚之例。何东平.对服刑人员结婚权利的思考[J].经济与社会发展.2005(8).

④ 邓勇、邓非.服刑人员性权利保障问题初探[J].湖南公案高等专科学校学报.2010(1).

⑤ 参见许蕊.服刑人员生育权研究[J].南京大学硕士学位论文,2012年。邵腾.监狱服刑人员生育权研究.山东大学硕士学位论文,2012年。何东平.对服刑人员结婚权利的思考[J].经济与社会发展.2005(8)。廖鸿玲、胡晓峰.论监狱服刑人员的婚姻权[J].西南民族大学学报(人文社会科学版),2007(12)。赵敏.应理性看待服刑人员的结婚行为[J].山西警官高等专科学校学报,2006(4)。赵秀伟.试论服刑人员婚姻论权利的实现[J].河南司法警官职业学院学报.2005(4).

⑥ 允许死刑犯结婚生育的问题类似于允许死后生殖的问题。多数国家的通说认为为了子女的利益不宜允许。李琰、李军、兰礼吉.死后生殖问题的生命伦理学思考[J].医学与哲学.2007(8).

(4)失权人与全权人的能力差别

失权人是被立法司法剥夺特定权利能力的人,未承受此等剥夺的人为全权人。在我国的立法、司法中,已广泛采用失权作为制裁手段。[①] 就立法而言,可以 2013 年修订的《公司法》第 146 条为例,它规定:"有下列情形之一的,不得担任公司的董事、监事、高级管理人员:

……;

(2)因犯有贪污、贿赂、侵占财产、挪用财产罪或者破坏社会经济秩序罪,被判处刑罚,执行期满未逾 5 年,或者因犯罪被剥夺政治权利,执行期满未逾 5 年;

(3)担任因经营不善破产清算的公司、企业的董事或者厂长、经理,并对该公司、企业的破产负有个人责任的,自该公司、企业破产清算完结之日起未逾 3 年;

(4)担任因违法被吊销营业执照的公司、企业的法定代表人,并负有个人责任的,自该公司、企业被吊销营业执照之日起未逾 3 年。"

该条第 1 款第 2 项是对公司高级管理人员提出的无经济犯罪记录的要求,体现了失权制度的反"在哪里跌倒就在哪里爬起来"说法的理路,它根本不给你在跌倒的地方再爬起来的机会,依据的理念似乎是:你在那里跌倒了,如果再去那里,你更容易跌倒,所以就不让你再去那里了。第 3 项是关于破产失权的规定,宗旨是不让一个把一个企业搞破产的人在 3 年内再去经营一个企业;第 4 项是对他们提出的无因经济违法行为遭受行政处罚的要求,其精神与第 2 项一致,应与该项接续规定才在逻辑上完满。不具备这些条件的人,有期地失权。

就司法而言,可以 2010 年发布的《最高人民法院关于限制被执行人高消费的若干规定为例》为例。对于不执行法院判决的人,法院可以限制其高消费,因此不得实施下列行为:(1)乘坐飞机、列车、轮船的二等以上舱位;(2)在星级以上宾馆、酒店、夜总会、高尔夫球场进行消费;(3)购买不动产或新建、扩建、高档装修房屋;(4)租赁高档写字楼、宾馆、公寓等场所办公;(5)购买非经营必需车辆;(6)旅游、度假;(7)子女就读高收费私立学校;(8)支付高额保费购买保险理财产品;(9)其他非生活和工作必需的高消费行为。

承受上述立法和司法失权后,失权人被剥夺部分民事权利能力,形成与全权人在权利能力上的不平等。

(5)军人与平民的能力差别

与上面讲到的相对的能力低下者不同,军人相比于平民的能力处于两级的状态,换言之,他们有的地方能力高,有的地方能力低。就前者而言,军人可以优先购票、免票享用交通工具和游览场所[②]、义务兵可以免费寄信等。就后者而言,在人身关系方面,2001 年 11 月 9 日中国人民解放军总政治部发布的《军队贯彻实施〈中华人民共和国婚姻法〉若干问题的规定》进行了如下限制:其一,现役军人一律不准与外国公民结婚,原则上也不得与香港、澳门

① 关于这方面的情况,徐国栋. 论失权[M]. 徐国栋. 民法对象研究. 北京:法律出版社,2014:241.

② 吴抒阳. 论军人民事权利保护的立法完善. 吉林大学硕士学位论文,2012.

特别行政区和台湾地区的居民结婚(第3条第2款)。其二,义务兵一律不准在部队内部或驻地找对象,服现役期内不得结婚;士官原则上不得在部队驻地或本部队内部找对象结婚(第3条第4款、第5款)。其三,汉族军人要求与习惯上不同汉族通婚的少数民族公民结婚,一般应说服双方放弃此种婚姻。如双方坚持结婚,并取得少数民族一方家长的同意,可允许结婚(第3条第10款)。其四,2010年的《中国人民解放军内务条令》第135条规定:军人……不得在大众媒体上征婚……这些规定从对象、时间和求偶方式的角度限制了军人的婚姻能力。

在财产关系方面,《中国人民解放军内务条令》第118条规定:军人不得摆摊设点。叫买叫卖,不得以军人的名义、肖像做商业广告。第127条规定:军人不得经商,不得从事本职以外的其他职业活动和有偿中介活动,不得参与以营利为目的的文艺演出、商业广告、企业形象代言和教学活动,不得利用工作时间和办公设备从事证券交易、购买彩票,不得擅自提供军人肖像用于制作商品。此条还有牙齿:2010年的《中国人民解放军纪律条令》第114条规定:参与经商或者偷税漏税,情节较轻的,给予警告、严重警告处分;情节较重的,给予记过、记大过处分;情节严重的,给予降职(级)、降衔(级)、撤职处分。第136条规定:军人不得与地方人员进行不正当、不必要的交往,不得参与不健康的消费娱乐活动。所谓"不健康的消费娱乐活动",按照《内务条令》老版本第98条的规定,就是"到酒吧、发廊、按摩室、桑拿浴室、录像厅、歌舞厅和电游厅等场所消费娱乐"。这一规定剥夺了军人缔结一些娱乐性服务活动的能力。

综上可见,军人的婚姻能力受到对象、时间和求偶方式的限制。他们不具有商行为能力、缔结一定类型的服务合同的能力。

(6)出家人与在家人的能力差别

出家人至少包括汉传佛教的僧侣和天主教的神父。本目为集中笔墨计,只谈汉传佛教僧侣在民事权利能力上的欠缺。① 根据国家宗教事务管理局2014年的统计,全国汉传佛教僧侣有7.2万人。② 这个数字也不小,所以也不得忽略不计。根据2006年的佛教协会《全国汉传佛教寺院共住规约通则》第14条的规定:遵照佛制,僧众住寺,常住供养;僧人年衰,常住扶养;僧人疾病,常住医治;僧人圆寂,常住荼毗;僧人遗产,归常住所有。③ 此条中的"常住"是"常住物"的简称,指寺观及其田产什物等。该条告诉我们,出家僧人实行一种供给制,个人不得有私财,其生老病死由寺院财团负责。既然如此,他们也没有经商的能力,从事一些与佛教有关的商事活动(素餐、法物流通等)的情形除外。当然,他们还没有结婚的能力。

---

① 对于天主教僧侣民事权利能力的欠缺,徐国栋. 论民事死亡——兼论社会死亡和社会瘫痪[J]. 东方法学. 2015(5).

② 参见大公佛教综合:"国宗局最新统计:全国佛教僧侣22万居五大教之首",载 http://bodhi.takungpao.com/topnews/2014—04/2401341.html,2015年6月15日访问。

③ 参见《全国汉传佛教寺院共住规约通则》,载 http://www.sara.gov.cn/zwgk/zcfg/qgxzjttxgjgzd/6514.htm,2015年1月5日访问。

已经结婚而又欲受剃度者，必须离婚并了结世俗社会中的债务关系。

(7)健康人与患有特定疾病者的能力差别

《婚姻法》第 7 条第 2 款规定：患有医学上认为不应当结婚的疾病者不得结婚。第 10 条规定，违反这一禁令结婚者导致婚姻无效。所谓医学上认为不应当结婚的疾病，指：(1)精神方面的疾病，如精神病、白痴、精神衰弱；(2)身体方面的疾病，如麻风病、性病（梅毒、淋病、艾滋病）、正处于发病期间的法定传染病（例如鼠疫、天花）、其他严重的遗传性疾病。[①] 换言之，患有上述疾病者在被治好前无结婚的权利能力，这样就造成了他们与不患上述疾病的人之间的不平等。

以上讲的是生理疾病对人的能力的影响，下面讲心理疾病对人的能力的影响。

《魁北克民法典》第 563 条规定：定居于魁北克的人希望收养其住所在魁北克以外的未成年人的，应事先接受根据《青少年保护法》规定的条件实施的心理社会学测试。[②]

厦门市教育局从 2004 年开始把精神健康当作录用教师的条件之一，不许有严重心理问题的人担任中小学、幼儿园教师。[③]

长期以来，苏州大学把通过心理评估作为入职教师岗位的条件，排除有心理疾病患者（例如偏执者）。

这三个例子告诉我们，心理疾病会导致丧失收养能力、充当教师的能力。

(8)小结

可以注意到，三大草案都不敢规定法人的权利能力平等，此乃因为起草者都看到了法人的权利能力的大小与其资产规模成正比的残酷现实。但他们竟然规定了自然人的权利能力平等！隐含的前提要么是自然人的权利能力的大小与其占有的财产的多少无关，要么是自然人的资产规模是一样的，这两个假定显然都不成立（第一个假定适用于人格权平等时成立）。实际上，怯于规定法人权利能力平等的理由同样可以作为怯于规定自然人权利能力平等的理由，但三大草案的起草者没有把一个逻辑贯通适用于法人和自然人，这是令人遗憾的。

自然人权利能力的不平等有两种形态，一种是高出，一种是低于。前者有如军人的一些特权，农村人对于宅基地的特权；后者更为通常。“低于”的安排出于如下需要：(1)维持一定群体的特权，赋予内国人的特权、此城人的特权属此，以此防止外国人抢内国人的饭碗，防止彼城人抬高此城的房价；(2)为了实施惩罚，对服刑人员和失权人的能力限制属此；(3)为了维持一些职业的本性，对军人、出家人的能力限制属此；(4)为了保护相对人，限制患有医学上认为不应当结婚的疾病者的结婚能力、有精神疾患者从事教育工作的能力属此。

“高出”和“低于”都造成不平等，但它们都为治理一个社会所需要。前者要么是为了奖掖，要么是为了维持农民职业的本性，后者在多数情形中都出于社会的自我保护，故都是必

---

① 王东维．“医学上认为不应当结婚的疾病”法律探讨[J]．法律与医学杂志．2004(3)．

② 孙建江，等，译．魁北克民法典[M]．北京：中国人民大学出版社，2005：75．

③ 吴慧泉．有精神问题者不许任教[N]．厦门晚报．2004－11－2：1．

要的。反言之,如果实现了自然人的权利能力平等,则奖掖没有了,保护也没有了,那是一种可怕的结果。

三、"平等主体……之间的关系"的个别性还原与证伪

如前所述,三大草案中有中国法学会的草案和杨立新团队的草案保留了民法对象规定上的"平等主体"限定。这个限定不见于任何西方国家(包括属于这一阵营的第三世界国家)的民法典和民法教科书,只见于现社会主义国家和前社会主义国家的民法典和民法教科书。① 那么,这些国家为何有这样的规定?原因很简单,这些前面有"社会主义"形容词的国家都曾采用过马克思、恩格斯的民法理论,西方国家不曾采用这样的理论!

马克思、恩格斯的民法理论为何?简单来说,就是商品经济的民法观。恩格斯指出:罗马法对"简单商品所有者的一切本质的法律关系(如买主与卖主、债权人与债务人、契约、债务等)所作的无比明确的规定",使它成为"商品生产者社会的第一个世界性法律",是"我们所知道的以私有制为基础的法律的最完备形式"。②在这一论断中,恩格斯把罗马法等同于罗马私法,遗漏了罗马公法、罗马商法、罗马国际法。这是他对罗马法的第一次限缩。他继而把罗马私法等同于商品交换法,遗漏了罗马人法、罗马亲属法、罗马侵权行为法、罗马继承法,完成了对罗马法的第二次限缩。

马克思继而指出,在商品流通中,"参加交换的个人就已经默认彼此是平等的个人,是他们用来交换的财物的所有者"。③ 这一说明的真理性将在下文讨论,这里要说的是,即使它是真的,其效力范围也只及于买卖,顶多可以扩及于互易,但马克思、恩格斯的社会主义国家的学生们大胆地让这一点可疑的平等之火燎原,让平等成为全部民法的基本原则。④

把平等的论断带入买卖(互易)以外的其他民法部分,它马上面临严峻的挑战。

在开始带入之前,有必要说明什么是平等。按亚里士多德的影响至今的平等概念,平等是同样的人或物受到同样的对待的状态。⑤ 所以,平等首先是一种结果,但它包含原因,如果比较的双方(平等是在比较中的概念)不具有同样的要素,它们获得平等对待只能是适用积极的平等观的结果(亚里士多德的平等观属于消极的平等观或曰自然的平等观)。所以,一味地张扬平等的结果而不证明平等的原因,是没有什么意义的。

首先把上述平等论断带入物权关系。比较的主体是物权人和其他人。两者显然是不平

---

① 对此的详细考察,徐国栋.平等原则——宪法原则还是民法原则[J].法学.2009(3).

② 马克思恩格斯选集(4):484,248-249.

③ 参见《马克思恩格斯全集》第46卷,第1966页。

④ 吴汉东、闵锋.社会主义商品关系与民法平等原则[J].中南政法学院学报.1986(1).

⑤ On Peter Westen ,The Empty Idea of Equality, In Vol. 95, No. 3 (Jan., 1982),Harvard Law Review, p.539.

等的，因为从原因的角度看，物权人具有占有物的要素，其他人不具有此等要素，一有一无让他们间的关系不平等。如果物权人占有的是无关紧要的物，这样的不平等可以忽略不计。相反，如果他们占有的是生产资料(其另一个名称是权力财产[①])，由此带来的不平等就不可忽略不计了。这是雇佣关系的原因，也是房屋租赁关系的原因，这两种典型的屈从关系的不平等性受到自古以来的立法者的关注。减缓或消除前一种不平等关系的有工厂法或劳动法，减缓或消除后一种不平等关系的有租金限制法，以及买卖不破租赁和承租人的优先购买权的保护弱者规则。

其次把上述平等论断带入债的关系。债分为合意之债(合同)与责任之债(侵权行为、无因管理、不当得利等)。合意之债中的附合合同的不平等性自不待言。责任之债是国家、被害人、加害人之间的三角关系(用流行的术语说是具有纵横交错性)，其内容是国家强制加害人补偿被害人。既然作为公权力拥有者的国家是这种关系中的主角，说这种关系是平等的人未免太"意见支配世界"了。

再次把上述平等论断带入亲属关系。撇开已用积极平等观基本实现平等的夫妻关系不谈，只谈未成年子女与父母的不平等关系或曰屈从关系。比较的主体一方(父母)有"财"有"智"，另一方(未成年子女)无"财"无"智"或少"智"，结果当然是不平等关系的形成。但不平等并不必然意味着虐待，更可能是保护，即强者基于情爱为弱者做出牺牲。

最后把上述平等论断带入继承关系。此等关系也是三角关系，国家站在被继承人与继承人之间，强制前者把多数遗产留给后者(特留份制度、法定继承制度)，前者只有很少的处分自己财产的自由，以此贯彻继承制度的社会功能，减轻国家自身的社会保障负担，并维持一定的人伦道德。

把平等的假定带入潘得克吞体系的四大块，得到的多是不平等。由此可见，"平等主体"的民法对象限定是以偏概全的结果，去掉这个"偏"，回到"全"，此等限定的谬误性就昭昭于天下了。进一步的问题在于，此等限定在买卖(互易)的狭窄领域内的效力没有经过亚里士多德的平等公式的考验，马克思并未证明买受人和出卖人具有同样的要素，而是证明了他们交易的客体具有同样的要素。出卖人拥有的物与买受人拥有的货币的共同要素，在马克思的术语中，是人类一般劳动，两者在这个要素上的量一样，交换才得以进行。以等量劳动交换了，交换主体的地位必然是平等的，否则会发生超经济强制(如同白居易的《卖炭翁》所写的)。所以，马克思采用的是以客体的量的相同反推主体地位平等的路径。这样的证明路径是否可行？答案是否定的，因为按比马克思采用的劳动价值论更为盛行的主观价值论，交易双方对自己的交换物评价低，对他方的交换物评价高才能完成交易，所以，每一个完成的交换都是不等价交换。既然如此，从客体相等推出主体平等就是不可能的了。但双方都从交易中得到了满足，所以，交易尽管是不同等的，但是公平的。[②] 由此我们可以看出，"平等主

---

① 关于权力财产与使用财产的二分法，徐国栋. 民法总论. 高等教育出版社，2007：188.

② 徐国栋. 公平与价格—价值理论[J]. 中国社会科学. 1993(6).

体”的限定语不仅是以偏概全的产物，而且是劳动价值论的产物。

现在离开马克思对买卖双方平等的不成功证成，让我们以亚里士多德的平等公式考察买卖（互易）当事人双方平等的可能性，他们必须具有同样的要素才能达成平等。这些要素有：(1)对交易标的信息的同等掌握。如果一方不知道交易的土地下有石油而另一方知道，则双方在这一要素上不一样。(2)具有同样的交易经验。新手和老手在这一要素上不一样。(3)处于同样的宽松情势。急需对方交易物的人与对对方的交易物持可有可无态度的人在这一要素上不一样。在交易场上，遇到交易双方在这三个要素上完全一样的情况是不常见的，通常的情况总是一方对于另一方有这样那样的优势，所以，多数交易是在不平等的当事人之间展开的，并非如同马克思及其追随者想象的那样在平等者之间才可能达成交易，问题在于不平等者之间达成的交易是否公平？西塞罗（公元前106—公元前43年）在其《论义务》中转述亚里士多德的话说，如果被敌人包围，必须以一明那[①]的高价买一塞克斯塔利乌斯（约合0.547公升）的水，可以紧急状态来谅解这样的难以置信的价格。[②] 此语等于说紧急状态让高价成为公平的。但如果高价得过了度，则有显失公平的法律制度制约之。该制度主要为了解决交易双方占有信息、交易经验、需求状态的不均衡而设，是矫正当事人间的不平等的武器，它的存在本身就证明了交易双方当事人日常性的自然不平等。

总之，“平等主体”的限制语是商品交换的平等观的表现，此等平等观曾从属于商品经济的民法观，但富有意味的是，商品经济的民法观由于理论上的失败在我国已销声匿迹，但其伴生物仍顽强地存在于我国民法总则的草案和民法理论中，尽管梁慧星团队的草案已抛弃它，但多数草案维持之。现在到了破除它的时候。

四、“法律地位平等”与“权利能力平等”之间的关系

三大草案都同时规定民事主体的法律地位一律平等和自然人的权利能力一律平等。这两个规定的外延宽窄不一，民事主体既包括自然人，又包括法人和非法人团体，当然比自然人的范围大。在只考虑“民事主体”中的“自然人”外延项的情况下，这两个规定是否彼此重复呢？换言之，“法律地位”与“权利能力”是否一回事？

尽管有可能做出不重复的解释，但起草者放弃了这种可能，承认它们至少是部分地彼此重复。作为中国法学会民法总则草案蓝本的王利明团队民法总则草案第3条的评注者熊谞龙认为，平等原则包括权利能力的平等、具体法律关系中民事主体的法律地位平等。[③] 这等于说法律地位的平等与权利能力的平等是一回事，从逻辑上讲，必须把第3条改为“民事主

① 古希腊货币单位。1明那等于100德拉克马。在公元前1世纪，它等于一个农业工人3个月的收入。See Mina, On http://en. wikipedia.org/wiki/Mina_(unit)，2011年7月23日访问。

② 西塞罗. 论义务[M]. 王焕生，译. 北京：中国政法大学出版社，1999：211. 译文有改动。

③ 王利明. 中国民法典学者建议稿及立法理由：总则编[M]. 北京：法律出版社，2005：13.

体在具体法律关系中法律地位平等”[①]才可避免重复，但起草者未这样做！还给法律地位平等加了一个反面规定：一方不得将自己的意志强加给另一方。这个规定揭示了起草者对平等的理解：独立！这个词是破解我国的民法总则草案起草者的平等用语的密码。所谓独立，指两个主体互不从属，因此可以各自表达自己的意志。独立在现代民法上具有意义，因为在罗马私法中，实行有机论的家庭观，家父权下的家子、奴隶并不独立于家父，所以他们之间无合同，也无侵权行为。因为合同也好，侵权行为也好，都是公权力处理的事情。家子、奴隶如果窃取了家父的钱财，家父自可按照家法解决，无须国法。[②] 到现代，《巴西新民法典》第496条、第499条还有类似的规定。[③] 但在多数国家，有机论家庭被个体性家庭取代，家法已荡然无存，国法取而代之，家庭成员之间的关系成为独立主体间的关系。故2003年的新《乌克兰民法典》第1条规定：“民事立法调整基于其参与人的法律上的平等、意思自治和财产独立的人身非财产关系和财产关系(民事关系)”。[④] 2013年的新《匈牙利民法典》第1条也规定：“本法根据独立原则和平等原则调整人之间的财产关系和人身关系”。[⑤] 这两个立法例都以“独立(或财产独立)”作为民法调整的社会关系的限定因素。当然，它们也把“平等”作为这样的限定因素，这出于社会主义国家的民法学对于平等的热爱。富有意味的是，也属于社会主义阵营的朝鲜民法学没有此等热爱，故1990年的《朝鲜民法典》第2条规定：“朝鲜民主主义人民共和国民法调整机关、企业、团体、公民之间在相互同等地位上形成的财产关系。国家保障机关、企业、团体、公民在民事法律关系中作为当事人的独立地位”。[⑥] 这个定义中的财产关系未受“平等”的限定，但受“主体彼此独立”的限定。所以，基于起草者对对象条款中的“平等”限定的“独立”理解以及上述采用独立作为民法调整的社会关系的限定因素的三个外国立法例，我认为把两大草案中的民法对象定义中的“平等主体”解做“独立主体”较好。

总之，上述第3条所张扬的所谓平等与法哲学理论中的“原因同样导致结果同样的”平

---

① 这样的解释完全无视民事屈从关系的广泛存在。幸运的是，这一条文转化为中国法学会民法典编纂项目领导小组的民法总则草案的第3条后，已加上第3款承认广泛存在的民事屈从关系。

② I.4,1,12(13)。处在尊亲或主人权力下的人，如果窃取他们的物，确实对他们实施了盗窃，物也确实处在被盗物的地位……但并不产生盗窃之诉，因为也不能以任何其他方式在他们间产生诉权。徐国栋.优士丁尼<法学阶梯>评注.北京大学出版社，2011:471.

③ 其第496条规定：直系尊血亲对直系卑血亲的买卖合同可被撤销，但其他直系卑血亲和转让人的配偶明确同意的，不在此限。不难看出，该条奉行的原则是父子间无合同，有的话可被撤销，除非附加了其他人的同意。此外，其第499条规定：夫妻之间买卖共同财产以外的财产的，合法。不难看出，该条的隐含前提是夫妻之间曾无买卖，现在可以有这样的买卖了，但买卖标的不得是他们的共同财产，因为在此等情形，这两方并非“财产独立”。这两个条文的译文，齐云译.巴西新民法典.中国法制出版社，2009:72及以次。

④ See Abstract: Civil Code of Ukraine, On http://zakon.rada.gov.ua/cgi-bin/laws/anot.cgi? nreg=435-15，2008年3月5日访问。

⑤ See Act V of 2013 on the Civil Code, On https://tdziegler.files.wordpress.com/2014/06/civil_code.pdf，2015年6月10日访问。

⑥ 崔达昆.北朝鲜の民法·家族法[M].东京：日本加除出版株式会社，2001:331.

等论无关，只声张结果的平等，对原因的同样不做丝毫考虑。在历史上，面对原因的同样与结果的同样的矛盾，立法者只有两种态度：要么挽起袖子来做成原因的同样，例如给贫困者一笔钱达成他们与富人的平等；要么袖起手来无所作为，容忍现实中的自然不平等。像中国起草者通过呼喊"一方不得将自己的意志强加给另一方"的错误口号来达成实质平等[①]的做法，在人类平等观念史上尚属首例。

那么，做怎样的解释才可使"法律地位平等"与"权利能力平等"两个规定不彼此重复？答案很简单：采取人格（或主体资格）与权利能力的双轨制就可解决这一问题。申言之，即把"法律地位"解释成人格，同时维持权利能力制度。这是意大利民法理论采用的体制。

在意大利的民法理论中，主体资格（Soggettività）是一个相当于人格的现代词汇。主体资格是平等的，权利能力可以是不平等的。用意大利法学家巴尔贝罗（Domenico Barbero）的话来说，主体资格是简单的"谁"的问题，解决能否存在问题；权利能力是"多少"的问题，其性质允许由于身份因素受到限制。[②] 此等身份因素包括种族、性别、外国人、精神病状态[③]以及由于某些非行被法律判定的失权[④]，还有人主张年龄和健康状况也可以限制一个人的权利能力。[⑤] 换言之，主体资格解决"我"与"异类"问题，权利能力解决论功行赏，论罪行罚问题，受奖者多，受惩者少。

模仿这种模式并加以改造，得出的未来中国民法总则的规定是：自然人的法律地位（或主体资格）平等，如此，可满足我国多数民法学者长期持有的平等情结。自然人权利能力平等的规定也可保留，但必须给它加上"以未受立法、司法剥夺者为限"的但书，这样的但书见诸圣格雷高里的话："人人生而平等，但因罪而不平等。"[⑥]也见诸 1865 年的《意大利民法典》第 1 条："每个公民都享有民事权利，但以未因刑事判决剥夺的为限。"[⑦]还见诸 1990 年《朝鲜民法典》第 19 条第 2 款：公民的民事权利能力平等，法律设有限制的除外……[⑧]

---

① 王利明．中国民法典学者建议稿及立法理由：总则编[M]．北京：法律出版社，2005：14.

② Cfr. L.Bigliazzi Geri et.al., Diritto Civile, 1, Norme soggetti e rapporto giuridico, UTET, Torino, 1987:102.

③ Cfr. L.Bigliazzi Geri et.al., Diritto Civile, 1, Norme soggetti e rapporto giuridico, UTET, Torino, 1987:110.

④ Cfr.Adriano De Cupis, Istituzioni di Diritto Privato, Giuffrè, Milano, 1983:30.

⑤ Cfr.Diritto Civile, Istituzioni di Diritto Privato, Edizione Simone, 1993:42.

⑥ See ST.Robert Bellarmine, De laicis-Saint Robert Bellarmine's Treaty on Civil Government, On http:// catholicism.org/de—laicis.html/7，2001 年 4 月 12 日访问。

⑦ Cfr.Folansa Pepe(a cura di), Codice Civile(1865), Codice di Commercio(1882), Edizione Simone, Napoli, 1996:17.

⑧ 崔达昆．北朝鲜の民法・家族法[M]．东京：日本加除出版株式会社，2001：331.

结论与建议

对平等的热爱是社会主义国家和前社会主义国家民法的特色，我国民法理论也具有此等特色。但由于对平等问题理性认识的提高，我国民法学者的平等情结有所减缓，发生了从平等撤退的端倪。表现有二。其一，把平等原则从绝对的原则改为附有但书。中国法学会民法总则草案的蓝本王利明团队的民法总则草案的第 3 条原来是这样规定的：民事主体在民事活动中的法律地位平等，一方不得将自己的意志强加给另一方。① 中国法学会的民法总则草案的第 3 条则是这样规定的：(1)民事主体的法律地位一律平等……(3)法律对未成年人、老年人、残疾人、妇女、消费者、劳动者等自然人有特别保护的，依照其规定。该条第 3 款指称的是民事屈从关系，由此承认了不平等的民事关系的类型，完成了从绝对的平等原则的撤退。其二，梁慧星团队的民法总则草案去掉了民法对象规定上的"平等主体"限定，完成了从平等的第二次撤退。"撤退"，是相对于梁慧星教授的《民法总论》而言的。该书采用《民法通则》第 2 条的民法对象定义，称"民法是调整平等民事主体之间的财产关系和人身关系的法律规则的总称"。② 这是 2011 年的事情，但在 2015 年 4 月 23 日公布于法学创新网的梁慧星团队民法总则草案中，则去掉了对象定义中的平等主体假定。我为此等撤退欢呼！并希望继续撤退，一直撤到对民事关系的常态是不平等，经过国家的干预才达成平等的真理性认识。③

然而，梁慧星团队的对民法对象定义中"平等主体"限定语的去除将造成"理论塌方"，因为自 1986 年《民法通则》颁布以来，我国学界就是靠这四个字区分民法与经济法、行政法等部门法的，一旦去除了这四个字，民法与相邻部门法的关系会重新陷入混沌。如何解决这一

---

① 王利明. 中国民法典学者建议稿及立法理由：总则编[M]. 北京：法律出版社，2005：13.

② 梁慧星. 民法总论[M] 4 版. 北京：法律出版社，2011：52.要指出的是，这一定义维持了"物头人身"的旧格局，但梁慧星团队的草案则完成了人身关系与财产关系位置的颠倒，与其他两个草案一样，形成了"人头物身"的合理格局。但令人遗憾的是，梁教授在"学问人生与人生的学问"的访谈中却说："徐国栋甚至说，在民法的定义条文，即民法调整什么关系的表述中，把'财产关系'概念摆在了'人身关系'概念的前面，就是所谓'物头人身'、'重物轻人'，就是所谓'物文主义'，实在有点可笑。"(载 http://lawinnovation.com/html/bwgs/98679.shtml，2015 年 6 月 16 日访问)此语实在有失厚道：采用我的观点却嘲笑之。不过，谁笑到最后，谁笑得最好。现在已是水落石出的时候了。

③ 国家的干预体现为不得歧视的特别命令，例如，雇主拒绝结束产假的女工恢复工作，拒绝服完兵役的工人恢复工作，国家就会限制雇主的解雇权，不然就没有多少职业女性敢生孩子了，兵役工作也难以为继。但在其他的情形，不平等关系是弱者方必须忍受的，如果他不愿忍受，他可以不进入这种交易。按运气均等主义(Luck egualitarianism)，源于人们的自愿选择造成的利益不平等可以接受，但源于人们非自愿选择的环境造成的不平等是不公正的。参见高景柱. 运气均等主义理论：证成与反对[J]. 世界哲学. 2010(4). 关于不得歧视的特别命令的有限平等观，Véase Karla Pérez Portilla，Principio de igualdad：Alcances y Perspectivas ，UNAM，Mexico，2005，p.113.

问题？当然，回到我 1979 年学民法时的“一定范围”界定[1]是一种方案。通过外延列举法解决平等限定阙如的问题是另一种更可欲的方案。我自己就采用这一方案，把民法对象定义为“民法确定人、财产并调整人之间的关系。此等人之间的关系包括亲属关系、继承关系、物权关系、知识产权关系、债权关系”。[2] 显然可见，这一定义与三大草案的定义不属一个类别，它们采用的是平行线说，我采用的是十字架说。[3] 这个定义未以平等笼罩被列举的亲属关系、继承关系、物权关系、知识产权关系、债权关系，但它们属于众所公认的传统民法内容，列举它们来说明什么是民法，也可划清民法与其他部门法的界线。

平等原则是宪法原则而非民法原则是中国以外的世界其他国家和地区（包括台湾地区）的通说。如果说想象中的民法中的平等原则力图实现的是私人间的平等，即横向的平等，则宪法中的平等原则力图实现的是立法权限制（立法权拘束说），即禁止立法者在宪法规定的平等安全岛（性别、种族、宗教信仰等）的范围内制造规制对象的不平等，张扬的是纵向的平等。[4] 平等原则的这种所属，台湾地区学者苏永钦已告诉中国法学会民法总则草案的起草人之一王轶教授。他于某一年去台湾地区参加学术会议，发言涉及民法的平等原则，苏永钦在对王轶发言的评论中告知后者平等原则属于宪法原则，王轶教授由此知道了平等原则的正确所属。[5] 但他所属的起草小组仍坚持在民法总则草案中规定平等原则，理由是在中国，作为宪法原则的平等原则不能在司法中适用，为了达成此等适用，不得不把平等原则规定在民法中。但王轶教授又认为，民法中的平等原则既是立法原则，又是司法原则，还是民事主体进行民事活动应遵循的原则。[6] 此语无非说民法中的平等原则是纵横交错的，作为立法和司法原则的平等原则是纵向的，作为民事活动的基本原则的平等原则是横向的。既然如此，这样的纵横交错的平等原则与宪法中单纯纵向性的平等原则并不完全等值，以前者作为后者在民法中的替身，替得了吗？如果替不了，作为民事主体进行民事活动应遵循的原则的平等原则又不真实，不如放弃规定这个原则。

最后要总结的是自然人权利能力一律平等的规则。我们看到，这一规则并非归纳的结果，而是演绎的结果，所以经不起个别性还原。一旦还原，窘态百出，例外太多。我认为可以

---

① 这样的民法对象定义来自苏联。斯·恩·布拉都西．苏维埃民法（上）[M]．中国人民大学民法教研室，译．北京：中国人民大学出版社，1954：3．其中谓：“苏维埃民法调整社会主义社会中一定范围的财产关系和与此相关系着的人身非财产关系。”

② 徐国栋．民法哲学[M]．北京：中国法制出版社，2009：72．

③ 关于十字架说，徐国栋．民法哲学[M]．北京：中国法制出版社，2009：50．

④ 徐国栋．民法哲学[M]．北京：中国法制出版社，2009：111．

⑤ 2015 年 4 月 27 日，我在上海财大参加完“第三届比较民商法与判例研究两岸学术研讨会”回厦门，与台湾大学教授詹森林、吴从周同车去机场，车上问起詹教授台湾地区“民法”中有无平等原则，得到了否定的回答，但被告知有公平原则。无平等而有公平的回答很有意思：起点不可能一样，但结果不能相差得太离谱。

⑥ 参见《第二届“全国民法基础理论与民法哲学论坛”简报三》，载 http://law.dlmu.edu.cn/09newsview.asp? id= 1735，2015 年 6 月 17 日访问。可惜发言记录的整理者并未记下王轶教授提到的苏永钦教授对他的报告的评论，我根据自己的记录补上此点。

保留这一条款，但必须给它加上但书，并去掉“一律”的绝对化表达。

进行如上研究的目的是为制定更好的民法总则条文服务，所以最后，我建议对三个平等规定做如下的改进处理。

对象条款可如此规定：本法调整作为独立主体的自然人、法人和其他组织之间的人身关系和财产关系。它们包括亲属关系、继承关系、物权关系、知识产权关系、债权关系。

平等原则条款可改为人格平等条款并如此规定：中国公民平等地享有法律人格，外国人和无国籍人享有此等人格以互惠为条件。如此可保留被放弃的平等原则的一个影子，尊重人们久有的平等依恋，但把“自然人”限缩成了公民，因为外国人与无国籍人是不应平等地与中国公民享有人格的！只有依互惠原则他们才可如此。

自然人权利能力平等条款可如此规定：自然人的权利能力平等，但受立法、司法剥夺者除外。

如上的修改建议都在最大程度保留中国法学会民法总则草案原条文成分的条件下提出，以便于接受，将来的发展应是在民事立法和学说上减少或消除宏观平等规定，保留微观平等规定，例如夫妻平等、债权人平等、业主平等。因为说到底，宏观平等规定是总则的附随物。总则的规定被假想为从整个民法提取的公因式，事实上它们往往是从民法的某些部分提取的个别性规则，[①]例如，所谓的平等原则不过是从买卖关系中提取的规则，把这样的“窄取”的原则“宽用”，立马穿帮，而把“窄取”的规则“窄用”，则不会发生这样的结果。

2015 年 6 月 17 日完稿于胡里山炮台之侧

2015 年 7 月 15 日修改

① 本文作为评论三大民法总则草案的论文，在承认总则合理性的条件下行文。但离开这个语境，我不赞成总则。所以，我主持的《绿色民法典草案》即无总则，只有序编。有如此想法的并非只有我一人。可以说，在大陆法系国家，发生了从“追求总则”到“忍受总则”的变迁。意大利学者 Riccardo Cardilli 于 2015 年 5 月 26 日在中南财经政法大学举办了“民法典总则的制定及其危机”的讲座，其宗旨在于说明：如果废除不了总则，那就让它的条文越少越好。该讲座的消息载 http://law.znufe.edu.cn/contents/247/9125.html，2015 年 6 月 17 日访问。

将“人前物后”进行到底[①]

众所周知，1986 年的《民法通则》第 2 条对于民法的对象采用“物前人后”的表述，即把财产关系作为民法的首要对象，人身关系作为次要对象。2001 年及以后，这样的表述遭到了我的批判。我的理路是：人身关系解决存在（tobe）问题，财产关系解决拥有（to have）问题，必须先存在才能后拥有，这是自然的语法和逻辑，它们体现在任何一种有助动词的西方语言中，它们哪个不是 to be 在前 to have 在后？所以，《民法通则》第 2 条规定错了，正确的规定是民法调整人身关系和财产关系。

不幸的是，我的这些批判文字发表后遭到许多同行的批驳与冷嘲热讽，批驳语有“物为人而存，物文主义本质上还是人文主义”，嘲讽语有“博眼球”。最近的一次讽刺发生在台湾政治大学，易继明在那里演讲时说我的此论是“弄噱头”。

“敌军围困万千重，我自岿然不动。”“不动”几年之后，批驳者、嘲讽者反思并超越了，悄悄地采用我的观点。一采用于《民法总论》教材，试看坊间售卖的几十种此等教材，有哪种在言说民法对象时不“人前物后”？二采用于层出不穷的私家民法典草案或民法总则草案。试看三大民法典草案（王利明团队草案、梁慧星团队草案、徐国栋团队草案）中的两大非我草案，哪一个草案的民法对象条款不“人前物后”？尤可道者，梁慧星教授当年反对“人前物后”最力，批驳、讽刺此论也最愿花时间，然而其团队的民法典草案的对象条款也“人前物后”，对此我只能用其团队内部发生了“下克上”事变来解释了。也就是说，其某个团队成员对这个问题的观点与梁老师不一致而与我的一致，按自己的观点写了这条，梁老师在统稿时走眼，让它出笼了。一次走眼，自相矛盾成铅字，千秋难辨呀！教训深刻！所有的团队首领当警之！

所以，2015 年重启民法典编纂后，短期内上网的中国法学会的民法总则草案、梁慧星教授领衔的民法总则草案、杨立新教授领衔的民法总则草案、龙卫球教授领衔的民法总则草案都不约而同地在自己的民法对象条款中采用了“人前物后”的安排。在 2015 年 9 月 14 日到 16 日人大法工委民法室召集 19 个来自全国的民法教授举行的“民法总则立法座谈会”上，绝大多数接受“人前物后”的安排，只有退休中的尹田是个例外，但他的一点反对声已阻挡不了主流。这种结果让我感受到了准普朗克定律。本普朗克定律是：一种曾经被反对的观点后

① 本文原载《人民法治》2016 年第 3 期。

来被接受,因为反对它的人死了。准普朗克定律是:一种曾经被反对的观点后来被接受,因为反对它的人成长了,变成熟了,或者遭遇了"下克上"。

不到 15 年就沧海桑田,我深受鼓舞,但仔细读这些草案,发现它们除了对象条款变了,其他一切未变。这让我思考改为"人前物后"的意义:此改恐怕不仅是一个宣言,而是一个完全的体系重构。对于属于德国法族的中国民法学和立法来说,应该是一场革命。由于篇幅限制,我不能分析上述三大民法总则草案,只分析在上述"民法总则立法座谈会"上我作为 19 民法教授之一被提供的 2015 年 8 月 28 日的全国人大法工委民法室"室内稿",这样也能为改进这个立法草案出一点实力。

"室内稿"第一个未贯彻"人前物后"宗旨的地方是其第 5 条规定的公平原则。其辞曰:"民事主体从事民事活动应当遵循公平原则"。行内人一看就知道这个原则只适用于财产关系法。首先适用于《物权法》调整的相邻关系,该法第 84 条规定:不动产的相邻权利人应当按照有利生产、方便生活、团结互助、公平合理的原则,正确处理相邻关系。其次适用于《合同法》,该法第 5 条规定:当事人应当遵循公平原则确定各方的权利和义务。再次适用于侵权责任关系,尽管《侵权责任法》无公平原则的明文规定,但在学理上有所谓公平原则之存在,即在加害和受害双方都无过错的情形下,根据双方的经济能力定责任承担的原则。实际上,侵权法是公平原则最活跃的地盘。

但所谓的公平原则不适用于家庭法和继承法,因为公平是一个适用于交换关系和责任承担关系的概念。在交换之情形,公平概念表达的是交换物和被交换物价值的比例关系。在责任承担之情形,表达的是"天塌下来由大个子顶"之处理的妥当性。然而,家庭法与交换无关,也与责任承担无关,它是家庭成员间团结合作、共谋集体福利的共同体。这里讲究的是利他,是奉献与牺牲。全体成员,各尽所能,按需分配,实行一种微型的共产主义。这里没有交换(家人之间无合同),也没有侵权责任承担(家人之间无侵权)。责任倒是有,那就是"大个子"责任,养家糊口的人承担责任,未成年子女、无正式工作的妻子理所当然地接受扶养。从市场的角度来看,这是地地道道的不公平关系,但却是一种和谐的关系。

继承也与交换无关,继承的依据主要是血缘关系,被继承人的遗产基此无偿地移转给继承人或受遗赠人,从市场的角度看,也是地地道道的不公平关系,但它为维持人类社会的养老育幼的功能所必须。

至此显然,公平原则是财产关系法的原则,并不能涵摄人身关系法,把它作为民法的基本原则,还是物文主义的民法观在作怪,把它作为财产关系法的小总则的原则,就不会有问题了。由此也显然,"人前物后"有时不能进行到底,也由大总则的观念造成。这种观念追求提炼出可涵摄全部民法内容的公因式。这是一个不可能的追求,但在人类极度狂信自己的理性的力量的时代,人们却错误地认为这是可能的,于是有了公平原则这样的貌似全面,实则片面的基本原则。聪明的荷兰人看到了这个问题,就在其新民法典中不搞大总则,改搞小总则。

顺便指出,我国《婚姻法》《继承法》的制定者早就看出了我上面说的这些,所以在这两个法律中只字未提公平原则。甚至在《著作权法》《专利法》和《商标法》中也只字未提，这样，甚至在属于财产关系法的知识产权法中是否适用公平原则，也是可以质疑的了。

“室内稿”第二个未贯彻“人前物后”宗旨的地方是其对民事权利客体的列举方式。严格说来，“室内稿”没有规定这个问题，而是作为附录转载了“法学会专家建议稿”的这一部分，但既然附录了，“建议稿”就有可能转化为“室内稿”的一部分，故本文仍分析之。

该部分占一章的规模，第一节规定物，包括不动产、动产、公用物、人体组织、动物等；第二节规定有价证券，包括汇票、支票、本票、债券、存款单、仓单、提单、股票、提存单证等；第三节规定其他民事权利客体，包括人格利益和身份利益、智力成果、网络虚拟财产、企业等。读者一眼可看出，这是个“物前人后”的民事权利客体列举，先列举财产关系的客体，而且出于商法独立论者的压迫（他们宣布，如果民法总则不体现他们的存在，他们就要搞独立的商法典！正犹如当年美国南方的奴隶主宣布，如果不能保留奴隶制，他们就脱离联邦！），把有价证券列为单独的一类客体，人身关系法的客体则被揉在“其他民事权利客体”的杂类中，与智力成果、网络虚拟财产等搅和在一起，何其受折辱！试问，这不是物文主义又是什么？按“人前物后”的对象规定逻辑上顺下来，应该是第一节规定人格利益和身份利益，第二节规定物，第三节规定有价证券，第四节规定其他民事权利客体呀！但这样的“物前人后”权利客体列举在我国存在了多年，许多民法教材长期把物等同于民事权利客体（采用“民事权利的客体——物”之类的表述，法律关系客体理论中也只以物、行为和智力成果为客体），由于惯性的存在，对象条款的“人前物后”宗旨尚未传导到客体条款，所以发生这样的体系违反。

“室内稿”第三个未贯彻“人前物后”宗旨的地方是其对民事权利的列举方式。严格说来，“室内稿”也没有规定这个问题，而是作为附录转载了2002年民法草案稿的这一部分，但既然附录了，“草案稿”就有可能转化为“室内稿”的一部分，故本文仍分析之。

该部分也占一章的篇幅，共计7条，基本上是每条列举一类民事权利。第1条列举物权，第2条列举债权，第5条列举知识产权，第6条列举人格权（健康、姓名、肖像、名誉、荣誉、信用、隐私），第7条列举家庭权（采用“因婚姻、家庭关系产生的人身权利”的表述）。第3条和第4条匪夷所思地插在这个权利列举清单中分别规定无因管理和不当得利。显然，这也是个“物前人后”的结构，不过，“人”在本章中的地位比在权利客体章中的地位强，没有被淹没在“其他”的项下，还占了两个条文，尽管如此，起草者把人身关系作为财产关系的附庸的想法是不加掩饰的，或曰赤裸裸的，但是错误的，与对象条款不符的。

“室内稿”第四个未贯彻“人前物后”宗旨的地方是其第139条对承担民事责任的方式的列举，此等方式有十，一曰停止侵害，二曰排除妨碍，三曰消除危险，四曰返还财产，五曰恢复原状，六曰修理、重作、更换，七曰赔偿损失，八曰支付违约金，九曰消除影响、恢复名誉，十曰赔礼道歉。不难看出，消除影响、恢复名誉和赔礼道歉是侵犯人身权的民事责任方式，其他的责任方式，除了“停止侵害”可共用于侵犯财产权和侵犯人身权的情形外，都是侵犯财产权的责任形式，侵犯人身权的责任形式又不幸地叨陪末座，起草者又一次地体系违反！如果把对象条款体现的“人前物后”贯彻到底，上述十种民事责任的排序应是这样的：(1)停止侵害；

(2)消除影响、恢复名誉;(3)赔礼道歉;(4)排除妨碍;(5)消除危险;(6)返还财产;(7)恢复原状;(8)修理、重作、更换;(9)赔偿损失;(10)支付违约金。这样就逻辑一贯了。

"室内稿"第五个未贯彻"人前物后"宗旨的地方是其第115条关于无效和被撤销的法律行为自始无效的规定。如果说前四个物文主义的规定是明的,这个物文主义的规定则是暗的。一暗在它不包含让人想到人身关系因素或财产关系因素的文字;二暗在它与《婚姻法》第12条第一句的规定一致:无效或被撤销的婚姻,自始无效。这种一致昭示了立法者心目中"自始无效"规则在财产关系法和人身关系法中的一致性。该条的物文主义倾向只有通过对其适用效果的社会学研究和它在《婚姻法》中的翻版在逻辑上的自相矛盾才能揭示出来。

如前所述,《婚姻法》第12条第一句规定:无效或被撤销的婚姻,自始无效。这种无效的效果是完全恢复原状,也就是无论在人身上也好,在财产上也好,都把双方当事人置于缔结无效和可撤销婚姻前的地位。从社会学的角度看,财产上的恢复原状比较好执行,人身上的恢复原状则否。试问,一个黄花大姑娘被一个有妇之夫骗婚,发现自己身陷重婚后婚姻被宣告无效,尽管登徒子遭到制裁,但她还能回复黄花姑娘之身吗?而且,两人结合时间超过一年的,一加一会等于三,这样的孩子能被恢复原状吗?所以,《婚姻法》第12条第一句的适用经不起社会学验证。难怪一参加婚姻法的年会,就听到搞这一行的学者对许多民法总则诸多制度的意见:只考虑到了对财产法的适用,未考虑到其对人身法的适用。而在财产法中适用得很好的制度,适用于人身法就可能产生奇怪的结果。"一制两用,效果迥异"是一个影响民法学者与婚姻法学者团结的因素,说不定后者也会像商法学者一样以"道不同"为由要求独立呢!她们的独立比商法学者的独立容易实施得多,因为从1949年以来,婚姻法就是一个相对独立于民法的学科,这要归结为苏联的影响。

从《婚姻法》第12条逻辑上的自洽性来看也存在问题。一方面,其第一句规定了无效和被撤销婚姻当事人的人身关系和财产关系要恢复原状;另一方面,它又接下来规定:"同居期间所得的财产,由当事人协议处理;协议不成时,由人民法院根据照顾无过错方的原则判决。……当事人所生的子女,适用本法有关父母子女的规定。"这个规定否定了前面的规定要求的恢复原状,而是承认了无效和被撤销婚姻的部分效力。其一是形成夫妻共同财产的效力,故规定由当事人协议分割或由法院主持分割此等财产,这就不是恢复原状了,而是分割共同财产,前者是谁投入的谁拿回去,后者是有过错方投入的也拿不回去。其二是承认了无效和被撤销婚姻形成亲子关系的效力。这样分析下来,无效或被撤销的婚姻,并非自始无效嘛!既然如此,"室内稿"第115条作为一个既要涵盖财产行为,又要涵盖人身行为的规则,适用于后者时就名不副实,这种名实不一是起草者的物文主义倾向造成的:口里说的是民法总则的规则要涵盖民法的各个分支,手里做的是以财产法为参照物制定规则。

在这方面,孙宪忠的《民法总则编法律行为一章的结构和条文建议稿》是个可敬的例外。它在规定法律行为的一般规则后,分别规定"人身关系的法律行为"和财产关系的法律行为(采用"财产权利设定、变更与废止的一般规则"的表述),而且"人"前"财"后。人身关系的法律行为有婚约、结婚与离婚、收养、输血、人体器官移植与捐赠、精子、卵子的捐赠、运动员、艺员的转让等,这些行为具有不可强制执行的特征。

说这样的安排"可敬",原因一,法律行为本来就是个财产法的概念,在拉丁文中,法律行为(negotio)本身就是"商铺"的意思,在现代意大利语中还是如此,所以,在老祖宗那里,建构法律行为规则就是围绕着交易进行的,这种胎记留在每个现代民法典规定的法律行为制度的身上,故"室内稿"第115条的问题具有国际性,一般的立法者在制定法律行为的规则时都只考虑财产法。当然,有些国家(例如智利)的立法者考虑到这一点,干脆在债法中规定法律行为,让这方面的规则不对人身法生效。把法律行为制度改造得兼包人身法和财产法的尝试,过去未尝闻也!第一次从孙宪忠这里见到,故敬之。原因二,相对于拉丁法族国家而言,德国民法具有特别强的物文主义倾向,长期弥漫于我国民法学界的物文主义情节就来自该国。孙宪忠作为一位留德学者,能超越德国人带给他的物文主义桎梏,实属不易。

篇幅限制已到,就此打住,余者不言。欲强调的是,本文吹响了"人前物后"第二战役的号角,意在解决"船头转弯了,船身没有转弯"的问题以防止船体折断。我预料本文提出的观点会遭到十几年前我提出"人前物后"的民法对象理论时遭受的一样的冷嘲热讽和攻击——例如像十几年一样说排前排后无所谓呀,但我有信心等待准普朗克定律兑现。而在兑现前我仍将保持"敌军围困万千重,我自岿然不动"态度。

最后一句话:我正在主持修订厦大的民法总则教材,一个重要的任务就是将"人前物后"进行到底。我认为2016年年底前会面世的这本书将是中国第一部实现了这一目标的教材。它会证实:牵一发动全身,把对象条款改为"人前物后"后,差不多整个民法总则的体系都要做相应的调整。

2016年1月28日完稿于胡里山炮台之侧,时值冬日暴雨

我国民法总则制定中的四个问题[①]

一、中国民法总则的制定概述

2014年10月23日《中共中央关于全面推进依法治国若干重大问题的决定》提出编纂民法典后至今，我国已有10个民法总则草案（我把2个"室内稿"算作1个）。第一是中国法学会民法典编纂项目领导小组于2015年4月19日在法学创新网公布的中国法学会的民法总则草案（共219条）。[②] 第二是梁慧星教授于2015年4月23日在法学创新网公布的自己团队的民法总则草案（共198条）。[③] 第三是杨立新教授于2015年4月30日在法学创新网公布的自己的团队起草的民法总则草案（共195条）。[④] 第四是龙卫球教授于2015年10月12日公布的《中华人民共和国民法典·通则编》草案建议稿（共222条）。[⑤] 第五是张子阳律师于2015年12月1日在网上公布的自己起草的《中华人民共和国民法总则草案》（律师建议稿）（凡218条）。[⑥] 第六是孙宪忠教授于2016年2月公布的中国社会科学院法学研究所的民法总则草案（共282条）。[⑦] 第七是全国人大法工委民法室于2015年8月28日完成的民法总则"室内稿"（共160条，外加附件23条），于同年9月14日到16日在北京开会交19位民法教授以逐条讨论的方式征求意见。2016年3月，上述民法室又把"室内稿"的第二版（共158条）发交各大学的民法老师征求意见。第八是2016年5月28日中国政法大学民商经济法学院民法研究所"中国民法典研究小组"在法学创新网上公布的法大版《民法总则（草案）》（专家建议稿）（共209条）。[⑧] 第九是2016年7月5日在中国人大网上公布的《中华人民共

---

① 本文原载《暨南学报》2017年第2期。

② 载 http://lawinnovation.com/html/xjdt/13721.shtml，2015年6月16日访问。

③ 载 http://lawinnovation.com/html/xjdt/13752.shtml，2015年6月16日访问。

④ 载 http://lawinnovation.com/html/xjdt/13811.shtml，2015年6月16日访问。该草案也发表在《河南财经政法大学学报》2015年第2期。

⑤ 载 http://www.vccoo.com/v/a5016c，2016年4月29日访问。

⑥ 载 http://blog.sina.com.cn/s/blog_4913cd090102vzvl.html，2016年4月20日访问。

⑦ 载 http://ex.cssn.cn/fx/fx_yzyw/201603/t20160303_2895289.shtml，2016年6月6日访问。

⑧ 载 http://www.lawinnovation.com/index.php/Home/Benwang/artIndex/id/13579/tid/9.html，2016年6月6日访问。

和国民法总则草案》一审稿(凡186条)。[①] 第十是2016年11月18日在中国人大网上公布的《中华人民共和国民法总则草案》二审稿(凡202条)。可谓空前繁荣。

伴随着草案热,还有讲座热[②]和论文热。[③] 学者们在讲座和论文中提出了民法总则制定中的如下重大问题:

(1)调整对象上的人前物后问题[④];(2)平等原则的所属以及效力范围问题[⑤];(3)人格权应否独立成编问题[⑥];(4)法人的分类标准问题[⑦];(5)采用“法律行为”还是“民事法律行为”术语问题[⑧];(6)“其他组织”还是非法人团体问题[⑨],等等。

基于不重复的原则,本文原则上不研究自己写过或他人写过的问题。本文拟研究四个民法总则制定中的新问题。它们有如下列。

二、小规模总则与二级总则问题

我主编的《绿色民法典草案》没有总则,只有序编,原因在于认为民法中能提取的“公因式”有限,硬提出来的一些所谓公因式后来被证明并不“公”,例如民事关系的平等属性。[⑩] 另

---

① 载 http://www.npc.gov.cn/npc/lfzt/rlyw/node_30514.htm,2016年7月6日访问。

② 例如梁慧星教授于2015年10月15日在四川大学的讲座“民法总则立法和理论的若干问题”,同一作者于2016年1月26日在南昌大学的“民法总则立法若干问题”讲座,同一作者于2016年5月12日在山东大学的讲座“《民法总则草案》(征求意见稿)的若干问题”;同一作者于2016年9月8日在湘潭大学的讲座“民法总则立法的若干问题”。算一下,梁教授在民法学界就民法总则做讲座最多。

③ 2016年9月26日在知网以“民法总则”为关键词做题名检索,得到66篇文章,其中49篇是2015年以来发表的。

④ 徐国栋.将“人前物后”进行到底[J].人民法治.2016(3).

⑤ 徐国栋.评析三个民法总则草案中的平等规定——从平等撤退的端倪以及可能的发展[J].暨南学报.2015(7).

⑥ 王利明.论民法总则不宜全面规定人格权制度——兼论人格权独立成编[J].现代法学.2015(3).以及尹田.论人格权独立成编的技术障碍[J].政法论丛.2016(1).

⑦ 室内稿8月28日版采用社团法人和财团法人的两分法,2015年11月法工委举办的法人部分的小型研讨会上提供的室内稿中采用了营利法人和非营利法人的两分法,2016年3月版的室内稿继之。这样的大改表明就法人分类问题争论的激烈。

⑧ 室内稿8月28日版采用法律行为的国际通用概念,2016年3月版采用民事法律行为的中国式概念,这样的大改表明就法律行为概念问题争论的激烈。

⑨ 柳经纬.“其他组织”及其主体地位问题——基于民法典总则立法的视角[J].法制与社会发展.2016(4).

⑩ 徐国栋.论民事屈从关系——以菲尔麦命题为中心[J].中国法学.2011(5).徐国栋.评析三个民法总则草案中的平等规定——从平等撤退的端倪以及可能的发展[J].暨南学报.2015(7).参见于飞.民法调整对象“平等主体”理论的再思考:民法典应当沿袭《民法通则》第2条吗[J].“第五届(2015)两岸民商法前沿论坛:民法典编纂与创制发展”论文集,下册,403.

外，总则中的条件与期限、时效与除斥期间、代理制度被证明不适用于人身法。① 法律行为被宣告无效和被撤销后的效果财产法与人身法也不同。②

大家认识到这一点后，在一些大陆法系国家，发生了从“追求总则”到“忍受总则”的变迁。意大利学者里卡尔多·卡尔迪里(Riccardo Cardilli)于2015年5月26日在中南财经政法大学举办了“民法典总则的制定及其危机”的讲座，其宗旨在于说明：如果废除不了总则，那就让它的条文越少越好。而且他说这是德国人的看法。③

2015年11月15日在北航举行的“第五届两岸民商法前沿论坛”会议上，我表示总则思想愚蠢，竟然得到台湾大学法学院陈自强教授的赞成，理由可能有如上列。

2016年8月24日，中国法学会副会长张鸣起在第十一届中国法学家论坛(民法典编纂、理论、制度与实践)的发言中说：总则的规定要避免过于财产法化，要反映婚姻家庭法的内容。婚姻法不能无限制地适用民法总则的财产法制度，尤其是法律行为制度。④ 此语实际上揭示了总则射程的不全面性。既然射程不及于全部民法，说总则是提取公因式就是不妥的，甚至于总则的名称都是不妥的。

卡尔迪里教授提到德国人反对总则是有依据的。反对者首先有恩斯特·齐特尔曼(Ernst Zitelman，1852—1923年)，其理由是家庭法和继承法主要从构成要件方面来建构，而债法和物权法主要从法律后果方面来建构⑤，两者理路不同，把它们捏到总则中，难免油水两分。第二个反对者是尼佩代(Hans Carl Nipperdey，1859—1968年)。理由是总则中混杂了完全不同性质的内容，作为解决方案，他主张有关人法的部分应挪到家庭法部分，有关法律行为的规定应挪到债法中的合同法中。⑥ 第三个反对者是拉伦兹(Karl Larenz，1903—1993年)。理由是婚姻和遗嘱行为具有特殊性，总则关于法律行为的规定不能涵盖它们，尤其是关于错误和法律行为生效要件的规定。⑦ 第四个反对者是维亚克尔(Franz Wieaker，1908—1994年)，他认为总则属于课堂而非立法者，《德国民法典》中的总则，即使不能说完全只有害处，至少也是可以取消的。⑧

---

① 陈华彬说：民法的总则仅为财产法(物权法、债法)的总则，而与身份法几乎无关。陈华彬：“论我国《民法总则(草案)》的构造、创新和完善”，比较法研究. 2016(5)：158. 张民安说：诉讼时效和除斥期间制度无法再家庭法和继承法中适用，也无法在物权法和担保法中适用，只适用于债法。张民安：“《中华人民共和国民法总则(草案)》的创新与不足”，法治研究. 2016(5). 14.

② 徐国栋. 无效和可撤销婚姻中的诚信当事人的保护[J]. 中国法学. 2013(5).

③ 该讲座的消息载 http://law.znufe.edu.cn/contents/247/9125.html，2015年6月17日访问。我未参加这个讲座，其内容我从2015年6月2日在西安参加“第二届长安与罗马·两个文明的对话国际学术研讨会”时通过询问 Cardilli 得知。

④ 参见第十一届中国法学家论坛实录：民法典编纂的权威观点都在这里了，载 http://dxw.ifeng.com/xsc/minfadian/1.shtml，2016年12月2日访问。

⑤ 克劳斯—威廉·卡纳里斯. 民法典总则的功能及其限度[J]. 陈大创，译. 中德私法研究(10)2014.

⑥ 克劳斯—威廉·卡纳里斯. 民法典总则的功能及其限度[J]. 陈大创，译. 中德私法研究(10)2014.

⑦ 克劳斯—威廉·卡纳里斯. 民法典总则的功能及其限度[J]. 陈大创，译. 中德私法研究(10)2014.

⑧ 克劳斯—威廉·卡纳里斯. 民法典总则的功能及其限度[J]. 陈大创，译. 中德私法研究(10)2014.

要言之,上述德国教授都认为民法的人法和物法理路不同,不能为它们制定共同的总则,但制定两者各自的小总则是可能的。套用社会学方法论史上的术语说事,上述观点无非说在人法和物法的中观上提炼不出合适的宏观,形成提取公因式受挫。那么,什么是微观、中观、宏观?前者如人、公民、婚姻、合伙、家庭、相邻。中者如氏族、部落、共同体、村庄。后者如民族、社会、文明、国际、全球。[①] 社会学史上也有宏观化受挫的经历。

塔尔科特·帕森斯(1902—1979 年)曾倡导一种宏观的社会学理论,他认为人类社会可以看作一个有机整体,文化、社会、人格等子系统相互作用,共同合成了社会的各项功能。这种企图将人的一切行为和所有社会现象都纳入结构功能主义的理论框架中的尝试,为当时分散零散且各自掣肘的社会学理论提供了一个进一步理论提升和逻辑抽象的途径,使社会学理论的发展和运用进入到一个新的阶段。但过于宏大叙事,容易找到漏洞。所以,其学生罗伯特·K.默顿(1910－2003 年)于 1947 年提出了中层理论(theories of middle range)加以矫正。这种理论的特点如下:

1.实践经验性,即强调理论的可验证、可观察性,要求能够从日常生活中找到理论的依据。

2.范围有限性和开放性,即只涉及有限范围内的事物,不要求能解释所有现象,一个命题,只要能在一定条件中没有逻辑矛盾和事实冲突,就可被认为是有效的和有建树的。[②]

套用以上模式分析潘得克吞体制可知,分则各编下的各题进行的是微观层次的研究,每个分则编本身是对研究对象的中观概括,而总则是对各分则编的共性的概括,属于宏观层次。

但总则的规定经常不能从日常生活中找到依据,甚至可找到相反的依据,例如未成年子女与其父母关系的屈从性[③],法律行为自始无效的规则在家庭法中找到相反的例证[④],等等,这些就导致了总则的可信性降低。

事实上,英美私法采取的就是中层理论路径,有财产法、合同法、侵权法、原物返还法等而无总则。

晚近制定的一些大陆法系国家的民法典,例如《荷兰民法典》,考虑到总则规定射程的有限性,放弃了搞大总则,满足于小总则,制定了财产法总则为单独的一编,这也是走的中层理论路径。其射程及于以下各编:第四编:继承法;第五编:物和物权;第六编:债法总则;第七编:特殊合同;第八编:运输法;第九编:智力成果法;第十编:国际私法。[⑤] 这样,《荷兰民法典》的财产法部分有两个总则。第一个是涵盖全部财产法的总则,第二个是涵盖债法的总则,后者相对于前者,又是前者的分则。

---

① See the Entry of Level of Analysis, On https://en.wikipedia.org/wiki/Level_of_analysis,2016 年 6 月 1 日访问。

② 吴肃然、陈欣琦. 中层理论:回顾与反思",社会学评论. 2014(4).

③ 徐国栋. 论民事屈从关系——以菲尔麦命题为中心[J]. 中国法学. 2011(5).

④ 徐国栋. 将"人前物后"进行到底[J]. 人民法治. 2016(3).

⑤ 焦富民、盛敏. 论荷兰民法典的开放性、融合性与现代性——兼及对制定中国民法典的启示[J]. 法学家. 2005(5).

搞序编而不搞总则，也是出于不相信总则中所有宏观规定具有针对全部分则的射程，保留有射程的部分(例如关于基本原则的规定、关于民事主体的规定、关于宣告失踪和宣告死亡的规定)，去除无射程的部分。它们有一些原则(例如平等原则、公平原则)和制度(例如法律行为制度、代理制度、诉讼时效与除斥期间制度等)。

但小总则的主张也遭到了卡尔迪里教授的祖国的学说的挑战。《意大利民法典》没有总则，但有合同总则(从属于第四编：债，第二题，第一题是债的总论。第一题标题的原文是 Dei contratti in generale，中译本译为“契约总论”[①])。意大利学者认为这个部分就是合同总则，它现在遭遇了危机。原因者何？因为这个合同法总则是以买卖合同为参照系制定的，未考虑商业分派合同(例如特许经营合同)、服务合同。而且只考虑即时性的合同，未考虑长期履行的合同。要言之，这样的合同总则遭到了关系契约论的挑战。[②] 这种理论是标准的契约理论的对反，后种理论假设契约内容完全清晰，并在任何可能的状态下可以被证实，法律的执行有效，这是完全契约的理想类型。而关系契约理论认为契约具有如下特点：私人关系的嵌入、交易物品难以被测量、契约持续时间更长、没有明确的开端或结束时间、事前难以对交易进行精确的计划，只能规划框架，细节在执行中补充、交换能否成功完全依赖于双方的合作、参与者共同分享或分摊的收益和成本难以在他们间精确划定、契约中存在不需明文规定的内生义务、契约难以被转让、参与者常常有多个、参与者期待有利他行为出现、参与者认识到在履行中会遇到很多困难，所以必须通过他们的协调来解决。[③] 这样的契约形态是不能为古典的合同总则所包纳的，所以它遭遇了危机。

《荷兰民法典》尽管避免了提取人法和物法的公因式，只提取物法的公因式，形成了物法的小总则，但这种做法仍可质疑。因为荷兰的立法者把继承法当作财产法，按照前引齐特尔曼的观点和拉伦茨的观点，继承法在性质上更靠近家庭法。确实，继承是无偿取得他人的财产以实现家庭的保障功能，把这种行为放在买卖行为的旁边提取两者的共性，无异天方夜谭。

搞小总则的另一种做法是把总则的精华——法律行为制度纳入债法中，《智利民法典》把合同当作法律行为的同义词，申惠文博士也主张以合同的概念取代法律行为。[④] 然而，合同最多时候是一种互利行为，而人类的涉他行为有 7 种：(1)损他利己行为，例如取得时效中的占有他人财产行为；(2)不损他利己行为，例如继承行为；(3)损他损己行为，例如自杀行为；(4)不损他自利行为，例如劳动行为；(5)利己也利他行为，例如买卖行为；(6)利他不利己行为，例如赠与和遗赠行为；(7)利他损己行为，例如无因管理行为(包括见义勇为)。[⑤] 这 7 种行为，除了自杀不怎么直接关乎民法外，其他 6 种都是民法的重要规制对象。如果拿着基

---

① 费安玲，等，译. 意大利民法典(2004 年)[M]. 北京：中国政法大学出版社，2004：322.

② Cfr. EmanuelaNavaretta (edited), Il diritto europeo dei contratti fra parte generale e norme di settore, Atti del convegno(Pisa, 25—26 maggio 2007), Giuffrè, Milano, 2007：172.

③ 陈灿. 当前国外关系契约理论浅析[J]. 外国经济与管理. 2004(12)：10.

④ 申惠文. 期待汉语世界的民法典——以“合同”概念取代“法律行为”概念切入[J]. 人民法治. 2016(3).

⑤ 张恒山. 法理要论[M]. 3 版. 北京：北京大学出版社，2009：1.

于互利行为起草的法律行为制度套用于其他行为，难免出现许多的削足适履或抻足适履。

尽管有上述种种问题，制定民法总则是制定民法典的第一步，制定民法典有利于中国的法治化。所以，我还是从大局出发，力挺中国民法典的总则，选择走"忍受总则"的道路，并提出一些建议把这个总则尽可能地搞得好一些。

三、自然人、法人、其他组织的关系问题

1.自然人

自然人已成为一个跨学科运用的词汇。法学界用，其他社会科学界也用。先让我们看一下其他社会科学门类对自然人一语的用法。

日本管理学中使用的自然人的术语指本色的人。[①]

教育学中使用的自然人的术语指没有被扭曲的人。[②]

哲学界使用的自然人的术语与道德人相对，指有恨有爱，不受压抑的人。[③]

在法学界，卢梭的自然人有如下含义：(1) 为自己的人，不同于公民；(2)抽象的人，不具有具体的社会身份；(3)合乎自然的人。[④] 要指出的是，卢梭的自然人是"natural person"，并非"物理人"。

朱晓喆认为自然人与自然状态、自然权利、社会契约论有关，它隐含"市民社会高于政治国家"的自由主义思想。自然人在市民社会中就是市民的形象，与在公共领域中进行政治生活的公民是对立的。市民－公民的对立在法律上的明显表现就是公私法的划分。[⑤]

张力研究了苏联解体前后民事立法中"公民"用语的连续性，他证明，东欧剧变后，采用了资本主义制度的俄罗斯并未放弃公民的表达，由此可见，把公民用语与社会主义体质捆绑起来不成立。[⑥]

王春梅也研究公民与自然人概念在苏联解体前后在俄国的运用史，得出的结论与张力相反：认为苏联民法爱用公民术语，俄罗斯民法爱用自然人术语。结论是苏俄改变了用语，受苏联民法影响深重的中国却未改变用语，需要改变。[⑦] 这种建议似乎多余，根据我的观察，

---

① 李萍.论日本管理哲学中的'自然人'假设"[J].玉溪师范学院学报.2013(1).

② 刘宇文、方明军.教育是为了培养"自然人"[J].湖南师范大学教育科学学报.2002(1).

③ 郑晓江."自然人"与"道德人"——人文主义的人生理论与中国传统人生哲学之比较[J].南昌大学学报(社会科学版.1994(4).

④ 李娜等.浅论卢梭从培养"自然人"到培养"公民"的观点转变[J].长春理工大学学报(社会科学版).2011(5).

⑤ 朱晓喆.自然人的隐喻——对我国民法中"自然人"一词的语言研究[J].北大法律评论.2001(四)第二辑:480.

⑥ 张力.公民、自然人抑或其他——论俄罗斯民法文化中"公民"概念的价值取向[J].河北法学.2007(3).

⑦ 王春梅.走过历史:公民与自然人的博弈与启示[J].华东政法大学学报.2015(4).

现在的9个民法总则草案无不使用自然人的术语。我统计,《民法通则》使用公民一语52次,自然人一语两次。2016年7月5日的民法总则草案使用公民一语0次,自然人一语22次。从前者到后者,正好30年多一点。30年的历史,是公民一词在民法中的消亡史和自然人术语的发达史。

2.法人

龙卫球在其《民法总论》中说1900年的《德国民法典》第一次创自然人(Natürliche person)术语。[①] 此语可以商榷,因为1825年的《路易斯安那民法典》更早创立了自然人的术语,其第418条规定:公司是法律创设的观念团体,由联合在共同名字下的个人构成,其成员相互继承,因此团体总是维持原样,尽管构成它的个人发生改变,此等个人为某些目的被认为是自然人(Natural person)。此条在与公司的对反中用到了自然人的概念。1857年的《智利民法典》则在自然人(persona naturale)与法人的对反中使用了自然人的术语,其第54条第1款明确规定:"人分为自然人和法人。"1860年《厄瓜多尔民法典》、1858年和1887年的《哥伦比亚民法典》、1871年的《尼加拉瓜民法典》、1880年的《洪都拉斯民法典》、1889年的《西班牙民法典》同样如此。[②] 当然,在《路易斯安那民法典》首创"自然人"的术语前,该术语还有"物理人"的先祖,两者含义一致。而且,在多数国家,目前仍用"物理人"的术语表达我们脑子里的"自然人"。[③]

1794年的《普鲁士普通邦法》规定了什么是观念人[④],其第一编第18题第687条规定:若最初的出租人是教堂、市镇(或社区)或其他类型的观念人,则更宜推定其为土地继承税负的承担者(Diese Vermuthung für die Erbzinseigenschaft eines Grundstücks wird verstärkt, wenn die erste Verleihung von einer Kirche, Commune, oder einer andern moralischen Person geschehen ist)。本条列举了观念人的类型有教堂、市镇,并认可其他类型的观念人,而且确定它们是出租和纳税的主体。[⑤]

同一法典第一编第23题第3条采用了物理人与观念人的对位法,其辞曰:若涉及某土地之占有,则此种强制性法律措施既可以对特定自然人,也可以对观念人做出(Dergleichen Zwangsgerechtigkeit kann sowohl gewissen physischen oder moralischen Personen zukommen, als mit dem Besitze eines gewissen Grundstücks verbunden sein)。[⑥] 本条把物

---

① 龙卫球. 民法总论[M]. 北京:中国法制出版社,2001:352.

② Véase Jose Maria Manresa y Navarro, Comentarios al Codigo Civil de Espanol, Tomo 1, Madrid, 1890, pag.168; pag.181.

③ 观各种语言的维基百科"自然人"词条,除了德语、英语、荷兰语、日语和世界语外,西班牙语、意大利语、俄语、斯洛文尼亚语都采用"物理人"的表达。葡萄牙语兼用两者。

④ 我在《民法总论》中说1794年的《普鲁士普通邦法》首次正式使用了法人的概念(徐国栋. 民法总论[M]. 北京:高等教育出版社,2007:266.)。此语中的"法人"一语不确,实际上,《普鲁士普通邦法》使用的是"观念人"的概念。

⑤ Vgl. Allgemeines Landrecht für die Preußsischen Staaten, Nauck, Berlin, 1835, S.255.

⑥ Vgl. Allgemeines Landrecht für die Preußsischen Staaten, Nauck, Berlin, 1835, S.399.

理人和观念人都作为诉讼主体并使其承受判决。

从产生先后来看,自然人是个被观念人的概念倒逼出来的概念。罗马法中就有法人现象,包括社团和财团(D.46,1,22)[①],但未被赋予类名。到了近代,给法人现象起个名字成了迫切的问题。教皇英诺森四世(1195-1254 年)想到了"拟制人"(persona ficta)这个词,他在评注教皇格里高利九世于 1239 年发布的一个教令时做出了这一发明。该教令针对一个这样的案件:一个修道院的院长和副院长以为修道院的意图在法院发誓,他们到底是为自己发誓还是为修道院发了誓?格里高利九世认为是为后者。英诺森四世对此评注道:根据这一教令,已经允许以为修道院的意图就其遗嘱发誓,或者说,根据这一教令的权威,在今天,所有的团体为其他团体发誓,都是合法的,因为团体在涉及共同体的诉讼中被拟制为一个人。值得指出的是,一个成员起誓的,如果团体的其他成员愿意,起誓的效力及于他们。[②] 此语认定修道院的院长是修道院的法定代表人,其行为就是修道院的行为,并把修道院及其他社团确定为拟制人。由此第一次确定了法人的人格,英诺森四世由此被现代研究者公认为法人概念之父或至少是其中之一。[③]

英诺森四世创立拟制人概念解决了教会团体的法律人格问题,国家的法律人格问题则是略晚于他的托马斯·阿奎那(1225-1274 年)解决的。他认为:"国家是政治和观念团体。"(corpus politicum et morale)[④]此语中的"Morale",有人解释为"具有道德目的"[⑤],但更有人认为,"morale"一词在这里的意思是"精神上的",中世纪学者用该词指称精神团体(corpo morale)或精神单位(ente morale),以替代过去用来指称教会的词"corpus mysticum"(神秘团体或精神团体)。[⑥] 前说不合拉丁语法,因为"politicum"与"morale"是并列的修饰"corpus"的形容词,不能把"politicum"翻译为形容词,而把"morale"翻译为夺格名词。所以后说有理,本文从之。

无论如何,用"morale"形容作为一种法人类型的国家,打造了用拟制人以外的术语形容法人的新路径,《普鲁士普通邦法》采之。当然,该法典中的"moral"一词可能平滑地转为了"unnatural"的意思,即不符合物理性质的、人为的,因为按照《在线英语词源词典》的说法,正

---

① See P.W.Duff, Personality in Roman Private Law, Cambridge University Press, 1938.

② Ver Pedro Resina Sola, Fundamenta Iuris. Terminología, Principios e Interpretatio, Universidad Almería, 2012, pag.134.

③ See John Dewey, The Historical Background of Corporate Legal Personality, In The Yale Law Journal, Vol.35.No.6 (Apr.1926), p. 665.See also V. Bolgar, The Fiction of the Corporate Fiction. From Pope Innocent IV to the Pinto Case, In Festschrift für Imre Zajtay, hrsg. R.H. Graveson, Tübingen 1982, pp. 67-96.

④ Cfr.Anna di Bello, Ordine e U nitànel Medioevo: la rappresentanza dal corpus mysticum all' universitas, In Esercizi Filosofici, 4, 2009, p.20.

⑤ See Stuart Elden, The Birth of Territory, University of Chicago Press, 2013, p.176

⑥ Cfr.la voce di Persona giuridica, Su http://www. treccani. it/enciclopedia/persona — giuridica_(Enciclopedia—delle—scienze—sociali)/, 2016 年 6 月 8 日访问。

是在15世纪,“moral”一词有了这个用法,以前的意思一直跟道德有关。[①]《普鲁士普通邦法》的此举给“persona”这个术语增加了新内容,同时催生“主体”的术语。相应地,产生了在“persona”和“主体”的属下重新命名生物人的问题,法学家们想到了“物理人”这个词。在希腊文中,“自然”是“Physis”(相当于拉丁文中的“Natura”),它来自“Phyo”,意思是“产生”“成长”,指本性上就有力量成为如此的东西。其反义词是“Techne”,即“人工造成的”。[②]“自然”的概念经过发展,又成为“本性使然的”意思,与“Nomos”(人为约定的,对应的拉丁词是“civile”)相对立。[③]与法人是存在于人的观念中的人相对立,生物人是存在于自然中的或曰物理空间中的人。改采罗马人的表达,法人应该是“无体人”,自然人应是“有体人”,因占据一定的物理空间被如此称呼。

但1804年的《法国民法典》拒绝使用法人的概念,据说是怕封建势力借此复辟。[④]但从1884年4月5日的法律第111条开始,法国在一系列的法律中使用民事人(Personne civil)的术语表示法人。[⑤]“Civil”相当于希腊文中的“nomos”,也是一个与“Physis”对反的概念,其意思是“人为的人”,相反的人是“自然的人”。

尽管如此,1810年的《奥地利民法典》第26条仍采用观念人(moralischen Person)的概念,中译者将条名中的这个词译为“精神上的人”。该条辞曰:依法成立的法人,依合同或目的以及可适用的特别规定确定其成员间的相互权利。在依法成立的法人与其他人的关系中,一般享有与自然人(einzeln Person)相同的权利。无论是对于法人成员,还是对于其他人,非法法人不享有权利,且不能获得权利。非法法人包括:政治性法律特别禁止存在的法人,明显危及安全、公共秩序或善良道德的法人。[⑥]请注意,该条中的“自然人”是译者的意义,德文原文是“单个的人”。

1811年的《列支敦士顿民法典》第26条也用“观念人”的概念。[⑦]该国完全采用《奥地利民法典》,因此与《奥地利民法典》的规定一样。

1863年的瑞士《格劳宾登州民法典》第87条使用了观念人(Personamorale)的概念,与第5条等条规定的物理人形成对立。[⑧]其他州的民法典,例如伐累州、新堡州、伏特州的民法

---

① On http://www.etymonline.com/index.php? allowed_in_frame=0&search=moral,2016年6月8日访问。

② 汪子嵩,等.希腊哲学史[M].北京:人民出版社,1993(1):610.

③ 汪子嵩,等.希腊哲学史[M].北京:人民出版社,1993(2):203.

④ 张怡、王慧.法人制度的历史考察及我国法人制度的应然选择[J].南通大学学报(社会科学版).2005(2):17.

⑤ Voir L.Michoud,La théorie de la personnalité morale et son application au droit français,Librairie Generale de Droit& de Jurisprudenc ,Paris,1906,p.4.Note 1.

⑥ 周友军,杨垠红,译.奥地利普通民法典.北京:清华大学出版社,2013:4.

⑦ 该法典的德文版存在网址 http://www.wipo.int/edocs/lexdocs/laws/de/li/li053de.pdf,2016年6月7日访问。

⑧ Cfr.Codice civile del Cantone des Grigione,Coira,1863,p.32.p.4.

典，不规定法人，其中规定的“persona”，就是自然人。

可能正是以《格劳宾登州民法典》民法典的成果为基础，瑞士民法典的学者建议稿(avant—projet du code civil suisse)第61条及以下数条使用了“观念人”的概念[①]，但到正式颁布时，“观念人”被“法人”(persona giuridica)取代(第52条及以下数条)。[②]

可能为了不侵害“Persona”一词与自然人的专属关联，1850年来的意大利立法一直使用“Corpomorale”(观念团体)或“enti morali”(观念单位)的术语表征法人，偶尔使用“enti morali giuridici”(法律观念人)的啰唆表达。[③] 1865年的《意大利民法典》第1条在规定权利主体时使用了“观念团体”的表达。1882年的《意大利商法典》使用了“集体单位”(ente colletivo)的表达。[④] 意大利同时使用“企业”(stabilimento)、机构(Istituto或istituzione)的术语表征法人。但1863年5月17日的法律偶然使用了法人(persona giuridica)的表达。[⑤]

1860年的《巴西民法典草案》采用了法人(persona juridica)的概念，但只用它来指称公法人，对于其他法人，仍使用观念存在之人来指称。该《草案》不采用物理人的概念，而是用“可见其存在之人”的概念，此乃因为《巴西民法典草案》的作者弗雷塔斯(Augusto Teixeira de Freitas，1816—1883年)认为物理人的概念有问题，因为人是一个由身体和精神组成的单元，说物理人，就把人看作动物了。[⑥]

1870年的《阿根廷民法典》继承了《巴西民法典草案》的上述处理，把自然人说成可见其存在之人，把法人说成观念中存在之人(persona de exsistencia ideal)。其作者还误把观念人当作道德人，认为道德人的称谓不妥，因为这样的人与道德关系无关。[⑦] 有意思的是，《阿根廷民法典》先规定法人，然后才规定可见其存在之人，鲜明地揭示了后者被前者倒逼出来的属性。直到2014年10月1日的《阿根廷国民民商法典》，上述法人与可见其存在之人的对位法才被人类人与法人的对位法取代。[⑧]

1865年的《萨克逊民法典》把物理人与观念人的对位法改成了物理人(Physische

---

① Voir L. Michoud，La théorie de la personnalité morale et son application au droit français，Librairie Generale de Droit& de Jurisprudenc ，Paris，1906，p.5.Note 1 .

② Cfr.Codi cecivile svizerro，p.15.

③ Cfr.Cfr.Bernardo Windscheid，Diritto delle pandette(Vol. I)，trad. it. di Carlo Fadda e Paolo Emilio Bensa ，UTET，Torino，1895，p.775ss.

④ Cfr.Folansa Pepe(a cura di)，Codice Civile(1865)，Codice di Commercio(1882)，Edizione Simone，Napoli，1996，1-12.234-246.

⑤ Cfr.Cfr.Bernardo Windscheid，Diritto delle pandette(Vol. I)，trad. it. di Carlo Fadda e Paolo Emilio Bensa ，UTET，Torino，1895，p.777.

⑥ Ver A. Teixeira de Freitas，Esboço do codigo civil，Volume I，Ministerio de Justicia，Brasilia，1983，p.11.

⑦ Véase Codigo Civil de la Republica Argentina，Nueva York，1870，pag.9ss.徐涤宇，译. 最新阿根廷共和国民法典[M]. 北京：法律出版社，2007：14.

⑧ Véase Codigo civil y Comercial de la Nacion，La Ley，Buenos Aires，2014，pag.7；pag.32.

personen)与法人(Juristische personen)的对位法。第30条及以下数条规定了物理人①,第52条及以下数条规定了法人。② 分法人为社团法人和财团法人。③ 这实际上还是采用"自然的"与"法定的"对位法。

要指出的是,《萨克逊民法典》使用的"Juristische"的词根是"Jurisite"(法学家),所以,严格说来,"Juristische personen"是"法学家打造的人"的意思,这一表达符合法人概念的发生和进化史,所以,尽管都是说的法人,意大利语中的"giuridica"的词根意思是"司法",故意大利语的"法人"术语强调的是这个名词背后的制度的运用效果:被法院承认为主体。德语中的"法人"强调的是这个名词背后的制度的创造者。如果德国人要走意大利人的道路,可以使用相当于"giuridica"的德语词"gerichtlich"表征法人。到现行的《德国民法典》,仍使用"Juristische personen"的概念,这似乎见证了德国法学家在法律发展中的强势地位。

但法国人不使用法人的概念,多数作者要么使用"民事人"的术语,要么使用"观念人"的术语,甚至使用"拟制人"的术语,原因在于他们认为"法人"的术语过于宽泛。因为法律人格属于生物人,也适用于此等生物人组成的团体,法人的概念只指称后者,这不严格。严格的做法是把后种主体称为"纯粹法人",而这种做法并不现实,所以,法国人宁愿使用观念人的术语。④ 此说不乏道理,因为生物人不能自行获得人格,此等人格也是法律赋予的,因此,他们也是法人。正是在这个意义上,《路易斯安那民法典》把胚胎称为法人。⑤ 此法人无法与彼法人区别开,除非给后者加上"纯粹的"限定。

无论如何,物理人的术语很难懂,所以,1889年的《西班牙民法典》采用了自然人术语。从词源来看,"Physis"就是"自然"的意思,从物理人过渡到自然人,十分平顺,但"Physis"只在古语中是"自然"的意思,在现代语中主要是"物理"的意思,所以,以"Natürliche"取代"Physis"是把用语现代化,别无他意。但这样的现代化导致了误解:因为"自然"这个词跟太多的政治学术语同词根,例如自然状态、自然法。

清末,我国继受德国法,自然人的概念来到了中国,引起人们的过度联想。

综上所述,自然人的含义是物理人,与精神人相对,是一个被法人现象倒逼出来的概念,切忌把它与自然状态、自然法挂钩。从上下文来看,自然人多数情况下指的就是一国的公民。

我提倡使用公民的概念,但自然人的概念并非不可用,可以用在涉外的地方。

3."其他组织"

---

① Vgl.Das Bürgerliche Gesetzbuch für das Königreich Sachsen, Leipzig,1863,S.13.

② Vgl.Das Bürgerliche Gesetzbuch für das Königreich Sachsen, Leipzig,1863,S.17.

③ 史尚宽.民法总论[M].北京:正大印书馆,1980:120.

④ Voir L. Michoud, La théorie de la personnalité morale et son application au droit français, LibrairieGenerale de Droit& de Jurisprudenc ,Paris,1906,p.5.Note 1 .

⑤ 参见该州的《人类胎胚法》,On https://www. lexisnexis. com/research/retrieve? _ m = dd2574b4fe012b5e917573ceb…,2005年5月9日访问

"其他组织"这个术语在中国法中运用很广,柳经纬对该词在实在法中的用法做了很好的梳理,揭示出其附随性(或曰伴侣性)以及相应的含义不确定性。[①] 实际上用来指称非法人团体。法人与非法人团体的区别在于后者的成员要为法人的行为承担责任。拆掉了这个门槛(美国就拆掉了),两者就同一了。我认为此说有理。理由一,从自然人与法人的对位法的产生来看,采用的是一分为二法[②],换言之,不是物理人的都是观念人,法人也好,其他组织也好,都是观念人,两者之间只有一个责任形式的可拆的门槛。理由二,"其他组织"是个剩余概念,即凡不是法人的组织体,都是它,这样它就失去了外延的圈框,如果立法者赋予了该术语内涵,这种赋予也被"其他"一语冲掉了。非法人团体的表达存在同样的逻辑困境。

四、自然人与公民的关系问题

1.人类人作为自然人的替代概念

自然人的概念还是难懂且容易引起误解,所以,1984 年的《秘鲁民法典》第 1 条改采人类人(persona humana)的概念,曰:人类人自其出生开始为主体。[③] 这意味着淡化民事权利之享有的国籍基础,去掉"persona"概念的分拣性。2014 年 10 月 1 日的《阿根廷国民民商法典》第 19 条及其他多条继之。[④]

要强调的是,人类人的概念尽管到 1984 年才见诸民法文件,但它是在 1975 年 12 月 29 日在信理大会(Congregation for the Doctrine of the Faith)上提出的概念,旨在强调性别伦理的一些原则,例如关于同性恋、手淫、婚前和婚外性行为的原则。[⑤] 这一术语从此见诸两个天主教国家的民法典,并在意大利、墨西哥的民法理论中运用。[⑥]

人类人的概念产生于天主教文件并非偶然,因为天主教(Catholic=Universal)的意思就是普世宗教。它是全球性的,所以不考虑民族国家成员的身份。天主教作为普世教会讲人类人是可以的,但作为民族国家的立法者就不可以了,因为民法本为身份法,其运作以公民

① 柳经纬."其他组织"及其主体地位问题——基于民法典总则立法的视角[J].法制与社会发展.2016(4).

② 《格劳宾登州民法典》第 87 条第 1 款规定:所有的不是物理人的权利主体,都是观念人。Cfr.Codice civile del Cantone des Grigione,Coira,1863,p.32.

③ Véase El Codigo Civil de 1984,Pontificia Universidad Católica del Perú,Fondo Editorial, Lima,1997,pag.39.

④ Véase Codigo Civil y Comercial de la Nacion,La Ley,2014,pag.7.

⑤ See Persona Humana:Declaration on Certain Questions Concerning Sexual Ethics,On http://www.priestsforlife.org/articles/2635—persona—humana—on—certain—questions—concerning—sexual—ethics,2016 年 6 月 9 日访问。

⑥ Cfr.Augusto Ponzio,Persona umana,Linguagio e conoscenza in Adam Schaff,Edizione Redalo,1974,p.46.Véase Héctor Gros Espiell amicorum liber: persona humana y derechoe international,Bruylant,1997.

身份为基础。但还是有人运用这一概念强调私法的全球化、宪法化，这些人过于理想主义，也不了解民法的历史和具体运作。

从技术的角度看，人类人概念可能是对自然人概念的替代，因为两者等值，自然人包括本国国民、外国人和无国籍人，这三者的总和就是人类人。

2.民法的身份性

民法的身份性来自古罗马市民法的身份性。如所周知，市民法只适用于具有罗马市民身份的人，外邦人彼此之间以及他们与罗马人之间适用万民法。

盖尤斯在其《法学阶梯》中说：每个共同体为自己制定的法是它们自己的法，并且称为市民法，即市民自己的法。[①] 此语的意思是每个国家的当局者只有权为自己的人民制定法律，不能跨越国境为其他国家的人制定法律。它告诉我们，市民法的身份性是由立法权的内国性决定的。如果某国的立法者不顾盖尤斯的这个魔咒为全人类立法，也只能流于空文。

基于盖尤斯魔咒，《法国民法典》第 8 条规定"所有的法国人都享有民事权利"[②]，没有规定外国人也享有民事权利，法国立法机关无权为这样的规定。第 11 条规定：外国人要享有民事权利，以其所属国与法国订立了互惠条约为条件。这样，外国人在法国享有的民事权利是交换来的，并非天赋的。可以说，法国的民事权利享有是以公民身份为基础的。

但《德国民法典》第 1 条似乎不顾盖尤斯魔咒，规定：人的权利能力始于出生。这里的"人"(Mensch)不以德国人为限，包括外国人。如此，德国立法机关为外国人立法了，所以，《德国民法典》采用自然人概念并非偶然。但该条的可行性值得怀疑，如果某国对于新生儿有父亲承认的程序，这一规定就落空了。[③]

3.公民下的经典子身份——普通法与特别法

公民身份并非铁板一块，其下分为许多子身份，每种身份意味的民事权利不一样。本目先说几种在词典中以对反于"civil"的词意味的子身份。

(1)军人与平民：民法是平民法。"Civil"的反义词之一是"military"。[④] 军人相比于平民的能力承受一些限制。让我们看一个案例。

李军与著名军旅歌手陈红原是夫妻，后双方离婚，为分割共有财产于 2014 年 3 月 3 日订立《股权转让协议书》，李军将其名下北京亚之杰广告有限公司、北京亚之杰投资有限公司、北京亚之杰置业房地产开发有限公司等 9 家公司 50%的股权转让给陈红。其第 8.5 款约定："甲方李军(原告)同意上述公司的其享有的股东权及经营、管理权全部授权给乙方陈红(被告)，且不得单方撤销……"

---

① 盖尤斯. 法学阶梯[M]. 黄风，译. 北京：中国政法大学出版社，1996：2.

② 李浩培，等，译. 拿破仑法典[M]. 北京：商务印书馆，1979：2.

③ 事实上，《普鲁士普通邦法》第一编第一章第 17 条就规定：出生于人但不具有人形和人的特征的，不得主张家庭法和民法上的权利。第 18 条规定：上述生来畸形之人，必须获得养育而且应该生存至尽可能的期限。汉斯·哈腾鲍尔. 民法上的人[J]. 孙宪忠，译. 环球法律评论. 2001：395.

④ 王宏林. 谈谈 Civil law 的涵义[J]. 中外法学. 1992(5).

但李军在双方订立合同时，忽视了陈红现役军人的身份。按《中国人民解放军内务条令》第114条的规定，“军人不得经商，不得从事本职以外的其他职业和有偿中介活动”。而陈红是海军电视剧制作中心的副主任，大校军衔。

李军表示，鉴于上述禁止性规定，他不同意陈红经营、管理公司，但陈红强行取得公司经营权，并在经营过程中冒充他签字。

李军起诉请求法院确认双方签署的《股权转让协议书》第8.5款无效，同时起诉陈红伪造股东会决议签字。[①]

从法律行为有效要件的角度看，这个案件可以从陈红没有持有股份的权利能力角度论证上述股权转让协议无效。《民法通则》第58条列举了一系列法律行为无效的原因，但缺少“当事人没有相应的权利能力”的原因，应增加之。

(2)俗人与僧侣：民法是俗人法。“Civil”的另一个反义词是“ecclesiastical”。[②] 僧侣有佛教的和天主教的。这里举天主教僧侣的例子。

《天主教法典》第668条第1款和第2款规定：修士发愿前的财产，他们自己丧失对此等财产的管理权，必须委托他人管理。[③] 委托的方式之一是订立遗嘱进行此等安排。第3款、第4款和第5款规定修士发愿后的财产，他们不能为自己取得，所有取得都归属于修会，因为他们已丧失获得并持有财产的能力！修士如违规行事，其行为无效！

4.其他公民下的子身份

(1)城市公民与农村公民。农村人享有一些城市人不享有的权利能力，例如取得宅基地使用权的能力。这是一种基于属于特定农村共同体身份的能力，换言之，另一个农村共同体的成员和城市人都不享有此等能力。故1999年国务院办公厅《关于加强土地转让管理严禁炒卖土地的通知》明确规定，农民的住宅不得向城市居民出售，也不得批准城市居民占用农民集体土地建住宅，有关部门不得为违法建造和购买的住宅发放土地使用证和房产证。与此相应，2010年4月实行“房屋限购令”以来，农村人不具有购买城市住房的能力，除非他们有目的城市1年的纳税、社保证明。

(2)党员与非党员。非党员享有一些党员及其家属不享有的权利能力。《中国共产党员纪律处分条例》第77条规定：党员领导干部不得实施如下行为：1)经商办企业；2)买卖股票或进行其他证券投资；3)从事有偿中介活动；4)在国(境)外注册公司或者投资入股，等等。第76条规定：党员领导干部的配偶、子女及其配偶不得在该党员领导干部管辖的区域或者业务范围内从事可能影响其公正执行公务的经营活动，担任此等范围内的外商独资企业、中外合资企业由外方委派、聘任的高级职务。上述规定剥夺了党员领导干部的商行为能力，他

---

① 顾明君. 歌手陈红遭前夫诉转让股权无效，下午开庭. http://ent.sina.com.cn/s/m/2016－02－02/doc－ifxnzanh0558669.shtml，2016年6月7日访问。

② 王宏林. 谈谈Civil law的涵义[J]. 中外法学. 1992(5).

③ 《天主教法典》的这一条文，参见http://www.tianzhujiao.org/fadian网站刊载的文本，2016年6月12日访问。

们甚至不能像平常老百姓那样炒股。如此安排是为了防止以权谋私、腐败。

5.外国人(含无国籍人)承受的能力限制

市民法的身份性服从利益分配的目的,所以,当代市民法对外国人有一定的排斥:例如外国人不能当引水员的经典例子。外国人在内国无购买土地甚至房屋的能力,劳动能力受到限制。[①]

申言之,按 1996 年的《外国人在中国就业管理规定》,外国人在中国就业必须获得许可(第 5 条),办理就业证(第 8 条),且不得为个体经济组织和个人雇佣(第 34 条),对中国公民,则不存在这些限制。

2013 年 7 月 1 日起实施的《中华人民共和国出境入境管理法》第 43 条规定:外国人有下列行为之一的,属于非法就业:(1)未按照规定取得工作许可和工作类居留证件在中国境内工作的;(2)超出工作许可限定范围在中国境内工作的;(3)外国留学生违反勤工助学管理规定,超出规定的岗位范围或者时限在中国境内工作的。

同法第 80 条规定,非法外籍家政工将被处以 5000 元以上 2 万元以下的罚款,而私自雇佣他们的雇主则会被处以 5000 元至 5 万元的罚款。

2015 年 12 月 7 日的《厦门市公安局清理外籍非法家政服务人员对涉案人员相关处罚的通知》打击非法聘用外国人当保姆者,罚款 1 万元以上,不得超过 10 万元。也打击非法就业者,罚款 5000 元以上,1 万元以下。再打击介绍外国人就业者,处 5000 元以上,5 万元以下罚款。单位罚款 5000 元以上,10 万元以下。

这些规定证明外国人的权利能力与内国人不平等,从而证明自然人权利能力一律平等的规定错误。

五、"两户"在未来民法总则中的命运问题

1."两户"的现实性

2016 年 7 月 5 日的民法总则草案仍规定了"两户",尽管有许多人反对,认为应将两户转化为商自然人。保留"农村承包经营户"的理由是:农村承包经营制度跟我国宪政关系大,涉及农村改革和土地制度。全国有两亿多"农村承包经营户",去留影响很大,要拿下要有充分的理由。[②] 保留个体工商户的理由是国家工商行政管理局不同意取消它。[③] 既然如此,我就把现实的当作合理的,研究一下户的法律意义以及怎样才是户。

2.户的法律意义

① 徐国栋.评析三个民法总则草案中的平等规定——从平等撤退的端倪以及可能的发展[J].暨南学报.2015(7).

② 2015 年 9 月 15 日下午人大法工委民法室主任贾东明在民法总则立法研讨会上的发言。

③ 2016 年 8 月 24 日,王利明教授在第十一届中国法学家论坛会议午餐上的告知。

(1)户在我国法律中的体现。家庭在民法上有两个名称。其一,家庭,它归民法中的亲属法调整,这一民法的分支体现家庭作为人口生产单位的方面。其二,户,它归民法总则中的"两户"制度调整。这一民法的分支体现家庭作为社会生产的一个单位的方面。个体工商户体现家庭在工商生产中的样态,农村承包经营户则体现家庭在农业生产中的样态。

在我国法律中,户也是或明或暗地作为一个主体单位考虑的。例如,1984 年以来最高人民法院、最高人民检察院单独或会同发布的司法解释都规定,盗窃自己家中财物或近亲属财物的,可不按盗窃犯罪处理。确有追究刑事责任必要的,也与其他盗窃区别对待。[①] 对这一规定,有"法不入家庭"等解释,我的解释是盗窃者是家庭财产的共有人,换言之,他并非独立于家庭的主体,所以,他自己"盗"自己的财产不构成盗窃。又如,2010 年发布的《最高人民法院关于限制被执行人高消费的若干规定》规定:不执行法院判决的人,法院可以限制其高消费,因此不得实施下列行为:……7)子女就读高收费私立学校。三如,根据如上所述的《中国共产党党员纪律处分条例》,非独公务员本人不得经商,司局级以上的公务员的配偶、子女也不得经商办企业。[②] 在这两例中,"老赖"的子女未曾"赖",高级公务员的配偶子女不曾当公务员,为何也要剥夺或限制他们的有关权利能力?答案很简单:他们不独立,与"老赖"、高级公务员属于一户,在利益上有关联。四如,2009 年 4 月财政部等多部委联合下发的《家电下乡操作细则》第 3 条规定:享受补贴的每类下乡家电产品每户农民限购 2 台(件)。这是以户为主体考虑资源分配。2011 年 1 月 26 日国务院出台为限制房价限制购买二套房的贷款措施,也是以户为主体的。[③]

在私法上,户有时也被作为法律关系的主体,例如房屋租赁合同的主体。第一可见《合同法》第 234 条的规定:承租人在房屋租赁期间死亡的,与其生前共同居住的人可以按照原租赁合同租赁该房屋。第二可见《侵权责任法》第 32 条的规定:无民事行为能力人、限制民事行为能力人造成他人损害的,由监护人承担侵权责任。监护人尽到监护责任的,可以减轻其侵权责任。假设这里的监护人是父母,未成年的子女闯祸的,父母赔,体现了责任的"户"性。第三可见《绿色民法典草案》第三分编第 55 条的规定……3)配偶一方只有在取得他方明示同意后,才可以解除婚姻住所租赁合同、转让婚姻住所或通过其他法律行为在婚姻住所上设定负担。4)配偶一方有充分理由需要得到他方同意才可为此等处分,无法得到前款同意或配偶他方无充分理由拒绝同意的,可诉请法院批准。[④] 故我国学者徐学鹿主张户(家庭)是民法法人。[⑤] 第四可见《意大利民法典》的几个规定,典型的是其第 2083 条,其辞曰:自耕农、手工业者、小商人以及其他从事以自己和家庭成员提供劳动为主的有组织的职业活动的

① 鲁昕. 新中国亲属相盗问题研究——以家庭伦理为背景的展开[J]. 甘肃政法学院学报. 2011(6).

② 参见编辑部. 中央和国家机关部分单位关于司(局)级以上领导干部的配偶、子女个人经商办企业的规定[J]. 中国监察,2001(3).

③ 林伟祺. 家庭的民事主体地位的研究[J]. 商品与质量. 2013(3).

④ 徐国栋. 绿色民法典草案[M]. 北京:社科文献出版社,2004:192.

⑤ 徐学鹿. 商法总论[M]. 北京:人民法院出版社,1999:213.

人,是小企业主。[①] 该条把我国的个体工商经营户和农村承包经营户都包括了,承认了"户"是一种民事主体。既然如此,一些合同就不因缔约的自然人死亡而解除。它们有分益耕种契约(第 2158 条)、共同耕种契约(第 2168 条)、一般牲畜饲养契约(第 2179 条)。第五可见《巴西新民法典》第 626 条的规定:承揽合同不因任一当事人的死亡而消灭,但此等合同明确地考虑承揽人的个人资质订立的,除外。[②] 由于合同当事人不是个人而是户,所以,单个承揽人或加工人的死亡不导致合同消灭。

(2)户的法律特征。1)其成员彼此间具有血缘或亲属关系,这是"户"的题中之意,但不排斥雇工,然雇工的数量不得超过家庭成员的数量,且其工作处在辅助的地位。2)其成员互相依存,换言之,彼此不独立。"独立"是一个民法术语。例如,2013 年《匈牙利新民法典》第 1 条规定:本法根据独立原则和平等原则调整人之间的财产关系和人身关系。[③] 又如,《朝鲜民法典》第 2 条规定:本法规制平等地位的机关、企业、团体、公民之间形成的财产关系。国家保护机关、企业、团体、公民在民事法律关系中的独立地位。[④] 这两部民法典都把民法规制的自然人设想为独立的,昭示了独立是一个民法术语,尽管意大利的法律词典只把独立当作一个宪法术语(宪法机关间彼此独立、司法独立)和国际法术语;[⑤]中国的词典把独立当作一个国际法术语和军事术语。[⑥] 3)户的成员死亡,并不必然导致其缔结的法律关系消灭,涉及专业技能和人身信任关系的除外。例如,按优士丁尼《法学阶梯》,以户的成员之一的名义缔结的租赁合同不因户主的死亡而消灭,但以户成员之一的名义缔结的委任合同和合伙合同因订约当事人的死亡而消灭。[⑦] 4)户的成员间彼此可代理而无须专门授权,尤其在夫妻之间。例如《法国民法典》第 220 条规定:夫妻各方均有权单独订立旨在维持家庭日常生活与教育子女的合同。夫妻一方依次缔结的债务对另一方具有连带约束力。[⑧] 与此相似,《最高人民法院关于适用〈婚姻法〉若干问题的解释》第 17 条规定:因日常生活需要而处理夫妻共同财产的,任何一方均有权决定。5)户的成员间的关系类似于全产合伙,各成员除了少量生活用品,不得有异财。

3.官方民法总则草案关于"两户"的规定存在的问题

2016 年 7 月 5 日的民法总则草案第 50 条规定:自然人经依法登记,从事工商业经营的,为个体工商户。个体工商户可以起字号。

---

① 费安玲,等,译.意大利民法典(2004 年)[M].北京:中国政法大学出版社,2004:488.

② 齐云译.巴西新民法典[M].北京:中国法制出版社,2009:90.

③ See Act V of 2013 on the Civil Code, On https://tdziegler.files.wordpress.com/2014/06/civil_code.pdf,2015 年 6 月 10 日访问。

④ 崔达昆.北朝鲜の民法·家族法[M].东京:日本加除出版株式会社,2001:331.

⑤ Cfr. Federico del Giudice, Nuovo Dizionario Giuridico,Edizione Simone,Napoli, 1998,p.638.

⑥ 中国社会科学院语言研究所词典编辑室.现代汉语词典[M].商务印书馆,1980:264.

⑦ Cfr. I.3,24,6;I.3,26,10; I.3,25,5.中译文参见徐国栋.优士丁尼法学阶梯评注[J].北京:北京大学出版社,2011:439、449、442.

⑧ 罗结珍,译.法国民法典[J].上册,北京:法律出版社,2005:207.

第 51 条规定:农村集体经济组织的成员,依法取得农村土地承包经营权,从事家庭承包经营的,为农村承包经营户。

第 52 条规定:个体工商户的债务,个人经营的,以个人财产承担;家庭经营的,以家庭财产承担。无法区分个人经营和家庭经营的,以家庭财产承担。农村承包经营户的债务,以家庭财产承担。

这 3 个条文有两个问题。第一个是逻辑问题。第 52 条把个体工商户分为个人经营和家庭经营两种形态,显然,个人经营的形态就不属于户,不应在"两户"的标题下规定。事实上,"个体工商户"的名称就是自相矛盾的,既然是"户",何来"个体"? 第二个是平等问题,表现为两个方面。第一个方面,第 51 条允许个体工商户起字号,其他条文未允许农村承包经营户起字号,反面解释,农户不可起字号。目前城乡区隔的社会结构已崩解,城市人干的事很多农村人也在干,前者可以起字号后者不可,可以认为后者受到了歧视并因此蒙受经营中的许多不便。第二个方面,第 52 条允许城市人既可以个人经营,也可以家庭经营,但不允许农村人个体经营,只能家庭经营,这剥夺了农村人的选择空间,形成歧视,也符合农村人的家庭合合分分的现实。由此说民法总则草案关于"两户"的规定违反了宪法规定的平等原则,应该不算过分。

4."两户"的未来命运问题

两户制度在制定民法总则时有三种可能的命运。其一,继续当"安慰剂";其二,转化为"实药";其三,撤退出总则。

(1)安慰剂。"安慰剂"是用来稳定病人情绪的假药。事实上,《民法通则》是把两户当作安慰剂规定的,旨在确认 1986 年存在于中国城乡的私人微型企业和承包农户的合法性。然而,时间过去了 30 年,援引《民法通则》第 26 条至第 29 条的案例很少。第 26 条只有 9 个案例,第 27 条只有 1 个案例,第 28 条没有 1 个案例,第 29 条只有 18 个案例(2016 年 8 月 11 日在北大法宝和北大法意案例库中的查询结果)。这些案例有的仅仅因为当事人有个体户身份而援引上述条文,有的仅仅为把夫妻另一方或子女拉来承担合同或侵权责任而援引上述条文,有的为保护个体户的字号援引上述条文,没有关于两户内部经济运作的案例。例如,关于一个成员的法律行为被其他成员异议的案例,所以,这样的适用意义不大,夫妻一方替另一方还债完全可以通过夫妻财产制解决,个体工商户的字号问题可通过知识产权法解决,不必求诸"两户"制度。

(2)实药。转化为"实药"是按"户"的本意规定两户制度。"户"的本意是不同于自然人和法人的一种民事主体。对此,有罗马私法的蓝本可以参考。

罗马私法除了个别情形以个人为主体外,都是以户为主体,表现为大家熟悉的家父制度。户被理解为一个法人,家父是其法定代表人。

当然,罗马私法规定的是一般的户,《民法通则》和民法总则草案规定的是商户。未来的中国民法典如果要采用"户"的制度,不见得要全面照搬罗马私法的规定,但以下规定必不可少,不然,就规定的不是户,而是个人:

1)在总则编规定"两户"资格的转让以及法律关系的承担,并规定"两户"成员间互有代理权,有相反约定的除外。

2)在物权编规定"两户"成员的财产实行共同共有。对于农户,还应规定保证重要农业生产资料不因其领导成员的死亡通过继承程序分散的问题。[①]

3)在债编规定"两户"的成员死亡并不导致其缔结的法律关系消灭,此等关系由其他家庭成员承担,涉及专业技能和人身信任的除外。

4)在亲属编规定家庭会议制度,将此作为户的决策机关,由此等会议推选户主,作为户的执行机关。

5)在继承编规定户主的死亡才导致遗产分配。

6)在民诉法上,规定"户"具有诉讼主体资格。原告告"户"即可,不必告具体的家庭成员。

由此可见,"户"是一个有体效应的制度,做了这些规定,就实现了"户"化。《民法通则》也好,民法总则草案也好,都没有"户"化。显然,它们的制定者是在未理解"户"的制度的意义的情况下规定"两户"的。

(3)撤退。上述"户"化措施尽管未违背现代法的个人主义原则,但违背了法的普遍性原则。适用于所有的人的法,谓之普通法。适用于一定阶层的人的法,谓之特别法。民法都是普通法,所以许多国家的民法典名称中都有"普通"二字。[②] 目前,我国个体工商户尽管有4059.27万户(2013年数字)[③],承包经营户有两亿多,但只占全国4.3亿家庭数的一半多一点,所以还不够普通,不能进民法典。如果进了,也给民法的一般规则带来太多的例外,所以,我提出的第一个撤退方案是把"两户"放到既有的特别法中去规定。工商户目前已有2011年的《个体工商户条例》,农村承包经营户尚无相应的立法,可补立之,把民法总则草案中的规定放进去。

撤退方案二是把"两户"放到亲属编规定,过去这一民法分支体现了家庭作为人口生产单位的方面。把"两户"放进去,可以让它体现家庭作为社会生产的一个单位的方面。个体工商户体现家庭在工商生产中的样态,农村承包经营户则体现家庭在农业生产中的样态。这样降级规定,可避免把两户放到总则里的体效应。

然而,无论哪种撤退,都固化了1986年存在的城乡二元制格局,在习近平时代,这种格局正在被努力消除中。所以,第三种撤退方案是哪里都不规定"两户",让它像联营一样死亡,该制度也曾作为安慰剂被规定于《民法通则》,现在被拿下了,不再见诸民法总则草案,其有用成分转化为企业制度的有关内容。

---

① 与此相应的制度有家人遗产信托。徐国栋.帕比尼安在其《问题集》中对地方论的运用[J].法学.2016(3).

② 例如1794年的《普鲁士普通邦法》、1810年的《奥地利普通民法典》。

③ 沈静文.我国个体工商户数量突破四千万.载 http://china.cnr.cn/gdgg/201301/t20130110_511751907.shtml,2016年9月26日访问。

结论

1.我国未来民法典应缩小总则的规模，筛选那些有普遍分则射程的制度进入，只有超过一编的射程但无全法典射程的制度，可安排在二级总则中。

2.未来民法典应少用自然人概念，多用公民概念，肯认民法赋予的大多数权利并非人权，而是公民权。

3.未来民法典应承认公民名目下各种子类权利能力的不同一性或不平等性。

4.认清法人不过是主体属概念下与自然人对偶的剩余概念，不是自然人的团体或目的性财产，立法者愿意赋予其主体资格的，都可以称之为法人。在这个意义上，其他组织也是法人。

5.对“两户”的遗产做出妥当的安排。如果“留”，则要把户的概念建立在血缘关系的基础上，消除名为户，实为个人的规定，并建立户的成员相互关系的规则。如果“去”，倒可以实现城乡经营者在法律上的平等。

2016年9月26日完稿于胡里山炮台之侧